ENGINEERING INSURANCE

上册

# 工程保险

## ——工程保险理论与实务

王和◎著

中国财政经济出版社

**图书在版编目（CIP）数据**

工程保险．上册，工程保险理论与实务/王和著．—北京：中国财政经济出版社，2011.1（2022.4重印）

ISBN 978-7-5095-2724-5

Ⅰ.①工… Ⅱ.①王… Ⅲ.①建筑工程-保险-经济理论-中国 Ⅳ.①F842.681

中国版本图书馆CIP数据核字（2011）第007373号

责任编辑：翁晓红　　责任校对：陈可强
封面设计：李运平　　版式设计：苏　红

中国财政经济出版社 出版

URL：http：//www.cfeph.cn

E-mail：cfeph@cfemg.cn



社址：北京市海淀区阜成路甲28号　邮政编码：100142

营销中心电话：010-88191522

天猫网店：中国财政经济出版社旗舰店

网址：https：//zgczjjcbs.tmall.com

北京时捷印刷有限公司印刷　各地新华书店经销

成品尺寸：185mm×260mm　16开　51.75印张　831 000字

2011年1月第1版　2022年4月北京第2次印刷

定价：128.00元（上、下册）

ISBN 978-7-5095-2724-5/F·2319

（图书出现印装问题，本社负责调换，电话：010-88190548）

本社质量投诉电话：010-88190744

**打击盗版举报热线：010-88191661　QQ：2242791300**

# 再版说明

《工程保险》（第一版）自2005年出版之后，受到了业内外的广泛关注，被一些高等院校选用为教科书。近年来，我国工程保险的市场和经营环境均发生了较大的变化，一是近年来得益于我国社会和经济发展、国家加大固定资产投入的大环境，特别是2008年以来的“四万亿计划”，有力推动了我国工程保险的高速发展，带动了工程保险的技术进步。二是在我国保险业的发展与转型过程中，人们开始关注专业化和精细化经营，行业推出了一系列强化承保风险管控的措施，如出台了行业的《纯风险费率表》，市场秩序得到了规范。三是法律环境发生了较大的变化，特别是2009年10月新《中华人民共和国保险法》的实施，直接推动了“2009版条款”的出台，为工程保险的健康发展奠定了良好的基础。

这次再版的修改幅度较大，主要包括六个方面：一是条款部分。再版以“2009版条款”作为蓝本，但不局限于“2009版条款”，而是进行了“抽象化”处理，确保内容的稳定性。同时，增加了我国工程险条款与国际通用条款的比较部分，以适应日趋增加的国际交流的需要。二是附加条款部分。精选了三大类58个市场常用的附加条款进行介绍，以满足工程保险方案制订过程中个性化的需要。三是项目部分。除了对近年来发展很快的项目，如核电站、隧道、轨道交通和道路工程等进行了补充完善之外，增加了风力电站等内容。

四是法律部分。再版按照《中华人民共和国保险法》（2009）对所有内容做了“适法性”修订，确保符合《中华人民共和国保险法》（2009）相关规定。同时，还就《侵权责任法》的相关内容做了修订，更新了建筑相关法律部分的内容。五是费率部分。根据市场的变化，就相关费率部分进行了调整，特别是介绍了2009年以来行业实施的《纯风险费率表》。六是数据部分。对工程保险数据和相关公共数据均进行了更新和增补。

这次再版得到了我的许多同事和朋友的帮助，他们是林德雄、吴军、彭钢、杨永、蒋伟、李良辰、贾颖、徐凌、赵宁、王雪科等，特别是林德雄先生，他为本书的修订和校对做了大量工作，特在此向他们表示感谢，感谢他们一直以来对我国工程保险的专注和研究，感谢他们在本书的修订过程中给予的帮助。此外，中国财政经济出版社的裴兰英主任、责任编辑翁晓红女士以及她们的同事为本书的再版付出了辛勤的努力，在此表示感谢！

王　和

2010年10月20日

# Preface

To the readers of this book

The global Engineering Insurance market today faces many challenges. It has to understand and follow the rapid technical development in the world and to the extent found possible provide products that meet the requirements of all involved, investors, contractors and financiers to name a few. In today's climate underwriting principles are being put to test as well as the need for capacity for sophisticated mega projects.

The International Association of Engineering Insurers (IMIA) founded in 1968 has developed into an important international forum for promoting understanding and best practice in the field of Engineering Insurance. All major markets and reinsurers are today members of IMIA and membership is expanding. Through this international network Engineering Insurers round the World share experiences, develop new ideas in order to have the knowledge and preparedness to meet global challenges and demands.

The rapid economical and technical development of the Peoples Republic of China is a challenge in many areas and Engineering Insurance is naturally one of them. It must therefore be of utmost interest for all parties involved to develop the knowledge and skills within the growing insurance industry in China during the present rapid expansion of the economy. Engineering Insurance will during this stage be one of the most important insurance lines. Knowledge and experience must be developed through education and training if China is to develop a sound Engineering Insurance market with the capacity and skills necessary to meet present and future requirements from all sectors of industry.

It is therefore with great satisfaction that IMIA recognises this book which is very comprehensive and covers all the fields of CAR /EAR insurance necessary for underwriters and others in Engineering Insurance. It will enable readers to be familiar with and have an in depth knowledge of the subject which is necessary if the Chinese Engineering Insurance market is to meet its challenges and develop into an internationally recognised market. This book certainly forms a very valuable basis for development based on competence and sound underwriting practice. IMIA can foresee an extensive use of this book in the Chinese Engineering Insurance market.

I wish this book great success.

Chairman of IMIA

The International Association of Engineering Insurers

# 序(中译文)

致本书的读者:

全球工程保险业正面临诸多挑战，它必须紧紧追随全球工程技术发展的脚步，开发出相应的产品以满足投资者、承包商以及融资人等各参与方的需求。同时，与承保能力一样，保险人的承保技术在大型项目上也在经受着考验。

成立于1968年的国际工程保险人协会（the International Association of Engineering Insurers，IMIA）目前已经发展成为国际工程保险领域增进相互交流和了解，提升实践能力与水平的重要国际性组织。主要保险市场的保险人和再保险人都已经成为协会成员，同时成员的队伍还在不断壮大。借助这个国际性的交流渠道，全球的工程保险人通过经验分享和理念创新，致力于满足客户的需求。

中国经济和技术的快速发展对包括工程保险在内的很多领域都提出了挑战。因此，工程保险所有参与方的第一要务就是满足中国经济发展对保险产业提出的知识和技术的要求，而此阶段工程保险是最重要的险种之一。中国要建立起健全的工程保险市场，并拥有足够的承保能力和承保技术来满足行业内各领域现在和将来的需求，就必须在教育和培训的过程中不断学习知识和增长经验。

因此，IMIA非常欣慰地看到，本书全面、系统地介绍了工

程保险的承保人和其他各方需要了解的建筑工程一切险（CAR）、安装工程一切险（EAR）及其他工程保险的所有相关内容，能够帮助读者熟悉和深入了解工程保险的知识，使中国的工程保险市场能够迎接挑战并发展，从而得到国际工程保险界的认可。同时，该书也为读者提高业务能力和增强承保经验提供了良好的基础。IMIA 可以预见，该书将在中国工程保险市场上得到广泛的应用。

预祝该书获得圆满成功。

国际工程保险人协会主席

安德斯·林德博格

2005 年 8 月

# 前　　言

工程保险在我国发展的时间虽然不长，但在改革开放，特别是国家加大基础建设投资的大背景下，业务发展迅速。2002~2009年期间，我国的工程保险业务平均增速超过30%，远远高于同期财产保险发展的速度。2009年工程保险的保费收入达到了51.6亿元人民币，已处于国际工程保险界的前列。研究表明，在未来的一个时期内，我国工程保险仍将保持一个快速增长的趋势，预计2010~2015年期间工程保险业务的增速有望保持在25%以上，2012年将突破100亿元大关。

但在我国工程保险快速发展的同时，经营业绩却呈现明显下滑的趋势，平均费率不断下降，保费充足率严重不足，与国际再保险市场形成一种“倒挂”的态势。由于对承保条件管控不严，风险管理服务缺位，导致重大事故时有发生，赔付率高位运行，经营风险不断聚集，工程保险经营形势不容乐观。导致这种结果的原因是多方面的，有市场竞争方面的因素，也有经营理念方面的因素；有技术方面的因素，也有经验方面的因素；有费率方面的因素，也有承保条件方面的因素。但笔者认为人是最根本的因素：一方面是一些工程保险从业人员对于工程风险特征缺乏基本的认识，往往将其作为一种常规风险对待，在竞争的环境下，盲目地降低承保条件和费率，导致经营风险加大；另一方面是一些工程保险从业人员不熟悉工程风险评估技术，也不能系统地掌握工程保险的基本原理和技术，所以，在承保的过程中无法根据风险的实际状况确定合理价格，也难以对工程保险项目进行有效的风险管理，导致经营业绩下降。解决这些问题的出路在于重视和加强对工程保险从业人员的教育和培训，提高他们的专业技能水平。

在长期的工作实践中，笔者发现在工程保险的经营过程中存在的一个突出问题是保险人与投保人/被保险人之间存在着知识和经验背景的差异，因此，就出现了一个“视角差异”问题，导致双方难以用一种共同的语言进行有效的沟通。这种沟通问题不仅存在于保险方案的制订过程中，更体现在保险事故的处理和赔偿过程中。具体表现为：保险人在制订工程保险方案时，往往缺乏针对性，保险方案不能适应项目的风险特征，难以满足投保人的需求，同时，也无法有效控制保险人自身的经营风险；在保险事故的处理过程中，被保险人索赔不合理，保险人定损缺乏依据，经常产生理赔纠纷。这些现象在一定程度上阻碍了我国工程保险业务的健康发展。笔者认为：解决问题的关键是工程保险从业人员应当注重学习和掌握工程建设，特别是工程风险管理方面的知识，并将这些知识与保险、工程保险相结合，形成一种“保险＋工程”的复合型知识结构，只有这样，才能把自己培养成为一名优秀的工程保险技术人员，才能促进我国工程保险经营水平的提高。

但是，面对浩如烟海的工程建设知识，工程保险从业人员往往有一种茫然和无从下手的感觉，更难以将工程知识与工程保险加以结合。本书试图解决这个问题，希望对工程保险以及与工程保险相关的工程建设知识加以系统介绍，以一个工程保险从业人员的眼光和视角去探索、分析和研究工程建设的相关知识，特别是关于施工安全与工程风险管理方面的知识，并将这些知识与工程保险的经营管理相结合。为此，笔者在长期从事工程保险实践工作的基础上，一方面认真研读了一批各国工程保险的经典著作，力求对保险、工程保险有更加深刻的认识和理解；另一方面全面和系统地阅读了大量工程建设与管理方面的有关书籍，力求用工程保险从业人员的眼光去学习和掌握工程建设与管理方面的知识，并从中汲取与工程保险相关的知识。本书就是笔者对工程保险和工程管理两个领域进行结合性研究的成果。

本书分为上、下两册，上册为“工程保险理论与实务”，下册为“工程风险评估理论与实务”。上册共七章，主要内容是围绕工程保险以及相关的知识展开：(1) 介绍了全球以及我国工程保险的发展历史与现状；(2) 系统介绍了项目管理、工程招投标、工程合同、工程价格、工程监理以及工程法律法规等与工程保险相关的工程建设基本知识；(3) 介绍和解析工程保险条款；(4) 分类介绍工程保险附加条款以及使用过程中的注意事项；(5) 介绍承保的基本原则，特别就核保过程中涉及的条款、附加条款、投保人、被保险人、保险标的、保险金额、赔偿限额、保险期间、免赔额等关键要素进行了重点介绍；(6) 介绍工程保险的价格影响因素、价格确定的方法、常见的工程保险定价软件等；(7) 结合实际，介绍了《保险建议书》的制作问题；(8) 介绍理赔的基本原则、一般程序、检验人员的基本要求、保险公估制度等；(9) 结合工作实际，重点介绍了现场查勘、定损理算、检验理算报告、代位追偿等环节；(10) 系统介绍与工程保险相关的工程保证保险、预期收益保险、完工工程项目保险、工程潜在缺陷保险、物权保险、工程职业责任保险、运输保险、建筑施工人员团体意外伤害保险和雇主责任保险等业务。

下册共五章，主要内容是围绕工程项目的风险管理和典型项目

的风险评估展开，系统介绍了建设项目风险管理的理论和实务，特别是工程项目的风险评估、跟踪检查及其报告，重点讲解了工程风险量化技术中的PML问题；分析了地质灾害、地震、洪水、火灾、第三者责任等基本风险及其特征；针对深基础、道路、隧道、桥梁、码头、水电站、火电厂、风电厂、核电站、机场、轨道工程、高层建筑、管道工程、海洋工程14类较为典型的工程项目进行了介绍，并对这些项目的风险评估进行了系统的介绍，包括项目的PML分析技术、主要风险以及控制；最后，针对工程保险的另外一类标的——施工机具的风险评估问题进行了详细的介绍。

从实用性的角度出发，笔者在广泛收集和研究的基础上，整理制作了“风险评估报告”、“保险建议书”、“理算报告”等范本，作为本书的附录供读者参考使用。同时，为了便于读者使用，附录中还收集了市场上较为常见的保险单、条款、投保单、费率表等。

本书的目标读者是从事工程保险的各类人员，包括保险公司、保险代理公司、保险经纪公司和保险公估公司的各类工作人员。同时，也可供从事工程项目风险管理的工程管理人员、大专院校的师生阅读和参考。

由于本人的水平有限，书中难免有错误和不当之处，恳请前辈、专家和同行不吝赐教、指正。

联系方式：gongchengbaoxian@ sina. cn。

王　和

2010年10月

# 上册 —— 工程保险理论与实务

## 下册 —— 工程风险评估理论与实务

# 第一章
# 工程保险概述

## 第一节
## 工程保险及其特征

### 一、工程保险的定义

工程保险是针对工程项目在建设过程中可能出现的自然灾害和意外事故而造成的物质损失和依法应对第三者的人身伤亡和财产损失承担的经济赔偿责任提供保障的一种综合性保险。

工程保险是从财产保险中派生出来的一个险种，主要以各类民用、工业用和公共事业用工程为承保对象。现代工程保险已经发展成为产品体系较为完善，具有较强专业特征，且相对独立的一个保险领域。

### 二、工程保险的特征

尽管工程保险属于财产保险的领域，但是它与普通的财产保险相比具有显著的特点。

（一）工程保险承保的风险具有特殊性

工程保险承保的风险具有特殊性，表现在：首先，工程保险既承保被保险人的财产损失风险，同时还承保被保险人的责任风险。其次，承保的风险标的中的大部分裸露于风险中，自身抵御风险的能力大大低于普通财产保险的标

的。最后，工程在施工中始终处于一种动态的过程，而且存在大量的交叉作业，各种风险因素错综复杂，使风险程度加大。

（二）工程保险的保障具有综合性

工程保险针对承保风险的特殊性所提供的保障具有综合性。工程保险的主责任范围一般由物质损失部分和第三者责任部分构成，同时，工程保险还可以针对工程项目风险的具体情况提供运输过程中、工地外储存过程中、保证期过程中等各类风险的专门保障。

（三）工程保险的被保险人具有广泛性

普通财产保险的被保险人的情况较为单一，通常只有一个明确的被保险人。而工程项目建设过程中涉及的当事人较多，关系相对复杂，包括业主、主承包商、分包商、设备和材料供应商、勘察和设计商、技术顾问、监理人、投资者、贷款银行等，他们均可能对工程项目拥有保险利益，成为被保险人。

（四）工程保险的保险期限具有不确定性

普通财产保险的保险期限是相对固定的，通常是 1 年。而工程保险的保险期限一般是根据工期确定的，往往是几年，甚至十几年。与普通财产保险不同的是，工程保险保险期限的起止点也不是确定的具体日期，而是根据保险单的规定和工程的具体情况确定的。为此，工程保险通常采用的是工期费率，而较少采用年度费率。

（五）工程保险的保险金额具有变动性

工程保险与普通财产保险不同的另一个特点是财产保险的保险金额在保险期限内是相对固定不变的，而工程保险中物质损失部分针对的标的的实际价值在保险期限内是随着工程建设的进度不断增长的。所以，在保险期限内，不同时点的实际保险金额是不同的。

## 三、工程保险的基本分类

工程保险（Engineering Insurance）的分类方式较多，根据不同的方式可以分为以下类别：

（一）按照承保标的分类

按照承保标的可以将工程保险分为：建筑工程（一切）险（Contractor's All Risks Insurance，CAR）、安装工程（一切）险（Erection All Risks Insurance，EAR）、施工机具保险（Construction Equipment and Plant Insurance，

CEP)、机器损坏保险（Machinery Breakdown Insurance，MB)、预期利益损失保险（Advance Loss of Profits Insurance，ALOP/Delay in Start - Up Insurance，DSU)。

国际工程保险人协会（the International Association of Engineering Insurers，IMIA）将工程保险业务分为四大类：（1）建筑、安装工程保险及其工程保证保险（CAR、EAR、GUARANTEE)；（2）机器损坏保险、锅炉爆炸保险和其他（MB、BE、OTHER)；（3）电气设备保险（EE)；（4）利润损失保险（LOP)。通常将这四大类称为广义工程保险，而将其中的建筑、安装工程保险及其工程保证保险（CAR、EAR、GUARANTEE）称为狭义工程保险，本书所指的工程保险均为狭义工程保险范畴。

（二）按照投保人分类

按照投保人不同，可以将工程保险分为项目保险和承包商保险（Bulider's Policy)。项目保险是以项目为单位进行投保的，通常项目保险的被保险人包括参与项目建设的各关系方，如业主、承包商、分包商、供应商等。承包商保险是承包商为维护自身利益进行的投保，通常承包商保险的被保险人是承包商自己。

（三）按照保险期限分类

按照承保期限，可以将工程保险分为工期保险和年度保险。工期保险的保险期限是与项目的工期相吻合的保险。年度保险是以年度为单位进行的保险。通常年度保险是承包商保险的一种形式，是以承包商在1个年度内完成的工程项目（工程量）为对象的工程保险。

（四）按照投保方式分类

按照投保方式，可以将工程保险分为确定保险和约定（开口）保险。确定保险是以一个确定的项目为对象进行的保险。约定（开口）保险则是以一定的承保条件，针对尚未确定的项目为对象的保险，属于一种预先约定的保险。

本书研究的主要对象是以项目、工期和确定方式承保的建筑工程一切险（CAR）和安装工程一切险（EAR)。

# 第二节
# 保险基本原理在工程保险中的应用

## 一、保险利益原则

保险利益（可保利益）是指投保人对保险标的所具有的法律上承认的经济利益。它体现了投保人或被保险人与保险标的之间存在的经济利益关系，即保险标的损害或丧失，投保人或被保险人必须蒙受经济损失。

保险利益构成的三个条件：（1）必须是法律认可的利益。保险利益必须是符合法律规定，符合社会公共利益要求，被法律认可并受法律保护的利益。（2）必须是客观存在的利益。保险利益必须是客观上或事实上的利益，所谓事实上的利益包括“现有利益”和“期待利益”。保险利益主要是指投保人或被保险人的现有利益，诸如财产所有权、共有权、使用权等。如果期待利益可以确定并可以实现的话，也可以作为可保利益。（3）必须是经济上能确定的利益，即通过货币形式计算的利益。

保险利益原则是指在订立和履行保险合同的过程中，投保人或被保险人对保险标的必须具有可保利益，如果投保人对保险标的不具有可保利益，确定的保险合同无效；或者保险合同生效后，投保人或被保险人失去了对保险标的的可保利益，保险合同也随之失效。《中华人民共和国保险法》（以下简称《保险法》）第十二条规定：“人身保险的投保人在保险合同订立时，对被保险人应当具有保险利益。财产保险的被保险人在保险事故发生时，对保险标的应当具有保险利益。”

与其他财产保险不同，由于工程保险中承保的风险是综合的，主要有业主风险和承包商风险，有时还包括设计单位、监理单位和供应商的风险，同时承保的标的是多样的，主要有工程项目、相关责任和费用，所以，工程保险的保险利益体现为多主体和多形式，而不像财产保险较为单纯，在确定工程保险的保险利益时主要是依据所有权、合同和相关法律。

## 二、最大诚信原则

合同的签订都以合同当事人的诚信为基础，保险合同由于其具有的特殊性，对于当事人诚信的要求比一般民事活动的标准更高，即要求合同双方遵循最大诚信原则。对此，《保险法》第五条规定：“保险活动当事人行使权利、履行义务应当遵循诚实信用原则。”另外，英国的《1906年海上保险法》也规定：“海上保险合同是建立在最大诚信原则基础上的合同，如果任何一方不遵守这一原则，另一方可以宣告合同无效。”

诚信是指诚实、守信用。诚实是指一方当事人对另一方当事人不得隐瞒、欺骗；守信用是指任何一方当事人都必须善意地、全面地履行自己的义务。最大诚信原则是指保险合同双方在签订和履行合同时，必须以最大的诚意履行自己应尽的义务，互不欺骗和隐瞒，恪守合同的认定与承诺，否则保险合同无效。

在工程保险中，由于工程项目，尤其是一些大型项目的建设均具有较强的专业性和特殊性，尽管一些从事工程保险的专业人员具有一定的工程建设基本知识，但是他们不可能对于项目的个性化和特殊的风险均能够全面地了解。为此，根据最大诚信原则，投保人应将项目风险的情况如实告知保险人，使保险人在决定承保和确定保险方案和费率时，对于项目风险的实际情况有较为充分的掌握。

最大诚信原则的具体内容包括告知和保证，这是衡量保险合同双方履行最大诚信原则的依据和标准。

告知是指投保人在订立保险合同时，应将与保险标的相关的重要事实如实向保险人陈述，以便让保险人判断是否接受承保和以什么条件承保。关于“重要事实”的问题，英国《1906年海上保险法》的定义为：“影响谨慎的保险人决定是否承保和确定保险费等承保条件的一切资料。”

关于告知的程度问题有两种类型：一种是“充分（无限）告知”，即承担告知义务的一方应将其知道的所有关于保险标的风险的情况主动告知对方；另一种是“有限告知”，即当事人一方只需针对对方提出的问题如实告知即可。我国现行的《保险法》和工程保险条款均采用了“有限告知”的原则，即“有问有答，不问不答”（《保险法》第十六条规定：“订立保险合同，保险人就保险标的或者被保险人的有关情况提出询问的，投保人应当如实告知”）。为此，工程保险的投保人在办理保险的过程中，只要针对保险人在工程保险投

保单提出的问题进行了如实的回答，即履行了保险合同项下被保险人的告知义务。

保证也分为确认保证和承诺保证。确认保证是指投保人或者被保险人对于过去或者现在某一特定的事实的存在或者不存在的保证。在工程保险中，保险人通常会要求投保人对于影响风险程度的一些情况进行确认，如工地周围是否有河流、湖泊或者海洋等。承诺保证是指投保人对将来某一事项的作为或者不作为的保证。如在工程保险中，投保人承诺一旦保险标的的风险发生变更，将立即通知保险人。

保证还可以分为明示保证和默示保证。明示保证是指将保证的内容以文字的形式在保险合同中载明。如条款中规定被保险人“在保险财产遭受盗窃或恶意破坏时，立即向公安部门报案”。默示保证是指投保人或者被保险人对于某一特定事项虽然没有明确表示担保其真实性，但该事项的真实存在是保险人决定承保的重要依据，并成为保险合同的内容之一。默示保证一般由法律作出规定。

## 三、近因原则

所谓近因，不是指在时间或空间上与损失结果最为接近的原因，而是指促成损失结果最有效的或起决定作用的原因。

工程保险标的的损害并不总是由单一的原因造成的，损害发生的原因经常是错综复杂的，其表现形式也多种多样。有的是同时发生，有的是不间断地连续发生，有的则是时断时续地发生，而且这些原因有的属于保险责任，有的不属于保险责任。对于这一类因果关系较为复杂的赔案，保险人应如何判定责任归属呢？这就要根据近因原则。

在实务中，导致损失的原因是各种各样的，因此，损失近因的确定要根据具体情况具体分析。

（一）单一原因导致损失近因的判定

单一原因导致损失，即造成损失的原因只有一个，则该原因即为近因。

（二）多种原因同时导致损失近因的判定

多种原因同时导致损失，即各原因发生无先后之分，且对损害结果的形成都有直接与实质的影响效果，则原则上它们都是损失的近因。若多种原因都属保险责任，对其所致的损失，保险人必须承担赔偿责任；若都为除外责任，保险人不负赔偿责任。若多种原因中既有保险责任，又有除外责任，如果它们所

导致的损失能够分清，保险人则对承保的危险所造成的损失予以负责；如果保险危险与除外危险所导致的损失无法分清，此种情形的处理有两种意见：一种是主张损失由保险人与被保险人平均分摊；另一种是主张保险人可以完全不负赔偿责任。

（三）多种原因连续发生导致损失近因的判定

多种原因连续发生，即各原因依次发生，持续不断，且具有前因后果的关系。若损失是由两个以上的原因所造成，且各原因之间的因果关系未中断，其最先发生并造成一连串事故的原因为近因。如果该近因是保险责任，保险人应负责赔偿损失；反之不负责。

（四）多种原因间断发生导致损失近因的判定

多种原因间断发生，即各原因的发生虽有先后之分，但其之间不存在任何因果关系，却对损失结果的形成都有影响效果。此种情形损失近因的判定及保险人承担责任的处理方法与多种原因同时导致损失基本相同。

## 四、补偿原则

补偿原则是指保险合同生效后，如果发生保险责任范围内的损失，被保险人有权按照合同的约定，获得应有的赔偿。保险赔偿是弥补被保险人由于保险标的遭受损失而失去的经济利益，被保险人不能因保险赔偿而获得额外的利益。

补偿原则的核心是要维护保险作为一个社会经济制度的积极意义，即它一方面要确保被保险人在遇到承保风险造成损失时能够得到充分的补偿，以稳定其正常生产和生活活动；另一方面又要防止一些不法的被保险人利用保险非法牟利。只有这样，保险才能健康、有序地发展，才能真正发挥其保障的作用。

补偿原则的应用并不是绝对的，也有例外。补偿原则的例外是指在保险实务对于补偿原则的适用上的例外情况。这些例外情况主要存在于人身保险、定值保险、重置价值保险和施救费用赔偿的领域，其中重置价值保险与工程保险关系密切。所谓重置价值保险是指以被保险人重置或者重建保险标的所需要的费用或成本确定保险金额的保险，即为了满足被保险人对受到损失财产进行重置或者重建的需要，保险人允许投保人按照超过保险标的实际价值的重置或者重建价值投保，在发生损失时，按照重置费用或者成本进行赔付。

在工程保险中确定的赔偿原则是采用重置方式进行的，即按照出险时恢复

标的的实际费用进行赔偿。但是，这种赔偿方式是有前提条件的，即投保人应当按照重置价进行投保。在工程保险的理赔过程中往往因赔偿标准的问题产生纠纷，其核心问题就是前提条件的确认和维持。一方面，如果被保险人是按照重置价进行投保的，则保险人就应当按照重置方式进行赔偿；另一方面，如果被保险人没有按照重置价进行投保，则保险人就可以拒绝按照重置方式进行赔偿。但是，经常出现的问题是在保险期间内工程的重置价发生了较大的变化，投保人或者被保险人没有及时通知保险人，到了损失发生时，保险人才发现这个问题。这种情况可以通过“申报制度”的方式加以解决，即对于那些工期较长的项目，要求投保人每隔一定的时间向保险人申报一次合同金额的变化情况。另一种解决方式是保险人经常对于合同金额可能发生的变化进行检查和核对。

## 五、代位追偿原则

代位追偿原则是补偿原则的派生原则。代位追偿原则是指在财产保险中，保险标的发生保险事故造成推定全损，或者保险标的的损失是由第三者的责任造成的，保险人按照合同的约定履行了赔偿责任之后，依法取得对保险标的的所有权或对保险标的损失负有责任的第三者追偿权。代位追偿的主要目的在于防止被保险人由于保险事故的发生，从保险人和第三者责任方同时获得双重赔偿而获得额外的利益。

我国《保险法》第五十九条、第六十条、第六十一条、第六十二条、第六十三条对于代位追偿原则及其适用的范围、条件和例外等有关问题进行了明确的规定。

在工程保险中也可能涉及代位追偿方面的问题，在理解工程保险项下的代位追偿时，应当注意两个问题：一是当工程项目发生保险事故造成了损失，而这种损失的全部或者部分应由第三者负责时，投保了工程保险的被保险人在这种情况下对索赔对象具有选择权。保险人应当认识到根据保险合同，被保险人具有这种权利，只要损失本身属于保险责任范围内，被保险人就有权选择向保险人索赔。二是被保险人选择向保险人索赔的先决条件，即如果保险责任项下负责的损失涉及其他责任方时，不论保险人是否已赔偿被保险人，被保险人均应立即采取一切必要的措施行使或保留向该责任方索赔的权利。在保险人赔偿后，被保险人应将向该责任方追偿的权利转让给保险人，移交一切必要的单证，并协助保险人向责任方追偿。

另外，工程保险的追偿对象可能涉及两类：一是没有作为工程保险被保险人的、存在合同关系的当事人；二是不存在合同关系的当事人。

## 第三节
# 工程保险的历史与发展

### 一、工程保险的产生

工程保险的历史相对于财产保险中的火灾保险短得多，可以说是财产保险家族中的新成员，一般认为工程保险源于机器设备保险。

19 世纪中叶的英国在工业革命之后，出现了以蒸汽机为代表的机器设备，从根本上对人们传统的财产概念形成了挑战。人们，特别是保险人开始关注和研究机器设备作为财产的风险特征。他们发现机器设备与传统财产不同，这些财产的风险具有较强的技术性，由于内部设计、结构、安装以及运行维护情况的不同，风险也大不相同。同时，这些财产在出现自身损失的同时，往往更容易对环境造成影响，会导致环境内的人身伤亡和财产损失。因此，人们认识到需要开发一种新的保险产品去满足这种特殊标的风险分散的需要，同时，在这种保险的经营过程中还需要专门的技术支持。于是，1895 年在英国出现了第一家以技术见长、以专门承保蒸汽锅炉为主的机器设备保险公司——蒸汽锅炉保险公司（Steam Boiler Assurance Company）。渐渐地，机器设备保险发展成为一个相对独立的保险险种——工程保险（Engineering Insurance）。可见初期的工程保险是针对处于运营状态的机器设备，而不是处于建设期间的。

现代意义的工程保险是在机器设备保险的基础上发展而来的。第一张安装工程保险的保单是大西洋保险公司和安联保险公司于 1924 年在德国推出的。第一张建筑工程保险的保单是 1929 年签发的，承保的是当时在伦敦泰晤士河上建造的 Lambeth 大桥工程。但严格地讲这并不是一份真正的建筑工程保险的保单，它仅仅是在原有火灾保险保单的基础上做了一些针对建筑工程特点的批改和扩展，就其原形和特征而言仍未摆脱火灾保险的模式，只能说是一份建筑工程保险保单的雏形。真正的建筑工程保险保单是 1934 年在德国出现的，这种保单已从根本上区别于传统的火灾保险保单，它主要针对现代工程规模宏

大、技术复杂、造价昂贵的特点，有针对性地制订保障方案，并逐步形成自己独立的体系。尽管在此之后的一段时间里，工程保险从技术上逐步完善，但当时受经济发展情况的限制，客观上并未形成对工程保险的一定规模的市场需求。

## 二、工程保险的发展与现状

工程保险的发展是在第二次世界大战之后，当时的欧洲几乎是一片废墟，战后各国为重建国家而大兴土木，这在客观上形成了对工程保险的需求，促使工程保险得以迅速发展。此外，工程市场本身的规范化，也为工程保险的发展创造了良好的条件。1950 年国际咨询工程师联合会组织制定了土木建筑工程的标准合同条款（简称 FIDIC 合同），同时英国皇家建筑师学会也制定了类似的合同条款（简称 JCT 合同）。制定这些合同的初衷是希望通过规范合同的手段达到规范建筑工程市场的目的，所以在这些工程合同中均对工程风险的处理以及责任人进行了明确的规定，具体对承包人需办理的有关保险进行了明确的规定。办理有关保险成为承包人履行工程合同义务的一部分，这就为工程保险的发展创造了极为有利的条件。在之后的 50 多年时间里，工程保险业务量得到了迅速发展，同时工程保险的技术也得到较大的提高。

但是，到了 20 世纪末，工程保险出现了严重的危机，根本原因在于尽管工程保险从形式上已经完全独立于其他的财产保险，但从保险的专业管理上仍未脱离其他财产保险的框架而形成适应其特点的体系。因为尽管工程保险在进行风险评估、定损理算的原理上同财产保险中的火灾保险、机器损坏保险没有很大的区别，但工程保险仍有其作为一个特殊险种明显的特殊性。首先，作为工程保险合同的当事人——被保险人一方往往由众多关系方组成，包括业主、发展商、主承包商、分包商、材料供应商、工程设计人、工程监理人、技术咨询部门等。其次，现代工程项目风险相对集中，每一危险单位的可能损失额往往大于财产保险的其他险种。最后，工程项目在建设过程中通常缺乏一种自我保护的能力，而一般的财产保险标的均已形成一定的抗御灾害的能力。尽管如此，对于工程保险一直没有形成一套有针对性的经营管理体系，工程保险的费率水准一直低于财产保险的其他险种，导致近年全世界工程保险的承保记录一直很差。不少保险人和再保险人纷纷退出这一领域，造成承保能力不足，费率上扬。此外，随着现代科学技术的发展，大量的新设计、新工艺、新材料广泛地应用于工程建设的各个领域和环节，成为新的风险源，尤其是一些大型工程项目，如地铁、隧道、港口、特大桥梁、高速公路、水利水电工程等。

近年来，在国际工程保险人协会和一些国际再保险公司的推动下，整个保险行业渐渐认识到工程保险经营风险的特殊性，并在改善工程保险经营和管理方面做了一些卓有成效的努力，包括制定了承保指南、控制分保接受条件、加大工程保险经营信息和数据共享等；同时，针对隧道、桥梁、道路、管道、海洋工程等技术性强、风险相对大的项目，通过举办专题研讨会、出版专门读物等方式，加强对从业人员的培训，提高从业人员管理风险和核保的技能。这些举措取得了一定的成效，工程保险的经营业绩开始好转。

2006～2008年期间IMIA成员国（地区）的狭义工程保险（包括建筑工程一切险、安装工程一切险和工程保证保险）的毛保费收入统计情况详见表1－1。这个统计数据表明，工程保险保费收入呈逐年上升趋势。

**表1－1　2006～2008年IMIA成员国（地区）狭义工程保险毛保费收入**

| 年份 | 毛保费（百万美元） | 同比增长（%） |
|---|---|---|
| 2006 | 4 170 | — |
| 2007 | 4 236 | 1.58 |
| 2008 | 4 451 | 5.08 |

2006～2008年期间IMIA成员国（地区）狭义工程保险的赔付统计情况详见表1－2。从近年统计数据来看，工程保险赔付率已稳定在40%～45%的区间内，相对于几年前IMIA的赔付率有大幅度下降趋势，工程保险的经营取得了较好的业绩。

**表1－2　2006～2008年IMIA成员国（地区）狭义工程保险赔付情况**

| 年份 | 所有赔案 | | 重大赔案 | |
|---|---|---|---|---|
| | 赔款（百万美元） | 赔付率（%） | 赔款（百万美元） | 赔款占比（%） |
| 2006 | 1 741 | 41.75 | 178 | 4.27 |
| 2007 | 1 863 | 43.98 | 200 | 4.72 |
| 2008 | 1 930 | 43.36 | 498 | 11.19 |

各国工程保险的发展和经营情况差异较大，与每个国家的经济规模、发展状况和金融保险业的发展水平是密切相关的。从2008年的经营情况来看，德

国、美国和英国的工程保险收入在所有 IMIA 成员国中排名前三位，而芬兰、印度和以色列的工程保险收入则排名最后三位；就赔付率而言，德国的工程保险赔付率多年来一直居高不下，但相对于 2000 ~ 2002 年已有较大程度的改善；俄罗斯和美国的工程保险赔付率最低。2008 年 IMIA 各成员国（地区）的保费收入及 2006 ~ 2008 年的赔付率详见表 1 – 3。

**表 1 – 3　IMIA 各成员国（地区）的保费收入及赔付率**

| 国家（地区） | 2008 年保费收入（百万美元） | 赔付率（%） | | |
|---|---|---|---|---|
| | | 2006 年 | 2007 年 | 2008 年 |
| 芬兰 | 44 | 73 | 70 | 88 |
| 印度 | 50 | 22 | 34 | 71 |
| 以色列 | 101 | 56 | 53 | 53 |
| 瑞典 | 145 | 46 | 38 | 40 |
| 中国台湾 | 145 | 32 | 28 | 36 |
| 丹麦 | 157 | 51 | 85 | 71 |
| 奥地利 | 252 | 53 | 55 | 55 |
| 南非 | 264 | 36 | 36 | 46 |
| 巴西 | 264 | 17 | 31 | 22 |
| 瑞士 | 302 | 46 | 47 | 40 |
| 墨西哥 | 314 | 65 | 30 | 53 |
| 澳大利亚 | 314 | 36 | 49 | 57 |
| 荷兰 | 377 | 58 | 50 | 58 |
| 加拿大 | 434 | 13 | 14 | 45 |
| 土耳其 | 440 | 39 | 39 | 52 |
| 俄罗斯 | 585 | 11 | 8 | 12 |
| 法国 | 648 | 41 | 39 | 53 |
| 日本 | 704 | 53 | 47 | 51 |
| 意大利 | 742 | 56 | 62 | 68 |
| 西班牙 | 811 | 53 | 67 | 56 |
| 英国 | 811 | 36 | 32 | 44 |
| 美国 | 1 245 | 20 | 25 | 24 |
| 德国 | 1 874 | 70 | 75 | 76 |

## 三、国际工程保险人协会（IMIA）

国际工程保险人协会（IMIA）是1968年成立于德国慕尼黑的非营利性组织，也是工程保险领域唯一的国际性组织。它的前身是国际机器保险协会（the International Machinery Insurance Association，简称IMIA），因此，国际工程保险人协会继续沿用“IMIA”作为简称。协会的宗旨是加强国际工程保险领域的交流与合作，组织研究工程风险管理和工程保险技术，推动全球工程保险水平的提高。

根据协会的章程，协会成员由各国的保险人协会、保险公司、再保险公司及其他与工程保险相关的组织组成。IMIA的管理和执行机构是执行委员会，IMIA设总裁（由主办当年年会的国家选举产生）、主席、秘书和委员会成员，成员多是保险公司和再保险公司的业界人士。现任主席为慕尼黑再保险的Detmar Heidenhain。

目前，IMIA有23个国家和地区的协会会员，包括芬兰、印度、以色列、瑞典、丹麦、奥地利、南非、巴西、瑞士、墨西哥、澳大利亚、荷兰、加拿大、土耳其、俄罗斯、法国、日本、意大利、西班牙、英国、美国、德国以及中国台湾地区。这些国家和地区工程保险的保费收入占全球市场的绝大部分。

国际工程保险人协会所针对的工程保险属于广义的范畴，它包括：（1）建筑、安装工程保险及其工程保证保险（CAR、EAR、GUARANTEE）；（2）机器损坏保险、锅炉爆炸保险和其他（MB、BE、OTHER）；（3）电气设备保险（EE）；（4）利润损失保险（LOP）。

国际工程保险人协会的具体工作是通过组织协会年会、工作组项目研究等形式，为全球的工程险承保人提供经验交流、相互了解和沟通的平台。同时，协会也成为会员们学习技术、分析研究损失原因、交流经验的技术型论坛。协会的网站提供工程保险方面的学术论文、出版物及其他信息，同时与慕尼黑再保险公司、瑞士再保险公司等在工程保险方面具备技术优势的保险人网站工程险部分设置链接，方便工程保险人查询工程险技术资料。

IMIA的年会通常是在每年的秋天举行，由各成员国轮流主办。由于IMIA的国际影响不断加大，参与IMIA年会的各国协会以及全球各大保险公司的数量也逐年增加。年会除了有各国的工程保险人进行交流外，一个重要内容是由IMIA下设的工作组（Working Group）在每年确定不同的风险管理与保险技术研究课题，并在年会上进行宣读和讨论。同时，IMIA 还会邀请一些专家学者在年会上就一些工程保险领域的热点和难点问题发表演讲。年会中代表的议题以及论文大多会发表在工程保险的相关刊物上，供专业人士参考和学习。

2009 年的年会于 9 月 28 ~ 30 日在土耳其的伊斯坦布尔举行，工作组发表的主要议题包括：（1）隧道掘进机，对各种不同岩土条件下所适用的隧道掘进机的介绍及其风险；（2）采矿业的风险；（3）风能的新挑战；（4）预期利润损失险的风险控制和理赔；（5）汽轮机的介绍。

2010 年 IMIA 的年会于 9 月 10 ~ 15 日在德国柏林举行。

## 第四节 我国工程保险的基本情况

### 一、我国工程保险发展的历史

工程保险在我国的发展历史并不长，由于在发展的初期工程保险业务量很小，因此，无论是统计数据还是业务管理均没有专门的记载，如早期的涉外工程保险业务是作为“非水险”这一大类进行统计的，而国内工程保险则是作为“其他业务”进行统计的。所以，目前很难找到我国工程保险开办初期的详细资料。根据《中国保险史》的记载，我国是从 1973 年开始经营工程保险业务的，当时工程保险是作为涉外保险业务中的“新险种”出现的，但没有更加详细的资料介绍当时工程保险业务的具体情况。根据可查证资料，最早的工程保险是在改革开放初期，即 1979 年初由中国人民保险公司承保的一个建设工程项目。这个项目是由我国台湾地区的一位商人在江浙一带投资的，项目由 8 个小型的旅馆组成，并分布在不同的地点。

我国工程保险的发展历史可以划分为三个阶段，即涉外业务经营阶段、涉外业务与国内业务并存经营阶段、全口径经营阶段。

第一阶段是涉外业务经营阶段。这个阶段可以追溯到 1973 年。由于历史的原因，我国在相当长的一个时期内全面停办了保险业务，包括国内业务和绝大部分涉外业务，仅存有少量的涉外保险业务。同时，这个时期的工程保险业务也主要是针对进入我国的具有外资背景的投资项目，所以，这个时期的工程保险均是作为涉外业务经营的。

第二阶段是涉外业务与国内业务并存经营阶段。出现这种“并存经营”现象的主要原因是因为当时我国保险市场唯一的经营主体——中国人民保险公司的业务管理是按照“涉外业务”和“国内业务”进行划分和管理的。这个阶段通常认为是从1980年全面恢复国内业务时开始的。在这个阶段，一方面随着我国的对外开放，大量外资项目进入，这些外资项目管理者的风险意识较强，管理相对规范，对于投资项目均要求办理工程保险，因而产生了大量的工程保险需求，促进了涉外工程保险业务的快速发展。期间承保了诸如广东大亚湾核电站（保险金额为30亿美元）等一批具有较大影响的项目。另一方面由于全面恢复国内保险业务，国内工程保险的需求也不断出现，为了满足这方面的需求，国内也开办了工程保险业务，当时称为“建筑安装工程保险”。由于一开始建筑安装工程保险业务量较小，因此没有作为统计的一个科目进行单独统计。到了1986年，国内业务的建筑安装工程保险才开始作为一个独立的业务进行统计，同时，还细分为城市业务和农村业务。表1－4是中国人民保险公司国内工程保险业务1986～1995年经营的基本情况。

**表1－4　　中国人民保险公司国内工程保险业务**

| 年份 | 区域 | 承保数量（件） | 保险金额（元） | 保费（元） |
|---|---|---|---|---|
| 1986 | 城市 | 480 | 86 095 000 | 228 000 |
| | 农村 | 14 | 6 167 000 | 24 000 |
| 1987 | 城市 | 3 596 | 558 910 000 | 1 302 000 |
| | 农村 | 2 | 70 000 | |
| 1988 | 城市 | 3 011 | 826 597 000 | 2 664 000 |
| | 农村 | 121 | 11 499 000 | 30 000 |
| 1989 | 城市 | 6 102 | 1 412 927 000 | 3 298 000 |
| | 农村 | 6 368 | 164 171 000 | 623 000 |
| 1990 | 城市 | 468 | 1 464 258 000 | 2 990 000 |
| | 农村 | 1 651 | 56 330 000 | 235 000 |
| 1991 | 城市 | 682 | 1 635 732 000 | 4 327 000 |
| | 农村 | 1 953 | 65 825 000 | 345 000 |

续表

| 年份 | 区域 | 承保数量（件） | 保险金额（元） | 保费（元） |
|---|---|---|---|---|
| 1992 | 城市 | 1 113 | 3 010 293 000 | 9 522 000 |
| | 农村 | 1 922 | 94 740 000 | 375 000 |
| 1993 | | 3 237 | 18 586 513 000 | 44 284 000 |
| 1994 | | 7 845 | 26 127 677 000 | 65 796 000 |
| 1995 | | 6 522 | 23 646 624 000 | 68 276 000 |

从表 1 -4 可以看出，在这个时期的后期，中国人民保险公司的国内工程保险业务发展迅速，1992 年的保费不到 1 000 万元，1993 年就达到了 4 428. 4 万元，1995 年更是达到了 6 827. 6 万元。

第三阶段是全口径经营阶段。这个阶段的突出特点是工程保险不再按照业务性质划分为涉外业务和国内业务，而是将所有工程保险业务纳入统一的口径进行统计、经营和管理。这个阶段是从 1996 年开始的，原因是作为保险市场最大的主体——中国人民保险公司按照《保险法》的要求，进行了产、寿险分设，在中国人民保险（集团）公司下分设了中保财产保险有限公司、中保人寿保险有限公司和中保再保险有限公司。分设后的中保财产保险有限公司对业务管理模式进行了重大调整，不再按照业务性质，而是按照产品线设立管理组织架构，工程保险被纳入内设的财产保险部进行统一管理。从此就不再有国内业务和涉外业务之分，而是按照全口径进行经营和管理。在这个时期，作为保险市场重要主体的中保财产保险股份公司（后来改为中国人民保险公司、中国人民财产保险股份有限公司）的工程保险已经发展到了相当大的规模（见表 1 -5）。

**表 1 -5　　中保财产保险股份公司工程保险情况**

| 年份 | 承保数量（件） | 保费收入（元） |
|---|---|---|
| 1996 | 1 069 877 | 319 564 000 |
| 1997 | 126 261 | 381 878 000 |
| 1998 | 142 829 | 334 279 000 |
| 1999 | 83 291 | 338 868 000 |
| 2000 | 8 248 | 299 700 000 |
| 2001 | 8 135 | 348 735 000 |

续表

| 年份 | 承保数量（件） | 保费收入（元） |
|---|---|---|
| 2002 | 6 463 | 386 257 000 |
| 2003 | 7 511 | 578 389 000 |
| 2004 | 8 269 | 690 936 000 |

第三阶段是我国工程保险的大发展时期。一方面由于国家加大了对于基础项目建设投资的力度，同时，放宽了外资和民营资本进入基础项目领域的条件，引发了高速公路、桥梁、隧道、电站、机场、地铁、码头等项目的建设热潮，客观上形成了对于工程保险旺盛的市场需求。另一方面越来越多的保险公司参与到工程保险经营领域，主体的增加加大了供给能力，进一步刺激了消费，促进了工程保险业务的快速发展。到 2009 年，全国工程保险的保费收入达到了 51.6 亿元，工程保险的保险金额占全社会固定资产投资总额的比例达到了 12.8%。表 1－6 反映了过去 10 年（2000～2009 年）我国工程保险市场业务的情况。

**表 1－6　　2000～2009 年我国工程保险市场业务情况**

| 年份<br>保险业务 | 2000 | 2001 | 2002 | 2003 | 2004 | 2005 | 2006 | 2007 | 2008 | 2009 |
|---|---|---|---|---|---|---|---|---|---|---|
| 保费（亿元） | 5.7 | 6.2 | 7.65 | 12.37 | 15.60 | 22.5 | 24.5 | 31.48 | 39.23 | 51.6 |
| 增速（%） |  | 8 | 23.4 | 61.7 | 26.1 | 44.2 | 8.9 | 28.5 | 24.6 | 31.5 |

这个阶段的一个重要特征是市场主体的增加和丰富，除了早期的中国人民财产保险股份有限公司、中国太平洋财产保险股份有限公司、中国平安财产保险股份有限公司和华泰保险股份有限公司外，一些新的保险公司，如阳光财产保险公司、大地财产保险公司、永诚财产保险公司、中华联合财产保险公司、中国人寿财产保险公司和英大财产保险公司也积极参与到工程保险领域。但市场基本上仍然是“三巨头”的格局，2009 年前三家公司的市场份额超过 70%（见表 1－7）。

表1－7　　　　2009年各保险公司保费一览

| 公司 | 人保财险 | 平安财产 | 太保财产 | 大地财产 | 阳光财产 | 永诚财产 | 华泰财产 | 中华联合 | 国寿财产 | 英大财产 |
|---|---|---|---|---|---|---|---|---|---|---|
| 保费（亿元） | 33.44 | 20.91 | 18.01 | 3.38 | 2.67 | 2.48 | 2.45 | 1.67 | 1.56 | 0.43 |

市场主体增加和丰富的另外一个内涵是保险经纪公司的快速发展。在我国保险业发展的大背景下，保险经纪业务得到了长足的发展，保险经纪人已经在我国保险业的发展过程中扮演着越来越重要的角色，成为不可或缺的重要组成部分。2009年，我国的保险经纪公司已经达到了378家，保险经纪公司实现保费收入244.66亿元，占全国总保费收入的2.20%。其中，实现财产险保费194.10亿元，占全部经纪保费收入的79.33%，占同期全国财产险保费收入的6.75%。保险经纪公司营业收入为33.10亿元，同比增长24.91%。其中，财产险佣金收入25.02亿元，同比增长24.35%，占全部经纪业务收入的75.59%；人身险佣金收入3.80亿元，同比增长35.23%，占经纪业务收入的11.48%；再保险业务类佣金收入4 825万元，咨询业务类收入3.71亿元，两者合计占营业收入的12.93%。

经过多年的发展，我国的保险经纪业务基本形成了寡头格局，前20家公司的业务规模超过了总量的60%。表1－8是2009年我国保险经纪公司业务收入前20名排名情况。

表1－8　　　　2009年保险经纪公司业务收入前20名一览表

| 排名 | 机构名称 | 业务收入（万元） | 占比（%） |
|---|---|---|---|
| 1 | 长安保险经纪有限公司 | 40 774.66 | 12.32 |
| 2 | 北京联合保险经纪有限公司 | 24 999.49 | 7.55 |
| 3 | 中怡保险经纪有限责任公司 | 18 080.71 | 5.46 |
| 4 | 江泰保险经纪有限公司 | 17 765.79 | 5.37 |
| 5 | 韦莱保险经纪有限公司 | 15 765.96 | 4.76 |
| 6 | 达信（北京）保险经纪有限公司 | 13 553.44 | 4.09 |
| 7 | 竞盛保险经纪有限公司 | 10 648.96 | 3.22 |
| 8 | 华泰保险经纪有限公司 | 8 998.31 | 2.72 |
| 9 | 航联保险经纪有限公司 | 8 065.86 | 2.44 |
| 10 | 长城保险经纪有限公司 | 7 931.44 | 2.40 |

续表

| 排名 | 机构名称 | 业务收入（万元） | 占比（%） |
| --- | --- | --- | --- |
| 11 | 星安保险经纪有限责任公司 | 6 564.13 | 1.98 |
| 12 | 华信保险经纪有限公司 | 4 669.99 | 1.41 |
| 13 | 北京中汇国际保险经纪有限公司 | 4 527.8 | 1.37 |
| 14 | 中人保险经纪有限公司 | 4 332.29 | 1.31 |
| 15 | 五洲（北京）保险经纪有限公司 | 3 961.68 | 1.20 |
| 16 | 北京金诚国际保险经纪有限公司 | 3 784.81 | 1.14 |
| 17 | 上海东大保险经纪有限责任公司 | 3 672.93 | 1.11 |
| 18 | 中电投保险经纪（北京）有限公司 | 3 531.9 | 1.07 |
| 19 | 北京汇丰保险经纪有限公司 | 3 293.21 | 0.99 |
| 20 | 怡和立信保险经纪有限责任公司 | 3 126.84 | 0.94 |
|  | 合　计 | 208 050.20 | 62.86 |

近年来，随着我国固定资产投资的井喷式发展，建筑行业发展迅速，但与此同时，项目管理，特别是项目的全面风险管理滞后问题十分突出，导致安全事故不断，尤其是一些特大型事故的出现，凸显了安全生产形势的严峻。在这样的大背景下，我国保险经纪行业利用自身的风险管理优势，积极参与到大型工程项目的风险管理中，并在建筑施工风险管理领域和工程保险领域均发挥着越来越重要的角色。具体表现为：

（一）作用不断发挥，地位逐步巩固

数据显示，2007～2009年我国保险经纪公司实现的工程保险保费收入分别是10.97亿元、16.02亿元、24.27亿元，占全国工程保险保费收入比例分别是34.84%、40.83%、47.00%，占比以每年大约6%的速度稳步增长，显示了保险经纪公司在工程保险领域的良好发展态势和在市场中的重要地位。与此同时，我国工程保险市场出现的一个重要变化是内资保险经纪公司的迅速崛起，改变了早期基本是由国际保险经纪巨头主导国内工程保险市场的局面。

（二）领域不断拓宽，服务更加深入

保险经纪公司不仅参与了包括“南水北调”、“西电东输”、“秦山核电”、“京沪高铁”等大型国家重点工程项目，还积极参与地方工程项目。有的保险经纪公司在我国推进“走出去”战略的过程中，配合企业参与国外项目的风险管理。同时，一些保险经纪公司通过向工程项目派驻风险工程师或专业服务小组，编制《保险服务手册》等资料，协助被保险人做好日常的风险防范工作，出险后积极协助被保险人索赔。

（三）引入市场机制，推动行业提升

保险经纪公司通过引入保险竞标等形式，推动保险市场建立有效的竞争机制，使被保险人在保险交易中获得更合理的保险价格。保险经纪公司充分发挥自身专业优势，与保险公司合作，根据客户实际情况调整、开发更有针对性的保险产品。

（四）推动观念普及，提升社会认知

保险经纪公司通过参与工程建设领域风险的专业化管理，提高了被保险人的风险管理水平和能力，实现了经济效益、社会效益双丰收。例如，国家电网公司、中国铁建等国有大型企业依托自己出资成立的保险经纪公司管理施工风险；有的地方政府在大型工程项目的酝酿阶段就邀请保险经纪公司参与项目规划、风险评估，有效控制风险。

在我国保险经纪业务快速发展的同时，也出现了一些问题，主要是作为保险经纪立业之本的专业能力，特别是风险管理的专业能力不强，而能力不强的背后是人才匮乏。由于大多数保险经纪公司在发展初期规模相对小，盈利能力差，经营实力弱，难以吸引更多的专业人才，特别是高端人才，成为制约我国保险经纪公司发展的瓶颈。由于保险经纪公司在发展的初期面临严峻的生存压力，特别是缺乏股东背景的公司，就不得不采用各种非专业的方式参与市场竞争，在一定程度上导致了恶性竞争情况的出现。同时，进入的门槛太低，导致投资者情况良莠不齐，资本制约机制不能得到很好地发挥，一些保险经纪公司，特别是规模相对较小的公司经营陷入困境。针对我国保险经纪行业发展中存在的问题，中国保监会作为行业监管部门也出台了一系列的规范文件，如《保险专业代理机构监管规定》、《保险经纪机构监管规定》、《保险公估机构监管规定》，同时，配合分类监管的政策，制定了《保险专业中介机构分类监管暂行办法》，为促进我国保险经纪业务的持续健康发展奠定了坚实的基础。

经过三个阶段的发展，特别是近 10 年来的快速发展，我国工程保险在世界工程保险领域已经处于较为领先的地位。国际工程保险人协会（IMIA）的相关数据显示，按照广义工程保险的口径，2008 年工程保险保费收入居前 10 名的国家依次是：德国、美国、英国、西班牙、意大利、日本、法国、俄罗斯、土耳其、加拿大。我国 2008 年工程保险的保费收入约为 57 691 万美元，按IMIA统计数据，保费收入位于俄罗斯与土耳其之间，进入前 10 位。

## 二、我国工程保险快速发展的原因

我国工程保险之所以能够在较短的时间内取得长足的进步，主要是得益于我国改革开放的大形势。经济的快速增长拉动了基础建设“井喷式”的发展，为工程保险的发展创造了有利的条件和环境。具体分析有以下几个原因。

原因之一：工程保险的前期发展主要是因为外资项目发挥了启动和推动作用。在我国工程保险发展的初期，业务需求主要来自国外投资项目，在改革开放初期，一大批世界银行、亚洲发展银行、国外银团的贷款项目进入我国，这些项目的特点之一是均采用了国际先进的模式，将工程保险作为风险管理的重要手段，因此，早期的工程保险大多属于涉外业务。

原因之二：建设项目管理制度的变化。随着我国市场经济体制的建设与完善，建设项目管理体制发生了较大的变化，特别是项目经理制的推广，使业主和施工单位的风险意识均得到了实质性的增强，改变了原来大多是在贷款银行的要求下被动地办理工程保险的状况，积极主动地办理工程保险，为工程保险的普及和发展创造了良好的条件。此外，政府有关管理部门一方面在一些涉外项目中推广应用“菲迪克”（FIDIC）合同（关于“菲迪克”合同的情况，详见本册第二章第四节“工程合同”），另一方面在学习、借鉴“菲迪克”（FIDIC）合同的基础上，对我国的建设工程施工合同进行了修改、完善和规范，颁布了“建设工程施工合同（示范文本）”并大力推广。无论是“菲迪克”（FIDIC）合同，还是“建设工程施工合同（示范文本）”均突出了风险管理意识，并明确了办理工程保险的有关规定，这些举措进一步推动了业主和施工单位风险管理意识的提高，促进了工程保险的发展。

原因之三：社会经济的发展和人民生活水平的提高对交通、能源等基础设施的需求加大，为此，国家在拉动内需的宏观背景下，在“十五”期间安排了一大批铁路、机场、码头、地铁、高速公路、桥梁、水电站、火电站、核电站、管道运输、水利项目等，其中最为著名的项目有三峡工程、西气东输、南水北调等工程。这些项目的兴建，形成了对于工程保险的巨大需求，推动了工程保险的快速发展。从中国人民保险公司2000~2004年期间经营的机场和地铁工程保险保费增长情况，可以感受到在此期间工程保险的发展速度（见图1-1）。

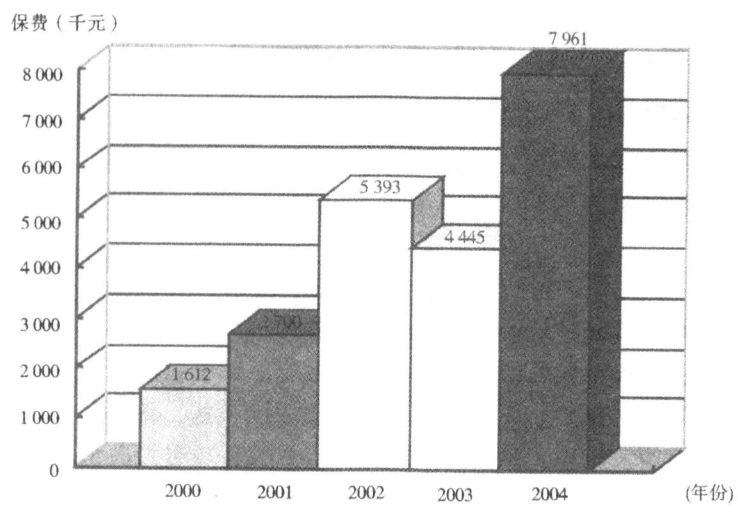


图 1－1　中国人民保险公司 2000～2004 年机场和地铁工程保险保费收入

自 2008 年 9 月金融危机全面爆发后，各国纷纷推出各自的经济刺激方案。2008 年 11 月 5 日，正值全球金融危机深度蔓延之际，中国政府宣布将采取十大措施，投资 4 万亿元以刺激经济发展，其中，新增中央投资 1.18 万亿元。这些资金将用于一系列不同的项目。其中，基础设施以及 2008 年四川地震的灾后重建分别占据了总投资的 37.5% 和 25%，是该计划中最大的两笔支出。

原因之四：保险供给的拉动作用。随着我国保险市场的开放，保险供给方面从原来的中国人民保险公司独家经营，发展到了有 60 多家保险经营主体参与，其中不仅有中资保险公司，还有外资保险公司、合资保险公司，经营工程保险的财产保险公司也已经发展到了 20 多家。保险公司数量的增加对于我国工程保险市场形成了供给拉动的效应。工程保险的特点是单均保费量大，而且社会影响大。因此，各家保险公司，尤其是新公司均高度重视工程保险业务的发展，集中投入了大量人力、物力等各类资源，客观上对工程保险的发展起到了积极的推动作用。在我国工程保险的发展过程中，还有一个重要因素就是保险监督管理部门对于大型商业风险异地经营的管理规定。根据我国加入世贸组织文件的规定，在我国逐步开放外资保险公司经营地域的条件下，允许保险公司对于一些大型商业风险进行异地经营，这种规定使得在大型建设项目地没有机构的保险公司也能够参与到这些项目的经营中来，从而加大对于一些大型项目的保险供给，促进了工程保险的发展。

## 三、我国工程保险发展中存在的问题

近年来，我国的工程保险虽然有了较大的发展，取得了长足的进步，但我们应当清醒地认识到目前我国工程保险的发展仍属于需求拉动型，快速发展主要得益于近10年来国家在能源、交通等基础建设领域的大量投入。我国工程保险的总体普及程度仍然很低，发展显得十分不均衡，承保的业务大多集中在一些大项目、外资项目，而大量的中小型项目的投保比例很低。因此，经营风险较为集中，经营的不确定性较大。更为严重的是，在我国工程保险快速发展的同时，由于恶性竞争等因素的影响，我国工程保险的总体费率水平已经低于国际市场，同时，缺乏必要的技术手段控制承保风险。从近几年的经营数据看，工程保险的赔付率呈快速上升趋势，工程保险经营效益问题令人担忧。通过深入分析，我们可以发现产生这些问题的原因是多方面和复杂的：有保险行业内部的原因，也有行业外部的原因；有供给方面的原因，也有需求方面的原因；有技术方面的原因，也有经营管理方面的原因。笔者认为制约我国工程保险健康发展的主要原因有以下几个方面：

（一）政府相关部门不够重视

国家有关部门对于通过工程保险制度解决工程建设过程中的风险问题一直未能予以高度的重视，具体表现为：作为我国建筑领域的基本大法《中华人民共和国建筑法》（以下简称《建筑法》）并没有给工程风险管理问题以应有的地位，其中的第五章“建筑安全生产管理”更多的是从事前防范的角度提出一些要求，关于保险问题，仅在第四十八条规定：“建筑施工企业必须为从事危险作业的职工办理意外伤害保险，支付保险费。”而从发达国家的经验看，完善法制环境是发展工程保险的重要途径，例如，法国于1980年颁布的《建筑职责与保险法》就明确规定：凡是涉及工程建设活动的所有单位，包括业主、建筑师、总承包商、设计单位、施工单位、建筑产品制造商、质量鉴定机构等均应当向保险公司进行投保，保险的范围包括新建、改建或维修工程，同时，还包括可能产生的第三者责任风险。此外，国家有关部门在加强建筑领域行业管理的过程中，也没有将工程保险作为一种风险管理的重要手段加以推广，工程保险在行业管理的领域一直未能得到足够的重视。

（二）工程建设管理制度的制约

长期以来，我国工程建设领域采用的是较为严格的价格管理体制，通过强制性的规范和定额管理制度来保证工程建设领域价格的科学、公平和规范。但在我国工程成本的管理制度中，工程保险保费的列支问题一直是“缺项”。由于我国项目建设预算管理中没有工程保险费列支渠道，导致一些业主和承包商即使想投保工程保险，也苦于没有经费来源。保费列支问题始终是制约工程保险发展的一个关键性的“瓶颈”，令人遗憾的是，直到2003年建设部重新制定并颁布工程价格管理的重要制度，即《建筑安装工程费用项目组成》中仍然没有解决工程保险费的列支问题。

（三）工程保险的发展存在着项目不均衡问题

我国工程保险存在的一个突出问题是业务发展主要集中在一些大型项目上，使工程保险业务呈现单均保费高、单均风险责任大的特点，而那些中小型项目则基本上无人问津。导致这种现象的原因有需求和供给两个方面：从需求方面分析，一些中小型项目由于投资金额小、工期相对短、参与单位少、业主和施工单位的风险意识弱，加之行业管理制度和保费列支方面的问题，因此，投保的意向较低。从供给方面分析，由于中小型项目相对分散，展业难度大，且单均保费少，因此，大多数保险公司不愿意在这些领域予以更多的投入，使得供给拉动因素偏弱。

（四）大型项目工程保险市场恶性竞争现象严重

大型项目工程保险的保险费动辄数百万元甚至几千万元，成为各家公司竞争的焦点。同时，这些大型项目往往具有标志性特征，在当地乃至全国均可能产生较大的影响，一些新公司往往希望通过参与这些大型项目提高自身的知名度。在这些因素的驱动下，我国大型项目工程保险领域的竞争异常激烈，甚至出现了恶性竞争的现象。这种恶性竞争主要表现在价格和条件两个方面。价格方面，各家公司为了争抢业务，采用的最为直接和简单的手段就是降低费率，我国的一些高风险的大型项目，如地铁、高速公路的承保费率已经低于国际工程保险市场的价格，导致在安排国际再保险时出现了“贴费”现象。条件方面，一些保险公司为了争取业务，对于承保条件的管理基本上处于失控状态。这里有技术方面的原因，如一些从业人员对于承保条件的理解不到位，但更多的是经营方面的原因，一些公司为了获得业务，任意扩展承保风险，盲目地放松承保条件，导致业务质量严重恶化。在我国工程保险市场恶性竞争愈演愈烈的情况下，工程保险在业务快速发展的同时，逐步显现出了由于承保质量低导致经营业绩明显下滑的趋势，工程保险经营和发展的形势不容乐观。

（五）工程保险的人才队伍建设严重滞后

工程保险的特点决定了其对于经营技术有较高的要求，从事工程保险的人员不仅要熟悉、掌握保险和工程保险的有关理论和实务，还需要学习和了解工程建设与管理方面的知识，特别是针对不同的项目、不同的工艺、不同的施工条件下的风险管理知识。只有这样，才能够科学地制订承保方案，有效地控制经营风险，同时，能够与被保险人保持良好的沟通，对于保险项目的风险管理提出一些具体和有价值的意见和建议，在处理赔案的过程中能够更好地与被保险人进行交流并取得一致。但由于我国工程保险发展迅速，人才队伍的建设显然难以适应业务快速发展的需要，大量缺乏必要专业培训的人员参与到这个领域，他们对于工程保险条款的理解、保险方案的设计、工程风险的控制以及售后服务等方面，无论是理论层面还是实务领域均难以适应。这种状况的直接后果是阻碍了工程保险的进一步发展，同时为健康经营埋下了隐患，这也是目前我国工程保险业务质量不断恶化的一个重要原因。

（六）中介市场有待进一步提高

从国外工程保险的发展历史看，保险中介在工程保险的发展过程中一直发挥着重要作用，并形成了较为完善的工程保险市场体系。在我国保险市场的发展过程中，保险中介行业发展迅速，截至 2010 年，我国各类保险专业中介机构已经达到了 2 538 家，这些中介机构的出现与发展对我国工程保险的发展起到了积极的推动作用。但目前我国工程保险中介组织的发展仍然处于初级阶段，具体表现为在业务发展方面，保险代理人和经纪人仍然习惯于利用一些社会关系开展业务，希望通过价格和承保条件争取业务。尽管这些均是工程保险业务发展的重要因素，但自身的技术优势才是工程保险长期、健康发展的基础。在风险和理赔检验方面，大多数保险公估公司的从业人员知识背景较为单一，多是工程背景的人员，这些人员掌握的保险和工程保险的知识有限，特别是涉及一些基础和特殊的领域，往往不能很好地理解和把握，也就难以与被保险人进行沟通，直接影响了赔案处理的速度、质量以及对于被保险人的服务水平。

## 四、发展我国工程保险的意见和建议

在改革开放的大背景下，我国工程保险的发展取得了可喜的成绩，但是，我们也应当清醒地认识到存在的问题和面临的困难，特别是在促进我国工程保险长期、健康发展方面仍然有许多工作有待开展和完善。笔者认为要更好地发展我国的工程保险，就必须着重做好以下工作：

（一）推动工程保险的宣传与普及

综观我国工程保险现阶段的发展情况以及存在的问题，其中一个突出问题就是工程风险管理意识的宣传与普及不够。工程建设项目，尤其是大型建设项目的主要特征就是风险相对集中，工程风险管理是确保项目成功的重要条件和环节。但从目前的情况看，工程项目建设的参与各方，包括政府主管部门、行业协会、投资者、业主、承包商都没有对工程风险管理问题予以足够的重视，人们更多的是关心建筑生产安全管理问题，关心施工的质量问题，更多的是考虑事前的防范问题。从风险管理理论看，事前的防范固然是必要的，但就一个完善的风险管理计划而言是远远不够的，因为风险的特点决定了人们可以通过努力降低风险的产生几率及导致后果的严重程度，但不可能从根本上消除风险。因此，风险转移问题就是一个不容回避的问题。应当在建设项目管理领域逐步建立一种风险分散机制，解决工程风险的影响，而工程保险就是最好的选择。有关各方应当进一步提高对于工程风险管理的认识，积极地推广工程保险制度，尤其是政府有关部门应当从加强行业管理的角度，加强和推动对于工程保险的推广和普及工作。同时，各类媒体也应当加大对于工程风险管理和工程保险的宣传力度，使整个社会加深对这方面知识的认知。

（二）进一步完善工程保险发展的综合环境

制约工程保险发展的因素是多方面的，而且这些因素相互影响，相互作用。因此，应当采用综合治理的方式解决制约工程保险发展的问题。第一，要进一步完善建筑领域的法律法规，通过对《建筑法》等一系列法律法规的完善，强化建筑风险管理意识，引进工程保险制度，为工程保险的发展营造制度环境。第二，应尽快解决工程保险的保险费列支问题。长期以来制约工程保险发展的一个关键因素是保险费的列支问题，由于工程预算中没有工程保险费科目，导致即使有关人员想办理工程保险，也苦于没有资金来源。第三，要加强对于建设项目的监督管理，通过对于建设项目的行政管理，包括施工合同管理、安全质量管理等手段，进一步推动工程保险的普及。第四，建设项目的各参与方应当逐步树立风险管理意识，强化风险管理手段，特别是应当从组织保障上解决问题，大型项目应当逐步推行风险管理部和风险管理经理制度，通过专门的机构和人员，实现对于建设项目风险的专业化管理。第五，建筑行业协会应当通过信息交流、学术研究、人员培训等方式，宣传和推广工程风险管理和工程保险知识，促进工程保险知识的普及。第六，保险公司和保险中介机构应当进一步提高经营工程保险的技能和水平，应当逐步摈弃简单、粗放的经营方式，力求通过专业的技术、娴熟的经验和完善的服务取得广大客户对于工程保险的认可和接受。

（三）重视各类工程保险专业人才的培养

工程保险的发展人才是关键，工程保险对于从业人员的要求相对较高，不仅要有保险方面的知识，还要有工程建设管理方面的知识；不仅要有深厚的理论功底，还要有丰富的实践经验。按照这种标准衡量，我国的工程保险人才队伍建设仍然十分艰巨。因此，要解决工程保险的人才问题，就应当全方位地思考和解决这个问题。目前，我国工程保险人才的培养只是局限在保险公司范畴，具体表现为对于工程保险从业人员的短期和专题培训，这对于确保我国工程保险持续、健康的发展显然是不够的。笔者认为：第一，应当从基础教育入手，在高等院校、职业院校的保险专业中开设工程保险课程，并编写相应的教材，对学生进行工程保险的系统教育。通过系统的基础教育，结合教学实践，培养一批具有较为深厚专业知识背景的人才。第二，应当将工程风险管理以及工程保险内容增加到大学里与工程管理相关的专业课程中，使那些未来的工程建设管理人员能够较为系统地接受工程风险管理和工程保险知识的教育。第三，应当在各类工程建设职业资格考试中增加工程风险管理和工程保险的内容，通过这种形式来普及风险管理知识，提高对于工程保险的了解。第四，行业协会、保险公司、保险中介机构应当重视和加强工程保险的在职培训，可以采用短期或者专题培训的方式，培养工程保险的从业人员。还可以选派一些具有良好素质的技术骨干，采用访问学者和交流技术的方式到国外的保险公司、再保险公司学习和培训。

（四）加大产品、技术开发和服务体系建设力度

在工程保险的发展过程中，产品、技术和服务是促进业务发展的重要因素。产品方面，我国在工程保险的发展初期，尤其是在承保一些涉外项目过程中，一直是采用国外的工程保险产品，这些产品对于我国工程保险的起步和发展曾发挥了积极的推动作用。但随着我国工程保险的发展，这些产品的“本土化”问题日益突出，因此，1993 年开始启动了工程保险（95 版）条款的编写工作，并于 1995 年经中国人民银行批准使用。之后，2001 年我国工程保险市场还推出了列明风险的条款，即“建筑、安装工程保险”（具体详见第三章第一节“主条款简介”）。在新《保险法》出台的大背景下，我国工程保险产品也进行了升级，推出了 2009 版条款。这些产品的推出，在一定程度上满足了工程保险市场的需要，但随着建筑市场的改革与发展，产品制约问题日益突出。因此，保险行业应当根据建筑领域的发展和变化，不断地开发新产品以满

足新需要。同时，在工程保险的发展过程中，技术和服务始终是一个关键环节，也是一个薄弱环节，工程保险要能够实现大的发展，就必须在技术和服务上加大投入。通过提升技术水平，能够为投保人制订更加科学和完善的保险方案，使他们能够用最低的代价获得最大的保障；同时，能够为被保险人提供专业的风险管理技术来有效地控制风险。通过提升服务水平，能够使被保险人更好地体会到工程保险的益处，从而从被动到主动地接受工程保险。

（五）大力培育工程保险中介市场

从国外工程保险的发展经验看，工程保险的发展需要保险中介的参与，保险中介机构在工程保险的发展中发挥着独特和不可替代的作用。一方面，保险中介的地位决定了其能够以更加独立和公正的立场参与到工程保险经营中来，特别是保险经纪公司，其更多的是作为投保人的利益代表者出现的，能够利用其专业优势，协助客户确定更加完善的保险方案，选择保险公司；另一方面，保险中介能够为工程保险提供专业的技术服务，保险公估公司不仅能够为工程保险事故提供专业的查勘和理算服务，还可以为工程保险的承保提供风险检验和评估服务。在我国工程保险的发展过程中，也应当大力培育工程保险中介市场，特别是应当注重对于工程保险专业中介机构的培育。目前，我国大多数保险中介机构存在的突出问题是专业性不强，无论是保险经纪公司，还是保险公估公司均缺乏从事工程保险的专业技术和经验，因此，也就难以发挥应有的作用。保险监管部门应当有针对性地引导一些有条件的保险中介机构向专业性方向发展，逐步培育我国工程保险的专业中介机构，进而促进工程保险的健康发展。

（六）重视加强工程保险的国际交流

由于我国工程保险的发展历史相对较短，技术相对落后，要使我国的工程保险在技术、经营和管理层面赶上世界先进水平，就必须重视和加强国际交流。同时，工程保险的特点决定了其需要在更大范围内进行学术和技术方面的交流。只有在更大范围内进行信息和技术的交流，才能够促进我国工程保险技术的提高。应当重视和加强工程保险的国际交流：首先，应当积极参与到国际工程保险行业领域，目前，我国仍不是国际工程保险人协会的成员，应当加快加入的步伐。其次，应当与国际工程保险人协会等组织加强交流，通过各种形式的学术和技术交流，提高我国在国际工程保险领域的地位和作用。最后，要加强再保险交流，通过再保险的形式，我们不仅能够将国内的工程风险分散到国际保险市场上，同时，还可以通过再保险的形式，得到更多的技术支持。

# 第五节
# 我国台湾地区的工程保险

## 一、我国台湾地区工程保险的基本情况

我国台湾地区工程保险的起步相对较早，据资料显示，早在1964年工程保险就被引入台湾市场，但最初的业务数量十分有限，年保险费收入仅有100万新台币左右。经过近40年的发展，岛内经济建设的发展，特别是一些大型基础建设项目的兴建，带动了台湾地区工程保险业务的快速发展。2004年台湾地区工程保险费收入已经达到了70亿新台币，占非寿险保险费收入的6%左右。

工程保险在台湾地区也属于一个广义的范畴，它包括6个险种：营造（工程）综合保险、安装工程综合保险、营建机具综合保险、机械保险、锅炉保险、电子设备综合保险。从业务量的角度看，狭义工程保险，即营造（工程）综合保险（CAR）和安装综合保险（EAR）占比较大，其中营造（工程）综合保险的占比为60%～70%，安装综合保险的占比为20%～30%。近年来出现了营造（工程）综合保险占比下降，安装综合保险占比上升的现象。2004年上半年营造（工程）综合保险业务占比仅为61%，而安装综合保险占比则为24%。

台湾地区工程保险在业务快速发展的同时，经营情况却不容乐观，长期以来经营效益低下一直是困扰台湾地区工程保险发展的“心病”，工程保险成为台湾地区非寿险业务发展过程中的“鸡肋”。从2002～2004年三年的经营情况看，工程保险的简单赔付率已经高达80%，处于亏损状态（见表1－9）。

表1-9　　2002~2004年我国台湾地区工程保险情况

| 年份 | 保险费 | | | 赔款 | | |
|---|---|---|---|---|---|---|
| | 金额（新台币） | 占比（%） | 增长（%） | 金额（新台币） | 占比（%） | 增长（%） |
| 2002 | 6 266 243 000 | — | — | 11 896 472 000 | — | — |
| 2003 | 6 864 670 000 | 6.27 | 9.55 | 1 744 709 000 | 3.52 | -681.86 |
| 2004 | 7 056 731 000 | 6.11 | 2.80 | 2 553 768 000 | 4.89 | 46.37 |
| 累计 | 20 187 644 000 | — | — | 16 194 949 000 | — | — |

## 二、我国台湾地区工程保险的特点

（一）业务快速发展

与世界上所有地区一样，工程保险的发展大多得益于经济建设的发展，台湾地区从20世纪60年代开始了大兴土木的建设。首先，地方当局投资了一大批基础建设项目，涉及大量能源、交通等领域，其中最具有代表性的是“十大建设计划”。其次，经济的发展产生了大量的需求，吸引了大量民间资本进入一些大型基础项目的建设，从而进一步推动了项目建设的发展。再次，经济的发展带动了各个产业的发展，产业的发展必然拉动投资需求，以现代工业为代表的一系列工业项目的上马，给项目建设注入了更大的动力。最后，工程建设市场的规范与完善，尤其是工程合同的规范，强化了承包商的风险意识。这些均推动了台湾地区工程保险业务呈现快速发展的态势，2004年工程保险的保险费收入已高达70.57亿新台币。

（二）市场竞争激烈

由于台湾地区保险市场的管制相对较松，工程保险的价格属于自由费率范围，而工程保险的费率厘定的技术要求较高，大多数公司难以从技术的角度科学地厘定价格。因此，一方面，在高额保险费的驱动下，各家保险公司纷纷参与竞争，市场竞争异常激烈；另一方面，由于台湾地区的市场是开放的市场，来自各国的保险公司、再保险公司和经纪人公司也参与到这种竞争中，进一步加剧了竞争的激烈程度。在这种背景下，台湾地区的工程保险费率和承保条件均已经大大低于同类地区的平均水平，经营效益低下。

（三）经营形势严峻

台湾地区属于一个相对高风险的地区，除了常规的风险外，台湾地区的台风与地震风险损失十分频繁。据统计，仅2001年就有7个台风袭击了台湾地区，其中“纳莉”号台风给台湾地区工程保险造成的损失就超过了30亿新台币。另外，人们仍然记忆犹新的是1999年9月21日发生的“集集大地震”，导致的工程保险赔款也高达30亿新台币。尽管风险水平相对较高，但在非理性的市场竞争下，仍然出现了费率一降再降、承保条件严重恶化的现象，导致台湾地区工程保险经营的效益低下，经营形势严峻。

（四）高度依赖再保险

尽管台湾地区工程保险界的有识之士不断呼吁业界应当理性地对待工程保险领域的竞争问题，特别强调工程保险的周期较长，一旦发现费率偏低时，再做调整往往为时已晚，但受到巨额保险费的驱动，人们还是采用一些最原始和简单的方法进行竞争，对于经营存在的风险更多地采用大比例分保的方式解决，将风险转移到国际再保险市场。近年来，虽然台湾地区的工程保险经营情况不佳，但本土公司承担的损失并不大，而是国际再保险公司承担了大部分的损失。因此，国际再保险公司已经开始调整他们接受台湾地区工程保险业务的政策，严格控制条件，相信这将对台湾地区工程保险市场的健康发展会起到积极的作用。

（五）承保能力匮乏

由于台湾地区的工程保险长期以来处于亏损的状态，而大多数保险公司均是利用国际再保险市场进行风险分散，近几年在“9·11”事件的影响下，国际再保险公司均调整了经营策略，加强了对于接受业务风险的控制，因此，纷纷退出台湾地区工程保险市场。这种退出直接导致了承保能力的供应不足，使台湾地区的工程保险市场出现了“觅保困难”的局面，而且这种局面还将持续相当长的一个时期。

（六）技术力量不足

由于工程保险的业务量相对较小，因此各家公司并不重视工程保险各类专业人员的培养，大多数从事工程保险的核保人员不具有工程背景以及专业知识，只是简单地依赖国际再保险公司的力量或者是工程保险联合处理委员会（EIP）。由于缺乏专业技术人员，工程保险经营的质量就难以保证，出现经营效益低下的现象就不难理解。台湾地区一些保险组织长期致力于工程保险的教育与培训工作，如保险事业发展中心、工程保险协进会等，他们通过组织力量编写教材、专著，举办专题培训等形式，坚持不懈地推动着提升工程保险技术力量的工作。

## 三、我国台湾地区工程保险的困境与出路

（一）困境

最近十几年来，台湾地区工程保险在快速发展的同时，存在的一个突出问题就是经营效益不断恶化。出现这种现象的原因，一是由于工程保险发展较快，是非寿险业务的主要增长点，同时，保险费数额较大，使工程保险成为各家公司竞争的焦点。二是随着市场的开放，外国保险公司、再保险公司和经纪人的参与进一步加剧了市场的非理性竞争，导致工程保险的赔付率长期居高不下。台湾地区保险事业发展中心出版的“保险市场重要指标资料”显示，1992～2001 年期间台湾地区工程保险的保险费收入为 347.82 亿新台币，同期的损失为 386.29 亿新台币，损失率约为 111%。如果剔除 2001 年数据异常波动的因素，我们用 1996～2000 年的数据进行分析，5 年的赔付率也已经达到了 80.79%（见表 1－10）。

**表 1－10　1996～2000 年我国台湾地区工程保险资料**

| 承保年份 | 承保件数（件） | 满期保费（新台币） | 已发生赔案件数（件） | 已发生赔款金额（新台币） | 赔付率（%） |
|---|---|---|---|---|---|
| 1996 | 25 161 | 1 255 086 363 | 2 067 | 931 994 079 | 74.26 |
| 1997 | 36 491 | 1 308 213 439 | 2 377 | 826 451 093 | 63.17 |
| 1998 | 31 875 | 534 258 344 | 650 | 255 851 803 | 47.89 |
| 1999 | 51 882 | 1 848 895 662 | 4 425 | 1 694 679 072 | 91.66 |
| 2000 | 64 755 | 1 987 834 179 | 4 324 | 1 893 382 152 | 95.25 |
| 合计 | 210 164 | 6 934 287 987 | 13 843 | 5 602 358 199 | 80.79 |

近几年，尽管不少有识之士已经认识到存在的问题及其严重性，一直呼吁保险市场应当高度关注工程保险领域出现的严峻问题，并采取协同行动，遏制这种现象的继续蔓延和恶化，但事与愿违，台湾地区工程保险经营情况并没有出现好转的迹象。表 1－11 是台湾地区 2004 年上半年工程保险的经营情况。

表 1-11　　我国台湾地区 2004 年上半年工程保险资料

| 险种 | 保险费收入（新台币） | 赔款支出（新台币） | | 赔付率（%） |
|---|---|---|---|---|
| | 签单保费 | 已付赔款 | 未付赔款 | |
| 营造综合保险 | 1 863 430 493 | 939 207 920 | 2 414 952 968 | 180 |
| 安装综合保险 | 796 042 701 | 168 905 121 | 1 325 540 062 | 187.7 |
| 电子设备保险 | 143 024 901 | 11 281 144 | 239 100 687 | 175 |
| 施工机具保险 | 100 842 410 | 34 230 880 | 88 587 991 | 121.8 |
| 机械保险 | 170 275 987 | 13 950 956 | 1 145 000 | 8.9 |
| 锅炉保险 | 5 850 105 | 0 | 50 000 | 1 |

在经营情况不断恶化的同时，台湾地区工程保险的承保能力出现了严重的短缺现象。由于台湾地区的保险公司对于工程保险业务均采用了高比例分出的政策，因此，大多数损失均由国际再保险公司承担，造成这些公司严重亏损。在这种背景下，国际再保险公司纷纷拒绝为台湾地区工程保险提供承保能力，导致了台湾地区工程保险承保能力的短缺现象。

（二）出路

面对这种情况，为了解决台湾地区工程保险存在的问题，不少专家学者提出了改进的意见和建议。

1. 改革定价技术，加大从人因素。由于对工程项目风险评估的局限性和难度，在定价的过程中，应当更多地采用从人因素，即根据被保险人历史（过去 3 年）赔付记录进行定价。如果没有历史记录的，也可以采用“追溯法”定价，即确定一个最低保险费和最高保险费的价格区间，投保时可以按照最低保险费预收保险费，然后根据实际赔付情况调整并追收保险费，直至最高保险费。

2. 调整免赔额制度，提高自负比例。免赔额制度是控制风险、改善经营的重要手段，工程保险通常根据不同的风险采用定额免赔额形式。鉴于工程保险风险的实际情况，应当采用“定额式 + 累进式”的形式。一方面要适当提高定额免赔额的金额，加大被保险人的自负比例；另一方面对于多次出险的，应当根据出险次数提高自负比例，如 1 ~ 3 次的自负比例为 20%，4 ~ 6 次的自负比例为 35%，7 次以上的自负比例为 50%。

3. 业主控制保险，避免逆选择。尽管工程施工合同均明确规定承包商有义务办理有关保险，包括工程保险，但是在承包商办理保险的过程中也存在不少问题，主要是由于分散投保，业主难以控制风险，难免出现保障不足和调节等现象。由业主统一出面办理，能够保证工程保险安排的统一和规范，也能够确保有一定的业务量以及风险的分散。

4. 提高理赔技能和服务。工程保险的技术含量较高，保险人如果缺乏自己的技术力量，将所有技术工作均委托给外部机构进行，一方面容易产生技术、管理和信用风险；另一方面也容易导致客户的不满。保险公司应当培养自己的专业技术人员，特别是具有工程技术知识背景的专业人员。这些人除了能够进行专业的风险评估，为制订保险方案和定价提供技术支持外，更重要的是参与理赔过程，在为公司控制超额赔付的同时，也能够为客户提供更加专业的服务。

# 第二章
# 工程保险相关知识

## 第一节
## 工程项目管理

### 一、工程项目的定义、分类及组成

（一）定义

工程项目也称工程建设项目，是指为某种特定目的而进行投资建设并含有一定建筑或建筑安装工程的项目。例如：建设一定制造能力的工厂或车间；建设一定规模的医院、文化娱乐设施等。

（二）分类

为了计划和管理的需要，工程项目可以从不同角度进行分类。

1. 按建设性质，分为新建项目、扩建项目、迁建项目、恢复项目。

2. 按投资作用划分，分为生产性建设项目、非生产性建设项目。

3. 按建设规模和对国民经济的重要性，分为大型、中型、小型项目。

（三）组成

按照工程项目的组成，一个完整的工程项目可以划分为：单项工程、单位工程、分部工程、分项工程。

1. 单项工程。单项工程是指具有独立的设计文件，竣工后可以独立发挥生产能力或效益的工程。如工厂中的生产车间、办公楼、住宅；学校中的教学楼、食堂、宿舍等。单项工程是基建项目的组成部分。

2. 单位工程。单位工程是指具有单独设计和独立施工条件，但不能独立发挥生产能力或效益的工程，它是单项工程的组成部分。如生产车间这个单项工程是由厂房建筑工程和机械设备安装工程等单位工程所组成。建筑工程还可以细分为一般土建工程、水暖卫工程、电器照明工程和工业管道工程等单位工程。

3. 分部工程。分部工程是单位工程的组成部分，是建筑工程和安装工程的各个组成部分，按建筑工程的主要部位或工种工程及安装工程的种类划分。如土方工程、地基与基础工程、砌体工程、地面工程、装饰工程、管道工程、通风工程、通用设备安装工程、容器工程、自动化仪表安装工程、工业炉砌筑工程等。

4. 分项工程。分项工程是分部工程的组成部分，是施工图预算中最基本的计算单位。它是按照不同的施工方法、不同材料的不同规格等，将分部工程进一步划分。例如，钢筋混凝土分部工程可分为捣制和预制两种分项工程；预制楼板工程可分为平板、空心板、槽型板等分项工程；砖墙分部工程可分为眠墙（实心墙）、空心墙、内墙、外墙、一砖厚墙、一砖半厚墙等分项工程。

## 二、工程项目建设的基本程序

工程项目建设的基本程序，特别是一些大中型工程项目建设通常分为四个阶段：项目策划与决策阶段、项目准备阶段、项目实施阶段、项目完工及交付阶段。

### （一）项目策划与决策阶段

项目策划与决策阶段的主要工作包括：投资机会研究、初步可行性研究、可行性研究、项目评估及决策。此阶段的主要目标是对工程项目投资的必要性、可能性、可行性以及为什么要投资、何时投资、如何实施等重大问题进行科学论证和多方案比较。

### （二）项目准备阶段

项目准备阶段的主要工作包括：工程项目的初步设计和施工图设计，工程项目征地及建设条件的准备，设备、工程招标及承包商的选定，签订承包合同。本阶段是战略化决策的具体化，在很大程度上决定了工程项目实施的成败及能否高效率地达到预期目标。

### （三）项目实施阶段

项目实施阶段的主要任务是将设计图纸变成工程项目实体，实现投资决策意图。这一阶段通过施工，在规定的范围、工期、费用、质量内，按设计要求实现工程项目目标。本阶段工作量最大，投入的人力、物力和财力最多。

（四）项目完工及交付阶段

项目完工及交付阶段的主要工作包括工程项目的联动试车、试生产、竣工验收和总结评价。

## 三、工程项目管理

项目管理就是以项目为对象，通过一个临时性的专门组织，对项目进行高效率的计划、组织、指导和控制，以实现项目全过程的动态管理和项目目标的综合协调与优化的系统管理方法。

工程项目管理制度（项目经理制）是项目管理技术在工程建设领域的应用，它是工程建设管理的一种先进模式，其核心是以一个建设项目为单位进行管理和核算，本着“责、权、利”相一致的原则，赋予项目经理充分的权力和责任。

工程项目管理制度相对传统的管理模式发生的最大变化之一，是风险主体外延和内涵性质的变化。传统的管理模式是一个施工企业以自身的整体能力承担项目经营风险，同时，它可能是多个项目经营风险的承担主体。工程项目管理制度则明确项目经营风险的承担主体是项目经理部或项目公司，这种做法“切断”了其与母公司的关系，使其独立地成为经营的主体。

从承包商的角度看，工程项目管理制度以项目为单位进行核算和管理，有利于明确权利和义务，有利于强化管理，所以，工程项目管理制度有积极意义。但是，工程项目管理制度导致风险责任主体的单一，使得项目经理部或者项目公司必须充分考虑自身风险的分散，确保其经营的稳定和预期目标的实现。

从业主的角度看，工程项目管理制度是以项目经理部或者项目公司作为承担风险的主体，为此可能导致承包商实际承担风险的能力相对下降。业主应当意识到与传统的管理模式相比，工程项目管理制度在风险管理方面更多的是负面影响。对此，业主应当充分地认识并采取相应的对策，特别是应当注意加强项目和自身的风险管理工作，包括确保相关保险的充分与有效。

从保险人的角度看，工程项目管理制度一方面明确了项目建设的风险，另一方面明确了项目建设风险的承担主体，对项目建设的风险管理起到了积极的推动作用，同时，也给工程保险创造了一定的商业机会。保险人应当让业主认识到在工程项目管理制度下，风险管理具有更加重要的意义，因为一旦发生损失，实际承担风险的能力将取决于项目经理部或项目公司本身的实力。如果业主对于这种实力没有充分的信心，就应当考虑通过保险转移风险，以确保自身利益的保障。

## 四、工程项目的参与方

在项目建设的过程中，通常有许多相关方面的人和组织参与其中，这些人和组织可以分为三类：一类是参与项目决策和投资的，包括投资方、贷款银行和政府主管部门（政府主管部门参与原因是一些工程项目需要经过政府有关部门的审批、核准或者备案）；另一类是与项目的建设成果相关的，包括生产运营公司、产品经销单位和社会公众；还有一类，也是最主要的一类，是直接参与项目建设的，包括施工承包商、设备材料供应商、工程勘察设计单位、工程监理单位、工程咨询机构和工程保险公司（见图2－1）。

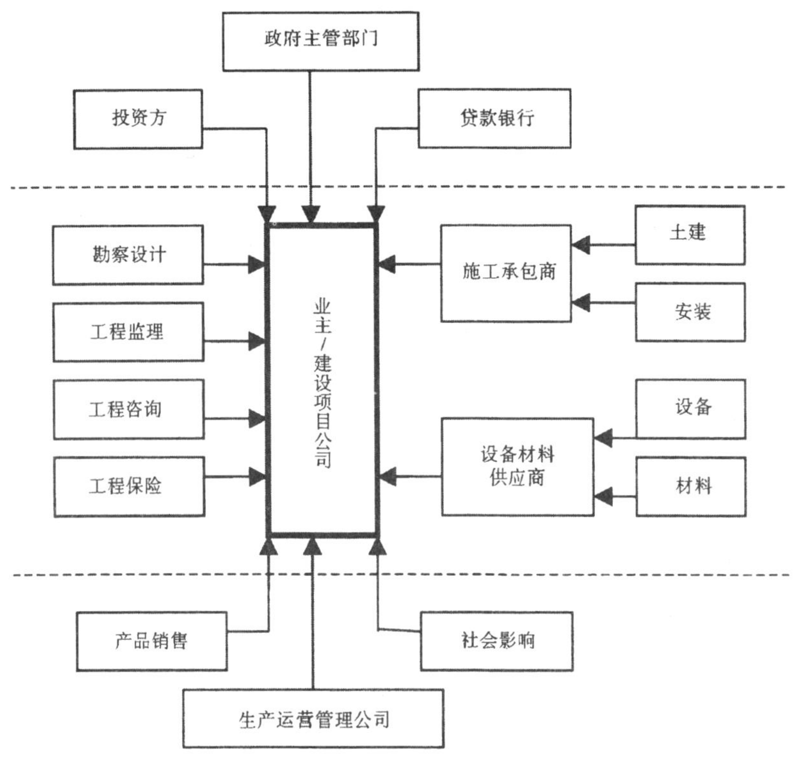


图2－1 工程建设项目的参与方

参与建设项目的当事人，尤其是直接参与项目建设的当事人之间的关系通

常是通过合同确定的。在这些合同中，甲方通常是建设单位，可以是项目公司，也可以是业主、投资人和发展商；乙方则是施工承包商，包括分包商、设备材料供应商、勘察设计单位、工程监理公司、工程咨询机构和工程保险公司。

就工程保险而言，分析工程项目关系方的一个重要目的是确立保险利益的存在以及存在的方式，这是保险合同存在和执行的前提。在工程保险中，由于承保对象存在财产损失和责任损失两个部分，为此，关于保险利益的问题应当分别讨论。

就财产损失项下的保险利益而言，通常认为业主（项目公司）的保险利益是基于所有权产生的，而承包商以及其他关系方的保险利益是基于合同产生的。但是，对于施工机具、其他不属于工程项目的财产、相关的各种费用则是例外。

就责任损失项下的保险利益而言，各关系方均因作为民事主体的行为而产生。但是，业主作为一个特殊的主体，可能对于其他关系方的责任拥有保险利益。例如，对于工地安全保证的责任主体应当是承包商，承包商应当恪尽职守，维护和保证工地环境的安全，一旦发生由于工地环境安全问题引发的法律责任，则应由承包商承担。但是，由于业主是工地的所有者，他与工地的管理者（承包商）对于工地的安全负有共同责任，为此，受害者不仅可以向承包商提出损害赔偿的要求，也可以向业主提出同样的要求。

## 第二节 工程项目管理模式

### 一、工程项目管理模式概述及其分类

工程项目管理模式就是指自工程项目开始至建成，即从项目建议书、可行性研究、工程设计、工程施工到竣工投产全过程，为了满足或超出项目利益相关者对项目的要求，运用各种相关知识、技能或手段，通过项目策划（Project Planning）和项目控制（Project Control）使项目正常运行，并确保项目的费用

目标、进度目标和质量目标得以实现。工程项目的管理模式确定了工程项目管理的总体框架、项目参与方的职责、义务和风险分担，因而在很大程度上决定了项目的合同管理方式以及建设的进度、质量和造价。

通常情况下，工程项目管理模式可由建设单位自行组建管理机构进行管理，委托咨询公司协助建设单位进行管理，或者全权委托专业机构进行管理。经过近年不断的创新和完善，国内外工程实践形成了许多工程项目管理模式。根据工程项目的合同关系与组织管理关系的不同，考虑工程项目融资、设计、采购、施工、运营的一体化程度，工程项目管理模式通常分为：（1）传统项目管理模式；（2）工程总承包项目管理模式：设计、采购、施工模式（EPC），设计—施工总承包模式（DB），设计—管理总承包模式（DM）等等；（3）委托专业机构进行项目管理的模式：项目管理服务模式（PM）、项目管理承包模式（PMC）等等；（4）公共设施及服务私营化模式：BOT 模式、PFI/PPP 模式等等。

工程项目各种管理模式的服务范围如图 2－2 所示。

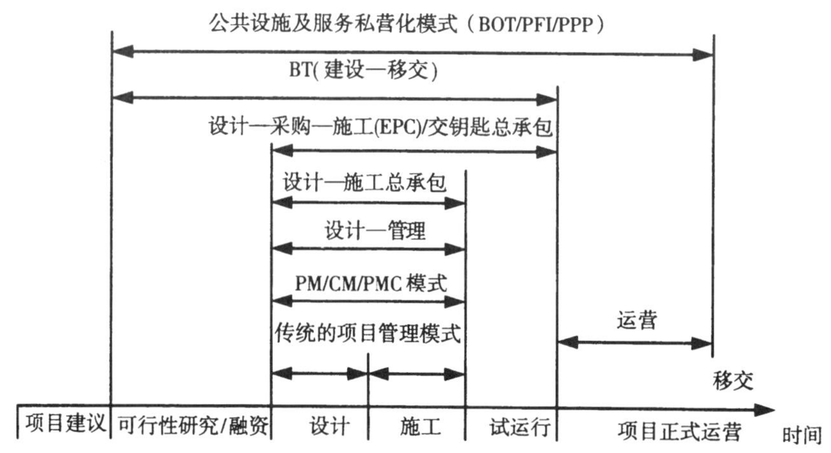


图 2－2　各项目管理模式服务范围示意图

## 二、传统项目管理模式（Design—Bid—Build，DBB）

传统的项目管理模式即“设计—招投标—建造”（Design—Bid—Build，DBB）模式，它将设计、施工分别委托不同单位承担。该模式的核心组织为“业主—咨询工程师—承包商”。这种模式通用于国外和国内的大部分项目，世界银行、亚洲开发银行贷款项目和采用国际咨询工程师联合会（FIDIC）合同条件的项日均采用这种模式。我国自 1984 年学习鲁布革水电站引水系统工程项目管理经验以来，先后实施的“招标投标制”、“建设监理制”、“合同管理制”等均参照这种传统模式。

这种模式最突出的特点是强调工程项目的实施必须按设计—招投标—建造的顺序进行，只有一个阶段结束后，另一个阶段才能开始。DBB 模式是专业化分工的产物。业主分别与设计和施工承包商签订合同，在设计全部完成后进行招投标，然后进入施工。

DBB 模式的优点是：参与工程项目的三方即业主、设计机构、承包商在各自合同的约定下，各自行使自己的权利和履行义务，因而，可以使三方的权、责、利分配明确，避免行政部门的过多干扰。由于项目效益及市场竞争等方面的原因，项目业主可自由选择设计人员，对设计要求进行控制；也可自由选择监理人员监理工程从而保证施工质量。同时，由于这种模式在世界各地普遍采用，因而管理方法较成熟，项目参与各方都熟悉有关程序。

但是，这种模式也存在很大的缺陷：由于建造商无法参与设计工作，设计的“可施工性”差，设计变更频繁，设计机构与承包商之间协调比较困难；管理和协调工作量大，业主管理费较高；工程工期太长，不利于工程事故的责任划分。以上海浦东国际机场为例，机场是一个超大型的城市基础设施建设项目，第一期工程建设一条主跑道、一座航站楼及相应的配套设施，设计的旅客处理能力为 2 000 万人次/年；货物处理能力为 75 万吨/年。该工程采用 DBB 模式，一期工程于 1995 年 6 月正式启动，1996 年 9 月 16 日才建成通航。

由此可见，DBB 模式适用于简单项目。另外，如果一个项目资金有可靠来源，并更看重质量，应选择 DBB 模式。

## 三、工程总承包项目管理模式

（一）设计—采购—建设模式（Engineering—Procurement—Construction，EPC）

设计—采购—建设（Engineering—Procurement—Construction，EPC）模式，又称交钥匙总承包，指工程总承包单位承担工程项目的设计、采购、施工、试运行服务等工作，按照合同约定对工程的质量、安全、工期、造价全面负责。这种方式在招标与订立合同时以总价合同为基础，设计、建造总承包商对整个项目的总成本负责，它可以自行设计或选择一家设计公司进行技术设计，然后，采取招标方式选择分包商，当然它也可以充分利用自己的设计和施工力量完成大部分设计和施工工作。业主委托一位拥有专业知识和管理能力的专家为代表（在我国主要是监理工程师），与设计、建造总承包商充分沟通并监督其工作。

这种模式的主要特点是，业主把工程的设计、采购、施工和开工服务工作全部托付给工程总承包商负责组织实施，业主只负责整体的、原则的、目标的管理和控制。业主可以自行组建管理机构，也可以委托专业的项目管理公司代表业主对工程进行整体的、原则的、目标的管理和控制。业主把管理风险转移给总承包商，因而，工程总承包商在经济和工期方面要承担更多的责任和风险，同时承包商也拥有更多获利的机会。业主只与工程总承包商签订工程总承包合同，设计、采购、施工的组织实施是统一策划、统一组织、统一指挥、统一协调和全过程控制。工程总承包商可以把部分工作委托给分包商完成，分包商的全部工作由总承包商对业主负责。这种模式的缺点主要有两个。一是业主不能对工程进行全程控制。如果业主要审批设计的每个阶段，然后再施工，就会使设计—施工合同的优点部分丧失，也加大了业主的风险。二是总承包商对整个项目的成本工期和质量负责，加大了总承包商的风险。

EPC 模式主要适用于化工、冶金、电站、铁路等大型基础工程及含有机电设备的采购和安装的工程项目。

（二）设计—施工总承包模式（Design—Build）

设计—施工总承包是指工程总承包企业承担工程项目设计和施工工作，并对承包工程的质量、安全、工期、造价全面负责。

（三）设计—管理总承包模式（Design—Manage）

设计—管理总承包模式通常是指由同一实体向业主提供设计，并进行施工管理服务的工程管理方式。

根据工程项目的不同规模、类型和业主要求，工程总承包还可采用设计—采购总承包（E—P）、采购—施工总承包（P—C）等方式。

## 四、委托专业机构进行项目管理的模式

（一）项目管理模式（Project Management，PM）

工程项目管理是指从事工程项目管理的企业受业主委托，按照合同约定，代表业主对工程项目的组织实施进行全过程或若干阶段的管理和服务。项目管理企业不直接与该工程项目的总承包企业或勘察、设计、供货和施工等企业签订合同，但可以按合同约定，协助业主与工程项目的总承包企业或勘察、设计、供货和施工等企业签订合同，并接受业主委托监督合同的履行。

在项目前期阶段，项目管理企业的主要工作是：代表业主进行项目策划；建设方案的优化；代表业主或协助业主进行项目融资；对项目风险进行优化管理，分散或减少项目风险；负责组织完成基础设计；确定所有技术方案、专业设计方案；确定设备、材料的规格与数量；做出相当准确的费用估算（±10%），并编制出工程设计、采购和建设的招标书；最终确定工程各个项目的总承包商（EP或EPC）。

在项目执行阶段，项目管理企业代表业主负责全部项目的管理协调和监控工作，直到项目完成。这个阶段由中标的总承包商负责执行详细的设计、采购和建设工作，但PMC单位会及时监控并及时向业主报告进而协调，业主则派出少量人员对PMC的工作进行监督和检查。

项目管理模式的主要特征是：通过PMC单位对建设各环节系统科学的管理，可以实现项目投资效益最大化。例如通过项目设计优化，可以实现项目寿命期费用最低；通过PM的多项目采购协议及统一的项目采购策略，降低投资费用；通过PMC的管理协调，精简业主方建设期的组织管理机构，减少业主方事务性管理工作，从而集中主要精力进行决策；PMC单位还可通过其丰富的项目融资和项目财务管理经验，并结合工程实际，对整个项目的现金流进行优化。

PM模式是业主利用专业项目管理单位的管理经验，对项目工期、成本、质量的控制比传统的管理模式更有效。但是，项目管理模式的采用，使业主与设计单位、施工单位之间通过项目管理单位进行沟通，不利于提高沟通质量，

项目管理单位的职责不易明确。

PM 模式主要用于业主管理能力不强、大型复杂的工程项目。

（二）项目管理承包模式（Project Management Contracting，PMC）

项目管理承包模式是指工程项目管理企业按照合同约定，除完成项目管理服务（PM）的全部工作外，还负责完成合同约定的工程初步设计等工作，项目管理企业一般应当按照合同约定承担一定的管理风险和经济责任。

（三）建设管理模式（Construction Management，CM）

建设管理模式是指采用快速路径法（Fact Track Method）进行施工，从项目开始阶段就雇用具有施工经验的 CM 单位参与到建设工程实施过程中来，以便为设计人员提供施工方面的建议且随后负责管理施工过程。风险型 CM 单位可以直接参与施工活动，但同时也是一种管理型承包。CM 经理的地位实际上相当于一个总承包商，他与各专业承包商之间有着直接的合同关系，并负责使工程以不高于最高成本限额（GMP）的成本竣工。如最后结算超过 GMP，则由 CM 公司赔偿；如低于 GMP，则节约的投资归业主所有，但 CM 公司由于额外承担了保证施工成本风险，因而能够得到额外的收入。

CM 模式的优点是可提前开工、提前竣工，业主任务较轻，风险较小；其缺点是总成本中包含了设计和投标的不确定因素，因此，选择合格的 CM 公司十分重要。

（四）“代建制”模式

2004 年，国务院发布《关于投资体制改革的决定》，指出：对非经营性政府投资项目加快推行“代建制”，即通过招标等方式，选择专业化的项目管理单位建设实施，严格控制项目投资、质量和工期，竣工验收后移交给使用单位。

“代建制”是指投资方经过规定的程序，委托有相应资质的工程管理公司或具备相应工程管理能力的其他企业，代理投资人或建设单位组织和管理项目建设的模式。“代建制”除了项目管理的内容外，还包括项目策划、报批、办规划、土地、环评、消防、市政、消防、人防、绿化、开工等手续以及采购、施工、承包商和监理服务单位等内容。目前，“代建制”的运作模式主要有两种。

1. “委托代理合同”模式。由项目法人或业主采用招投标方式选定一个工程管理单位作为代建单位，与之签订“代建合同”；由代建单位代行项目业主的职能，依据国家有关法律、法规，办理有关报批手续，自主选择工程服务商和承包商。项目建成后协助委托人组织项目的验收。

2. 以常设性事业单位为主，实行相对集中的专业化管理。即成立政府投资项目建设管理机构，全权负责公益性项目的建设实施，建成后移交使用单位。如深圳市、江苏张家港市等地借鉴我国香港的做法，成立工务局，作为政府投资的市政工程和其他重要公共工程建设的专门管理机构，代表政府行使业主职能。

## 五、公共设施及服务私营化模式

（一）建造—运营—移交模式（Build—Operate—Transfer，BOT）

建造—运营—移交模式是 20 世纪 80 年代国际上兴起的一种项目融资和建设模式，这种方式是指一国财团或投资人为项目的发起人，从一个国家的政府获得某项目基础设施的建设特许权，然后由其独立地联合他方组建项目公司，负责项目的融资、设计、建造和经营。在整个特许期内，项目公司通过项目的经营获得利润，并用此偿还债务。在特许期满之时，整个项目由项目公司无偿或以极少的名义价格移交给东道国政府。这是一种不改变项目所有权性质的投资方式及融资方式，其实质是一种债务和股权相混合的产权。当项目公司与政府签订特许权协议后，即由一家总承包商负责项目的设计、施工、设备采购、安装调试和投产。这种总承包相当于设计—建造或交钥匙方式。它的基本运作程序是：项目确定招标—项目发起人组织投标—成立项目公司，签署各种合同和协议—项目建设—项目经营—项目移交。

BOT 模式的最大优点是由于获得政府许可和支持，有时可得到优惠政策，拓宽了融资渠道。此外，BOT 项目通常都由外国的公司来承包，这会给项目所在国带来先进的技术和管理经验，既给本国的承包商带来较多的发展机会，也促进了国际经济的融合。同时 BOT 方式也有以下缺点：参与方多，结构复杂，项目前期过长且融资成本高，在特许期内，政府对项目失去控制权。

基于此，BOT 模式主要用于基础设施项目。我国已成功建成了众多 BOT 项目：发电厂，如深圳沙角 B 火力发电厂项目；供水，如成都自来水六厂 B 厂 BOT 项目；污水处理，如上海竹园污水处理厂 BOT 项目等。此外在机场、港口、收费公路、隧道、电信设施等项目中也有广泛应用。这些项目都是一些投资较大、建设周期长、可以自己运营获利的项目。

（二）PFI/PPP

PFI（Private Finance Initiative），英文原意为“私人融资活动”，在我国被译为“民间主动融资”，是英国政府于1992年提出、在一些西方发达国家逐步兴起的一种新的基础设施投资、建设和运营管理模式。PFI是对BOT项目融资的优化，指政府部门根据社会对基础设施的需求，提出需要建设的项目，通过招投标，由获得特许权的私营部门进行公共基础设施项目的建设与运营，并在特许期（通常为30年左右）结束时将所经营的项目完好地、无债务地归还政府，而私营部门则从政府部门或接受服务方收取费用以回收成本的项目融资方式。

根据资金回收方式的不同，PFI项目通常可以划分为如下三类：

1. 向公共部门提供服务型（Services Sold to the Public Sector），即私营部门结成企业联合体，进行项目的设计、建设、资金筹措和运营，而政府部门则在私营部门对基础设施的运营期间，根据基础设施的使用情况或影子价格向私营部门支付费用。

2. 收取费用的自立型（Financially Free - Standing Projects），即私营企业进行设施的设计、建设、资金筹措和运营，向设施使用者收取费用，以回收成本，在合同期满后，将设施完好地、无债务地转交给公共部门。这种方式与BOT的运作模式基本相同。

3. 合营企业型（Joint Ventures），即对于特殊项目的开发，由政府进行部分投资，而项目的建设仍由私营部门进行，资金回收方式以及其他有关事项由双方在合同中规定，这类项目在日本也被称为“官民协同项目”。

PPP是英文“Public - Private Partnerships”的简写，中文直译为“公私合伙制”，简言之，指公共部门通过与私人部门建立伙伴关系提供公共产品或服务的一种方式。

从各国和国际组织对PPP的理解来看，PPP有广义和狭义之分。广义的PPP泛指公共部门与私人部门为提供公共产品或服务而建立的各种合作关系，而狭义的PPP可以理解为一系列项目融资模式的总称，包含BOT、TOT、DBFO等多种模式。狭义的PPP更加强调合作过程中的风险分担机制和项目的衡工量值（Value For Money）原则。

在发达国家，PPP的应用范围很广泛，既可以用于基础设施的投资建设（如水厂、电厂），也可以用于很多非营利设施的建设（如监狱、学校等）。

# 第三节
# 工 程 造 价

## 一、工程造价的定义

工程造价（Project Cost）的字面含义是工程的建造价格，它有两种含义。第一种含义：工程造价是指建设一项工程预期开支或实际开支的全部固定资产投资费用，也就是一项工程通过建设形成相应的固定资产、无形资产所需用的一次性费用的总和。这一含义是从投资者（业主）的角度来定义的。第二种含义：工程造价是指工程价格，即为建成一项工程，预计或实际在土地市场、设备市场、技术劳务市场以及承包市场等交易活动中所形成的建筑安装工程的价格和建设工程总价格。通常是把工程造价的第二种含义只认定为工程承发包价格。它是在建筑市场通过招投标，由需求主体——投资者和供给主体——建筑商共同认可的价格。

## 二、我国工程造价的管理体制

由于工程建设价格涉及国计民生的各个方面，长期以来，我国对于工程领域的价格一直是采用较为严格的计划管理，即在统一工程计量的基础上，对材料价格和费用、利润等均采用相对统一的管理模式。另外，国家除了建立规范统一的管理规章制度外，还在国家的建设行政管理部门配套设立了相应的专门机构，如标准定额司（处），建立了集中管理模式下的分级管理体系。这种管理模式是以“概预算管理”和“定额管理”为载体，核心是由国家对于工程建设的计量及其标准、基本单位的价格构成、基本单位的价格、价格的调整等进行严格和统一的管理，所有建设项目和建设单位必须严格执行。

这种管理模式在特定的历史时期，对于促进我国建设市场的规范与发展起到了一定的积极作用。但是，随着我国改革开放和社会主义市场经济体制的建立，这种带有严重计划经济体制色彩、采用行政指令进行直接管理的模式已经不能适应形势发展的需要，也不能适应我国加入世贸组织的需要。因此，工程建设价格领域的改革势在必行。但由于工程建设价格改革涉及的领域广泛，而且具有较强的系统性、专业性、特殊性和复杂性，改革应当本着积极探索、实事求是、认真慎重、确保平稳过渡的态度。从发达国家的经验看，对于建设工程造价的管理均采用统一和规范计量单位、建立公共的价格指数管理体系、用市场机制调控价格的模式。为此，我国确立的工程建设价格管理改革的基本思路是“统一量、指导价、竞争费”，即在统一工程量计量规则和消耗量定额的基础上，遵循市场经济规律，建立以市场形成价格为主的价格机制，通过市场价格机制的运行，形成统一、协调、有序的工程建设价格管理体系，达到合理使用投资、有效控制工程建设价格、取得最佳投资效益的目的，逐步建立适应社会主义市场经济体制、符合中国国情并与国际惯例接轨的工程建设价格管理体制。

为了适应工程计价改革工作的需要，2003 年建设部根据我国建筑领域的改革和发展形势，按照国家有关法律法规并参照国际惯例，在总结建设部、中国建设银行《关于调整建筑安装工程费用项目组成的若干规定》（建标［1993］894 号）执行情况的基础上，制定并颁布了工程造价管理的重要制度，即《建筑安装工程费用项目组成》。这一制度的推出对我国工程建设领域的改革，尤其是建立符合市场经济体制的工程造价管理体系具有十分重要的意义。

2003 年和 2008 年，建设部先后两次推出《建设工程工程量清单计价规范》2003 版和 2008 版，体现了上述改革思路，并标志着我国建设工程计价依据从传统的定额加价模式到工程量清单计价模式的转变。

我国工程造价管理体制的深化改革主要体现在以下几个方面：

第一，重视和加强项目决策阶段的投资估算工作，努力提高政府投资或国有投资的大型或重点建设项目的可行性及投资估算的准确度，切实发挥其控制建设项目总造价的作用。

第二，进一步明确概预算工作的重要作用。概预算不仅要计算工程造价，更要能动地影响和优化设计，从而发挥控制工程造价、促进建设资金合理使用的作用。

第三，推行工程量清单计价模式，以适应我国建筑市场发展的要求和国际市场竞争的需要，逐步与国际惯例接轨。

第四，引入竞争机制，通过招标方式择优选择工程承包商和材料供应商，以促使这些单位改善经营管理、提高应变能力和竞争能力，降低工程造价。

第五，提出“动态”方法研究和管理工程造价。

第六，提出对工程造价的估算、概算、预算、承包合同价、结算价、竣工决算实行“一体化”管理。

第七，进一步完善和加强对工程造价师执业资格制度的管理。

我国工程造价管理体制改革的最终目标是建立市场形成价格的机制，实现工程造价管理市场化，与国际惯例接轨，形成社会化的工程造价咨询服务业。

## 三、工程造价的构成

（一）我国工程造价的构成

我国工程造价由建设投资和建设期利息构成，其中主要构成部分是建设投资，根据国家发改委和建设部发布的《建设项目经济评价方法与参数（第三版)》（发改投资［2006］1325 号）的规定，建设投资包括工程费用、工程建设其他费用和预备费三部分。

1. 工程费用指直接构成固定资产实体的各种费用，分为建筑安装工程费和设备及工器具购置费。

2. 工程建设其他费用是指根据国家有关规定应在投资中支付，并列入建设项目总造价或单项工程造价的费用，包括建设管理费、建设用地费、可行性研究费、研究试验费、勘察设计费、环境影响评价费、劳动安全卫生评价费、场地准备及临时设施费、引进技术和引进设备其他费、工程保险费、联合试运转费、特殊设备安全监督检验费、市政公用设施建设费、专利及专有技术使用费、生产准备及开办费。

3. 预备费是为了保证工程项目的顺利实施，避免在难以预料的情况下造成投资不足而预先安排的一笔费用，包括基本预备费和涨价预备费。

（二）世界银行工程造价的构成

1978 年，世界银行及国际咨询工程师联合会（FIDIC）对项目的总建设成本（相当于我国的工程造价）作了统一规定，详细内容如下：

1. 项目直接建设成本：土地征购费、场外设施费用、工艺设备费、设备安装费、管道系统费用、电气设备费、电气安装费、仪器仪表费、机械的绝缘和油漆费用。

2. 项目间接建设成本：项目管理费、开工试车费、业主的行政性费用、生产前费用、运费和保险费、地方税。

3. 应急费：未明确项目的准备金、不可预见准备金。

4. 建设成本上升费用。

## 四、建筑安装工程费的构成

根据《建筑安装工程费用项目组成》，建筑安装工程费由直接费、间接费、利润和税金四个大项组成，直接费和间接费又可以细分为若干个小项（见图2－3）。

（一）直接费

直接费由直接工程费和措施费组成。

1. 直接工程费。直接工程费指施工过程中耗费的构成工程实体的各项费用，包括人工费、材料费、施工机械使用费。

直接工程费的计算公式如下：

直接工程费＝人工费＋材料费＋施工机械使用费

（1）人工费是指直接从事建筑安装工程施工的生产工人开支的各项费用。构成人工费的两个基本要素是：人工工日消耗量和人工日工资单价。人工工日消耗量是指在正常施工生产条件下，生产单位假定建筑安装产品（即分部分项工程或者结构件）必须消耗的某种技术等级的人工工日数量。人工日工资单价包括基本工资、工资性补贴、辅助工资、福利费、劳动保护费。

人工费的内容包括：①基本工资：指发放给生产工人的基本工资。②工资性补贴：指按规定标准发放的物价补贴，包括煤、燃气补贴，交通补贴，住房补贴，流动施工津贴等。③生产工人辅助工资：指生产工人年有效施工天数以外非作业天数的工资，包括职工学习、培训期间的工资，调动工作、探亲、休假期间的工资，因气候影响的停工工资，女工哺乳时间的工资，病假在6个月以内的工资及产、婚、丧假期的工资。④职工福利费：指按规定标准计提的职工福利费。⑤生产工人劳动保护费：指按规定标准发放的劳动保护用品的购置费及修理费、徒工服装补贴、防暑降温费、在有碍身体健康环境中施工的保健费用等。

人工费的计算公式如下：

$$人工费 = \sum（工日消耗量 \times 日工资单价）$$

$$日工资单价（G） = \sum_{1}^{5} G$$

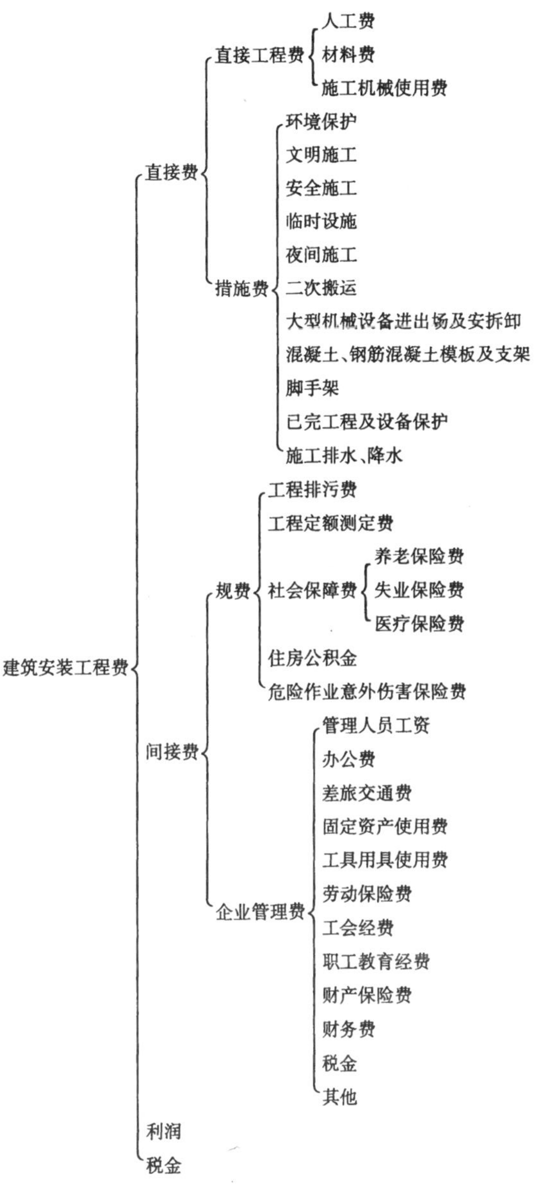


图 2－3　建筑安装工程费的构成

基本工资的计算公式如下：

基本工资（$G_1$）＝生产工人平均月工资/年平均每月法定工作日

工资性补贴的计算公式如下：

$$\text{工资性补贴}(G_2)=\frac{\sum \text{年发放标准}}{\text{全年日历日}-\text{法定假日}}+\frac{\sum \text{月发放标准}}{\text{年平均每月法定工作日}}+\text{每工作日发放标准}$$

生产工人辅助工资的计算公式如下：

$$\text{生产工人辅助工资}(G_3)=\frac{\text{全年无效工作日}\times(G_1+G_2)}{\text{全年日历日}-\text{法定假日}}$$

职工福利费的计算公式如下：

$$\text{职工福利费}(G_4)=(G_1+G_2+G_3)\times\text{福利费计提比例}$$

生产工人劳动保护费的计算公式如下：

$$\text{生产工人劳动保护费}(G_5)=\frac{\text{生产工人年平均支出劳动保护费}}{\text{全年日历日}-\text{法定假日}}$$

（2）材料费是指施工过程中耗费的构成工程实体的原材料、辅助材料、构配件、零件、半成品的费用。构成材料费的两个基本要素是：材料消耗量和材料价格。材料消耗量是指在合理和节约使用材料的条件下，生产单位假定建筑安装产品（即分部分项工程或者结构件）必须消耗的一定品种规格的材料、半成品、构配件等的数量标准。材料价格是指材料（包括构件、成品和半成品等）从其来源地到达施工工地仓库后的出库价格。

材料费的内容包括：①材料原价（或供应价格）。②材料运杂费：指材料自来源地运至工地仓库或指定堆放地点所发生的全部费用。③运输损耗费：指材料在运输装卸过程中不可避免的损耗。④采购及保管费：指为组织采购、供应和保管材料过程中所需要的各项费用，包括采购费、仓储费、工地保管费、仓储损耗。⑤检验试验费：指对建筑材料、构件和建筑安装物进行一般鉴定、检查所发生的费用，包括自设试验室进行试验所耗用的材料和化学药品等费用。不包括新结构、新材料的试验费和建设单位对具有出厂合格证明的材料进行检验、对构件做破坏性试验及其他特殊要求检验试验的费用。

材料费的计算公式如下：

$$\text{材料费}=\sum(\text{材料消耗量}\times\text{材料基价})+\text{检验试验费}$$

材料基价的计算公式如下：

$$\text{材料基价}=[(\text{供应价格}+\text{运杂费})\times(1+\text{运输损耗费})]\times(1+\text{采购保管费率})$$

检验试验费的计算公式如下：

$$\text{检验试验费}=\sum(\text{单位材料量检验试验费}\times\text{材料消耗量})$$

（3）施工机械使用费是指施工机械作业所发生的机械使用费以及机械安拆费和场外运费。构成施工机械使用费的两个基本要素是：施工机械台班消耗量和施工机械台班单价。施工机械台班消耗量是指在正常施工生产条件下，生产单位假定建筑安装产品（即分部分项工程或者结构件）必须消耗的某类某种型号施工机械的台班数量。施工机械台班单价应由下列 7 项费用组成：①折旧费：指施工机械在规定的使用年限内，陆续收回其原值及购置资金的时间价值。②大修理费：指施工机械按规定的大修理间隔台班进行必要的大修理，以恢复其正常功能所需的费用。③经常修理费：指施工机械除大修理以外的各级保养和临时故障排除所需的费用。包括为保障机械正常运转所需替换设备与随机配备工具附具的摊销和维护费用，机械运转中日常保养所需润滑与擦拭的材料费用及机械停滞期间的维护和保养费用等。④安拆费及场外运费：安拆费指施工机械在现场进行安装与拆卸所需的人工、材料、机械和试运转费用以及机械辅助设施的折旧、搭设、拆除等费用；场外运费指施工机械整体或分体自停放地点运至施工现场或由一施工地点运至另一施工地点的运输、装卸、辅助材料及架线等费用。⑤人工费：指机上司机（司炉）和其他操作人员的工作日人工费及上述人员在施工机械规定的年工作台班以外的人工费。⑥燃料动力费：指施工机械在运转作业中所消耗的固体燃料（煤、木柴）、液体燃料（汽油、柴油）及水、电等。⑦养路费及车船使用税：指施工机械按照国家规定和有关部门规定应缴纳的养路费、车船使用税、保险费及年检费等。

施工机械使用费的计算公式如下：

施工机械使用费 = $\sum$（施工机械台班消耗量 × 机械台班单价）

其中机械台班单价的计算公式为：

台班单价 = 台班折旧费 + 台班大修费 + 台班经常修理费 + 台班安拆费及场外运费 + 台班人工费 + 台班燃料动力费 + 台班养路费及车船使用税

2. 措施费。措施费指为完成工程项目施工，发生于该工程施工前和施工过程中非工程实体项目的费用，包括环境保护费、文明施工费、安全施工费、临时设施费、夜间施工费、二次搬运费、大型机械设备进出场及安拆费、混凝土和钢筋混凝土模板及支架费、脚手架费、已完工程及设备保护费、施工排水、降水费等。

（1）环境保护费是指施工现场为达到环保部门要求所需要的各项费用。环境保护费的计算公式如下：

环境保护费 = 直接工程费 × 环境保护费费率

$$环境保护费费率 = \frac{本项费用年度平均支出}{全年建安产值 \times 直接工程费占总造价比例} \times 100\%$$

（2）文明施工费是指施工现场文明施工所需要的各项费用。文明施工费的计算公式如下：

$$文明施工费 = \frac{本项费用年度平均支出}{全年建安产值 \times 直接工程费占总造价比例} \times 100\%$$

（3）安全施工费是指施工现场安全施工所需要的各项费用。安全施工费的计算公式如下：

$$安全施工费 = 直接工程费 \times 安全施工费费率$$

$$安全施工费费率 = \frac{本项费用年度平均支出}{全年建安产值 \times 直接工程费占总造价比例} \times 100\%$$

（4）临时设施费是指施工企业为进行建筑工程施工所必须搭设的生活和生产用的临时建筑物、构筑物和其他临时设施费用等。临时设施包括：临时宿舍、文化福利及公用事业房屋与构筑物，仓库、办公室、加工厂以及规定范围内道路、水、电、管线等临时设施和小型临时设施。临时设施费用包括：临时设施的搭设、维修、拆除费或摊销费。

临时设施费由以下三部分组成：①周转使用的临时建筑物（如活动房屋）；②一次性使用的临时建筑物（如简易建筑）；③其他临时设施（如临时管线）。临时设施费的计算公式如下：

$$临时设施费 = (周转使用临建费 + 一次性使用临建费) \times (1 + 其他临时设施所占比例)$$

其中：

$$周转使用临建费 = \sum \left[\frac{临建面积 \times 每平方米造价}{使用年限 \times 365 \times 利用率} \times 工期（天）\right] + 一次性拆除费$$

$$一次性使用临建费 = \sum 临建面积 \times 每平方米造价 \times (1 - 残值率) + 一次性拆除费$$

其他临时设施在临时设施费中所占比例，可由各地区造价管理部门依据典型施工企业的成本资料经分析后综合测定。

（5）夜间施工费是指因夜间施工所发生的夜班补助费、夜间施工降效、夜间施工照明设备摊销及照明用电等费用。夜间施工费的计算公式如下：

$$夜间施工费 = \left(1 - \frac{合同工期}{定额工期}\right) \times \frac{直接工程费中的人工费合计}{平均日工资单价} \times 每工日夜间施工费开支$$

（6）二次搬运费是指因施工场地狭小等特殊情况而发生的二次搬运费用。二次搬运费的计算公式如下：

二次搬运费 = 直接工程费 × 二次搬运费费率

$$二次搬运费费率 = \frac{年平均二次搬运费开支额}{全年建安产值 \times 直接工程费占总造价的比例} \times 100\%$$

（7）大型机械设备进出场及安拆费是指机械整体或分体自停放场地运至施工现场或由一个施工地点运至另一个施工地点，所发生的机械进出场运输及转移费用及机械在施工现场进行安装、拆卸所需的人工费、材料费、机械费、试运转费和安装所需的辅助设施的费用。大型机械设备进出场及安拆费的计算公式如下：

$$大型机械设备进出场及安拆费 = \frac{一次进出场及安拆费 \times 年平均安拆次数}{年工作台班}$$

（8）混凝土、钢筋混凝土模板及支架费是指混凝土施工过程中需要的各种钢模板、木模板、支架等的支、拆、运输费用及模板、支架的摊销（或租赁）费用。混凝土、钢筋混凝土模板及支架费的计算公式如下：

① 模板及支架费 = 模板摊销量 × 模板价格 + 支、拆、运输费

摊销量 = 一次使用量 ×（1 + 施工损耗）×［1 +（周转次数 − 1）× 补损率/周转次数 −（1 − 补损率）50%/周转次数］

② 租赁费 = 模板使用量 × 使用日期 × 租赁价格 + 支、拆、运输费

（9）脚手架费是指施工需要的各种脚手架搭、拆、运输费用及脚手架的摊销（或租赁）费用。脚手架费的计算公式如下：

① 脚手架搭拆费 = 脚手架摊销量 × 脚手架价格 + 搭、拆、运输费

$$脚手架摊销量 = \frac{单位一次使用量 \times (1 - 残值率)}{耐用期/一次使用期}$$

② 租赁费 = 脚手架每日租金 × 搭设周期 + 搭、拆、运输费

（10）已完工程及设备保护费是指竣工验收前，对已完工程及设备进行保护所需费用。已完工程及设备保护费的计算公式如下：

已完工程及设备保护费 = 成品保护所需机械费 + 材料费 + 人工费

（11）施工排水、降水费是指为确保工程在正常条件下施工，采取各种排水、降水措施所发生的各种费用。施工排水、降水费的计算公式如下：

$$排水降水费 = \sum 排水降水机械台班费 \times 排水降水周期 + 排水降水使用材料费、人工费$$

（二）间接费

间接费由规费、企业管理费组成。

1. 规费。规费指政府和有关权力部门规定必须缴纳的费用。具体包括：工程排污费、工程定额测定费、社会保障费（养老保险费、失业保险费、医疗保险费）、住房公积金和危险作业意外伤害保险费。

（1）工程排污费是指施工现场按规定缴纳的工程排污费。

（2）工程定额测定费是指按规定支付工程造价（定额）管理部门的定额测定费。

（3）社会保障费。具体包括：养老保险费、失业保险费和医疗保险费。①养老保险费是指企业按规定标准为职工缴纳的基本养老保险费。②失业保险费是指企业按照国家规定标准为职工缴纳的失业保险费。③医疗保险费是指企业按照规定标准为职工缴纳的基本医疗保险费。

（4）住房公积金是指企业按规定标准为职工缴纳的住房公积金。

（5）危险作业意外伤害保险费是指按照《建筑法》规定，企业为从事危险作业的建筑安装施工人员支付的意外伤害保险费。

规费的计算是根据当地典型工程发承包价的分析资料综合取定规费计算中所需数据，包括：①每万元发承包价中人工费含量和机械费含量。②人工费占直接费的比例。③每万元发承包价中所含规费缴纳标准的各项基数。规费费率的计算公式如下：

以直接费为计算基础：

$$\text{规费费率} = \frac{\sum \text{规费缴纳标准} \times \text{每万元发承包价计算基数}}{\text{每万元发承包价中的人工费含量}} \times \text{人工费占直接费的比例} \times 100\%$$

以人工费和机械费合计为计算基础：

$$\text{规费费率} = \frac{\sum \text{规费缴纳标准} \times \text{每万元发承包价计算基数}}{\text{每万元发承包价中的人工费含量和机械费含量}} \times 100\%$$

以人工费为计算基础：

$$\text{规费费率} = \frac{\sum \text{规费缴纳标准} \times \text{每万元发承包价计算基数}}{\text{每万元发承包价中的人工费含量}} \times 100\%$$

2. 企业管理费。企业管理费指建筑安装企业组织施工生产和经营管理所需费用，包括管理人员工资、办公费、差旅交通费、固定资产使用费、工具用具使用费、劳动保险费、工会经费、职工教育经费、财产保险费、财务费、税金和其他共 12 项。

（1）管理人员工资是指管理人员的基本工资、工资性补贴、职工福利费、

劳动保护费等。

（2）办公费是指企业管理办公用的文具、纸张、账表、印刷、邮电、书报、会议、水电、烧水和集体取暖（包括现场临时宿舍取暖）用煤等费用。

（3）差旅交通费是指职工因公出差、调动工作的差旅费、住勤补助费，市内交通费和误餐补助费，职工探亲路费，劳动力招募费，职工离退休、退职一次性路费，工伤人员就医路费，工地转移费以及管理部门使用的交通工具的油料、燃料、养路费及牌照费。

（4）固定资产使用费是指管理和试验部门及附属生产单位使用的属于固定资产的房屋、设备仪器等的折旧、大修、维修或租赁费。

（5）工具用具使用费是指管理使用的不属于固定资产的生产工具、器具、家具、交通工具和检验、试验、测绘、消防用具等的购置、维修和摊销费。

（6）劳动保险费是指由企业支付离退休职工的易地安家补助费、职工退职金、6个月以上的病假人员工资、职工死亡丧葬补助费、抚恤费、按规定支付给离休干部的各项经费。

（7）工会经费是指企业按职工工资总额计提的工会经费。

（8）职工教育经费是指企业为职工学习先进技术和提高文化水平，按职工工资总额计提的费用。

（9）财产保险费是指施工管理用财产、车辆保险费用。

（10）财务费是指企业为筹集资金而发生的各种费用。

（11）税金是指企业按规定缴纳的房产税、车船使用税、土地使用税、印花税等。

（12）其他包括技术转让费、技术开发费、业务招待费、绿化费、广告费、公证费、法律顾问费、审计费、咨询费等。

企业管理费费率计算公式如下：

以直接费为计算基础：

$$企业管理费费率=\frac{生产工人年平均管理费}{年有效施工天数\times 人工单价}\times 人工费占直接费比例\times 100\%$$

以人工费和机械费合计为计算基础：

$$企业管理费费率=\frac{生产工人年平均管理费}{年有效施工天数\times（人工单价+每一工日机械使用费）}\times 100\%$$

以人工费为计算基础：

$$企业管理费费率 = \frac{生产工人年平均管理费}{年有效施工天数 \times 人工单价} \times 100\%$$

（三）利润

利润是指施工企业完成所承包工程获得的盈利。建筑项目的利润计算方法较为复杂，具体参见建设部颁布的《建筑安装工程费用项目组成》文件的“附件二”《建筑安装工程计价程序》。

（四）税金

税金是指国家税法规定的应计入建筑安装工程造价内的营业税、城市维护建设税及教育费附加等。税金的计算公式如下：

税金 =（税前造价 + 利润）×税率

税率按照纳税地点不同，适用的税率也不同。

1. 纳税地点在市区的企业：

$$税率 = \frac{1}{1-3\%-(3\% \times 7\%)-(3\% \times 3\%)} - 1$$

2. 纳税地点在县城、镇的企业：

$$税率 = \frac{1}{1-3\%-(3\% \times 5\%)-(3\% \times 3\%)} - 1$$

3. 纳税地点不在市区、县城、镇的企业：

$$税率 = \frac{1}{1-3\%-(3\% \times 1\%)-(3\% \times 3\%)} - 1$$

## 五、建筑安装工程费的确定

工程造价的确定包括设备及工（器）具购置费用、建筑安装工程费用、工程建设其他费用、预备费、建设期贷款利息等各项费用的计算，其中设备及工（器）具购置费用和建筑安装工程费用是整个工作的基础。建筑安装工程费的确定与工程规模、施工方法、工程风险状况以及建筑劳务和材料价格水平紧密相关，是最具技术含量和难度的一项工作。

我国现行建筑安装工程费的确定方法有定额计价法和工程量清单计价法两种。定额计价法是一种产生于计划经济时代的传统计价方法，其直接工程费（即直接费）中的人、机、料用量和单价以及各项取费均参照国家及地方定额与造价信息来确定，存在着一定的缺陷；工程量清单计价法是近年来我国依照国际惯例和国内建筑市场发展现状所推行的一种新的工程计价方法，工程量清单计价模式对工程招投标、工程造价调整、工程索赔等造价活动进行了规范，有利于承发包双方风险的合理分担。

（一）工程造价定额计价法

在我国，长期采用的定额计价模式为：按预算定额规定的分部分项子目，逐项计算工程量，套用预算定额单价（或单位估价表）确定直接费，然后按规定的取费标准确定其他直接费、现场经费、间接费、计划利润和税金，加上材料调差系数和适当的不可预见费，经汇总后即为工程预算或标底，而标底则作为评标定标的主要依据。

定额计价法的特点就是一个量与价结合的问题。概预算的单位价格的形成过程，就是依据概预算定额所确定的消耗量乘以定额单价或市场价，经过不同层次的计算达到量与价的最优组合过程。定额计价法的基本方法和程序用公式表达如下：

1. 每一计量单位建筑产品基本构造要素的直接工程费单价 = 人工费 + 材料费 + 施工机械使用费

式中：人工费 = Σ（人工工日数量 × 人工日工资标准）

材料费 = Σ（材料用量 × 材料预算价格）+ 检验试验费

机械使用费 = Σ（机械台班用量 × 台班单价）

2. 单位工程工程费 = Σ（建筑产品工程量 × 直接工程工程费单价）+ 措施费

3. 单位工程概预算造价 = 单位工程直接费 + 间接费 + 利润 + 税金

4. 单项工程概算造价 = Σ单位工程概预算造价 + 设备及工器具购置费

5. 建设项目全部工程概算造价 = Σ单项工程的概算造价 + 有关的其他费用 + 预备费

（二）工程量清单计价法

工程量清单是表现拟建工程的分部分项工程项目、措施项目、其他项目名称和相应数量的明细清单，是按照招标要求和施工设计图纸要求，将拟建招标工程的全部项目和内容，依据统一的工程量清单计算规则、统一的工程量清单项目编制规则要求，计算拟建招标工程的分部分项工程数量的表格。

投标人以招标人提供的工程量清单为平台，根据自身的技术、财务、管理能力进行投标报价，招标人根据具体的评标规则进行优选，这种计价方式是市场定价体系的具体表现形式。工程量清单计价程序用公式表达如下：

分部分项工程费 = Σ（分部分项工程量 × 分部分项工程综合单价）

其中分部分项工程综合单价由人工费、材料费、机械费、管理费、利润和风险费用组成。

措施项目费 = ∑（措施项目工程量 × 措施项目综合单价）

其中措施项目综合单价包括同项目、建筑工程措施项目、安装工程措施项目和市政工程措施项目，其构成与分部分项工程单价构成类似。

单位工程报价 = 分部分项工程费 + 措施项目费 + 其他项目费 + 规费 + 税金

单项工程报价 = ∑单位工程报价

建设项目工程总报价 = ∑单项工程报价

### 六、工程造价与工程保险

对于工程保险而言，工程造价既是正确确定保险价值和保险金额的依据，也是理赔确定损失和赔款的标准。为此，工程保险的从业人员必须对工程造价有一个全面和清晰的认识。

通过对工程造价的深入分析，保险人要解决和回答三个问题：（1）作为工程项目造价的结构，哪些项目是在损失恢复过程中必须发生的费用？（2）哪些项目是在损失恢复过程中不再发生的费用？（3）哪些项目是在损失恢复过程中需要额外发生的费用？

工程保险人在了解和掌握工程造价的过程中，应当特别关注与工程保险关系较为密切的建筑安装工程费、设备及工器具购置费，尤其是其中的直接费，因为，这是保险人确定损失和赔款的基本依据。

## 第四节
## 工 程 合 同

### 一、工程合同的性质及种类

工程合同是指在工程项目的建设过程中，为了明确双方的权利与义务而订立的与工程建设有关的经济合同。

工程合同按照工作的内容可以分为工程咨询服务合同（包括设计合同、监理合同等）、勘察合同、工程施工合同、货物采购合同（包括各类机械设备采购、材料采购等)、安装合同、劳务供应合同、工程保险合同等。

工程合同按照承包的范围可以分为设计—建造合同、交钥匙合同、施工总承包合同、分包合同、劳务合同、设计—管理合同、CM 合同等。

长期以来，在我国的工程建设领域出现和存在着一些问题，究其原因，其中之一是缺乏规范的合同以及对合同规范的管理。为此，近年来我国在整顿建筑市场秩序的过程中，一项突出的工作就是规范建筑行业领域的合同，在全面借鉴国外的先进经验基础上出台了一系列的规范和管理工程合同的措施，使我国工程建设领域的管理逐步走向规范和完善。

与工程保险关系最为密切的是工程施工合同。不同的施工合同涉及的保险利益、保险金额、保险期限的确定不同，同时，施工合同往往还是进行定损理赔的主要依据之一。为此，工程保险从业人员在承保一个工程项目之前应对工程施工合同及其内涵充分了解，不仅要了解合同的类型，还要了解合同对于价格、工期、风险及其承担、双方的权利义务是如何规定的，这是进行风险评估和制订科学合理的保险方案的前提。

目前，我国使用的工程合同的文本主要有：(1)《建设工程施工合同示范文本》(1999 年)、《工程建设监理合同示范文本》(2000 年) 和《建设工程勘察、设计合同示范文本》(1996 年)。这 3 个示范文本是由建设部与国家工商行政管理总局联合制定和发布的。(2)《土木工程施工合同条件》(Conditions of Contract for Works of Civil Engineering Construction)(第四版)。近年来，随着国外直接投资的增加，以“菲迪克”(FIDIC) 合同为代表的国外工程合同也被引进我国，在一些世界银行项目、外国政府贷款、外商投资项目中广泛应用，这对于推动我国工程合同的完善起到了积极的作用。

## 二、工程施工合同的分类

工程施工合同的一个重要特征是对于工程造价的确定方式，因此，常见的合同分类方式是依据合同价格的确定以及支付方式，一般分为总价合同、单价合同和成本加酬金合同三大类。

(一) 总价合同

总价合同，即约定总价合同，或者称为包干合同。在这种合同中，合同双方要明确一个完成工程项目的总价，要求承包商在这个价格下完成合同规定的全部项目。总价合同通常可以分为以下三种：

1. 固定总价合同。固定总价合同是指在确定和固定的设计和工程总量的

基础上确定完成整个工程造价的合同。在这种合同项下承包商要承担工程的全部价格风险，为此，承包商应对这种风险有充分的认识，考虑到各种不可预见的因素。由于这种合同的特点，承包商提出的总价中包含了不可预见费用，相对较高。

这种合同形式适用于风险不大、技术不复杂、工期较短、工程施工图纸不变、工程要求十分简单明确的项目。

从工程保险评估风险和管理的角度看，这类合同的价格构成相对不明确，通常是采用一个笼统的量和价的概念。尽管如此，在承保时，从业人员还是应当通过各种方式了解承包商提出的总价的内在结构，尤其是涉及单价的一些具体因素，如原材料的价格水平等。

2. 调价总价合同。调价总价合同是指根据签订合同当时的物价（主要是建筑材料的价格）确定合同总价，同时，对于可能出现的价格市场风险的承担进行明确的约定。合同通常对承包商应承担的物价市场波动因素的范围进行明确的规定，即在这个约定的范围内，市场波动引起总价增加由承包商承担。但是，如果市场波动引起总价达到或者超过这个约定的范围时，则由业主承担。

这种合同形式适用于工程量相对确定，但由于工期较长（1 年以上）可能存在物价波动的情况。

从工程保险评估风险和管理的角度看，这类合同价格的关键是对于物价波动因素的管理，核心是应注意合同签订时对应的“基础价格”的明确。因为，保险人在进行理赔的过程中面对的是理赔时的市场价格与这个“基础价格”的差异产生的风险。

3. 估计工程量总价合同。估计工程量总价合同是指根据工程图纸列出的工程量清单和相应的费率计算总价的合同。这种合同的核心是在决定工程总价的两个变量中确定费率，而不确定工程量，当由于改变设计而引起工程量变化时，可以根据相应的费率对于总价进行调整。

这种合同形式一般适用于工程量相对变化不大的项目。

从工程保险评估风险和管理的角度看，这类合同价格的关键是对于合同期限内的物价波动因素的评估。由于合同的价格基础是确定的，这种价格基础也是保险金额的构成依据，所以，保险人在理赔过程中所依据的是合同约定的费率，而不是其实际恢复的支出。如果存在实际恢复价格与合同约定费率之间的差异，这种差异应当理解为承包商对于风险的自留或者自保。

（二）单价合同

单价合同，即约定单价合同。与总价合同不同的是，这种合同中合同双方仅对工程项目的单价进行明确，而工程量则按照实际完成的数量。单价合同通常可以分为以下三种。

1. 估计工程量单价合同。估计工程量单价合同是指承包商根据业主提供的详细工程量清单，按照不同的项目提出相应的单价，据此计算总价的合同。这种合同报价的基础是业主提出的工程量，因此，在这种合同中通常有一个单价调整条款，即如果一个单项工程的实际工程量与工程合同（招标文件）工程量相差达到一定比例时，应由合同双方对于单价进行协商和调整。

这种合同对于在合同执行期间可能出现的价格风险采用合同双方共同承担的形式，是一种较为常见的合同形式。

从工程保险评估风险和管理的角度看，这类合同的价格风险分为两段，即价格波动在一定比例范围内时，由承包商负责，但是当价格波动超过合同约定的比例时，则由双方协商解决，通常是由业主解决。

2. 纯单价合同。纯单价合同是指在招标文件中只提出项目一览表、工程范围以及工程要求的说明，而没有详细的图纸和工程量表，承包商在投标时只需要列出各工程项目单价的合同。

这种合同应用于一些相对较小而且工期要求紧的项目，这些项目往往是来不及提供施工详细图纸就要开工的。

从工程保险评估风险和管理的角度看，由于这类合同的特点，承包商在确定价格时，通常留有较大的余地。保险人在理赔过程中，应注意对于实际损失恢复的支出进行落实，而不能简单地采用合同的价格依据。

3. 单价与包干混合式合同。在一些大型综合性工程建设项目中，不同的子项目之间存在较大的差异，有的子项目容易进行工程量的计算，而另一些子项目则不容易进行工程量的计算。对于容易进行工程量计算的，采用单价的形式；而对于不容易进行工程量计算的，则采用包干的形式。这种合同形式就称为单价与包干混合式合同。

从工程保险评估风险和管理的角度看，关键是应当了解这类合同的特点，针对不同的子项目采用相应的管理模式。

（三）成本加酬金合同

成本加酬金合同也称为成本补偿合同，或者成本加费用合同，这是一种承包商要求业主偿付工程建设的实际成本，另加一定酬金的合同。这种合同一般是用在工程内容以及技术经济指标尚未完全确定而又急于建设的工程项目，如改建、灾后重建、前所未有的新工程、施工风险很大的工程项目。在采用这种合同时，工程成本费用采用实报实销的方式，在此基础上，由业主向承包商支付一定的酬金作为完成项目的对价。成本加酬金合同通常可以分为以下三种。

1. 成本加固定百分比酬金合同。成本加固定百分比酬金合同是指合同双方约定对于工程建设成本中的直接费用采用实报实销的方式，然后按照直接费用的一定百分比提取酬金的合同。这种合同的特点是简单易行。对于承包商而言，基本上不承担任何风险，而且工程的直接费用越高，酬金也越高，因此，不利于成本的控制。

从工程保险评估风险和管理的角度看，这种工程保险合同具有一定的"开口合同"（Open Cover）特点，因此，应当注意对于工程直接费用的管理，要求被保险人建立必要的记录制度；同时，要规范对于保险金额的管理，要求被保险人定期对保险金额进行申报。

2. 成本加固定酬金合同。成本加固定酬金合同是指双方约定对于工程建设成本中的直接费用采用实报实销的方式，同时，对于工程的成本进行粗略的估算，根据估算确定支付承包商的固定酬金。这种合同虽然不能起到鼓励承包商降低成本的目的，但可以鼓励其缩短工期。

从工程保险评估风险和管理的角度看，这种工程合同的风险特征与成本加固定百分比酬金合同基本类似。

3. 成本加浮动酬金合同。成本加浮动酬金合同是一种具有奖惩性质的合同，又称为成本加奖惩合同。这种合同是由合同双方经过协商确定一个概算直接成本和一个固定的酬金，在合同的执行过程中，如果实际发生的直接成本低于概算的直接成本，则奖励承包商一个固定比例，或者节约成本一定比例的酬金。反之，如果实际发生的直接成本高于概算的直接成本，则惩罚承包商一个固定比例，或者增加成本一定比例的罚金。

从工程保险评估风险和管理的角度看，由于这种工程合同具有一定的利益驱动因素，因此，往往实际发生的直接成本会低于概算的直接成本，在理赔的过程中，应注意实际成本的支出情况。

## 三、"菲迪克"（FIDIC）合同

### （一）"菲迪克"（FIDIC）合同的历史与现状

"菲迪克"（FIDIC）合同是一种在国际投资领域广泛应用的工程合同，它是由1913年成立的国际咨询工程师联合会（Federation Internationale Des Ingenieurs Conseils，FIDIC）制定并以其法文名称的简写命名的。国际咨询工程师

联合会现有60多个国家和地区的协会会员参加，具有较为广泛的代表性和权威性，我国工程咨询协会于1996年加入该组织。

第二次世界大战之后，欧洲成为一片废墟。为了重建欧洲，各国政府均大兴土木建筑工程，使得欧洲的建筑市场迅速发展，各国的工程承包商纷纷涌入，在这种情况下，规范和完善国际性工程承包的标准合同文件显得十分重要和迫切。为此，国际咨询工程师联合会于1945年12月制定并颁布了国际性的土木建筑工程承包施工的通用标准合同，即“菲迪克”（FIDIC）合同。合同颁布后即以其专业性和规范性为国际工程市场所广泛接受，尤其是被世界银行采纳后，“菲迪克”（FIDIC）合同逐步成为世界各国普遍采用的工程承包的标准合同。同时，“菲迪克”（FIDIC）合同在发展过程中，也在不断地丰富与完善，从单一的土木工程逐步发展成为涵盖土木工程、机械电气工程、交钥匙工程、施工分包、招标、咨询服务、联营等各个领域的工程合同体系。但是，在实际工作中应用最为广泛的还是《土木工程施工合同条件》（Conditions of Contract for Works of Civil Engineering Construction），简称为“红皮书”。

第一版“红皮书”是于1957年1月颁布的，随后，国际咨询工程师联合会根据国际工程领域的发展变化，不断进行修改和完善，分别于1969年7月（第二版）、1977年3月（第三版）和1987年2月（第四版）对“红皮书”进行修订并颁布新版。为了加强对“红皮书”应用的指导，国际咨询工程师联合会于1989年出版了《土木工程合同条件应用指南》。1999年，为了适应国际工程领域的新形势，国际咨询工程师联合会对“菲迪克”（FIDIC）合同进行了重大调整和修改，正式出版了新的“菲迪克”（FIDIC）合同体系。

新版的“菲迪克”（FIDIC）合同体系包括四个新的合同标准格式：（1）《施工合同条件》，简称“新红皮书”；（2）《生产设备和设计—施工合同条件》，简称“新黄皮书”；（3）《设计采购施工（EPC）/交钥匙工程合同条件》，简称“银皮书”；（4）《简明合同格式》，简称“绿皮书”。

鉴于“红皮书”（第四版）已颁布十多年，已在国际工程建设领域形成了广泛的影响，因此，在未来相当长的一段时间内它仍将被世界各国的业主和承包商继续使用，并与“新红皮书”并存，为此，本书将对这两个版本中有关工程保险的问题分别进行介绍。

（二）“红皮书”（第四版）

“红皮书”（第四版）共分通用合同条件和专用合同条件两部分。通用合同条件是针对所有项目的，主要是解决工程施工合同中带有共性特点的问题。专用合同条件主要是解决工程施工合同中带有个性特点的问题，使合同能够符合项目的特点和需要。通常在介绍“红皮书”（第四版）时均是针对通用合同条件而言的，通用合同条件由涉及权利义务的条款、涉及费用管理的条款、涉及工程进度控制的条款、涉及质量控制的条款和涉及法规性的条款等5个部分组成，分为25章、72节、194款。与工程风险管理、工程保险有直接关系的章节主要有：

1. 第20节“工程照管”。本节针对工程项目风险以及风险的承担问题，从四个方面进行明确。

20.1条对于工程照管责任的时间界限进行了明确，即“从开工日起直到发给接收证书之日止，承包人应全权负责工程使用的材料、设备及工程本身的照料。在业主接收全部工程后，则上述责任由业主承担”。这一条明确规定了承包人应对从开工之日到业主接收“全部工程”期间的“材料、设备及工程本身”负照料的责任。为此，承包人一方面拥有这一期间对于这些标的的保险利益；另一方面其如果无法自留风险，就应当安排适当的保险。

20.2条对于承担风险损失的责任进行了明确，即“在承包人负责照料期间，如果工程或其他任何部分或材料或进入工程的设备，除20.4条（业主风险）所规定的风险外，不管由于任何原因发生了损失或损坏，承包人应自费弥补这类损失或损坏……”这一条明确了“照料”和“承担风险损失”是两个不同的概念，即负责照料，并不等于应相应地承担风险损失。为此，尽管根据20.1条承包人应全权负责对于工程使用的材料、设备及工程本身的照料，但是承包人仅仅对于“业主风险”以外的风险损失负责。

20.3条对于业主风险损失的处理进行了明确的规定，即使是业主风险造成的损失，在业主增加合同金额的前提下，承包人应负责维修。另外，还有一种情况是“混合风险”，即业主风险与其他风险一起发生并造成损失时，承包人也应当负责维修，并由工程师确定业主和承包人各自应当承担风险损失的比例。

20.4条对于“业主风险”的范畴进行了明确的界定，即明确业主风险包括：

（1）战争，敌对行为（无论宣战与否），入侵；

（2）叛乱，革命，起义，军事政变或内战；

（3）电离放射，由任何核燃料或核燃烧废料或有毒放射物爆发或核原料爆发及核部件爆发后的有害物品引起的放射性污染；

（4）由飞行器以及音速或超音速飞行的飞行物产生的冲击波压力；

（5）暴乱、骚动及秩序的混乱，除非这些情况是限于承包人的雇员及其分包人或由工程的施工引起的；

(6) 由于业主利用或占用永久性工程的任何或部分引起的损失或损坏，除非这种占用是合同规定的；

(7) 在某种程度上，由于工程设计引起的损失及损坏，不包括由承包人设计的部分工程及其负责的部分；

(8) 由于一个有经验的承包人不能合理预见的自然力的影响。

2. 第21节“工程和承包人设备的保险”。

本节针对工程和施工机具保险的有关问题进行了明确，包括保险标的、保险金额、责任范围和除外责任。

21.1条对承包人的投保义务、保险标的和保险金额进行了明确，即明确承包人应办理保险，保险的主要标的应包括三个部分：

(1) 工程及应放入工程中的材料、设备，保险金额应与这些工程、材料等的价值相等。

(2) 用于维修损失或损坏的附加费用及偶然开支，包括专用费用及拆除任何部分工程及清除任何类型的垃圾所需的费用，且投保的金额应为(1)项的15%。

(3) 由承包人带入现场的承包人的设备、其他物品，其保险金额应相当于能把这些设备等在工地上替换的费用。

根据这一条，承包人除了应当办理工程保险和施工机具保险外，还应当在工程保险项下安排一些必要的费用扩展，包括清理残骸费用、清除污染费用、专业费用、特别费用等，且这些费用扩展的总投保金额应不低于工程保险主保险金额的15%。

21.2条对被保险人、保险责任范围、保险期限进行了明确。

(1) 明确了承包人在办理工程和相关费用的保险时，应当以“承包人及业主的共同名义”保险。

(2) 规定了保险责任范围为“除21.4条以外，各种原因引起的损失或损坏”。根据这一条，承包人在办理工程保险时，应选择“列明除外”的“一切险”型的工程保险。

(3) 规定了保险期限应为“业主及承包人在现场开工日起到有关的工程或根据不同情况的分段或部分工程被发出了接收证书为止的期间内”。

21.3条对于保险除外责任部分损失的处理进行了明确，即对于没有保险，或者不属于保险人责任的损失，按照第20节中关于承包人风险和业主风险的规定进行划分和承担。

21.4 条对于承包人按照 21.1 条办理有关工程保险时保险合同的除外责任进行了明确：

（1）战争，敌对行为（无论宣战与否），入侵；

（2）叛乱，革命，起义，军事政变或内战；

（3）电离放射，由任何核燃料或核燃烧废料或有毒放射物爆发或核原料爆发及核部件爆发后的有害物品引起的放射性污染；

（4）由飞行器以及音速或超音速飞行的飞行物产生的冲击波压力。

这一措辞表面上是对承包人在办理工程保险的除外责任进行明确，而实质上是对 20.4 条“业主风险”的处理以及责任归属进行明确。与 20.4 条相比，本条明确了承包人在办理工程保险时应当注意的几个问题：其一，业主风险中（1）~（4）可以作为绝对除外；其二，“不能合理预见的自然力的影响”的风险应当纳入工程保险责任范畴；其三，“暴乱、骚动及秩序的混乱”应通过特别扩展纳入工程保险责任范畴；其四，在“业主利用或占用永久性工程”之前的风险应纳入工程保险责任范畴；其五，明确了由于设计错误造成损失的承担问题，即采用“谁设计，谁负责”的原则。

3. 第 22 节“对人身和财产的损害和赔偿”。本节针对在工程项目建设过程中可能产生的第三者责任承担问题进行明确，并采用“先总括，再除外”的方式，即先明确承包人应承担全部责任，然后，再对于不属于承包人的责任进行除外。

22.1 条明确承包人应对人身、财产的损害和相关费用承担赔偿责任。

22.2 条明确了承包人责任例外情况，即由于这些原因导致的第三者责任可以免除承包人的责任：

（1）工程或其任何部分所永久使用或占有的土地；

（2）业主有权为工程施工或部分工程施工其上、越过其上、其下、在其中或通过其工作的任何土地；

（3）根据合同施工、完成工程及维护缺陷不可避免地对财产造成的损坏；

（4）由于业主、其代理人、雇员或其他承包人（均非承包人雇用的）的行为或过失引起的人身的死、伤或对财产的损失、损坏或与此有关的任何索赔、诉讼、损害赔偿、诉讼费、指控费及其他开支，或有些伤害和损害是由承包人及其雇员、代理人引起的，但在某种程度上是由业主、其雇员、代理人及其他承包人引起的。

22.3 条明确业主对于承包人例外情况的保障，即“业主应保障承包人免予承担属于 22.2 条规定情况下的所有索赔、诉讼、损害赔偿、诉讼费、指控费及其他开支”。

4. 第23节“第三者责任保险”。本节针对在工程项目建设过程中可能产生的第三者责任的处理问题进行了明确。

23.1条明确承包人应“以承包人及业主的共同名义”对第三者责任，包括人身伤亡和财产损失进行保险。

23.2条明确了承包人在办理第三者责任保险时应投保的最低保险金额，即应根据标书的有关规定。根据这一条，承包人不仅应根据23.1条的规定办理保险，同时，在办理第三者责任保险时，根据第三者责任保险的特点，还需要满足最低保险金额的规定。

23.2条明确了“交叉责任”的问题，即承包人在办理第三者责任保险时，应有“交叉责任”条款的安排。因为在责任保险中，保险人在根据保险单的有关规定赔偿了被保险人之后，就当然地取得了代位权，并据此向有关责任方进行追偿。所以，如果没有“交叉责任”条款的安排，就可能出现保险人赔偿了承包人之后，向有责任的业主进行追偿，这样就可能使业主这方面的利益没有保障。“交叉责任”的实质就是要求在安排第三者责任保险时，视同对每一个被保险人均签发了一张独立的保险单，以解决可能存在的相互之间的追偿问题。

5. 第24节“对工人的事故处理和事故保险”。本节对于在建设项目施工期间施工人员由于工伤事故导致的人身伤亡的赔偿责任问题进行了明确。

24.1条明确承包人应确保免除业主对于“承包人及任何分包人所雇用的工人及其他人员的伤害及对其的赔偿”责任。

24.2条明确了为了确保实现24.1条，“承包人应在全部工程施工期间对所有其雇用的工人进行此类保险并持续这种保险”。所谓的“此类保险”，通常是指承包人的雇主责任保险。同时，业主为了确保承包人或分包人确实履行了本条的有关规定，可以要求承包人或分包人向其“提交有关的保险单及本期保险金的支付收据”。

6. 第25节“保险的完备性”。本节对于承包人在按照本合同的规定办理相关保险过程中的细节问题进行明确，目的是确保相关保险具有“完备性”，确保各方面的利益均能得到有效的保障。

25.1条对承包人办理保险提出了具体的要求：（1）“承包人应在工程开工前向业主提供根据合同要求的保险生效的证明”。（2）承包人应“在开工后84天内向业主提交保险单”。（3）承包人办理保险时，“保险单应与发出中标通知书前双方同意的一般条文一致”。（4）“承包人应使所有由其负责的保险及经业主批准的保险条款生效”。

25.2 条明确承包人保持保险的充分和有效的义务，主要体现为两方面的具体要求：(1) 根据保险告知原则，投保人有义务将保险标的风险变更的情况及时通知保险人，否则，可能对保险合同的效力产生影响。为此，本条文规定“承包人应在施工进度、范围、性质发生变化时通知保险人，以确保根据合同条款在所有时间内的充分保险”。(2) 要求承包人应“根据要求向业主提交有效的保险单及本期保险金的支付收据”。

25.3 条明确对承包人未保险的补救措施，即业主一旦确定承包人没有按照规定办理相关的保险，或者没有在规定的时间内向其提供保险单，则业主可以自己办理相关的保险，并将因此支付的保险费“随时从应付或到期应付给承包人的款项中扣回，或视同到期债务由承包人处扣回”。

25.4 条明确“承包人或业主未能遵循据合同生效的保险条款，一方均应免除另一方由此引起的损失及索赔”。

在“红皮书”(第四版) 中除了上述这些与工程保险有着直接关系的章节外，还有一些章节与工程保险有关，这些章节主要有：第一节“定义和解释”、第三节“转让”、第四节“分包”、第十九节“现场环境”、第二十六节“遵纪守法”、第二十九节“干扰”、第三十节“材料和设备的运输”、第六十五节“特殊风险”等。

(三)“新红皮书”

“新红皮书”的通用条件共分为 20 条，163 款。“红皮书”(第四版) 一直沿用英国土木工程师协会 (ICE) 合同条件的框架，而“新红皮书”最大的特点是跳出了这种框架，建立了更为科学和合理的体系。就工程风险与保险的内容而言，也进行了较大的修改与调整。条目上从 6 条 (20～25 节) 减少到 2 条 (17、18 节)，结构上更加清晰，第 17 节明确了工程参与各方的风险与责任，第 18 节明确了办理各种保险的有关问题。“新红皮书”中与工程风险管理、工程保险有直接关系的章节主要有：

1. 第 17 节“风险与责任”。本节对于合同双方应当分别承担的风险与责任进行了明确，包括保障、承包商照管工程、雇主的风险、雇主风险的后果、工业与知识产权、责任限度。“工业与知识产权”是在“红皮书”(第四版) 第 28.1 款“专利权”内容的基础上进行了一定的扩充，与工程保险的关系不是十分密切；“义务的限定”则是“新红皮书”新增加的内容。

17.1 条“保障”综合并充实了“红皮书”(第四版) 第 22.1 条“人身或财产的损害”及 22.3 条“雇主提供的保障”的内容，规定了雇主与承包商之间相互保障的责任。延续“红皮书”（第四版）的基本原则，本条突出了承包商是作为风险管理的第一责任人，要求承包商应向雇主提供的保障包括两个方面：一是人身伤害方面；二是财产损失方面。

17.2 条“承包商照管工程”是与“红皮书”（第四版）第 20.1 条“工程的照管”对应的，明确了承包商对于工程的照管责任期间是“从开工日期起承担照管工程及货物的全部责任，直到颁发工程接收证书之日为止”。同时，明确了承包商的照管责任对象为工程、货物、承包商文件。这条明确了承包商风险的范畴为“‘雇主的风险’中所列风险以外的原因”。

17.3 条“雇主的风险”对应的是“红皮书”（第四版）的 20.4 条“雇主的风险”，其内容也基本一致。“新红皮书”的变化是在（b）项中增加了“恐怖主义”的内容，并将（b）、（c）、（d）项明确为“工程所在国”。

17.4 条“雇主风险的后果”明确了这种后果由雇主承担，但承包商应当在损失发生后立即通知雇主，并按照要求进行恢复。恢复的有关费用由雇主负责。同时，对于雇主风险中（f）、（g）项导致损失时，承包商在恢复费用的计算时可以包含合理的利润。

17.6 条“责任限度”是新增加的内容，规定了合同双方相互承担的责任问题，其中包含了定性和定量两个部分。定性部分明确了除另有规定外，“任何一方不应对另一方使用任何工程中的损失、利润损失、任何合同的损失，或对另一方可能遭受的与合同有关的任何间接的或引发的任何损失或损害负责”。这样基本上将双方应当承担的损失责任限定在直接损失范围内。定量部分明确了除另有规定外，“承包商根据有关合同对雇主的全部责任不应超过专用条件中规定的总额，或（如果没有上述规定的总额）中标合同金额”，这将承包商的责任从量上进行了限定，原则上以中标合同金额为限。

2. 第 18 节“保险”。本节是在综合并充实了“红皮书”（第四版）第 21 ~25节有关内容的基础上制定的。除了对与合同相关的保险安排的共性问题进行了明确规定外，本节还特别针对工程项目以及施工机具保险、第三者责任保险、承包商的雇主责任保险进行了细化和规定。

18.1 条“对保险的一般要求”是就工程保险安排过程中的一些共性问题进行明确和规定。“新红皮书”提出了“应投保方”的概念，并将其明确为“对办理并保持相关条款中规定的保险负有责任的一方”。这个定义包含两层含义：一是由谁办理保险；二是由谁维护保险。其中第二层的含义十分重要。因为保险合同的履行是双方的，工程保险中被保险人涉及的关系方众多，往往容易出现维护合同的主体缺位现象，结果是影响了被保险人一方的利益。因此，本条明确了“每方应遵守每份保险单规定的条件”，同时，明确应投保方是维护保险合同的第一责任人，“应保持使保险人随时了解工程实施中的任何相关变化，并确保按照要求维持保险”。

在保险金额的币别上明确了“应以修正损失或损害所需要的货币”。

应投保人在交付了每一笔保险费之后，应通知对方并提交相应的证据。对一方，特别是应投保方“对合同要求办理并维持的任何保险未能按要求办好并保持有效，或未能按要求提供满意的证据和保险单副本，另一方可以（由其选择，并在不影响任何其他权利和补偿的情况下）办理该保险范围的保险，并支付应交的保险费。应投保方应向另一方支付这些保险费，并相应调整合同价格”，这从根本上维护了被保险人一方的利益。最为常见的是承包商由于种种原因不能按时支付保险费，在这种情况下，雇主就可以根据本条的规定，应保险人的要求代为支付，并在工程款中予以扣除。

应投保方对于其负责的保险“未能按要求办好并保持有效”时，“则根据此项保险应能收回的任何款项应由应投保方支付”。

18.2 条“工程及承包商设备的保险”是与工程保险关系最大的部分，在安排工程保险过程中需要就这部分与投保人进行充分的沟通和协商，要充分理解本条的有关规定，了解相关资料中与本条相关的一些规定，如投标书附录、专用条件等，以求保险方案的设计能够满足合规性和充分性的要求。

第一，明确保险标的应为“工程、生产设备、材料和承包商文件”。与传统的工程保险标的不同的是，“新红皮书”第一次正式将承包商文件明确为保险标的。

第二，明确工程保险的保险金额“不低于全部复原费用，包括拆除、运走废弃物的费用以及专业费用和利润”；施工机具保险的保险金额“不低于全部重置价值，包括运至现场的费用”。

第三，明确工程保险的保险期限“应从合同规定的提交证据的日期起，至颁发工程接收证书的日期止”；施工机具保险的保险期限“应从该设备运往现场的过程起，直到其不需再作为承包商设备为止”。

第四，明确投保人为承包商，其有义务负责办理工程保险，并承担维持保险有效的责任；明确被保险人应当是拥有利益的各方。

第五，明确保险责任范围是：(1)“未列入‘雇主的风险’列举的任何原因造成的所有损失和损害”；(2)“雇主使用或占用工程另一部分而造成的工程某一部分的损失或损害”；(3)“‘雇主的风险’(c)、(g) 和 (h) 项所列的风险造成的损失或损害”。

第六，明确免赔额为“每次事件的免赔额不应超过投标书附录中规定的数额”。

第七，明确保险可以不包括的项目为：(1)“由于其本身的设计、材料或工艺缺陷造成的处于有缺陷状况的工程部分”；(2)“为复原因设计、材料或工艺缺陷造成其他处于有缺陷状况的工程部分”；(3)“雇主已经接收的工程部分”；(4)“不在工程所在国的货物”。

18.3条“人身伤亡及财产损坏保险”主要是针对第三者责任的。对工程第三者责任保险的安排具体规定如下：(1)“应由承包商作为应投保方办理和维持”；(2)“应以各方联合名义投保”；(3)“保险范围应扩展到因承包商履行合同引起的对雇主财产的所有损失和损害的责任”；(4)“每次事故的保险金限额应不低于投标书附录中规定的数额，事故发生的次数不限”。

18.4条“承包商的人员保险”规定的是承包商的人员保险问题。这种保险可以体现为劳工保险，也可以体现为雇主责任保险。承包商的人员一般可以分为两类：一类是承包商永久和高级雇员；另一类是普通的雇员和劳工。本规定主要是针对第二类人员，同时，要求这种保险的安排能够确保雇主以及所属人员免除对于这类人员的责任。这条规定也适用于分包商，分包商的安排可以由他们自行安排，但承包商应对其安排的合规性负责。

“新红皮书”中与工程保险有关的条款还有第十九节“不可抗力”、第四节“承包商”、第六节“员工”、第十四节“合同价格和付款”、第十节“雇主的接收”。

(四)“菲迪克”(FIDIC)合同的发展

由于“菲迪克”(FIDIC)合同在全世界范围的广泛应用，执行委员会一直致力于合同内容的完善，其中保险也是关注的焦点之一。保险的完备性是检讨的核心，为了使有关保险方面的责任更加明确，执行委员会制定了一个《责任与保险表》。完善工作主要围绕以下几个方面：(1)工程合同总价(TCV)与最大可能损失(MPL)之间的关系。由于原来的合同条文并没有对承包商投保金额的充分性进行严格的规定，或者对于免赔额方面作明确的规定，于是，出现了承包商为了减少保险成本的支出，采用不足额投保，或者采用高免赔额的做法。这种做法本身危害了业主的利益，导致了合同纠纷。为了解决这个问题，FIDIC执行委员会建议对于保额和免赔额进行有效的监督和控制，防止这方面的风险。(2)不当的工艺和材料。(3)不当的设计。在传统的工程保险中，设计风险是明确除外的，但是，在实际工作中要区分设计风险和施工风险往往具有一定的难度，而一旦发生争议则得不到保险赔偿，从而影响合同执行。为此，FIDIC 执行委员会建议将有关设计责任方纳入被保险人的范畴，则设计风险也纳入责任范围，以解决存在的问题。（4）间接损失。尽管在大多数传统的工程保险中均将间接损失列为除外，但是，对于合同当事人而言，这种风险是现实和具体存在的。FIDIC 执行委员会提醒使用者注意这类风险的存在及其危害的严重（例如伦敦承保人中心在工程建设接近尾声时发生了一场大火，火灾导致的间接损失达到了 1.2 亿英镑），并要求保险人提供相应的保障。在这个背景下，一些保险公司纷纷推出相应的保险，如慕尼黑再保险公司的保单出现了“第三部分”（Section III）就是一种具体的回应。

FIDIC 执行委员会建议业主在安排工程保险过程中应注意其他一些问题：（1）被保险人违约后果；（2）部分交付后的风险；（3）纠正费用；（4）海运风险（战争风险）。同时，FIDIC 执行委员会进一步建议业主使用风险管理顾问作为一种替代方法，明确风险顾问的重要职责，包括：（1）识别并分析风险；（2）提出减少和消除风险的经济可行方案；（3）制订或者评审保险方案的充分性；（4）确定风险自留；（5）选择保险人；（6）执行风险管理计划。

FIDIC 于 2008 年 9 月在加拿大魁北克省举行的 2008 年会期间推出被国际工程界称为“金皮书”的 DBO 合同（Design，Build and Operate，设计—建造—运营）。与 FIDIC“黄皮书”相比，DBO 合同格式与其相同，包括 20 条和 2 个附录。在条款顺序上，这两个合同的设置基本相同；同时，DBO 合同尽量使用 FIDIC 合同文本中的术语和定义。因此，DBO 合同遵循 FIDIC 合同的基本格式和基本原则，合同结构以 FIDIC“黄皮书”为基础。DBO 合同期在设计—建设期的基础上加上了运营服务期，并对“设计—建设期间”和“运营服务期间”作出了明确的规定。

对于风险，DBO 合同对传统的 FIDIC 方式进行了很多修改。首先，DBO 合同将风险事件按逻辑顺序进行排列，即风险—责任—义务—赔款—保险。其次，DBO 合同将风险事件从多个方面进行划分。第一层划分是将所有的风险分为普通风险和例外风险。第二层划分是对普通风险进行的划分。从时间角度，将风险划分为设计—建设期的潜在风险和运营期的潜在风险；从结果角度，将风险划分为导致物理损害的风险和导致金融损失的风险。最后，DBO 合同对设计—建设期和运营期参与方的风险分配进行了详细的规定。

DBO 合同条件索赔和争议处理条款在延续 FIDIC 99 版体系的基础上，进一步确立了业主和承包商平等的地位，为防范分歧、迅速解决争议进行了制度设计，以保证并促进 DBO 模式的良好运转，对于国际工程索赔和争议处理机制本身也是较好的完善。

## 四、标准合同（示范文本）

为了进一步加强对于我国建筑市场的指导和管理，建设部与国家工商行政管理总局于 1999 年 12 月 24 日发布了联合制定的标准合同——《建设工程施工合同（示范文本）》（简称《示范文本》）。

有关部门希望通过借鉴“菲迪克”（FIDIC）合同的管理模式，推出我国的标准合同，通过这一标准合同，以全面、详尽和明确的条文内容、严格的程序对合同双方的责任和义务进行明确，尽量减少因为合同不规范、不明确而导致的纠纷。通过推广标准合同能够逐步提高我国建筑行业的管理水平，使之尽快与国际接轨。

《示范文本》由协议书、通用条款、专用条款三部分组成，并有三个附件（承包人承揽工程项目一览表、发包人供应材料设备一览表和工程质量保修书）。

协议书是《示范文本》中总纲性文件，规定了合同当事人双方最主要的权利义务，规定了组成合同的文件当事人对履行合同义务的承诺，并且合同当事人应在这份文件上签字盖章。协议书具有法律效力，内容包括工程概况、工程承包范围、合同工期、质量标准、合同价款、组成合同的文件等。

通用条款是根据《合同法》、《建筑法》、《建筑工程施工合同管理办法》等法律、法规对承发包双方的权利义务作出的规定，除双方协商一致对其中的某些条款作出修改、补充或取消，双方都必须履行。它是将建设工程施工合同中共性的一些内容抽象出来编写的一份完整的合同文件。通用条款具有很强的通用性，基本适用于各类建设工程。

建设工程虽然具有一定的共性特点，但是不同的项目内容毕竟各不相同，如工期、造价、施工环境和条件、承包人和发包人的具体情况等。通用条款不能完全适用于各个具体工程，这就需要配合以特殊条款（专用条款）对通用条款进行必要的修改和补充，使整个合同能够更加符合项目的具体情况，能够更好地体现合同双方的一致意见。

三个附件是对施工合同当事人权利义务的进一步明确，使得施工合同当事人的有关工作一目了然，便于执行和管理。

通用条款分为11个部分，共47条，与工程风险管理、工程保险有直接关系的有第39条和第40条。

（一）第39条“不可抗力”

本条文主要是针对“不可抗力”问题进行了明确，包括定义、处理和损失的承担等。

39.1条明确了“不可抗力”的内涵为“因战争、动乱、空中飞行物体坠落或其他非发包人、承包人责任造成的爆炸、火灾，以及专用条款约定的风、雨、雪、洪、震等自然灾害”。

39.2条明确了在不可抗力事件发生后，承包人和发包人各自应承担的责任：“承包人应立即通知工程师，并在力所能及的条件下迅速采取措施，尽力减少损失，发包人应协助承包人采取措施。工程师认为应当暂停施工的，承包人应暂停施工。不可抗力事件结束后48小时内承包人向工程师通报受害情况的损失情况及预计清理和修复的费用。不可抗力事件持续发生，承包人应每隔7天向工程师报告一次受害情况。不可抗力结束后14天内，承包人向工程师提交清理和修复费用的正式报告及有关资料。”

39.3条对于因不可抗力事件导致的费用及延误的工期的损失承担问题进行了明确：

（1）工程本身的损害、因工程损害导致第三人人员伤亡和财产损失以及运至施工场地用于施工的材料和待安装的设备的损害，由发包人承担；

（2）发包人、承包人人员伤亡由其所在单位负责，并承担相应费用；

（3）承包人机械设备损坏及停工损失，由承包人承担；

（4）停工期间，承包人应工程师要求留在施工场地的必要的管理人员及保卫人员的费用由发包人承担；

（5）工程所需清理、修复费用，由发包人承担；

（6）延误的工期相应顺延。

39.4条对于“迟延”责任进行了明确，即“因合同一方迟延履行合同后发生不可抗力的，不能免除迟延履行方的相应责任”。

（二）第40条“保险”

本条文主要针对“保险”问题进行了明确，包括定义、处理和损失的承担等。《示范文本》对保险问题采用的是“区间”界定的模式，同时，由于我国工程保险业发展滞后等原因，导致第40条关于保险的规定存在一定缺陷，这一点应当引起有关各方的注意。

40.1条是就“工程开工前”的有关保险问题进行明确，即由“发包人为建设工程和施工场地内的自有人员及第三人人员生命财产办理保险，支付保险费用”。根据这一条文的规定，开工之前，业主应自付费用办理三种保险：工程保险、工程第三者责任保险和雇主责任保险。

40.2 条是针对“运至施工场内用于工程的材料和待安装设备”的保险问题进行明确，即明确“由发包人办理保险，并支付保险费用”。

40.3 条是就具体保险的办理以及费用的负担问题进行明确，即“发包人可以将有关保险事项委托承包人办理，费用由发包人承担”。

40.4 条是针对与承包人直接相关的保险问题进行明确，即“承包人必须为从事危险作业的职工办理意外伤害保险，并为施工场地内自有人员生命财产和施工机械设备办理保险，支付保险费用”。

40.5 条是针对保险事故发生时合同双方的义务进行明确，即“保险事故发生时，发包人、承包人有责任尽力采取必要的措施，防止或者减少损失”。

40.6 条是一个“开口”的措辞，即明确关于合同涉及的“具体投保内容和相关责任，发包人、承包人在专用条款中约定”。在专用条款中有与通用条款对应的条款（40.6 条）规定保险的具体内容，包括发包人投保内容、发包人委托承包人办理的保险事项和承包人投保内容。

（三）《示范文本》存在的问题

应当肯定，《示范文本》拟订的初衷是使我国工程施工合同的管理尽快与国际惯例接轨，全面提高我国建筑施工行业的管理水平，为此，《示范文本》在许多方面大量借鉴了“菲迪克”（FIDIC）合同的技术，吸收了国外在施工合同管理方面的先进经验和技术。但是，应当注意的是，《示范文本》在风险管理和保险方面存在一些缺陷，最主要的是与“菲迪克”（FIDIC）合同不同，《示范文本》在风险责任上采用的是“业主主导”的模式，即根据《示范文本》，在施工合同的执行过程中，承包人在保险问题上基本上处于从属地位，《示范文本》仅仅要求承包人对其“从事危险作业的职工办理意外伤害保险，并为施工场地内自有人员生命财产和施工机械设备办理保险”。因此，在使用《示范文本》过程中可能出现的问题是：在施工过程中一旦发生业主风险以外的风险造成重大损失时，业主如何面对承包人的赔偿能力不足。

# 第五节
# 工程监理

## 一、工程监理制度

工程监理是指工程监理单位接受业主的委托和授权，根据国家批准的工程项目建设文件，有关工程建设的法律、法规、工程建设合同和工程建设监理合同对于工程建设进行的旨在实现项目投资目的的微观监督管理活动。

在工程监理的过程中，监理的对象不是工程项目本身，而是建设活动中有关单位的行为及其权利义务履行的情况。

工程监理关系是基于业主的委托和授权，业主与监理单位的关系是一种委托合同关系，监理工程师的权力是通过业主的授权转移给他的，授权的范围和时限根据监理合同的有关规定。工程监理的任务是控制工程项目目标，即控制经过科学规划确定的工程项目的投资、进度和质量目标。

## 二、工程监理制度发展的历史与现状

工程监理制度源于16世纪的欧洲，当时，由于社会对土木建筑技术要求的不断提高，建筑师队伍出现了专业分工，一部分建筑师开始专门为业主提供技术咨询和管理施工，工程咨询监理制度应运而生。随着建设领域商品经济的日趋复杂，为了维护各方的经济利益并加快工程进度，业主越来越感到单凭自己的力量难以面对日益复杂的项目，需要有专业的服务帮助其克服专业、技术和经验的缺陷，最终实现投资的目的。工程监理制度正是在这种环境下不断地发展和完善，并在工程建设活动中逐步形成了业主、承包商和监理工程师这种三足鼎立的基本格局。工程监理制度的出现是社会文明和进步的体现，是建筑市场经济发展的必然，它对于建立和完善建筑市场、提高建筑行业的整体水平起到了积极的推动作用。

我国建筑行业由于长期以来实行的是计划经济的管理模式，国家是投资的唯一主体，而承包商也是国有企业，客观上没有形成对于工程监理制度的需求，所以，工程监理制度在我国一直是空白。随着我国的改革开放和市场经济的逐步推进，建筑行业也发生了巨大的变化，建筑市场的逐步形成、投资主体的多元化、外资的进入尤其是世界银行投资项目的进入对我国的建筑领域，特别是建设项目的管理体制产生了重大影响，工程监理制度也正是在这种历史背景下出现在我国建筑市场的。

我国在工程建设领域应用工程监理制度是在 1983 年利用世界银行贷款建设的鲁布革水电站引水工程。应当看到，当时对于工程监理制度的应用还是处于一种被动的状态，因为世界银行对于贷款项目均要求实行工程监理制度，人们更多的是从执行合同要求的角度接受了工程监理制度，而并没有认识到它的积极作用。但是，工程监理制度在鲁布革水电站引水工程创造了工期、劳动生产率和工程质量三项全国记录，这使人们开始认识到工程监理制度的先进性。随后，1988 年建设部制定并下发了我国第一个关于工程监理制度的文件《关于开展建设监理工作的通知》，拉开了我国推广工程监理制度的序幕。

在我国市场经济逐步形成和完善的过程中，为了进一步规范工程建设市场，国家加大了对建筑行业的管理力度，其中一个重要的举措就是通过立法大力推行建筑工程监理制度。近几年国家在一系列大法，如《建筑法》、《中华人民共和国刑法》（以下简称《刑法》）、《中华人民共和国招标投标法》（以下简称《招标投标法》）中确立了工程监理的地位；另外，国务院和建设部关于工程监理的一些法规和条例也进一步健全和完善，如颁布了《建设工程质量管理条例》、《工程建设监理规定》、《建设工程监理范围和规模标准规定》、《工程监理企业资质管理规定》和《建设工程质量监督工程师资格管理暂行规定》等一系列规章和办法，基本上完成了我国工程监理法规建设工作。此外，我国加快了工程监理队伍的建设，截至 2009 年，我国共有 5 475 家工程监理企业，工程监理企业从业人员 581 973 人，其中注册监理工程师为 97 417 人，工程监理企业经营的工程监理合同额近 600 亿元。

但是，我们也应当清醒地认识到，我国的工程监理行业无论是技术、管理还是人员的素质，与国际水平相比还有差距。我国加入世贸组织之后，监理企业从业人员要与国外的监理行业在同一水平上竞争，就必须努力提高自身的业务素质，学习国外先进的管理经验，结合我国实际情况，建立自己的现代化管理体系，使工程监理制度在我国的工程建设市场中发挥应有的作用。

## 三、工程监理的基本准则

在工程监理过程中要求工程监理单位应当依照一定的准则开展监理活动，确保实现监理工作的目的，切实维护委托人的利益以及社会公共利益。我国的《工程建设监理规定》第十八条规定：“监理单位应按照‘公正、独立、自主’的原则，开展工程建设监理工作，公平地维护项目法人和被监理单位的合法权益。”

（一）公正性

公正性是指监理单位和人员在开展监理工作的过程中，应当不受他人非正常因素的干扰，以公正的态度对待委托方（业主）和被监理方（承包商），特别是当业主和承包商方发生利益冲突或矛盾时，应能够以事实为依据，以有关法律、法规和双方签订的工程建设合同为准绳，站在第三方立场上公正地加以解决和处理，真正做到公正地证明、决定和行使自己的处理权。根据 FIDIC 的要求，凡是合同要求监理工程师用自己的判断表明决定、意见或同意，表示满意或批准，确定价值或采取别的行动时，监理工程师都应在合同条款规定范围内并兼顾所有条件的情况下公正行事。同时，在 FIDIC 的《业主/咨询工程师标准服务协议书》中对于咨询工程师的职责做了进一步的要求：运用合理的技能，谨慎而勤奋地工作，作为一名合同的管理者必须根据合同来进行工作，在业主和承包商之间公正地证明、决定或行使自己的处理权。

监理单位和人员的公正性是监理制度成立和监理行业存在的前提，因为工程监理作为一种制度的建立，赋予了监理人员很大的权力，工程建设的管理是以监理人员为中心展开的，如果监理人员放弃原则地偏袒任何一方，无疑会给监理制度带来负面影响。从业主方面看，正是由于他们缺乏工程建设方面的专业知识，缺乏对于工程项目管理的经验，为了确保工程建设的质量和进度，他们才委请监理单位的专业人士。从承包商方面看，如果监理单位和人员无原则地偏袒业主，承包商就势必将监理人员的不公正因素作为风险因素加以考虑，增加报价中的风险费用。

（二）独立性

独立性是指工程监理单位和人员应当独立地开展监理工作，不能与工程建设的任何一方有其他利害关系。工程监理单位是依据监理合同接受业主的委托实施监理活动的，为此，根据 FIDIC 的要求，监理单位是“作为一个独立的专业公司受雇于业主去履行服务的一方”，监理工程师是“作为一名独立的专业人员进行工作”，“相对于承包商、制造商、供应商，必须保持其行为的绝对独立性”，不得“与任何可能妨碍他作为一个独立的咨询工程师的商业活动有关”。

我国《建筑法》也有类似的规定：工程监理单位与被监理工程的承包单位以及建筑材料、建筑构配件供应单位不得有隶属关系或者其他利害关系。《工程建设监理规定》也明确指出：“监理单位应按照独立、自主的原则开展工程建设监理工作。”

工程监理工作的性质要求其具有很强的独立性，因为，独立性是公正性的基础和前提，监理单位如果没有独立性，就根本谈不上公正性，监理单位只有真正成为独立的第三方，才能起到协调、约束的作用，才能公正地处理问题。

（三）科学性

工程监理制度的出现是社会专业分工的产物，其作为一个行业存在的基本前提就是通过提供一种具有专业性的技术服务，弥补业主的专业知识和经验方面的缺陷。为此，监理单位的从业人员应当是工程建设领域的专家，他们具有较为深厚的知识理论基础、丰富的实际工作经验、良好的管理素质。在进行工程监理的过程中，监理工程师工作的对象是专业化和社会化的承包商，这些承包商在各自的领域长期进行承包活动，在技术、管理和经验上均具有相当高的水平。监理工程师要对他们进行有效的监督管理，就必须具有相应甚至更高的技术水平。同时，现在的工程项目规模日趋庞大，功能、标准越来越高，新技术、新工艺和新材料不断涌现，这一切均对监理人员提出了更高的标准和要求。监理工程师只有采用科学的思想、理论、方法、手段才能完成监理任务。监理的科学性还是其公正性的要求，科学本身就有公正性的特点，监理公正性最充分的体现就是监理工程师用科学的态度处理问题，“用数据、用事实说话”，这样就能够既反映科学性，又反映公正性。

## 四、工程监理的基本内容

质量、投资和进度是工程建设项目的三大目标。工程监理工作正是围绕这三个目标展开的，其内容主要包括：工程质量控制、工程投资控制和工程进度控制。

（一）工程质量控制

工程质量是国家现行的有关法律、法规、技术标准、设计文件及工程合同对工程的安全、使用、经济、美观等特性的综合要求。

工程质量不仅包括工程建设活动或活动的结果，还包括活动或过程本身，即包括生产的全过程。因此，工程项目质量的内容包括：决策质量、设计质量、施工质量和保修质量等。

工程项目质量控制是指为了达到工程项目质量要求所采取的作业技术活动，包括措施、手段和方法。

（二）工程投资控制

工程投资是指工程项目建设阶段所需要的全部费用的总和。工程监理单位对于工程投资的控制应当贯穿在建设的全过程，包括在建设的前期阶段、设计阶段、招标阶段、施工阶段。

施工阶段投资控制的途径是通过工程计量实现的，即由监理人员对于已完工的工程进行计量。只有经过监理人员计量确认的工程量，才能够作为向承包商支付工程款的依据。同时，在工程投资控制过程中，在工程款的支付方面，还配合采用了预付款、工程进度款、工程结算和保留金等制度。

与工程保险关系较为密切的是施工阶段的工程投资控制。工程监理对于施工阶段的投资控制，使得保险人能够客观地掌握在施工的任何一个时点，特别是出险前工程项目的实际情况以及工程款支付情况。

（三）工程进度控制

工程进度控制是指在工程项目各阶段编制进度计划，将该计划付诸实施，在实施的过程中不断检查实际进度与计划的符合情况，一旦出现偏差，立即分析出现的原因，制定补救措施或调整计划，确保工程按照计划完成。

## 五、工程监理工程师

在工程监理制度中一个关键的因素是工程监理工程师，整个工程监理工作是由监理工程师具体实施并完成的。监理工程师提供的是一种专业技术服务，监理工作要求他们在业主委托的范围内，运用合理的技能谨慎而勤勉地工作，这是监理工程师的基本职责。

工程监理制度决定了监理工程师工作的以下特点：

（一）工作具有委托性

根据我国《建筑法》的规定，国家推行建设监理制度，国务院可以规定强制监理的范围。但这并不改变建设监理由业主委托监理工程师来完成这一根本属性。《建筑法》之所以作出此项规定，主要是考虑我国推行建设监理的时间不长，投资体制尚未完全理顺，人们的认识还不足，委托实行监理尚未成为人们的自觉行动，因此，有必要对一些关系到国计民生的重要工程实行强制监理。但是，在强制监理的范围以外，是否委托监理，或者在哪一阶段委托监理，就可根据需要由业主确定。从另一个角度来说，即使实行强制监理的工程，其委托性也是确定的。国家虽然对实行强制监理的范围进行了规定，但由哪家具体的监理单位来实施，则由业主按照市场方法来决定。《建筑法》明确规定，由建设单位委托具有相应资质的监理单位进行监理，并且双方应订立书面的委托监理合同。监理工程师必须在委托合同规定的工作范围内开展工作。

（二）基于专业技术的服务

监理工程师是专业技术人员，在国外，通常被称为咨询工程师或顾问工程师。他们所提供的服务是基于自身专业技能的管理、技术或咨询服务。因此，在同样的工作范围及权限内，不同的监理工程师提供服务的成效可能大不相同，这和监理工程师本身所掌握的专业技能有关。这种专业技能可以从两个方面来理解：一是其专业技术水平及工程实践经验，这是监理工程师工作能力的重要基础，和其他的专业技术人员并无不同；二是其工作协调能力，这点监理工程师与其他专业技术人员有所不同。协调参与工程建设各方面的技术力量，使参建各方的能力能最大程度地发挥，是监理工程师能力的体现。

（三）工作成效受主观能动性影响较大

监理工程师的工作具有较大的弹性。同样的工作，可以做得细致认真，也可以做得较为马虎，监理的工作成效界定起来也较为困难，好坏难以运用定量的标准来衡量，其工作成效和自身的主观能动性有关。这种主观能动性主要来自三个方面：一是取决于职业道德的约束。遵守职业道德，谨慎、勤勉地为业主服务，是监理工程师的基本工作原则。二是取决于监理工程师自身对监理工作的热爱。若监理工程师对监理事业缺乏热情，则积极主动地工作是不可能的。三是业主的支持。监理工程师代表业主在质量、工期及资金方面对承包商进行监督管理，业主和监理工程师的相互信任和诚意无疑会大大激发监理工程师的主观能动性。

（四）工作成果是集体行为的产物

监理是一种需要多专业配合协调的技术服务，监理工程师的工作更多地体现为集体行为。我国的监理推行总监负责制，总监在监理服务中主要起领导、组织和协调的作用，其具体的专业监理工作由专业监理工程师来完成。但是，监理的服务质量和水平最终是由监理机构的整体服务来体现的。只有整个项目监理机构有效、负责地运作，监理的效果才能得到体现。

（五）工作责任巨大

监理工程师工作的对象和内容客观上决定了监理工程师需担负非常重大的责任，因为工程项目投资巨大，且和社会公众的切身利益密切相关，一旦损害发生，涉及的经济额度很大，并可能造成人身伤亡等重大事故。另外，工程质量的好坏、造价的高低以及工程建设周期的长短都和社会公众，特别是消费者的利益密切相关。随着社会的进步、人民群众法律意识的增强，包括监理工程师在内的工程相关人员需要承担的法律责任也在逐步增加。

国家为了加强对注册监理工程师的管理，维护公共利益和建筑市场秩序，提高工程监理质量与水平，于2006年颁布实施了《注册监理工程师管理规定》明确规定国家对注册监理工程师实行注册执业管理制度，强化了从业人员的准入机制、执业管理和法律责任。

## 六、工程监理与工程保险的关系

工程监理不仅是工程建设活动中的一个重要组成部分，同时，它与工程保险也有着密切的关系。因此，作为工程保险人应当了解和熟悉工程监理制度、了解与工程监理有关的法律和法规、了解工程监理工作的基本内容、熟悉工程监理运作的基本流程、掌握工程监理工作的特点，这些都是做好工程保险工作的基础和基本保证。

在工程保险中，与工程监理单位保持一种良好的合作与互动关系是关键。在承保工程保险的过程中，应注意从一开始就与工程监理单位保持良好和密切的联系，尤其是应努力建立一种良好的人际关系。全面了解和掌握该项目的工程监理规划，了解监理单位的工作程序，应当充分听取工程监理对于工程建设的意见，尤其是质量控制方面的意见，定期与工程监理单位沟通，了解工程进展情况和存在的问题。一旦发生保险事故，应注意依靠和利用工程监理单位的力量，掌握损失真实原因和控制损失的实际范围和幅度。同时，由于工程监理单位专业和公正的地位特征，他们提供的资料容易为第三方所采信。

工程监理的三大任务均与工程保险有着密切的关系，因此，要围绕工程监理工作的三个方面内容开展保险工作。首先是工程质量问题。它直接涉及工程的风险与安全问题，通过对工程质量监理的跟踪，能够及时地发现建设过程中的安全隐患，从而加强对工程项目的风险管理，防止事故的发生。同时，对工程质量的监理工作，对于分析事故原因、特别是人为责任事故的原因有着十分重要的作用。其次是工程进度和投资问题。在保险事故发生之后，一项重要的工作是确定实际损失的金额。在确定损失金额的过程中有两个关键环节。一是确定损失的工程量。通过工程监理过程中对于进度控制的相关资料就可以了解和掌握出险前工程进展的实际状况以及损失后的恢复情况，这样就能够确定损失的工程量。二是确定工程量的实际单价。损失工程量的单价可以通过工程合同或者定额文件获得，但在实际施工过程中往往会对这些单价进行必要的调整和修正，这些情况同样可以通过工程监理过程中对于进度和投资控制的相关资料获得。

# 第六节 工程建设相关的法律规范

## 一、我国建设领域的法律体系

建设领域的法律体系是指国家权力机关或者其授权的行政机关制定的，旨在调整国家及其有关机构、企事业单位、社会团体、公民之间在建设活动中或者建设行政管理活动中发生的各种社会关系的法律法规。

我国建设领域的法律体系从制定的部门以及效力方面可以分为五个层次。

（一）法律

法律是建设法律体系中的最高层次，具有最高法律效力。法律是由全国人民代表大会及其常务委员会制定的，如《建筑法》、《招标投标法》。

（二）行政法规

行政法规属于建设法律体系中的第二层次，其作用是对于法律条款的进一步细化，以便于法律的实施。行政法规是由国务院制定的，如《建设工程质量管理条例》、《建设工程勘察设计管理条例》。

（三）部门规章

部门规章对于全国的有关行政管理部门具有约束力，但其效力低于行政法规。部门规章是国务院各部委根据法律、行政法规发布的，其中综合性规章主要由建设部发布，如《建筑业企业资质管理规定》、《造价工程师注册管理办法》、《建筑工程施工许可管理办法》。

（四）地方性法规

地方性法规是由省、自治区、直辖市的人民代表大会及其常务委员会在不

与宪法、法律和行政法规相抵触的前提下，针对当地的具体情况制定的有关建设项目的法规，在其所管辖的行政区域内具有法律效力，一般采用“条例”、“规则”、“规定”、“办法”等名称。这些地方性法规应报同级人大批准后生效。

（五）地方性规章

省、自治区、直辖市人民政府及省、自治区人民政府所在地的人民政府有权根据法律、行政法规制定地方性规章。地方性规章在其行政区域内具有法律效力，但其法律效力低于地方性法规。

我国的建设法律体系根据调整的具体内容可以分为工程建设程序管理方面的法规、工程建设许可方面的法规、工程勘察设计方面的法规、工程承发包方面的法规、工程合同方面的法规、建设监理方面的法规、工程质量和安全生产方面的法规、工程建设标准化方面的法规和建设项目环境保护方面的法规。

## 二、工程建设程序管理方面的法规

工程建设程序管理方面的法规是指调整工程程序管理活动中所产生的各种社会关系的法律规范的总称。

工程建设程序是指工程建设全过程中各项工作必须遵循的法定顺序，包括在从工程项目的设想、选择、评估、决策、设计、施工到竣工验收以及投入生产的整个过程中，是各项工作先后衔接的顺序。它是人们在实践过程中、在认识客观规律的基础上总结和制定出来的，是工程项目建设科学决策和顺利进行的重要保证。

由于工程建设是社会化大生产，建设周期长，占用资金量大，建设环境以及内外部协作关系复杂多变，不可预见的因素较多，为此，要求各个方面能够按照一个统一的规则和顺序进行工作和协作。因为，各个方面的工作具有较强的关联性和不可逆性，一旦不能够按照统一的程序进行，或者个别单位和个人违反了这种统一的程序，可能造成的损失和浪费的资源将是连锁和巨大的。

针对工程建设的这些特点，国家制定了一系列相关的法律法规，目的是通过规范和约束参与到工程建设中的各个主体的行为，确保工程建设项目的顺利进行，防止社会财富的损失和浪费。有关的法律主要有：《关于基本建设程序的若干规定》（1978 年）、《建设项目进行可行性研究的试行管理办法》（1983 年）、《关于编制建设前期工作计划的通知》（1984 年）、《关于建设项目经济评价工作的暂行规定》（1987 年）、《工程建设项目实施阶段程序管理暂行规定》（1995年）、《工程建设项目报建管理办法》（1994年）、《水利工程建设程序管理暂行规定》（1998年）、《农业基本建设项目管理办法》（2004年）等规范性文件。另外，我国的《中华人民共和国土地管理法》、《中华人民共和国城市规划法》和《建筑法》等法律中也有相关的规定。

## 三、工程建设许可方面的法规

工程建设许可方面的法规是指调整工程建设方面资格和从业许可活动中所产生的各种社会关系的法律规范的总称。

工程建设方面的许可主要是指建筑许可。建筑许可是指建设行政主管部门或者其他有关行政主管部门准许、变更或者终止公民、法人和其他组织从事建筑活动的行为。建筑许可包括工程施工许可制度和从业资格制度两种，其表现形式有：施工许可证、批准证件（开工报告）、资质证书、执业资格证书等。

（一）工程施工许可制度

建筑工程施工许可制度的依据是《建筑法》第七条的规定："建筑工程开工前，建设单位应当按照国家的有关规定向工程所在地县级以上人民政府主管部门申请领取施工许可证。"具体是指建设行政主管部门根据建设单位的申请，依法对建筑工程是否具备施工条件进行审查，符合条件者，准许建筑工程开始施工并颁发施工许可证的一种制度。

建筑工程施工许可管理方面的法律依据主要有：《建筑法》（1997年）和《建筑工程施工许可管理办法》（2001年修订）。

（二）从业资格制度

从业资格制度分为：从业单位资质制度、专业技术人员执业资格制度和施工管理人员从业资格制度。

1. 从业单位资质制度是指建设行政主管部门对从事建筑活动的建筑施工企业、勘察单位、设计单位和工程监理单位的人员素质、管理水平、资金数量、业务能力等进行审查，以确定其承担任务的范围并发给相应证书的一种制度。从业单位资质管理分为：建筑企业的资质管理、勘察，设计单位的资质管理和监理单位的资质管理。

从业单位资质管理的法律依据主要有：《建筑业企业资质管理规定》（2001年）、《建筑业企业资质等级标准》（2001年）、《施工总承包企业特级资质标准》（2007年）、《建设工程勘察设计资质管理规定》（2007年）、《工程监理企业资质管理规定》(2007 年)、《工程咨询企业管理办法》(2006 年)等等。

2. 专业技术人员执业资格制度是指建设行政主管部门以及有关部门对从事建筑活动的专业技术人员，依法进行考试和注册并颁发执业资格证书的一种制度。专业技术人员执业资格管理分为：注册建筑师的执业资格管理、注册结构工程师的执业资格管理、注册建造师的执业资格管理、注册监理工程师的执业资格管理和注册造价工程师的执业资格管理。

专业技术人员执业资格管理的法律依据主要有：《注册建筑师条例》(1995 年)、《注册建筑师条例实施细则》(2008 年)、《注册结构工程师执业资格制度暂行规定》(1997 年)、《勘察设计注册工程师管理规定》(2005 年)、《注册建造师执业管理办法》(2008 年)、《注册监理工程师管理规定》(2006 年)、《注册造价工程师管理办法》(2006 年) 等等。

3. 施工管理人员从业资格制度是指在我国推行施工企业项目经理负责制的执业制度，近年，我国已将原项目经理资质管理制度改为建造师执业资格管理制度，明确规定了由具备注册建造师执业资格的施工管理人员担任建筑业企业项目经理。

项目经理资质管理方面的法律依据主要有：《关于建筑业企业项目经理资质管理制度向建造师执业资格制度过渡有关问题的通知》(2003 年)、《关于建筑业企业项目经理资质管理制度向建造师执业资格制度过渡有关问题的补充通知》(2007 年)、《注册建造师执业管理办法》(2008 年)。

## 四、工程勘察设计方面的法规

工程勘察设计方面的法规是指调整工程勘察设计活动中所产生的各种社会关系的法律规范的总称。

国家对于工程勘察和设计方面的管理主要是通过资质管理、经营管理(包括经营资格的管理和经营范围的管理)、设计文件的编制与审批管理、施工图设计文件的审查、工程勘察设计责任的管理等来实现的。

工程勘察设计管理方面的法律依据主要有：《建设工程勘察设计管理条例》(2000 年)、《建筑工程施工图设计文件审查暂行办法》(2000 年)、《建设工程勘察质量管理办法》(2002 年)、《建设工程勘察设计资质管理规定》(2007 年)、《工程设计资质标准》(2007 年)、《建筑工程设计文件编制深度规定》(2008 年) 等等。

## 五、工程承发包方面的法规

工程承发包方面的法规是指调整工程承发包活动中所产生的各种社会关系的法律规范的总称。

工程承发包工作的实质是建筑商品的交易，由于建筑商品涉及的交易金额往往较大，而且建筑作为一种商品在承发包期间尚有许多不确定的因素，建筑商品的规格和质量的确定是一个复杂的问题，所以，这给工程项目的科学和合理定价造成一定的困难，也给这方面的管理带来一定的难度。随着我国的改革开放，建筑市场得到了巨大的发展，但是，建筑市场在工程承发包领域出现的问题也是触目惊心的。近年来在经济领域的腐败案件中涉及工程建设方面的高达40%，从另一个侧面说明了这个问题。为此，国家一直在加强对于工程承发包方面的法制建设和管理，这也是《招标投标法》作为国家法律形式出现的重要原因之一。

工程承发包包括勘察设计的发包和承包、建设监理的委托、工程项目施工招投标、物资设备的采购等。国家在对于工程承发包方面的管理手段主要是加强对于工程承发包程序方面的规范和监督，提倡公开、公正和公平的竞争，同时，加强对于建筑市场主体的资格管理。

工程承发包管理方面的法律依据主要有：《建筑市场管理规定》（1991年）、《工程建设项目报建管理办法》（1994年）、《建筑法》（1997年）、《招标投标法》（1999年）、《工程建设项目招标范围和规模标准规定》（2000年）、《建筑工程施工发包与承包计价管理办法》（2001年）、《工程建设项目施工招标投标办法》（2003年）。另外，与工程承发包有关的国家法律还有《中华人民共和国合同法》（以下简称《合同法》）、《刑法》、《中华人民共和国反不正当竞争法》等。

## 六、工程合同方面的法规

工程合同方面的法规是指调整工程合同活动中所产生的各种社会关系的法律规范的总称。

工程合同是明确当事人之间权利、义务关系的协议，具体是指建设单位与勘察、设计、建筑安装单位按照国家的有关法律法规，以完成工程项目为内容，明确双方权利与义务关系而签订的书面协议。工程合同的主要种类有：勘察合同、设计合同和施工合同。另外，与工程建设相关的合同有：工程监理委托合同、物资采购合同、货物运输合同、机械设备租赁合同和保险合同。由于工程合同对于国民经济影响较大，国家主要是通过法律对其进行调整，如将工程合同的管理纳入经济合同的管理范畴，我国的《合同法》除了对于合同进行一般规定外，还在“分则”第十六章对于建设工程合同进行了具体的规定。我国的《建筑法》也是调整工程合同的重要法律依据。除此之外，国家通过推行“合同示范文本”的方式，加强对合同的管理。

目前，在我国使用的工程合同的文本主要有：

《世界银行贷款项目采购招标文件范本》。这个范本是1989年财政部为了适应日益增多的外资投资项目管理的需要，与世界银行一起在FIDIC合同（第四版）基础上编写制定的，并于1990年发布。

《建设工程施工合同示范文本》（1999年）、《工程建设监理合同示范文本》（2000年）和《建设工程勘察、设计合同示范文本》（1996年）。这三个示范文本是由建设部与国家工商行政管理总局联合制定和发布的。

另外，近年来随着国外直接投资的增加，以FIDIC合同为代表的国外工程合同也被引进我国，在一些世界银行项目、外国政府贷款、外商投资项目中广泛应用，这对于推动我国工程合同的完善起到了积极的作用。

工程合同管理方面的法律依据主要有：《合同法》、《建筑法》以及《中华人民共和国民法通则》、《保险法》、《中华人民共和国担保法》、《中华人民共和国仲裁法》和《中华人民共和国民事诉讼法》等。

## 七、建设监理方面的法规

工程建设监理方面的法规是指调整工程建设监理活动中所产生的各种社会关系的法律规范的总称。

工程建设监理是指具有相应资质的监理单位，受工程建设单位的委托，依据国家有关工程建设的法律、法规、经建设主管部门批准的工程建设文件、建设工程委托监理合同及其他建设工程合同，对工程实施的专业化监督管理。

建设监理方面的法律依据主要有：《建设工程质量管理条例》（2000年）、《工程建设监理规定》（1995年）、《建设工程监理规范》（GB50319－2000）、《房屋建筑工程施工旁站监理管理办法（试行）》（2002年）、《工程监理企业资质标准》（2007年）、《工程监理企业资质管理规定》（2007年）以及《建筑法》、《招标投标法》、《合同法》等。

## 八、工程质量和安全生产方面的法规

工程质量和安全生产方面的法规是指调整工程质量和安全生产活动中所产生的各种社会关系的法律规范的总称。

（一）工程质量方面的法规

工程质量是国家现行的有关法律、法规、技术标准、设计文件及工程合同中对工程的安全、适用、经济、美观等特性的综合要求。

由于工程质量问题对于国计民生关系重大，国家对于工程质量管理一直十分重视，力求通过各种方式和渠道加大对工程质量管理的力度，确保工程项目的质量能够符合规范的要求。我国在工程质量管理上建立了三位一体的管理和监督体系，即政府监督机构的质量管理、业主（建设监理）的质量管理和承包商的内部质量管理体系。

在实施工程质量管理体系方面，我国建立了一套完善的管理制度，包括工程建设政府质量监督制度、工程建设质量体系认证制度、工程建设质量责任制度、工程建设竣工验收制度和工程建设质量保修制度。

工程质量管理方面的法律依据主要有：《建设工程质量管理条例》（2000年）、《建筑法》（第六章“建设工程质量管理”）（1997年）、《建设工程质量管理办法》（1993年）、《建设工程质量监督管理规定》（1990年）、《建设工程质量责任暂行规定》（1987年）、《建设工程质量检测管理办法》（2005年）、《建设工程保修办法》（2000年）和《工程建设标准强制性条文》等等。

（二）工程安全生产方面的法规

工程建设安全生产是指在建设生产的过程中要避免人员、财产损失以及对周围环境的破坏，包括建筑生产过程中施工现场的人身安全、财产设备安全、施工现场及附近的道路、管线和房屋的安全，施工现场和周围环境保护及工程建成后的使用安全等方面的内容。

由于建筑生产的特点是作业面大，人员流动性强，大多为露天、高空作业，施工条件差，不安全因素较多，生产规律性差，事故隐患多。我国建筑行业的工伤事故一直很高，其因工死亡率大约在0.3‰左右，仅次于采矿业。为此，国家在建筑施工领域一直大力推行安全生产的教育和管理，采取有效措施，改善劳动条件，消除各种事故隐患，防止各种事故发生。

在推行建筑施工安全生产方面，我国建立了一套完善的管理制度，包括工程建设安全生产责任制度、安全生产教育培训制度、施工现场安全管理制度、安全检查和监督制度以及安全生产劳动保护制度。同时，为了强化工程建设安全生产的责任意识，我国还建立了工程建设重大事故报告和追究制度，这一制度的核心是通过对重大事故的定义、报告、现场保护、事故调查等内容的规范，通过对重大事故责任人的行政、民事乃至刑事责任的追究，提高和强化施工单位的安全生产责任意识。

工程建设安全生产方面的法律依据主要有：《建筑法》（第五章“建设安全生产管理”）（1997 年）、《安全生产法》（2002 年）、《建筑工程安全生产管理条例》（2003 年）、《建筑安全生产监督管理规定》（1991 年）和《工程建设重大事故报告和调查程序规定》（1989 年）等。

## 九、工程建设标准化方面的法规

工程建设标准化方面的法规是指调整工程建设标准化活动中所产生的各种社会关系的法律规范的总称。

标准化是指对于科学、技术与经济领域内重复应用的问题给出解决办法的活动，其目的在于获得最佳的秩序，包括制定、发布与实施标准的过程。工程建设标准化是指为建设工作提供勘察、设计、施工到运行的合理依据，使之获得最佳的经济效益和社会效益。工程建设的标准化是保证工程质量的基础，有利于工程质量与技术经济的结合，有利于资源的合理利用，有利于提高劳动生产率，加快建设速度，有利于推广先进经验，促进技术进步。

工程建设标准规范是由政府或立法机关颁布的、对新建建筑物所做的最低限度技术要求的规定，它是建筑法规体系的组成部分。规范侧重于综合技术要求，标准侧重于单项技术要求，主要包括建筑物的分类分级，各类（级）建筑物的允许使用荷载，建筑面积、层高层数的限制，防火与疏散，有关建筑的构造要求，结构、材料、供暖、通风、照明、给水排水、消防、电梯、通信、动力等的基本要求。

我国在推行标准化的过程中建立了四级标准体制，即国家标准、行业标准、地方标准和企业标准，同时，明确了强制性标准与推荐性标准并存的制度，即强制性标准具有法规约束性，属于法规的范畴，企业必须遵守和执行。

工程建设安全生产方面的法律依据主要有：国家制定和颁布的各类强制性标准规范，以及《中华人民共和国标准化法》、《建筑法》（1997 年）和《中华人民共和国标准化法实施条例》等。

## 十、建设项目环境保护方面的法规

工程建设项目环境保护方面的法规是指调整工程建设项目环境保护活动中所产生的各种社会关系的法律规范的总称。

环境问题是指由于人类活动或者自然原因使环境条件发生不利于人类的变化，产生了影响人类的生产和生活、给人类带来灾害的问题。工程项目建设既要消耗大量的自然资源，又要向自然界排放大量的废水、废气、废渣以及产生噪音等，是造成环境问题的主要根源之一，因此，加强工程项目建设的环境保护管理，是整个环境保护工作的基础之一。

我国在建设项目环境保护方面的原则有：（1）凡从事对环境有影响的建设项目都必须执行环境影响报告书的审批制度，执行防治污染及其他公害的设施与主体工程应同时设计、同时施工、同时投产使用的“三同时”制度。（2）凡改建、扩建和进行技术改造的工程，都必须对与建设项目有关的原有污染，在经济合理的条件下同时进行治理。（3）建设项目建成后，其污染物的排放必须达到国家或地方规定的标准和符合环境保护的有关法规。

为了确保建设项目的环境保护工作能够落实，我国建立了建设项目环境影响评价制度，即明确了环境保护的分类管理、环境影响评价的审批权限和环境影响评价的管理程序。

建设项目环境保护方面的法律法规依据主要有：《建筑法》（1997 年）、《中华人民共和国环境保护法》、《建设项目环境保护管理条例》、《建设项目环境保护分类管理名录》（1999 年）和《建设项目环境保护设计规定》（1987 年）等。

## 十一、工程建设法规与工程保险的关系

工程建设法规是国家以及有关部门制定的调整工程建设领域各项活动中各种关系的法律规范的总称。工程保险与这些法律规范有着十分密切的关系，工程保险承保的对象就是工程建设活动，工程保险合同涉及的投保人、被保险人、工程项目、工程质量、工程事故等均与工程建设法律规范有着很强的关联性。总体上可以从以下几个方面体现其关联性：

首先，工程保险的合同效力与工程建设的法律规范有着密切的关联性。在保险合同的执行过程中，无论是明示还是默示，均要求投保人或被保险人应当恪尽职责，确保工程项目的安全，这是发挥合同效力的前提条件。投保人或者

被保险人不能因为工程保险的存在，就放弃其在工程建设过程中应尽的安全生产责任。如2009版工程保险条款在投保人、被保险人义务项下明确规定："被保险人应当遵守国家有关消防、安全、生产操作等方面的相关法律、法规及规定，谨慎选用施工人员，遵守一切与施工有关的法规、技术规程和安全操作规程，维护保险标的的安全。"在判断其是否"谨慎选用施工人员"时，就涉及工程建设法规中关于资质管理的规定。如果被保险人选择的施工单位不具备有关法规中关于资质的基本要求，则可以认为其违背了工程保险合同中被保险人义务的规定。同样，在判断其是否"遵守一切与施工有关的法规和安全操作规程"时，依据的仍然是工程建设法规，尤其是"施工标准规范"。在这些"施工标准规范"中对施工的技术、工艺、程序、质量控制等方面均作出了明确的规定。

其次，在确定工程保险的保险利益和损失赔偿方面，工程保险合同效力同样与工程建设的法律规范有着密切的关联性。工程保险涉及的关系方繁多，它们之间的关系将直接影响到工程保险合同的执行，而调整这些当事人关系主要是依据工程建设的法律规范。另外，在损失赔偿的过程中也大量涉及工程建设的法律规范。其一是在工程事故责任认定上的需要，在工程建设过程中对于事故责任认定的依据是工程建设法律规范。其二是在损失金额确定方面，工程建设过程中无论是对于计量还是计价，均须依据相应的规范，如施工定额就是一种计价的规范。此外，一些与工程建设相关的收费标准也是根据规范执行的。

最后，保险人在进行工程风险管理时，也将大量涉及工程建设的法律规范。一方面，工程建设程序管理法规的立法宗旨就是希望通过标准、规范的程序，对于工程建设的风险进行过程管理，所以，这些法律规范本身就是保险人进行工程风险管理的基础和依据；另一方面，工程建设的法律规范中大量涉及资格和资质管理的内容，其目的就是希望通过资格和资质的管理，实现对于建设个体行为的风险管理。另外，标准规范是保险人进行风险管理的重要工具，标准规范、尤其是施工标准规范是对于长期施工经验的总结，具有极强的科学性、合理性和指导性，保险人应当善于利用这些标准规范，用这些标准规范来检查和督促施工单位做好安全生产工作，避免事故发生。

总之，工程保险的保险人应当对于工程建设的法律规范有一个全面、系统和充分的了解和掌握。不仅要了解一些具体的法律和规范，更重要的是要了解和掌握工程建设的法律体系，了解这些法律的相互关系；不仅要了解一般的工程建设法律和规范，还应当重点了解和掌握与承保项目关系密切的法规，特别是一些强制性标准规范。

# 第三章
# 主条款解释及应用

## 第一节
## 主条款简介

### 一、工程保险条款的类型

工程保险条款的类型按照适用的范围可以分为：建筑工程保险和安装工程保险。建筑工程保险是以土建工程风险为主设计的条款；安装工程保险是以设备安装风险为主设计的条款。

工程保险条款按照承保风险的范围分为：一切险条款和列明风险条款。一切险条款的实质是一种列明除外的条款，即条款的责任范围为列明除外责任以外的自然灾害与意外事故造成的损失。列明风险条款的责任范围则是条款中列明风险造成的损失。

工程保险条款还可以分为主条款和附加条款。主条款是针对工程风险的共性制定的，为完整的合同条款。附加条款则是针对工程项目的个性制定的，或者是满足保险方案的需求制定的。附加条款是为完善主条款而制定的，是配合主条款使用的，一般不能单独使用。

### 二、我国工程保险条款的发展与现状

我国工程保险条款的发展基本上经历了三个阶段。第一阶段是 1980 年全

面恢复保险业务之后到1995年。在这个阶段，由于保险业务划分方式之一是以国内和国外业务进行的，因此，工程保险也是以这种方式划分为国内业务条款和国外业务条款，国内业务条款即《建筑、安装工程保险条款》，国外业务条款即《建筑工程一切险条款》和《安装工程一切险条款》。

在此期间，针对我国出现了大量的水利和水电站建设工程业务的情况，1992年7月20日中国人民保险公司专门制定并颁布了《水利水电站建筑、安装工程保险条款》以及相应的《第三者责任险条款》（确定的指导性费率为4.5‰～5‰）。这一专门条款的出台，为水利和水电站建设工程保险的发展起到了积极的推动作用。

作为我国工程保险条款发展第二阶段标志的是1995年经中国人民银行（当时保险行业监管机关）颁布实施的《建筑工程一切险条款》（外币业务）和《安装工程一切险条款》（外币业务）（简称为“95版条款”）。“95版条款”是由当时的中国人民保险公司国际保险部组织系统内非水险技术小组的成员，历时2年完成的。“95版条款”推出之后，迅速被市场认同，并在较长的一个时期内成为我国工程保险业务主导条款。

为了使工程保险市场的产品更加丰富和多样，满足不同类型项目和消费者需要，2000年开始，中国人民保险公司组织人员编写和制定了《建筑、安装工程保险条款》（列明风险条款）。该条款于2001年报经中国保监会批准并投入使用。《建筑、安装工程保险条款》的特点是责任范围相对较窄，操作简单，适用于一些中、小型项目。

随着2009年10月1日新《保险法》的颁布实施，我国工程保险条款发展进入第三阶段。在我国工程保险市场和业务快速发展的大背景下，在中国保监会的推动下，我国保险公司开展了新一轮的工程保险条款修订工作。在行业的共同努力下，完成了2009版工程保险条款（简称为“09版条款”）的修订工作。这次条款修订工作，严格按照新《保险法》的立法精神和基本要求，在遵循公平原则的基础上明确双方的权利和义务，切实保护被保险人的合法权益，真正发挥保险的风险管理和社会保障功能。同时，力求做到科学、合理地设计保险条款、费率和相关单证，确保合同的形式、内容与法律法规保持一致，既要确保条款规范和严谨，又要利于投保人的阅读理解。目前，我国保险市场使用的主要是2009版《建筑工程一切险条款》、《安装工程一切险条款》和《建筑、安装工程保险条款》（列明责任）。

在我国工程保险业务的发展过程中，也曾使用过一些国际著名再保险公司的工程保险条款，如慕尼黑再保险公司和瑞士再保险公司的工程保险条款。这种情况主要出现在20世纪80年代，当时大多数工程保险项目均具有外资成分，特别是世界银行等国际金融机构和组织参与的项目。这些项目的管理者熟悉并要求使用国际再保险公司条款，同时，一些国际保险经纪人公司对这些条款的使用也起到了推动作用。但在“95版条款”推出之后，由于其基本实现了与国际市场通行条款的对接，并得到了广泛的认同和接受，国际再保险公司的工程保险条款便逐渐淡出我国工程保险市场。

近年来，随着我国保险市场的发展，特别是国内保险经纪人在工程保险市场发挥着越来越重要的作用，出现了保险经纪人制定并提供条款，或者是附加条款的情况，其中也包括使用国际再保险公司条款的情况。在这些条款的使用过程中应当注意两个方面的问题，一是这些条款与“09版条款”的差异；二是应按照保险监管部门关于保险产品管理的相关规定进行报备。本章对于主条款的介绍是以“09版条款”的《建筑工程一切险条款》为主，同时，简要介绍“09版条款”与目前国际市场工程保险条款的异同。

目前，国内通行的工程保险条款一般由以下六个主要部分组成：

（一）总则；

（二）第一部分：物质损失保险，一般包括保险标的、保险责任、责任免除、保险金额与免赔额、赔偿处理；

（三）第二部分：第三者责任保险，一般包括保险责任、责任免除、责任限额及免赔额、赔偿处理；

（四）第三部分：通用条款，一般包括责任免除、保险期间、保险人义务、投（被）保险人义务、赔偿处理、争议处理、其他事项；

（五）释义，一般包括自然灾害、意外事故、应保险金额等三方面的定义；

（六）附加条款或批单。

## 第二节
## 保险标的

工程保险合同的保险标的分为物质损失部分的保险标的和第三者责任部分的保险标的。若工程保险合同附加了延迟投入使用损失保险（DSU – Delay in

Start－Up ）或预期利润损失保险（ALOP－Advance Loss of Profit），则工程保险合同中应增加工程延迟投入使用造成的财务损失作为保险标的。

## 一、物质损失保险部分的保险标的

我国保险市场通用的工程保险条款对保险标的作如下规定：即在保险单列明的保险期限内，保险合同明细表中分项列明的在列明工地范围内的与实施工程合同相关的财产或费用，属于保险合同的保险标的。

物质损失保险部分的标的包括可保险标的、特约保险标的和不可保标的等三个部分。

（一）可保险标的

条款规定，保险标的是保险合同明细表中分项列明的在列明工地范围内的与实施工程合同相关的财产或费用。

就某单一工程项目而言，工程保险的标的包括永久性工程、临时工程及相关费用。现分别介绍。

1. 永久性工程，常称为工程或正式工程，由承包人按设计要求建造并最后移交给业主。永久性工程中可能包括建筑工程项目和安装工程项目，两者应该在工程保险合同中分别列明。

2. 临时工程，即为履行施工合同所需要修建的过渡性工程，在工程正式移交前因完成了其使命而被拆除，例如，模板、建筑用模具、材料、脚手架、围堰、钢板桩、临时便桥（道）、工棚和其他类似项目。临时工程的价值包括在正式工程合同之中，最后计入工程总造价。对于比较正规的工程承包合同来说，临时工程的价值比较明确，很容易单独列明。但是，有的工程合同中，临时工程按照其措施费用计入施工合同，故临时工程本身的材料价值并不属于工程造价的组成部分。

临时工程往往容易成为工程保险合同，特别是理赔过程中争议的焦点问题。解决问题的最好方法是在制订保险方案的时候，双方就此问题进行充分的沟通并达成共识，即对临时工程的标的、计量与计价方式、理赔标准等事前进行协商和约定，并在工程保险合同中列明。

（二）特约保险标的

特约保险标的是须经投保人和保险人事先特别约定并在保险单上载明其详细情况，方可承保的标的。这类标的通常被称为“相对除外标的”，即标准合同条件是不包括的，但可以根据投保人的要求扩展承保，主要包括四类。

1. 施工用机具、设备、机械装置；

在一般工程合同中，业主均要求承包人为其在工地施工时使用的机具、设备、机械装置购买相关的保险，目的是为了确保承包人不至于因这些机具、设备和机械装置发生损失，而导致其无法按期完成工程。此外，在一些特殊工程中，有些专门的机具、设备和机械装置是由业主提供给承包人使用的，一般会在工程合同中规定由哪一方购买保险。如投保人需将施工用的机具、设备、机械装置在工程保险项下进行投保的，双方就应当在工程保险合同签订时予以明确，并在工程保险合同明细表中列明。

2. 在保险工程开始以前已经存在或形成的位于工地范围内或其周围的属于被保险人的财产；

此类财产属于业主所有，一般不属于工程合同的组成部分。业主如需要保障，应在工程保险中特约加保，并在工程保险合同中列明。若业主已经投保财产保险，可能面临着“风险变更”问题，因此，应向其保险人提出申请，在原有财产保险合同中加保工程施工期间承包人按工程合同规定进行施工时带来的风险。

3. 在本保险合同保险期间终止前，已经投入商业运行或业主已经接受、实际占有的财产或其中的任何一部分财产，或已经签发工程竣工证书或工程承包人已经正式提出申请验收并经业主代表验收合格的财产或其中任何一部分财产；

此部分保险标的已由工程承包人转移给业主，承包人不再承担看管责任，且也存在“风险变更”问题，应由业主另行购买财产保险。若业主需要在工程保险项下予以保障，应在工程保险中特约加保，并在工程保险合同中列明。

4. 清除残骸费用。

工程保险的标的是工程项目本身，其保险金额根据工程的造价确定。但若发生了保险事故造成保险标的全部或者部分损失，保险承担的是重建费用。而通常情况下，受损项目重建之前，需对受损的残骸和场地进行清理，发生的费用可能会很大，却不在工程保险责任范围内。因此，工程保险合同将此类费用列为特约标的并在工程保险合同中列明。

（三）不可保标的

工程保险的不可保标的通常被称为“绝对除外标的”，即由于这类标的的特点，决定了其即使是通过约定方式也不予承保的标的。主要包括以下五类：

1. 文件、账册、图表、技术资料、计算机软件、计算机数据资料等无法鉴定价值的财产。

由于这类标的的价值主要在于其所载有的信息，而这些信息的价值确定缺乏依据，难以量化，所以，列为不可保标的。但是，这些标的发生损失后，作为其载体材料以及复制费用是可以被量化和确定的，如果投保人确有这方面的风险需要分散，可以通过“工程图纸、文件特别条款”，扩展由于承保风险造成工程图纸及文件的损失而产生的重新绘制、重新制作的费用。

2. 便携式通讯装置、便携式计算机设备、便携式照相摄像器材以及其他便携式装置、设备。

由于这类标的具有便携性，使用环境复杂，且价值较高，特别是工地的风险状况不同于一般经营单位的风险，道德风险较高，发生损失后难以判定实际损失情况，故保险人在保险合同中列为不可保标的。

3. 土地、海床、矿藏、水资源、动物、植物、农作物。

这类标的前四种属于特殊形式的财产，不同于一般的生产资料和商品，其权属、数量和价值均不易确定和估量，故通常被列为不可保标的。后三种属于动植物，按照标的属性特点，一般是通过专门的保险险种予以保障。

4. 领有公共运输行驶执照的，或已由其他保险予以保障的车辆、船舶、航空器。

这类标的另有专门的保险承保，故工程保险将其列为不可保标的。而在工地范围内使用的，没有公共运输行驶执照的运输工具，则属于施工机具的一部分，可特约承保。

5. 违章建筑、危险建筑、非法占用的财产。

这类标的违反法律法规，故列为不可保标的。

工程保险涉及的利益方较多，可能涉及的财产和利益也比较复杂，因此，保险标的和利益的确定，特别是在理赔过程中，往往容易产生争议，甚至是纠纷。除了按照保险利益原则和工程合同进行界定之外，最好的办法是在投保和制订保险方案的过程中，保险合同各方在充分沟通和协商的基础上，明确保险标的以及计量和计价方法，同时，在工程保险合同中予以明确。

## 二、第三者责任保险部分的保险标的

第三者责任保险标的是在保险期间内，因发生与工程保险合同所承保工程直接相关的意外事故引起工地内及邻近区域的第三者人身伤亡、疾病或财产损失，依法应由被保险人承担的经济赔偿责任。与物质损失部分不同，它是一种无形的标的。在工程保险中，保险人一般不单独承保第三者责任保险。

## 第三节
# 保险责任

工程保险的责任范围由两部分组成，第一部分主要是针对工程项下的物质损失部分，包括工程标的有形财产的损失和相关费用的损失；第二部分主要是针对被保险人在施工过程中，因发生与工程保险合同所承保工程直接相关的意外事故引起工地内及邻近区域的第三者人身伤亡、疾病或财产损失，依法应由被保险人承担的经济赔偿责任。

### 一、物质损失保险部分的保险责任

我国现行的工程保险条款规定：在保险期间内，保险合同分项列明的保险财产在列明的工地范围内，因保险合同责任免除以外的任何自然灾害或意外事故造成的物质损坏或灭失（以下简称“损失”），保险人按保险合同的约定负责赔偿。

在保险期间内，由于工程合同的保险责任事故发生造成保险标的的损失所产生的以下费用，保险人按照保险合同的约定负责赔偿：

1. 保险事故发生后，被保险人为防止或减少保险标的的损失所支付的必要的、合理的费用，保险人按照保险合同的约定也负责赔偿。

2. 对经本保险合同列明的因发生上述损失所产生的其他有关费用，保险人按保险合同约定负责赔偿。

（一）责任范围的限定

1. 工程保险的物质损失部分属于财产保险的一种，它主要是针对被保险财产的直接物质损坏或灭失。通常对因此产生的各种费用和其他损失不承担赔偿责任。

2. 造成损失的原因是除外责任以外的任何自然灾害和意外事故，“责任免除以外”的措辞使其成为“一切险”保险单，尽管措辞是“任何自然灾害和

意外事故”，但在之后的“释义”对自然灾害和意外事故的概念又进行了限定。

3. 关于“在本保险期限内”。工程保险的保险期限的确定不同于其他财产保险。普通财产保险的保险期限是在保单上列明的具体日期，一般是一个确定的时间点。工程保险尽管在保单上也有一个列明的保险期限，但保险人实际承担保险责任的起止点往往要根据保险工程的具体情况确定，是一个事先难以确定的时间点。如工程项目所用的尚未进入工地范围内的材料、工程项目中已交付的部分项目发生保险责任范围内的损失，尽管发生损失的时间是在保单列明的保险期限内，但保险人对上述损失不承担赔偿责任。

4. 关于“在列明的工地范围内”。工程保险对于保险标的的地理位置限定于工地范围内，即被保险财产只有在工地范围内发生保险责任范围内的损失，保险人才负责赔偿。若在工地范围之外发生保险责任范围内的损失，保险人不承担赔偿责任。被保险人若因施工的需要，必须将被保险财产存放在施工工地以外的地方时，应在制订保险方案时就予以考虑。解决的办法有两种：一是如果这种工地外存放的地点相对集中、固定，可以在保单明细表上的“工程地址”栏进行说明和明确；二是如果这种工地外存放的地点相对分散，且投保时尚无法确定，可以采用扩展“工地外储存”条款，对这类风险进行扩展承保。

5. 责任范围除了对承保的风险进行“定性”的限制外，同时对保险人承担赔偿责任进行“定量”的限制。在进行定量限制中采用的是分项限制和总限制相结合。分项限制主要是三类：一是保险单明细表的对应分项限额，如场地清理费用；二是附加条款中明确的赔偿限额；三是批单中规定的赔偿限额。总限制是对整个保险单的赔偿限额进行总体的限制，即在任何情况下保险人承担赔偿责任的最高数额。

6. “施救费用”作为保险人的保险责任赔偿，工程保险条款规定：保险事故后，被保险人为防止或减少保险标的的损失所支付的必要的、合理的费用，保险人按照保险合同的约定也负责赔偿。

施救费用是一个容易产生争议的问题，即在认定的过程中经常容易与防损费用产生混淆，为此，应当注意掌握几个关键问题。

第一，从时间点上掌握，施救费用的发生是在保险事故发生并造成保险财产损失之后。在保险事故发生之前，被保险人为了防止和减少可能发生的损失而采取必要的措施所产生的费用属于防止损失范畴，是被保险人应尽的义务。

第二，施救费用必须是“必要和合理”的。提出这一要求的依据是施救费用通常理解为保险财产损失的替代费用，如果施救费用不符合“必要和合理”的标准，就不可能起到替代的作用，对于保险人而言就失去了其实际的意义。

第三，在保险事故发生的情况下，要求被保险人绝对地确保施救行为的“必要和合理”，并对此承担责任显然也是不合理的。但是，如果没有相应的规定，就可能出现被保险人盲目地支出施救费用，最终与保险人产生争议的现象。在这个问题上应当注意掌握两点：一是在可能的前提下，要求被保险人在进行施救行为之前尽量征得保险人的同意；二是从被保险人的主观上进行分析和判断，即在一般情况下一个正常人可能做出的选择，或者说在没有保险的情况下，被保险人可能做出的决定。

从施救费用作为替代费用的角度出发，施救费用不应超过被施救标的的实际价值。但是，由于实施施救行为本身存在风险，即有可能出现施救行为失败的情况，在这种情况下施救费用没有起到替代的作用，保险人在支付施救费用的同时，还必须赔偿保险标的的损失。所以，从理论上讲，当施救行为失败时，保险人的最高赔偿金额可能会达到两个保险金额。

（二）风险事故的定义

风险事故是指造成生命和财产损失的偶发事件，它是造成损失的直接原因或外在原因，是损失的媒介物，即风险只有通过风险事故的发生，才能导致损失。

工程保险中的风险事故主要是指自然灾害或意外事故。

为了明确责任范围，工程保险的条款中采用了“释义”的形式对关键性的名词进行了明确的界定。

自然灾害：指地震、海啸、雷击、暴雨、洪水、暴风、龙卷风、冰雹、台风、飓风、沙尘暴、暴雪、冰凌、突发性滑坡、崩塌、泥石流、地面突然下陷下沉及其他人力不可抗拒的破坏力强大的自然现象。

1. 地震：指地下岩石的构造活动或火山爆发产生的地面震动。由于地震的强度不同，其破坏力也存在很大的区别，一般保险针对的是破坏性地震。根据国家地震局的有关规定，震级在4.75级以上且烈度在6级以上的地震为破坏性地震。

2. 海啸：指由于地震或风暴而造成的海面巨大涨落现象，按成因分为地震海啸和风暴海啸两种。地震海啸是伴随地震而形成的，即海底地壳发生断裂，引起剧烈的震动，产生巨大的波浪。风暴海啸是强大低气压在通过时，海面异常升起的现象。

3. 雷击：指由雷电造成的灾害。雷电为积雨云中、云间或云地之间产生的放电现象。雷击的破坏形式分为直接雷击与感应雷击两种。

（1）直接雷击：由于雷电直接击中保险标的造成损失，属直接雷击责任。

（2）感应雷击：由于雷击产生的静电感应或电磁感应使屋内对地绝缘金属物体产生高电位放出火花引起的火灾，导致电器本身的损毁，或因雷电的高电压感应，致使电器部件的损毁，属感应雷击责任。

4. 暴雨：指每小时降雨量达 16 毫米以上，或连续 12 小时降雨量达 30 毫米以上，或连续 24 小时降雨量达 50 毫米以上的降雨。

5. 洪水：指山洪暴发、江河泛滥、潮水上岸及倒灌。但规律性的涨潮、自动灭火设施漏水以及在常年水位以下或地下渗水、水管爆裂不属于洪水责任。

6. 暴风：指风力达 8 级、风速在 17.2 米/秒以上的自然风。

7. 龙卷风：指一种范围小而时间短的猛烈旋风，陆地上平均最大风速在 79 米/秒 ~ 103 米/秒，极端最大风速在 100 米/秒以上。

8. 冰雹：指从强烈对流的积雨云中降落到地面的冰块或冰球，直径大于 5 毫米，核心坚硬的固体降水。

9. 台风、飓风：台风指中心附近最大平均风力 12 级或以上，即风速在 32.6 米/秒以上的热带气旋；飓风是一种与台风性质相同、但出现的位置区域不同的热带气旋。台风出现在西北太平洋海域，而飓风出现在印度洋、大西洋海域。

10. 沙尘暴：指强风将地面大量尘沙吹起，使空气很混浊，水平能见度小于 1 公里的天气现象。

11. 暴雪：指连续 12 小时的降雪量大于或等于 10 毫米的降雪现象。

12. 冰凌：指春季江河解冻期时冰块飘浮遇阻，堆积成坝，堵塞江道，造成水位急剧上升，以致江水溢出江道，漫延成灾。

陆上有些地区，如山谷风口或酷寒致使雨雪在物体上结成冰块，成下垂形状，越结越厚，重量增加，由于下垂的拉力致使物体毁坏，也属冰凌责任。

13. 突发性滑坡：斜坡上不稳的岩土体或人为堆积物在重力作用下突然整体向下滑动的现象。

14. 崩塌：石崖、土崖、岩石受自然风化、雨蚀造成崩溃下塌，以及大量积雪在重力作用下从高处突然崩塌滚落。

15. 泥石流：由于雨水、冰雪融化等水源激发的、含有大量泥沙石块的特殊洪流。

16. 地面突然下陷下沉：地壳因为自然变异，地层收缩而发生突然塌陷。对于因海潮、河流、大雨侵蚀或在建筑房屋前没有掌握地层情况，地下有孔穴、矿穴，以致地面突然塌陷，也属地面突然下陷下沉。但未按建筑施工要求导致建筑地基下沉、裂缝、倒塌等，不在此列。

意外事故：指不可预料的以及被保险人无法控制并造成物质损失或人身伤亡的突发性事件，包括火灾和爆炸。

1. 火灾。在时间或空间上失去控制的燃烧所造成的灾害。构成本保险的火灾责任必须同时具备以下三个条件：

（1）有燃烧现象，即有热有光有火焰；

（2）偶然、意外发生的燃烧；

（3）燃烧失去控制并有蔓延扩大的趋势。

因此，仅有燃烧现象并不等于构成本保险中的火灾责任。在生产、生活中有目的用火，如为了防疫而焚毁玷污的衣物，点火烧荒等属正常燃烧，不同于火灾责任。

因烘、烤、烫、烙造成焦糊变质等损失，既无燃烧现象，又无蔓延扩大趋势，也不属于火灾责任。

电机、电器、电气设备因使用过度、超电压、碰线、孤花、漏电、自身发热所造成的本身损毁，不属于火灾责任。但如果发生了燃烧并失去控制蔓延扩大，才构成火灾责任，并对电机、电器、电气设备本身的损失负责赔偿。

2. 爆炸。爆炸分物理性爆炸和化学性爆炸。

（1）物理性爆炸：由于液体变为蒸汽或气体膨胀，压力急剧增加并大大超过容器所能承受的极限压力，因而发生爆炸。如锅炉、空气压缩机、压缩气体钢瓶、液化气罐爆炸等。关于锅炉、压力容器爆炸的定义是：锅炉或压力容器在使用中或试压时发生破裂，使压力瞬时降到等于外界大气压力的事故，称为“爆炸事故”。

（2）化学性爆炸：物体在瞬息分解或燃烧时放出大量的热和气体，并以很大的压力向四周扩散的现象。如火药爆炸、可燃性粉尘纤维爆炸、可燃气体爆炸及各种化学物品的爆炸等。

因物体本身的瑕疵，使用损耗或产品质量低劣以及由于容器内部承受“负压”（内压比外压小）造成的损失，不属于爆炸责任。

## 二、第三者责任保险部分的保险责任

工程保险条款对第三者责任部分保险责任做如下表述：

在保险期间内，因发生与保险合同所承保工程直接相关的意外事故引起工地内及邻近区域的第三者人身伤亡、疾病或财产损失，依法应由被保险人承担的经济赔偿责任，保险人按照保险合同约定负责赔偿。

本项保险事故发生后，被保险人因保险事故而被提起仲裁或者诉讼的，对应由被保险人支付的仲裁或诉讼费用以及其他必要的、合理的费用（以下简称“法律费用”），经保险人书面同意，保险人按照保险合同约定也负责赔偿。

（一）保险责任成立的条件

第三者责任保险是以被保险人可能产生的责任作为保险标的。但是作为保险标的的责任必须同时符合下列条件：

1. 必须是被保险人依法应当承担的责任。所以，它必须是“法院或政府有关部门根据现行法律裁定的”，但这并不意味着所有案件均须通过法律的程序。恰恰相反，在实际处理过程中，许多事故的处理并不是通过法律程序解决的，而是经过友好协商得以解决的，但是这种协商应自始至终在保险人的参与下，并根据法律的有关规定进行。

2. 这种责任通常是指被保险人应当承担的民事经济赔偿责任，而非其他责任。

（二）场地责任保险

工程保险的第三者责任保险属于场地责任保险，所以，工程保险只是对被保险人发生在“工地内及邻近区域”的第三者责任承担保险责任。被保险人若在工地以外的地区产生的第三者责任则不在本保险责任范围内，这就是其场地责任保险的属性体现。

（三）发生“意外事故”的责任

工程保险的第三者责任保险所承保的责任是被保险人在从事“与本保险单所承保工程直接相关”的工作过程中，因发生“意外事故”而产生的责任。

（四）被保险人第三者责任保险是相对有限的

固然，工程保险的第三者责任保险的标的是被保险人可能产生的第三者责任，但并不意味着被保险人的所有第三者责任均是工程保险的第三者责任保险的责任，工程保险的第三者责任保险仅仅是分散了被保险人的一部分第三者责任风险。因为，被保险人对于第三者的责任往往是由于被保险人的侵权行为而产生，双方责任产生的依据是法律，这种责任是相对无限的。而保险人对于被保险人的责任是基于保险合同产生的，双方责任产生的依据是合同，这种责任是相对有限的。工程保险的第三者责任保险承担责任除了上述条件外，还有一个限制条件是不属于除外责任的风险产生的责任。被保险人的第三者责任不一定是工程保险的第三者责任保险的责任，被保险人的第三者责任只有满足了保险单的一系列规定后才能成为保险责任。

（五）标的范围

工程保险的第三者责任保险的标的除了被保险人的经济赔偿责任外，还包括两种费用：一是为了避免或减少责任可能产生的诉讼费用；二是事先经保险人书面同意而支付的其他合理费用。这种费用的总目的是为了避免或减少可能产生的其他责任，如调查取证费用等。

（六）“定性”限制与“定量”限制相结合

与物质损失保险的责任范围一样，工程保险的第三者责任保险部分除了对承保的风险进行“定性”的限制外，同时对保险人承担赔偿责任进行“定量”的限制。在对第三者责任进行定量限制中采用的是每次事故限制和累计限制相结合，工程保险单中通常对保险人在第三者责任保险项下承担赔偿责任确定两个赔偿限额：一是每次事故的赔偿限额，即保险人对被保险人因一次事故引起的第三者责任保险的最高赔偿金额；二是保险期限内累计赔偿限额，即保险人在保险期限内对被保险人的所有第三者责任保险的最高赔偿金额。

## 第四节
# 责 任 免 除

### 一、责任免除的性质

责任免除从性质上可以分为绝对责任免除和相对责任免除两类。

绝对责任免除是指保险人从保险和经济合同的基本原理以及社会公德等方面的因素考虑而绝对不予承保的风险。

相对责任免除是指保险人在工程保险保单的标准格式项下相对不予承保，但这种风险一般可以通过其他险种，或者在工程保险保单项下扩展予以

承保。

## 二、责任免除的形式

工程保险保单对于责任免除的结构设计有两种模式：一种是分别设计工程保险合同项下的物质损失保险部分、第三者责任保险部分的责任免除和适用于整个工程保险合同的责任免除；另一种是先设计一个总责任免除，即它是同时适用于工程保险项下的物质损失保险部分和第三者责任保险部分，然后再分别设计工程保险项下的物质损失保险部分和第三者责任保险部分的责任免除。

目前，国际上大多数工程保险条款均采用后一种模式，我国现行的“09版条款”采用的是前一种模式。不管哪一种模式，其实际效用基本相同。本节按照“09版条款”的模式，对责任免除进行分别介绍。

## 三、适用于整个工程保险合同的责任免除

这部分的责任免除同时适用于物质损失保险和第三者责任保险两个部分。一般规定下列原因造成的损失、费用，保险人不负责赔偿：

（一）战争、类似战争行为、敌对行为、武装冲突、恐怖活动、谋反、政变；

本责任免除可简称为“战争除外”，由于这类风险属于政治风险的范畴，在普通的财产保险中对于以不动产为标的的保险，均将战争等风险列为责任免除。

如果被保险人认为其存在战争风险，尤其是国际投资项目，可以通过投保“投资保险”的方式转移这方面的风险。

（二）行政行为或司法行为；

本责任免除可简称为“政治风险除外”，主要是指政府或公共当局由于公共利益或者某种政治或其他特殊目的对于被保险财产进行没收、征用、销毁或毁坏所造成的损失。

“公共当局除外”的另一层含义是政府或公共当局对被保险财产进行没收、征用、销毁或毁坏的原因一般都是基于两方面的可能因素，一是被保险人或被保险财产的违法因素产生的，而根据经济合同的基本原则，对于违法的利益是不予保护的。二是公共当局从公共利益的角度出发，需要对被保险人的财产进行征用，如为了扩建道路。

如果被保险人认为其存在公共当局征收或征用的风险，尤其是国际投资项目，可以通过投保“投资保险”的方式转移这方面的风险。

（三）罢工、暴动、民众骚乱；

本责任免除可简称为“SRCC 除外”，罢工、暴动、民众骚动属于非常规风险，在标准措辞中均列为责任免除。但在大多数保单中又通过扩展的方式承保这一风险。

（四）被保险人及其代表的故意行为或重大过失行为；

在适用本项责任免除的过程中应注意以下几个问题：

1. 关于“被保险人及其代表”的含义问题。

“被保险人”的含义是比较明确的，即为保单列明的被保险人，而且一般是作为法人这一形式出现的。

“及其代表”的含义一般指被保险人单位的法人代表、董事长、副董事长、董事、总（经理）、副总（经理）、总会计师、总工程师或上级单位派驻该单位的代表。

对于被保险人的一般工作人员和管理人员的故意行为或重大过失引起的损失不在本除外的范围内，除非是被保险人及其代表人指使或授意的。

2. 关于“故意行为”的问题。

故意行为是指被保险人及其代表预见到了或明知自己的行为将会导致被保险财产损失或产生第三者责任这一结果，但仍然希望它发生或者听任其发生的。

3. 关于“重大过失”的问题。

过失行为是指被保险人及其代表对自己行为将会导致被保险财产损失或产生第三者责任这一结果，应当预见或者能够预见而竟然没有预见到，或者虽然已经预见到而却轻信这种结果不会发生。

过失行为可以分为一般过失和重大过失。

一般过失是指如果法律在某种情况下对被保险人及其代表应当注意和能够注意的程度有较高的要求时，被保险人及其代表没有遵守这种较高的要求，但被保险人及其代表未违背一般人应当注意并能注意的一般规则。

重大过失是指如果被保险人及其代表不但没有遵守法律对他的较高要求，甚至连人们普遍都应当注意并能注意的一般标准也未达到的。

（五）核裂变、核聚变、核武器、核材料、核辐射、核爆炸、核污染及其他放射性污染；

本责任免除可简称为“核风险除外”，在普通的保险中均将核风险列为绝对除外。原因是核风险可能造成损失是巨大的，而且损失的范围和程度就目前的技术而言是难以准确确定的。尤其是核风险可能产生的第三者责任方面更是无法估量的。

（六）大气污染、土地污染、水污染及其他各种污染；

本责任免除可简称为“污染除外”，在普通的保险中均将污染风险列为绝对除外。原因是污染风险可能造成的损失是巨大的，而且损失的范围和程度就目前的技术而言是难以准确确定的。尤其是污染风险可能产生的第三者责任方面更是无法估量的。

工程保险条款同时规定下列损失、费用，保险人也不负责赔偿：

（一）工程部分停工或全部停工引起的任何损失、费用和责任。

本责任免除可简称为“停工除外”。停工除外有两层含义：其一，停工除外是基于风险变更的原理产生的，理由是在工程施工过程中长时间的停工必然会造成工地环境和条件的变化，导致风险因素增加、被保险财产损失的可能性加大，因此在停工期间的被保险财产损失列为除外。其二，停工除外是针对被保险人因为停工可能产生的其他利益上的损失，此类损失列为除外的理由：一是它属于间接损失，而不是工程保险所针对的直接损失；二是它一般可以根据工程合同向有关的责任方要求赔偿。

停工可以分为全部停工和部分停工，全部停工是指整个工程项目停工，部分停工是指工程中某一个单独项目的停工。

工程计划内的季节性停工和临时性停工。被保险人对于停工可能导致的风险变更已经采取了充分和有效的防范措施，停工前向保险人提出书面申请并经保险人书面同意，保险人对此类停工过程中的被保险财产的损失不以停工除外论处。

（二）罚金、延误、丧失合同及其他后果损失；

本责任免除可简称为“间接损失除外”，这类损失均属于间接性和后果性的损失，鉴于这类损失的特点，工程保险明确对于此类损失均不负赔偿责任。

（三）1. 本保险合同中载明的免赔额；

2. 按本保险合同中载明的免赔率计算的免赔额。

免赔额，亦称被保险人的自负额，条款按两种计算方法列明。免赔额的定义是十分明确的，是指保险人在其理算损失金额中先行“扣减”后，根据工程保险单条款规定应支付给被保险人的金额。在适用于整个工程保险合同的责任免除中加上这一条，有两层含义：一是对于免赔额的性质进一步予以明确；二是强调对于保险单中保障的各个部分和批单扩展部分的免赔额是分别适用的。

## 四、适用于物质损失保险项下的责任免除

工程保险条款规定对于下列原因造成的损失、费用，保险人不负责赔偿：

（一）设计错误引起的损失和费用；

本责任免除可简称为“设计错误除外”。“设计错误引起的损失和费用”是指作为被保险人的承包商在按照业主或设计单位提供的施工图纸、资料进行建筑安装工程中，由于这些施工图纸、资料中存在设计错误而造成的损失和费用，保险人对由此产生的损失不负赔偿责任，即对于存在设计错误标的的损失和由其造成的其他标的的损失均不负赔偿责任。

但是，由于设计错误引起的第三者责任损失仍属于工程保险的责任范围。

将设计错误除外的依据是：（1）建筑设计工作是一个庞大、复杂的系统工程。而且，每一个设计均是一个创新的过程，在这个过程中有许多不可预见的因素，一旦设计出现问题往往会构成整个项目的全部损失。所以，设计风险巨大。（2）在施工过程中，施工单位是完全依照设计单位设计方案的要求进行施工的，一旦设计中存在着错误，施工单位在施工过程中出现损失就是一种必然的结果。作为保险的基本原理，对于被保险人的必然损失通常是除外的。

本责任免除条款属于相对责任免除条款，被保险人可以根据自身的需要要求扩展承保“设计风险”，保险人可用“设计师风险扩展条款”予以扩展承保。但保险人应当充分认识到扩展这一条款所面临的风险，即使扩展承保了设计单位对这一工程项目的职业责任保险，保险人对此应持十分谨慎的态度，一般可以采用订立一个分项限额的办法控制风险。

（二）自然磨损、内在或潜在缺陷、物质本身变化、自燃、自热、氧化、锈蚀、渗漏、鼠咬、虫蛀、大气（气候或气温）变化、正常水位变化或其他渐变原因造成的保险财产自身的损失和费用；

本责任免除基本上属于必然的和渐变的因素引起的损失，不构成“意外损失”，而保险所针对的风险是偶然的、突发的和不可预见的自然灾害和意外事故造成的损失。

（三）因原材料缺陷或工艺不善引起的保险财产本身的损失以及为换置、修理或矫正这些缺点错误所支付的费用；

在适用本责任免除的过程中应注意以下几个问题：

1. 关于原材料缺陷或工艺不善的定义问题。

原材料缺陷是指用于工程的任何原材料达不到工程所要求的技术标准，存在质量缺陷。

工艺不善是指在施工过程中有关人员没有按照工艺技术标准的要求进行施工的现象。

2. 原材料缺陷或工艺不善可能引起的损失。

原材料缺陷或工艺不善可能引起两类损失：第一类是存在原材料缺陷和工艺不善的被保险财产本身的损失；第二类是由于这些存在原材料缺陷或工艺不善的保险财产的损失引发事故造成其他被保险财产（这些被保险财产本身并不存在原材料缺陷和工艺不善的问题）的损失。

3. 本责任免除的适用范围问题。

本责任免除是针对第一类损失的，第二类损失属于保险责任范围。

将第一类损失除外的依据是：一是原材料缺陷属于制造商或供应商的责任，被保险人可以根据订购合同的有关条款要求制造商或供应商赔偿损失，保险人不应当将本属于制造商的产品责任风险纳入工程保险的责任范围。二是工艺不善属于被保险人的施工质量风险，工程保险针对的是被保险人在施工过程中的意外风险。

对于第二类损失承担保险责任的前提条件是有事故的存在，即以原材料缺陷或工艺不善为近因引发了一个事故所造成的损失。

本责任免除不仅仅针对已发生的损失，对于未发生损失，但已发现被保险财产存在原材料缺陷和工艺不善的问题，为了防止损失的发生而进行换置、修理或矫正这些缺点错误所支付的费用也属于责任免除。

被保险人对以下情况均应自负费用对这些缺点错误进行换置、修理或矫正：（1）未发生损失，但已发现被保险财产存在原材料缺陷和工艺不善的；（2）损失发生后，发现相类似的原材料缺陷和工艺不善情况存在于其他被保险财产中。否则，保险人对于第一类和第二类损失均不负赔偿责任。

（四）非外力引起的机械或电气装置的本身损失，或施工用机具、设备、机械装置失灵造成的本身损失。

工程建设过程中可能涉及两类机器设备：一类是施工过程中作为工具的机具、设备和各种机械；另一类是其他的机械或电力装置和设备，这些装置和设备主要是指需安装并作为建设项目的一部分的装置和设备。

本责任免除目的在于明确尽管建筑工程一切险的保险标的可能包括上述两类机器设备，但它对于这两类机器设备仅承担财产一切险的保险责任，即仅承担由于外来“自然灾害或意外事故”原因造成的机器设备的财产损失。而对这两类机器设备可能由于从事操作和安装的工人、技术人员操作错误、缺乏经验、技术不善、疏忽、过失或恶意行为造成的损失不负赔偿责任。

这两类机器设备可能由于从事操作和安装的工人、技术人员操作错误、缺乏经验、技术不善、疏忽、过失或恶意行为造成的损失通常是由相应的保险负责保障的。其中用于施工过程中的机具、设备和各种机械，是由专门的"施工机具保险"进行保障的。对于需安装并作为建设项目的一部分的装置和设备，是由安装工程一切险予以保障的。这也符合保险的各险种之间互为责任免除的基本原则。

工程保险条款还规定，对于下列损失、费用，保险人也不负责赔偿：

（一）维修保养或正常检修的费用；

维修保养和正常检修的费用均属于被保险人在其生产经营过程中所必然发生的费用，属于其生产成本的一部分，所以，保险人不能予以承担。

但是，对于一些大型项目，在进行保险责任范围内的事故损失修复过程中，被保险人可能同时进行维修保养或正常检修的工作，对于在这一保险事故损失修复和维修保养或正常检修同时进行的综合工程中的一些费用的定性和划分往往是复杂和困难的。

（二）档案、文件、账簿、票据、现金、各种有价证券、图表资料及包装物料的损失；

本责任免除主要是针对这类标的的特点而定的，根据它们的性质可以将上述标的分为三类：

第一类是数额难以确定的，如现金、有价证券和票据。这类标的往往存在数额变动情况频繁，且数额难以确定的特点，所以在工程保险项下一般将其列为除外，被保险人如存在这方面的风险，可以安排相应的现金保险予以保障。

第二类是价值难以确定的，如档案、文件、账簿、票据和图表资料。这类标的的特点是其价值较难确定，这些标的重新复制的费用往往不高，但如需重新设计或编制的费用就可能相当高。而作为保险人对于受损的档案、文件、账簿、票据和图表资料是应该复制还是应该重新设计或编制的标准难以确定，同时对于重新复制或需重新设计和编制的费用也难以预测，所以在工程保险项下一般将其列为除外。被保险人如果认为其在这方面的风险需要分散，可以要求保险人在工程保险项下扩展承保"工程图纸、文件附加条款"。

第三类是保险利益难以确定的，如包装物。用于被保险项目的材料和设备均可能有包装物，这些包装物在被包装的物品运抵目的地之后，就完成了它的使命。通常认为这些包装物在运抵目的地之后就不再有价值了，所以，一旦发生损失，保险人对包装物的损失不予负责（但是，如果设备是部分损坏且需要送回厂家进行修复时，对于损坏的包装物则应当赔偿）。

（三）盘点时发现的短缺；

盘点时发现的短缺是指在被保险人每隔一定的时间对其库存的财产进行清点时发现的短缺。工程保险将这种损失除外的理由是这种短缺损失往往是由于被保险人的内部管理混乱造成的。因为，如果是盗窃造成的短缺，必须有明显的盗窃痕迹，而且被保险人一旦发现财产被盗窃，应及时向警方和保险人报案，只有符合上述条件的才被视为是盗窃损失，保险人才承担相应的责任。

（四）领有公共运输行驶执照的，或已由其他保险予以保障的车辆、船舶和飞机的损失；

本责任免除针对被保险人投入工程建设使用的运输工具，如车辆、船舶和飞机。主要是根据其是否领有公共运输行驶执照。就一般情况而言，被保险人如有要投入公共运输的运输工具，应办理相应的专门保险。而工程保险所针对的是仅在工地范围内使用的，没有领取公共运输行驶执照的运输工具，即是施工机具的一部分。

（五）除非另有约定，在保险工程开始以前已经存在或形成的位于工地范围内或其周围的属于被保险人的财产的损失；

本除外主要是针对一些改建或改造工程。在这些工程项目中，往往在工地范围内或工地周围存在属于被保险人的财产，比较典型的情况是被保险人在旧城改造过程中在对其已征用的土地范围内的旧建筑物进行拆除时，保留了一些建筑物作为在施工过程中的现场办公场所或者仓库；或是被保险人对自己的工厂进行改建时，在工地范围内的未改建的部分。

这类财产主要存在两类风险：一是由于普通财产保险承保的风险造成的损失；二是由于被保险的工程项目施工过程中的意外事故造成的损失。

本除外的表象是将这类标的除外，其实质是希望将这类标的纳入工程保险的范畴。只有这样才能充分地保障被保险人的利益，避免可能出现的损失和纠纷。本除外的“除非另有约定”的措辞表明它属于相对除外，即被保险人可以根据需要与保险人约定扩展承保这类风险。

（六）除非另有约定，在保险合同保险期间终止以前，保险财产中已由工程所有人签发完工验收证书或验收合格或实际占有或使用或接收部分的损失。

本责任免除是针对在保险期限终止以前，已由工程所有人签发完工验收证书或验收合格或实际占有或使用或接收的部分被保险财产。

对于这类标的除外的原理是建立在风险变更的基础上的，即工程所有人对

部分或全部工程签发完工验收证书或验收合格或实际占有或使用或接收后，将变更这些标的的风险状况，如被保险人对于被保险标的的使用必然增加这些标的物的风险。

对这类风险的除外，工程保险采用了标的和期限双重除外的方式，即在“责任免除”部分以标的除外的方式将这类风险除外，同时在“保险期限”部分以期限除外的方式也将这类风险除外。

本责任免除的“除非另有约定”的措辞表明它属于相对除外，即被保险人可以根据需要与保险人约定扩展承保这类风险。

## 五、适用于第三者责任保险项下的责任免除

工程保险条款中规定，对下列原因造成的损失、费用，保险人不负责赔偿：

（一）由于震动、移动或减弱支撑而造成的任何财产、土地、建筑物的损失及由此造成的任何人身伤害和物质损失；

本责任免除主要是针对在一些大型工程建设项目的基础施工过程中（尤其是旧城改造工程），由于工地范围大、周边情况复杂、存在潜在责任巨大、处理困难的特点制定的。这类风险对于被保险人来讲是必然存在的，同时可以通过施工工艺、进度和防护措施加以控制的，而对保险人来讲是很难了解和测算这些风险的。但是本除外是相对的，保险人可以应投保人或被保险人的要求扩展承保这一风险。同时，作为保险人对此扩展的接受应持十分谨慎的态度，在接受被保险人的扩展要求之前需对工地环境以及周围的有关情况进行认真、细致的查勘，切不可轻率接受。

本责任免除仅仅适用于建筑工程一切险的第三者责任保险部分。

（二）领有公共运输行驶执照的车辆、船舶、航空器造成的事故。

本责任免除所针对的对象是“领有公共运输行驶执照的车辆、船舶、飞机”，原因是这类对象有关第三者责任的风险处理问题应纳入另一个体系，即应根据国家的有关法律办理统一的强制保险。

工程保险条款还规定，对下列损失、费用，保险人也不负责赔偿：

（一）本保险合同物质损失项下或本应在该项下予以负责的损失及各种费用；

本责任免除的主要依据是在保险产品设计中的“互为除外”原则，即在相关保险标的的系列保险产品中，一保险产品的责任范围应明确为另一保险产品的除外责任，以免出现混淆。

在适用本责任免除的过程中应当注意到对“或本应在该项下”措辞的理解，其含义是如果本应在或可以在物质损失保险项下负责的损失及各种费用，由于投保人或被保险人的过失、疏忽而不能在物质损失保险项下获得赔偿，第三者责任保险项下也不负责赔偿。

（二）工程所有人、承包人或其他关系方或其所雇用的在工地现场从事与工程有关工作的职员、工人及上述人员的家庭成员的人身伤亡或疾病；

第三者责任保险是针对被保险人可能产生的对于第三者的经济赔偿责任，而“工程所有人、承包人或其他关系方或他们所雇用的在工地现场从事与工程有关工作的职员、工人以及上述人员的家庭成员”从理论上讲是属于被保险人范畴，故不属于“第三者”。

“工程所有人、承包人或其他关系方或他们所雇用的在工地现场从事与工程有关工作的职员、工人以及上述人员的家庭成员”与被保险人之间可能产生的责任属于雇主责任的范畴，投保人或被保险人可以通过安排雇主责任保险的方式来分散这类风险。

（三）工程所有人、承包人或其他关系方或其所雇用的职员、工人所有的或由上述人员所照管、控制的财产发生的损失；

本责任免除针对的对象有两个群体，一是“工程所有人、承包人或其他关系方”；另一个群体是“他们所雇用的职员、工人”。

由于“工程所有人、承包人或其他关系方”通常就是工程保险的被保险人，所以，他们从法律关系上讲不属于“第三者”。另外，“工程所有人、承包人或其他关系方所有的或由其照管、控制的财产”是指在工地范围内，用于工程的或与工程建设有关的财产，这类财产应纳入工程保险物质损失责任的标的范围，而不能成为“第三者责任”的赔偿对象。

作为被保险人的“工程所有人、承包人或其他关系方”所雇用的职员、工人往往被认为是被保险人的一员，所以，他们“所有的或由其照管、控制的财产”同样不能成为“第三者责任”的赔偿对象。

（四）被保险人应该承担的合同责任，但无合同存在时仍然应由被保险人承担的法律责任不在此限。

民事法律关系中的责任主要有合同责任和侵权责任两种，合同责任是被保险人可以预见和控制的，侵权责任则往往是被保险人无法预见和控制的。从二者的特点看，合同责任具有较大的必然性，所以，不能成为普通的公众责任或第三者责任保险的对象。而普通的公众责任或第三者责任保险针对的通常是民事责任中的侵权责任。本责任免除就是明确将被保险人的合同（协议）责任除外。

合同责任的特点是合同当事人双方的特别约定，产生合同责任的前提是双方存在合同关系。为此，如果“即使没有这种协议，被保险人仍应承担的责任”。

# 第五节

# 保险金额

## 一、保险单责任限额的形式

保险人在保险单项下责任限额的确定根据保险标的的不同而不同，针对物质损失保险部分的保险金额的确定通常是根据保险标的的保险价值作为确定的依据，而对于责任保险损失部分则是用赔偿限额确定，至于费用损失部分也是采用限额的方式。

责任和费用部分赔偿限额的确定主要是被保险人根据对工程的风险评估与保险人协商确定的，由于这部分的赔偿是采用第一危险赔偿方式，即保险人对被保险人的损失在赔偿限额内根据条款的规定进行赔偿，以赔偿限额为最大责任。

## 二、保险单责任限额的结构

工程保险的保险单责任限额主要由三部分构成。

（一）工程项目物质损失部分的责任限额

这部分以具体金额表示，称为保险金额，本部分各项标的的保险金额的确定方法如下：

1. 保险工程完成时的总价值，主要包括：原材料费用、设备费用、建造费、安装费、运保费、关税、其他税项和费用，以及由工程所有人提供的原材料和设备的费用。

2. 施工机具、设备的保险金额按其重置价确定。

3. 保险双方约定的其他保险财产的保险金额由保险双方确定。

4. 清理残骸费用的赔偿限额。在工程承包价内不包括清理残骸的费用，虽然工程造价通常包括不可预见费用，但其使用原则也常常有限定，不能作为残骸清理费的预算。投保人应根据实际需要单独投保，并在明细表中列明清除残骸费用的赔偿限额，并加贴相应附加险条款。

5. 物质损失保险部分通常对具有巨灾性质的特种风险，如地震、海啸，洪水、风暴、暴雨造成的损失单独设定赔偿限额。

（二）第三者责任保险部分

这部分以赔偿限额形式表示保险人的责任限额。

（三）扩展责任部分

这部分以分项保险金额或分项赔偿限额表示保险人的责任限额。

## 三、物质损失保险部分的保险金额

（一）主保险金额的一般构成

工程保险的主保险金额是指物质损失保险部分的保险金额，主要包括建筑工程部分和安装工程部分，一般的建设项目均同时包含建筑和安装两种性质的工程项目。根据工程性质的不同，建筑和安装工程所占的比例不同。从工程保险的角度看，一个项目的安装工程所占比例低于25%时，我们称之为建筑工程，用建筑工程一切险的保险单承保；而建筑工程所占比例低于25%时，我们称之为安装工程，用安装工程一切险的保险单承保。在以上两种情况之外时，我们分别用建筑工程一切险和安装工程一切险保单承保。

无论是建筑工程还是安装工程，保险金额的确定均是一个复杂和困难的问题，而且是一个容易产生争议的问题，尤其是在出险后的理赔过程中。所以，保险合同的当事人双方在投保时就必须对保险金额的定义及其内涵进行明确。在建筑工程一切险保险单条款中规定建筑工程项目的保险金额应不低于被保险工程建筑完成时的总价值，工程总价值包括原材料费用、设备费用、建造费、安装费、运输费和保险费、关税、其他税项和费用，以及由工程所有人提供的原材料和设备的费用。

建筑工程的总价值根据工程承包方式的不同有两种主要形式：

1. 工程承包商以总承包的方式承包工程，即“交钥匙工程”，这种建筑工程项目的总价值一般是工程承包价。

2. 工程承包商负责工程项目的主要部分，但工程的部分建筑材料和设备由工程所有人提供，这种建筑工程项目的总价值一般是工程承包价与工程所有人提供的材料或设备价值之和。

（二）主保额的非线性关系

工程保险与普通财产保险相比，特点之一就是工程保险的保险价值在保险期限内的各个不同时期存在明显的不同，工程保险保险金额的确定必须动态地反映这种保险价值变化的特点。

在普通财产保险中，如果不考虑通货膨胀、折旧等因素，保险标的的保险价值（保险金额）在保险期限内是相对固定的，如图3－1所示。

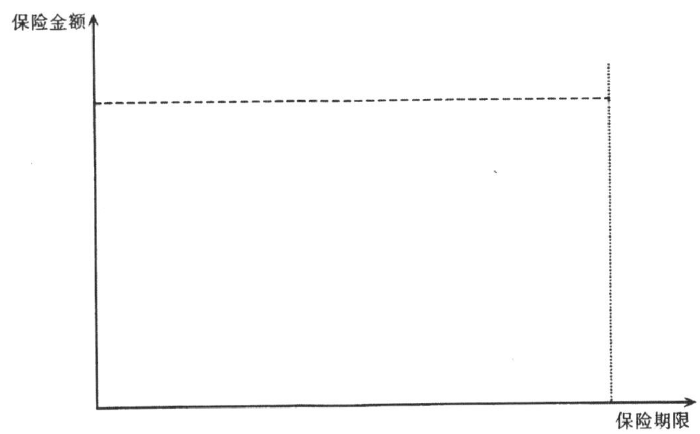


图3－1　普通财产保险中保险金额与保险期限的关系

而工程保险的保险价值（保险金额）在保险期限内则是相对变化的，如图3－2所示。

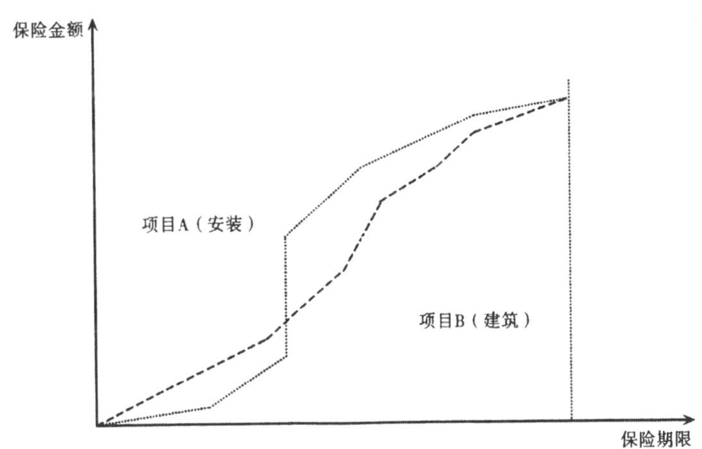


图3－2　工程保险中保险金额与保险期限的关系

同时，建筑工程的保险价值与安装工程的保险价值的变化曲线又不尽相同，原因是建筑工程的保险价值在工地的形成基本上是逐步均匀地形成的，而安装工程的保险价值在工地的形成主要取决于设备运抵工地的时间。

（三）主保额与工程造价的关系

主保额从理论上讲应等于"被保险工程建筑完成时的总价值"，这是充分保险和足额赔偿的前提条件。但是，我们接触到的往往是工程总造价或者是工程承包合同金额，而这些金额未必是"被保险工程建筑完成时的总价值"。可能出现两种情况：一是这些金额包含了一部分无风险的、不需要投保的项目，如设计费用和土地使用费等；二是这些金额仅仅是"被保险工程建筑完成时的总价值"中的一部分，如其可能不包括业主提供的设备和材料等。所以，在接受投保时应对投保人提供的保险金额进行具体的分析，以确定其是否为"被保险工程建筑完成时的总价值"。

我国建设项目总投资结构如图3－3所示。

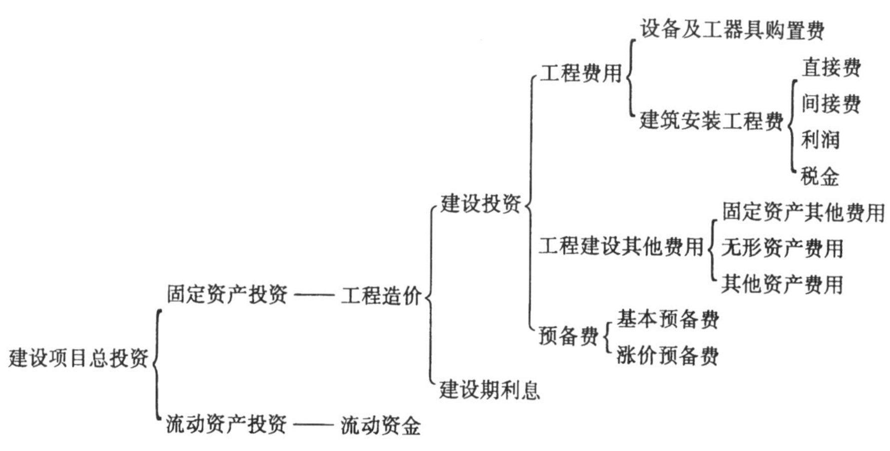


图3－3　我国建设项目总投资结构示意图

一般工程保险可以按照工程预算造价或招投标合同价确定保险金额。工程在完成竣工决算时的总造价为最终的保险金额，实行多退少补的保险费结算制度。投保人和被保险人可按如下方式确定工程保险的保险金额：

1. 按照工程合同价投保：工程项目保险金额按照工程合同造价确定，待工程完工后按工程决算金额调整保险金额。工程合同造价应包括原材料费用、建造费、设计费、设备费、安装费、运输费、临时工程措施费、税费、管理费和利润等。

2. 按工程预算价投保：一般按照预算文件中第一部分工程造价投保（实际建筑、安装工程预算造价），对其中“工程建设其他费用”项下的前期工程费用和其他基本建设费用可以选择性投保，在投保时应书面注明。“其他基本建设费用”包括办公及生活家具购置费、职工培训费、开办费、科研费、勘察费、设计费、预算编制费、工程图纸编制费、勘察设计监理费、工程建设监理费、保险费、建设单位管理费等。此外，预备费（不可预见费）、关税等也可以投保。投保时应提供工程预算中第一部分“工程清单”，注明投保项目、金额与工程预算的对应关系。

3. 按照承包合同价投保：一般承包合同价包含工程直接造价和综合管理费用，但不一定包括“工程建设其他费用”，而且工程量清单汇总表部分列明了分项工程造价，因此，投保时应注明投保金额、投保财产分项与施工合同的对应关系。每个施工承包合同价一般含总金额 8% ~10% 的不可预见费用，对于利润、税金和不可预见费用等一般可以不列入保险金额，但保险人在承保时向被保险人说明并在工程保险合同中予以明确。

不论以何种方式投保，投保人应注意保险标的增加、人力成本和建筑材料价格上涨等因素对工程造价的影响，更要注意的是出险后修复或重建受损工程的所需全部成本是否包括不可预见的额外费用，此项费用的金额有时是比较大的。为了避免不足额投保，投保人可以按高于工程合同价格 10% ~20% 的金额投保工程保险。

（四）主保额的管理

由于工程保险的保险期限一般较长，即使投保人在投保时是按照要求确定保险金额进行投保的，但在工程的建设过程中，工程的造价可能由于建筑安装材料市场价格的变化而产生较大的变化，这种现象在建筑工程项目中尤为突出。所以，在工程保险中必须注意在保险合同执行的全过程中对主保额进行动态的管理，以防止保额不足可能对保险人或被保险人产生的不利影响。

为了解决这一问题，同时也为了明确在主保额管理过程中保险合同双方的责任，工程保险条款对此作了明确的规定：

若被保人是以保险工程合同规定的工程概算总造价投保，投保人或被保险人应：

1. 在本保险项下工程造价中包括的各项费用因涨价或升值原因而超出

保险工程造价时，必须尽快以书面通知保险人，保险人据此调整保险金额；

2. 在保险期间内对相应的工程细节作出精确记录，并允许保险人在合理的时候对该项记录进行查验；

3. 若保险工程的建造期超过三年，必须从本保险合同生效日起每隔十二个月向保险人申报当时的工程实际投入金额及调整后的工程总造价，保险人将据此调整保险费；

4. 在本保险合同列明的保险期间届满后三个月内向保险人申报最终的工程总价值，保险人据此以多退少补的方式对预收保险费进行调整。

本条款是针对被保险人的义务作出的规定，条款的首尾进行了呼应，即“若被保险人是以保险工程合同规定的工程概算总造价投保”的，保险人在理赔时可以视同足额投保，按工程概算进行赔偿。但是，被保险人必须满足保险人对其提出的四点要求，否则，针对以上各条，保险人将视为保险金额不足，一旦发生本保险责任范围内的损失时，保险人将根据本保险单的规定对各种损失按比例赔偿。

第一，保险合同对被保险人提出通知义务的要求，即在保险合同执行过程中，由于种种原因造成工程造价中包括的各项费用因涨价或升值原因，而使工程造价超出原保险工程造价时，被保险人必须主动、尽快以书面通知保险公司。目的是确保保险公司能够及时地掌握工程实际造价的情况，修正保险金额，确保保险金额的充分。

第二，对被保险人提出记录的要求，即被保险人在保险期限内对相应的工程有关造价的细节作出精确记录，并允许本公司在合理的时候对该项记录进行查验。这样规定的目的是使保险人有权并可以对保险工程有关造价的明细项目进行检查和核实。

第三，对于保险工程的建造期超过三年的项目，保险合同明确规定：无论保险工程的实际造价与投保时确定的造价是否发生变动，被保险人都必须从保险单生效日起每隔十二个月向保险公司申报当时的工程实际投入金额及调整后的工程总造价。

第四，规定在保险单列明的保险期限届满后三个月内被保险人应向保险公司申报最终的工程总价值，保险公司将根据被保险人的最后申报对预收保险费进行调整。

（五）特殊风险赔偿限额

特殊风险赔偿限额是工程保险特有的一个特别规定，即保险人对由于地震、海啸、洪水、风暴和暴雨一类具有巨灾特性的风险造成工程项目的物质损失所承担的最高赔偿限额。特别要注意的是，不能将每次事故最大可能损失或最大的危险单位作为确定特殊危险赔偿限额的基础。

特殊风险赔偿限额规定设定的原因主要是考虑到工程项目建设的特点和工程保险经营的需要。设定特殊风险赔偿限额的幅度，保险人可以在物质损失保险部分总保险金额的70%～100%之间掌握。

特殊风险赔偿限额的规定是对保险人风险责任的一种限制，因此，特殊风险赔偿限额的设定将对保险费率的厘定产生直接的影响，即与保险费率成反比例关系。

## 四、第三者责任保险的赔偿限额

与财产保险不同的是，在责任保险中，保险人承担的责任是以赔偿责任限额的形式体现的。

根据业务的性质、投保人的要求和保险人风险控制的需要，责任保险赔偿限额的确定有多种方式。

工程保险第三者责任限额的确定方式有以下几种：（1）每次事故赔偿限额，其中对人身伤亡和财产损失再制定分项限额；（2）每次事故赔偿限额，无分项，无累计；（3）在每次事故赔偿限额的基础上，规定保险期限内的总（累计）赔偿限额；（4）保险期限内的总赔偿限额和每次事故的赔偿限额均为同一个金额。

不同的第三者责任限额方式对于投保人分散风险的程度和保险人实际承担风险的结果是不同的，确定时应当根据投保人的实际需要确定，同时，保险人应当根据不同的方式确定不同的保险费。

## 五、附加条款的赔偿限额

工程保险加贴的附加条款通常设定适当的分项限额或保险金额作为该附加条款项下保险人最大的赔偿责任。保险人在工程保险的合同中用两种形式表达：一是在保险单明细表上列明的保险金额之外单独列明分项赔偿限额；二是赔偿限额未单列，赔偿限额包含在总的保险金额内，附加条款中以物质损失保险金额的一定百分比表示。

# 第六节
# 保险期间

工程保险的特点之一是工期保险责任，而工期的概念相对广泛，有施工期、试车期、保修或缺陷责任期等，因此，工程保险的保险人在不同工期内的保险责任是不同的。同时，工程保险的保险期间的确定不同于其他财产保险，普通财产保险的保险期间是保险人实际承担保险责任的期限。工程保险尽管在保单上也有一个列明的保险期间，但保险人实际承担保险责任的起止点往往要根据保险工程的具体情况确定，即受到承保风险的区间限制，是一个相对动态的、事先难以确定的时间点。如工程项目所用的尚未进入工地范围内的材料、工程项目中已交付的部分项目发生保险责任范围内的损失，尽管发生损失的时间是在保单列明的保险期限内，但保险人对上述损失不承担赔偿责任。

按保险市场的惯例，施工周期就是保险人承保物质损失保险和第三者责任保险的保险责任期间，工程保险的条款对保险期间作如下约定：

（一）保险人的保险责任自保险工程在工地动工或用于保险工程的材料、设备运抵工地之时起始，至工程所有人对部分或全部工程签发完工验收证书或验收合格，或工程所有人实际占有或使用或接收该部分或全部工程之时终止，以先发生者为准。但在任何情况下，建筑期保险责任的起始或终止不得超出本保险单载明的建筑保险期间范围。

（二）不论有关合同中对试车和考核期如何规定，保险人仅在本保险合同明细表中列明的试车和考核期间内对试车和考核所引发的损失、费用和责任负责赔偿；若保险设备本身是在本次安装前已被使用过的设备或转手设备，则自其试车之时起，保险人对该项设备的保险责任即行终止。

（三）上述保险期间的展延，投保人须事先获得保险人的书面同意，否则，从本保险合同明细表中列明的建筑期保险期间终止日之后发生的任何损失、费用和责任，保险人不负责赔偿。

## 一、工程项目的风险区间

工程项目在其兴建过程中的主要风险区间是主工期，即建筑安装期，但是，根据工程的具体情况，它可以向前追溯至运输期和制造期，向后延至试车期、保证期和缺陷责任期（见图3－4）。

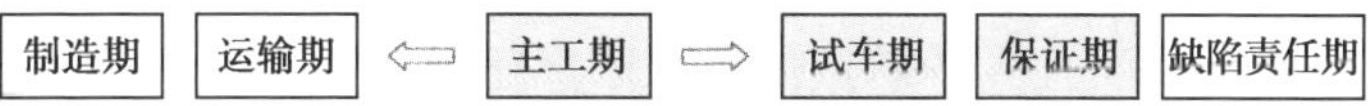


图3－4　工程项目风险区间示意图

尽管工程保险的期限可以根据投保人的需要向前和向后扩展延伸，但是，它并不是一种简单的延伸，在这种延伸中的各个区间的保险保障是不同的，即各个区间的保险责任范围和除外责任是不同的。

（一）设备制造期

在工程保险项下承保制造期的风险是采取间接的方式，即并不是直接以制造商作为被保险人承保其在制造过程中的各种风险，而是以扩展的方式承保工程项目中所采用的设备、制成品和原材料在其制造过程中的潜在缺陷风险在主工期内造成的损失。

扩展的形式除了在主保单项下包括一部分外，还有以下几个扩展：（1）设计师风险扩展；（2）制造商风险扩展。

（二）设备或物料运输期

与工程保险相关的运输期风险，主要是指与工程有关的材料和设备在运往工地过程中的风险。这种风险可以通过在工程保险项下以扩展的方式进行承保，即扩展承保内陆运输风险。扩展承保内陆运输风险的责任范围和除外责任与工程保险主保单是一致的，即自然灾害和意外事故，扩展的保障范围相当于货物运输保险的一切险或综合险。

在工程保险项下以扩展的方式承保运输期风险的优点是：能较好地解决运输区间的风险与工程建设区间的风险衔接问题。

问题是，用于工程项目的设备等货物运输至工地后，在一般情况下不会立即投入安装或使用，这些货物往往要在工地内存放一段时期或相当长的一段时期后，才开箱安装或使用。这样，一旦开箱时发现货物损坏，则这种损坏有可能是在运输期间发生的，但也有可能是在运抵工地后的存储期间发生的，而要判断损坏是在哪一个区间发生的，即由谁来承担损坏的赔偿责任往往是困难的。即使能证明损坏是在运输期间发生的，而此时要追究承运人的责任已为时太晚了。唯一的解决办法是在货物运抵工地后立即开箱检验，以确定在运输期间是否发生损坏。但是有的货物，尤其是那些大型设备通常不允许在安装之前开箱，如精密仪器，一旦原包装被破坏，就可能对设备本身造成不良影响。为了解决这一问题，有时采用“50/50 条款”，即双方约定对于可能存在损坏的货物，为了不破坏原包装暂不开箱，而待将来开箱时一旦发现损坏，由运输期的责任人和工程期的责任人各承担损坏赔偿责任的 50%，这显然不尽合理。

采用在工程保险项下扩展运输期风险的方式，即将货物在运输期的风险责任和工程期的风险责任均置于一张保险单之下，这样就能较好地解决上述风险责任的衔接问题。

解决运输风险责任与工程风险责任衔接的另一种方法，是由工程保险的保险人以运输保险的方式承保工程项下设备的货物运输期风险，尤其是在工程项目需进口大量设备的情况下。

## 二、主保单期限——建筑安装期

工程保险的保险期间与普通财产保险不同，普通财产保险的保险期限一般是 12 个月，工程保险的保险期间原则上是根据工程的工期确定的，并在保单明细表上予以明确。但保险人对于保险标的实际承担责任的时间应根据具体情况确定，从原理上讲，它在事先是一个不确定的时间点。

工程保险条款对于保险期限规定如下：

保险人的保险责任自被保险工程在工地动工或用于被保险工程的材料、设备运抵工地之时起始，至工程所有人对部分或全部工程签发完工验收证书或验收合格，或工程所有人实际占有或使用或接收该部分或全部工程之时终止，以先发生者为准。但在任何情况下，建筑安装期保险期限的起始或终止不得超出本保险单明细表中列明的建筑安装期保险生效日或终止日。

（一）工程保险主保险单的保险期限的起点

1. 被保险工程在工地开工时间。这个时间点是指作为被保险人的施工队伍进入工地，向总监理办公室提交完整的《开工报告》并获得《开工令》、进行破土动工。如果被保险的工程在工地现场仅仅是举行了一个开工仪式，而并未进行实质性的开工，施工队伍也未进入施工现场，不能被视为“开工”。

2. 用于被保险工程的材料、设备运抵工地。这个时间点比较明确，即用于被保险工程的材料、设备运抵工地。这个“运抵”的时间点概念是指这些材料、设备从运输工具上卸到工地，由承运人交付给被保险人的时间。如果这些材料、设备是由被保险人自行采购并用其自己的车辆从供应商处提货运回工地的，在车辆进入工地之后在卸货前发生保险责任范围的损失，工程保险对这类损失不负保险责任。对于这类风险处理的最佳办法是由被保险人根据具体自行采购材料和设备的情况，安排一个相应一揽子预约运输保险合同，以充分保障这方面的风险。

3. 保险单生效日。这个时间点是最明确的，即保单上列明的保险期限的起始日期。这是保险期限的“上限”，即在任何情况下，建筑安装期保险期限的起始均不得早于本保险单明细表中列明的保险生效日。它对于其他的保险生效方式起到了一个限制作用，具体的含义是“保险责任自被保险工程在工地动工或用于被保险工程的材料、设备运抵工地之时起始”的条件是它们的时间点必须在保单生效日之后，否则，就以保险单生效日为准。

（二）工程保险主保险单的保险期限的终点

1. 工程所有人对部分或全部工程签发完工验收证书或验收合格。这个时间点是以工程所有人的“签发完工验收证书”和“验收合格”这两个行为动作为标志的。

关于工程的验收问题，根据工程的具体情况可能有各种形式，主要是根据验收后有关部门是否签发验收证书为准，可分为正式验收和非正式验收两种。

正式验收是指工程完成后，根据施工单位提出的竣工报告和验收申请，由业主会同有关方面对工程进行竣工验收，对于验收合格的，签发验收或竣工证书。对于一些大型建设项目，正式验收根据工程项目的情况可以分为单项工程项目竣工验收和建设项目竣工验收（亦称综合验收）。这是由于一些大型项目的建设往往采取分阶段开发的形式，整个工期可能是几年甚至十几年，就单项工程而言，不可能等整个项目完成后再一起做竣工验收。所以，在这些大型建设项目中，每一个单项工程完工后就会安排一个单项工程项目竣工验收。待整个建设项目完成后，再做建设项目的竣工验收。

非正式验收是指施工单位承建的某一个相对独立的项目完工后，要求业主进行验收，业主应施工单位的要求进行了验收，但并未对其签发竣工证书。通常这种验收是基于业主需对这一相对独立的部分进行使用或占有而提出的，所以，即使未签发验收证书，业主又要对工程项目进行实际占有，施工单位应要求业主以书面文件的方式对验收的有关事项予以明确，以免日后产生纠纷。

就工程保险而言，它所注重的是事实上的验收并验收合格这一实质，而不

论验收有否签发验收证书。即只要是被保险工程或其中的某一部分已被事实上验收并验收合格，对于这一工程或其中的某一部分的保险责任即告终止。

关于“部分或全部工程”的问题，这一措辞的关键是强调和解决“部分”验收的问题，因为被保险的工程项目可能是一个由许多相对独立的小项目共同组成的，这样就会出现各个小项目竣工和验收在时间上的不统一。即使是被保险的工程项目是一个独立的项目，在其建设过程中仍可能出现分阶段交付的现象。

2. 工程所有人实际占有或使用或接收该部分或全部工程。这个时间点是以工程所有人的实际“占有”、“使用”和“接收”这三个行为动作为标志的。

在许多工程项目的建设中经常会出现这样的情况，即工程所有人在对工程项目进行正式验收或非正式验收之前，出于各种目的或需要对工程项目的一部分进行实际的占有、使用或接收。如在主体建筑完工后，工程所有人就可能使用其中的一部分作为办公场所、仓库或售楼部；使用或接收尚未验收的电梯、发电机组或其他设备。在这种情况下，工程保险对于被工程所有人实际占有、使用和接收部分的保险责任自其被实际占有、使用和接收的动作发生之时起即告终止。

3. 保险单终止日。这个时间点是最明确的，即保险单上列明的保险期限的终止日期。这是保险期限的“下限”，即在任何情况下，建筑安装期保险期限的终止均不得迟于保险单明细表中列明的建筑安装期保险终止日。它对于其他的保险终止方式起到了一个限制作用，具体的含义是“工程所有人对部分或全部工程签发完工验收证书或验收合格，或工程所有人实际占有或使用或接收该部分或全部工程之时终止”的条件是它们的时间点必须在保险单终止日之前，否则，就以保险单终止日为准。

（三）工程保险的保险期限与工程施工工期的关系

工程保险的保险期限与其他财产保险的保险期限的含义不同，其他财产保险的保险期限就是保险人承担保险责任的期限。但是，工程保险的保险期限含义却不同，工程保险的保险期限仅仅是保险人承担保险责任时间上的上下限，而保险人实际承担保险责任的另一个前提条件是被保险工程处于施工过程中。在工程保险中通常有以下几种情况：

1. 保险期限的起点与工程开始日相同的情况（见图3－5）。

图 3－5　保险期限起点与工程开始日相同

A 工程的工期与保险期限相同，即保险人承担保险责任的期限与工期相同。

B 工程的工期短于保险期限，即工期结束后，尽管保险期限尚未终结，但保险人也不再承担保险责任了。

C 工程的工期长于保险期限，即保险期限结束后，尽管工期尚未终结，但保险人也不再承担保险责任了。

2. 工程开始日早于保险期限起点的情况（见图 3－6）。

图 3－6　工程开始日早于保险期限起点

在这类情况中，除了保险人承担责任的终点与第一种情况相同外，保险人承担责任的起点均以 F 点为准。

3. 工程开始日晚于保险期限起点的情况。

图 3－7　工程开始日晚于保险期限起点

在这类情况中，除了保险人承担责任的终点与第一种情况相同外，保险人

承担责任的起点是以其工期的起点为准。

## 三、扩展期——试车期

试车期是对试车期和考核期的统称，主要是针对安装工程的，它是指机器设备在安装完毕后，投入生产性使用前，为了保证正式运行的可靠性、准确性及工作指标所进行的试运转期间。

根据试车的范围可以分为单机试车和联动试车。单机试车是指对安装工程中某一相对独立的设备单独进行试车；联动试车是指对安装工程中的全部或某一系统的设备进行联合运转的试车，联动试车主要是调整和考核各设备之间的配合情况。

根据试车的性质可以分为冷试、热试和试生产。冷试是指设备进行机械性的试运转，冷试一般不投料。热试是指设备进行生产性试运转，一般是进行投料试运转，通常热试一般是联动试车。试生产是热试的一种，与热试相比，试生产的周期相对要长一些，通过一定周期的试生产，主要的目的是考核设备的生产能力和稳定性，所以，试生产期亦可称为“考核期”。

工程保险条款对于试车期的保险期限的规定为：

不论有关合同中对试车和考核期如何规定，保险人仅在保险合同明细表中列明的试车和考核期间内对试车和考核所引发的损失、费用和责任负责赔偿；若保险设备本身是在本次安装前已被使用过的设备或转手设备，则自其试车之时起，保险人对该项设备的保险责任即行终止。

第一，措辞强调试车和考核期的具体时间以保险单明细表中的规定为准。作为被保险人的承包商在签订安装合同中可能对试车和考核期有不同于保险单的规定，或者在安装合同的执行过程中合同双方可能由于种种原因，对试车和考核期进行调整或修改。但被保险人均不能以安装合同规定为理由，要求保险人对保险单规定的试车期以外的期间发生的因试车和考核设备造成的损失负责赔偿。

第二，措辞强调对于“已被使用过的设备”或“转手设备”的试车风险除外，即对于这两类设备，工程保险只负责其在试车之前的风险，一旦投入试车，保险责任即告终止。

第三，保险单中为试车期提供的保险保障的保险期限一般是紧接在安装期之后的一个明确的期限，保险单所提供的试车期保险期限应根据安装工程项目的具体情况而定，一般为30天，大型发电厂项目为90~120天。

## 四、扩展期——保证期

保证期是指根据工程合同的规定，承包商对于所承建的工程项目在工程验收并交付使用之后的一定期限内，如果建筑物或被安装的机器设备存在建筑或安装的质量问题，甚至造成损失的，承包商对这些质量问题和损失应承担修复或赔偿的责任。

工程保险可以根据被保险人的要求扩展承保工程项目的保证期。

第一，工程保险的保证期保障从原理上讲是一个相对独立的保险，它与工程保险并无必然的联系，工程保险项下是否扩展保证期保障完全取决于被保险人的需求。它的相对独立性还体现在它的保险责任范围是专门设定，它的保险期限也是相对独立的。

第二，工程保险保证期的保险责任范围通常是由专门的批单对其进行规定的，主要有“有限责任保证期扩展条款”、“扩展责任保证期扩展条款”和“保证期特别扩展条款”，这些条款的解释详见本册第四章第四节。

第三，工程保险保证期是根据工程合同中的有关规定确定的，并受保险单明细表列明的保证期保险期限的限制。即工程合同规定的保证期超过保险单明细表列明的保证期保险期限的，以保险单的规定为准。如果工程合同中规定的保证期低于保险单的规定，以工程合同的规定为准。

第四，工程保险保证期的起点是一个相对不确定的时间点，它一般仅仅是规定一个期限，如一般项目 12 个月的保证期，大型项目 24 个月的保证期。至于保证期具体从哪一天开始，则要根据工程的具体情况来定，一般是以“工程所有人对部分或全部工程签发完工验收证书或验收合格，或工程所有人实际占有或使用或接收该部分或全部工程时起算，以先发生者为准”。

# 第七节
# 赔偿处理

工程保险条款分别从物质损失保险部分、第三者责任保险部分和通用条款三个部分对赔偿处理作出规定。

## 一、通用条款对赔偿处理的基本原则及处理方式

（一）保险事故发生时，被保险人对保险标的不具有保险利益的，不得向保险人请求赔偿保险金。

本条款对工程保险中保险利益的主体、时间边界等核心问题作出了明确规定。由于工程项目涉及众多的当事人，包括业主、承包人、分包人、监理人、设计人、设备的供应商和制造商及相关专业机构等，在上述可能成为工程保险的被保险人的有关当事人中，其保险利益及拥有保险利益的时间点是不一致的。在投保人投保工程保险时，有的当事人不一定对保险标的具有保险利益，而是随着工程的推进，其中的某一方在保险事故发生时可能具有保险利益，因此，需要对此进行明确的规定，这样能够切实维护投保人和被保险人的利益；同时也能够促进保险人加强业务管理，提高业务人员的风险评估和核保能力，及时准确判断享有保险利益的主体及其获得保险利益的时间点，对于不符合法律规定的，则可依法作出不予承保或拒绝赔偿的决定。

（二）保险标的遭受损失后，如果有残余价值，应由双方协商处理。若协商残值归被保险人所有，应在赔偿金额中扣减残值。

在工程发生全损的情况下，保险人按照保险金额赔偿被保险人，同时，如果有残骸存在，则应由保险人和被保险人商定其合理的价值，保险人应在支付给被保险人的赔款中扣减。

（三）保险事故发生时，如果存在重复保险，保险人按照保险合同的相应保险金额与其他保险合同及保险合同相应保险金额总和的比例承担赔偿责任。

其他保险人应承担的赔偿金额，本保险人不负责垫付。若被保险人未如实告知导致保险人多支付赔偿金的，保险人有权向被保险人追回多支付的部分。

本条款对工程保险的重复保险作出明确的规定。重复保险是指投保人对同一保险标的、同一保险利益、同一保险事故同时分别向 2 个或 2 个以上保险人订立保险合同，其保险金额总和超过该标的的实际保险价值的保险。但重复保险对于工程保险的第三者责任部分中的人身伤害不适用。

关于重复保险的处理有多种方式，不同的保险人会采用不同的做法。本款的规定是属于较严格的一种，即只要有重复保险存在，工程保险仅按与所有保单保险金额之和的比例承担赔偿责任，且不论其他保险是否赔偿。

这里所指的其他保险，是指从其保险责任范围来看，应对所发生的保险事故予以负责的其他任何保险，并不一定是工程保险。

即使有重复保险存在，并不等于该重复保险就一定会对有关保险事故做出重复赔偿，其原因可能有以下几个方面：

一是由于免赔额的规定，该重复保险不需承担给付保险金的责任；

二是该重复保险的合同中，对重复保险有更严格的规定，例如规定若有其他保险存在，该保险不承担任何赔偿责任；

三是该重复保险的合同中，对被保险人的义务有更严格的规定，但被保险人因未能尽到有关的义务而被拒绝赔偿；

四是保险人将不为其他保险人承担保险责任，也不会为其他保险人垫付赔偿金。

由此可以看出，重复保险对被保险人有明显的不利之处，不仅多支付了保险费，还不一定能达到预期的效果。

（四）发生保险责任范围内的损失，应由有关责任方负责赔偿的，保险人自向被保险人赔偿保险金之日起，在赔偿金额范围内代位行使被保险人对有关责任方请求赔偿的权利，被保险人应当向保险人提供必要的文件和所知道的有关情况。

被保险人已经从有关责任方取得赔偿的，保险人赔偿保险金时，可以相应扣减被保险人已从有关责任方取得的赔偿金额。

保险事故发生后，在保险人未赔偿保险金之前，被保险人放弃对有关责任方请求赔偿权利的，保险人不承担赔偿责任；保险人向被保险人赔偿保险金后，被保险人未经保险人同意放弃对有关责任方请求赔偿权利的，该行为无效；由于被保险人故意或者因重大过失致使保险人不能行使代位请求赔偿的权利的，保险人可以扣减或者要求返还相应的保险金。

本条款明确了代位原则，同时，对代位追偿的相关问题进行了明确：一是保险人获得代位追偿权的起算日、权利行使的范围；二是被保险人的部分义务及违背其义务造成的后果。

在财产保险中，如果保险标的发生保险责任范围内的损失是由于第三者的侵权行为造成的，被保险人即对其拥有请求赔偿的权利。而保险人在按照保险合同的约定给付了保险金之后，即有权取代被保险人的地位，以被保险人或自己的名义向第三者提出索赔，获得被保险人在该损失项下要求责任方补偿的权利。关于代位追偿的具体应用和操作，参见本书第六章“工程保险理赔实务”部分。

（五）被保险人向保险人请求赔偿的诉讼时效期间为二年，自其知道或者应当知道保险事故发生之日起计算。

本条款明确了工程保险的索赔时效和起算点，被保险人请求赔偿金期间的性质是“除斥期间”还是“诉讼时效”一直存在争议，此款将索赔期限性质明确为“诉讼时效”，由此平息了争议，与《民法通则》诉讼时效的规定保持一致，同时适用诉讼时效的中止、中断、延长的规定，这样的规定对被保险人权利的保障更加有利，扩大了被保险人索赔时效的期间。

## 二、物质损失保险部分的赔偿原则

根据保险的补偿原则，保险人在处理保险事故的赔偿过程中应注意掌握的两个原则是：被保险人不可获利原则和赔偿方式由保险人选择原则。针对这两个原则，工程保险条款规定：

对保险标的遭受的损失，保险人可选择以支付赔款或以修复、重置受损项目的方式予以赔偿，对保险标的在修复或替换过程中，被保险人进行的任何变更、性能增加或改进所产生的额外费用，保险人不负责赔偿。

在发生本保险单项下的损失后，保险人按下列方式确定损失金额：

（一）可以修复的部分损失：以将保险财产修复至其基本恢复受损前状态的费用考虑本保险合同第四十六条约定的残值处理方式后确定的赔偿金额为准，但若修复费用等于或超过保险财产损失前的价值时，则按下列第（二）款的规定处理；

（二）全部损失或推定全损：以保险财产损失前的实际价值考虑本保险合同第四十六条约定的残值处理方式后确定的赔偿金额为准。

保险标的发生保险责任范围内的损失，保险人按以下方式计算赔偿：

（一）保险金额等于或高于应保险金额时，按实际损失计算赔偿，最高不超过应保险金额；

（二）保险金额低于应保险金额时，按保险金额与应保险金额的比例乘以实际损失计算赔偿，最高不超过保险金额。

保险赔偿中的被保险人不可获利原则的核心是“恢复原状”，即保险人的赔偿责任是使被保险人恢复到出险前的状况，这种恢复不能使受损标的的状况好于保险事故发生前。为此，保单措辞中对此也进行了明确：对于“任何变更、性能增加或改进”不负责任，同时对于属于正常的保险赔偿以外的“额外费用”进行除外。

但是，对于这个问题的掌握也不应是绝对的，因为有时的确无法完全按照“原状”进行恢复，如同类型的设备已经不生产，此时若坚持按照“原状”，则恢复的费用可能更大；有时是客观上已经不可能按照“原状”进行恢复，在这种情况下只能选择最接近的方案进行。

工程保险条款明确了保险人进行赔偿可以采取的三种方式：支付赔款、修复、重置受损项目及免赔额计算和不足额保险的处理。

（一）支付赔款

支付赔款是根据保险财产受损的情况，核定准确的损失金额，以现金的形式支付给被保险人。这种方式通常是在被保险人不打算修复或者重置受损的保险财产的情况下采用的。

（二）修复

修复是指在保险财产遭到部分损失并可以修复的情况下，保险人支付费用对于保险财产进行修复，这种修复工作可以由被保险人自己进行，也可以委托第三者进行。

（三）重置

重置是指保险财产损失的程度已经达到全部损失或者修复的费用已经超过保险财产原有价值（保险金额）的情况下，保险人支付费用对于保险财产进行重置。

工程保险条款除了对赔偿的三种方式进行明确外，同时，明确了保险人有权对这三种方式进行选择，即赔偿方式的选择权在保险人。

此外，在工程保险管理工程中，应当特别注意的是“保额管理”或“保额不足”问题。尽管从理论上讲工程保险的保险价值是一个变量，但被保险人仍要按照条款中对“保险金额”的有关规定足额投保工程保险。若损失发生时，保险金额低于应保险的金额，保险人对有关损失仅按比例承担赔偿责任。如果保险单内不同的保险项目对应有相应的保险金额，且损失仅限于某些项目，则比例赔偿的方法应仅适用于有关的分项，这样对保险双方均为公平。

比例赔偿的计算方法如下：

保险损失金额 = 实际损失金额 × 某项目保险金额/某项目应投保的金额

关于比例赔偿还需作以下几点说明：

一是在承保时，应要求被保险人提供保险金额分项明细表，这对保险双方都十分重要；

二是如果保险双方约定以工程概算总造价投保，且被保险人认真履行了保险合同规定的有关义务，则不存在比例赔偿的问题；

三是在理赔过程中，若发现其他项目保险金额不足时，应主动提醒被保险人及时调整保险金额，并加缴相应的保险费，以充分保障自己的利益；

四是比例赔偿的规定并不适用于第三者责任保险和保险金额为第一危险方式的有关项目，如清理残骸费用、专业费用等。

保险损失分为部分损失和全部损失。在部分损失的情况下，保险人的责任是支付费用，将保险财产修复到受损前的状态，如果修复中有残值存在，残值应在保险人支付的费用中扣除。

从保险赔偿的角度看，保险财产的全部损失可以分为实际全部损失和推定全部损失。实际全部损失是指保险财产在物理意义上的全部灭失，其作为物质已经不复存在；或者对于被保险人而言相对全部灭失，如保险财产被盗。而推定全部损失是指其在物理意义上并没有全部灭失，但是，保险人从经济的角度进行衡量认定其已经没有价值了，所以，人为认定其已经全部损失。通常的判断标准是修复的费用加上残值已经超过保险金额。在全部损失的情况下，保险人按照保险金额进行赔偿，同时，如果有残值存在，则保险人从支付给被保险人的赔偿金中扣减。

## 三、施救费用的损失核定标准

保险标的的保险金额大于或等于其应保险金额时，被保险人为防止或减少保险标的的损失所支付的必要的、合理的费用，在保险标的损失赔偿金额之外另行计算，最高不超过被施救标的的应保险金额。

保险标的的保险金额小于其应保险金额时，上述费用按被施救标的的保险金额与其应保险金额的比例在保险标的损失赔偿金额之外另行计算，最高不超过被施救标的的保险金额。

被施救的财产中，含有本保险合同未承保财产的，按被施救保险标的的应保险金额与全部被施救财产价值的比例分摊施救费用。

在足额保险的情况下，保险人赔偿给被保险人的施救费用以合理为前提，但不会超过被施救的保险财产的保险金额。如果投保人或被保险人不足额投保，保险人有权按比例分摊原则处理施救费用的赔偿。如果被保险人施救的财产中既有保险财产，又有未投保财产，保险人也将采用比例分摊方法处理施救费用的赔偿。

## 四、保额的减少和恢复

根据保险的对价原则，保险人收取保险费和承担保险责任是对应的。保险人在履行了保险合同项下的赔偿责任之后，保险责任也就相应终止。所以，在保险事故发生之后，一旦保险人按照全部损失进行赔偿后，就应收回保险单，终止保险合同。

在大多数情况下是出现部分损失，在这种情况下，保险人对损失部分的保险标的进行赔偿之后，就终止了对这一部分标的的保险责任。为此，被保险人在保险合同项下的保险金额就相应减少了。但是，在通常情况下尽管发生了部分损失，工程项目仍将继续进行，受到损失的部分将修复，而对于修复部分，保险人由于已经履行了保险责任，对其就不再承担保险责任。此时，如果被保险人希望继续得到充分的保障，就必须对损失修复部分进行保险金额的恢复。工程保险条款对于这一问题进行了明确的规定：

保险标的发生部分损失，保险人履行赔偿义务后，保险合同的保险金额自损失发生之日起按保险人的赔偿金额相应减少，保险人不退还保险金额减少部分的保险费。如投保人请求恢复至原保险金额，应按原约定的保险费率另行支付恢复部分从投保人请求的恢复日期起至保险期间届满之日止按日比例计算的保险费。

从条款的规定可看出，保险人在赔偿损失之后应当出具批单终止对已经赔偿部分的保险责任，即减少保险金额。

如果被保险人要求恢复保险金额的，可以按照约定的费率追加保险费后对保险金额进行恢复。追加部分的保险金额是按照损失或者赔偿的金额计算，而保险期限是按照“恢复之日”起算，而不是从“损失发生之日”起算。这一点被保险人应当予以注意，受损的保险标的的修复工作通常是在损失之后就开始，而在修复过程中同样存在着风险，保险金额（保险责任）的恢复是在保险标的“恢复之日”之后，那么保险人对于在恢复过程中的风险造成的损失不负赔偿责任。为了使被保险人得到充分的保障，应在工程保险的标的发生损失后及时恢复该项标的的保险金额，或在投保之时，在主条款附加“保险金额自动恢复”条款。

## 五、第三者责任保险损失的赔偿

第三者责任保险损失的赔偿不同于物质损失的赔偿，所以，工程保险条款对此作了专门的规定：

保险人对第三者责任的赔偿以下列方式之一确定的被保险人的赔偿责任为基础：

（一）被保险人和向其提出损害赔偿请求的索赔方协商并经保险人确认；

（二）仲裁机构裁决；

（三）人民法院判决；

（四）保险人认可的其他方式。

在保险期间内发生保险责任范围内的损失，保险人按以下方式计算赔偿：

（一）对于每次事故造成的损失，保险人在每次事故责任限额内计算赔偿，其中对每人人身伤亡的赔偿金额不得超过每人人身伤亡责任限额；

（二）1. 在依据本条第（一）项计算的基础上，保险人在扣除本保险合同载明的每次事故免赔额后进行赔偿，但对于人身伤亡的赔偿不扣除每次事故免赔额；

2. 在依据本条第（一）项计算的基础上，保险人在扣除按本保险合同载明的每次事故免赔率计算的每次事故免赔额后进行赔偿，但对于人身伤亡的赔偿不扣除每次事故免赔额；

（三）保险人对多次事故损失的累计赔偿金额不超过本保险合同列明的累计赔偿限额。

对每次事故法律费用的赔偿金额，保险人在第二十五条计算的赔偿金额以外按本保险合同的约定另行计算。

保险人对被保险人给第三者造成的损害，可以依照法律的规定或者本保险合同的约定，直接向该第三者赔偿保险金。

给第三者造成损害，被保险人对第三者应负的赔偿责任确定的，根据被保险人的请求，保险人应当直接向该第三者赔偿保险金。被保险人怠于请求的，第三者有权就其应获赔偿部分直接向保险人请求赔偿保险金。被保险人给第三者造成损害，被保险人未向该第三者赔偿的，保险人不得向被保险人赔偿保险金。

首先，在责任保险中，保险标的是被保险人依法应当承担的责任，所以，责任的认定是关键一环。在责任保险中，保险人均要求对责任的认定拥有绝对的控制权，同时排除被保险人未经保险人同意擅自决定的权利。这是保险人承担保险责任的先决条件，被保险人如果违反这一规定，保险人可以拒绝承担保险责任。

其次，如果保险损失是由第三者造成的，保险人在对被保险人进行了赔偿之后就取得了代位追偿的权利。如果由于被保险人的过失导致保险人丧失了追偿权，或者不能进行有效和充分的追偿，被保险人应当承担相应的后果，保险人则可以相应地扣减保险赔偿金额。

再次，条款规定保险人对被保险人给第三者造成的损害，可以依照法律的规定或者本保险合同的约定，直接向该第三者赔偿保险金。值得注意的是，条款已经从以前的从“保障被保险人利益”向“保护第三者利益”转变，体现了责任保险的第三者利益属性。根据条款的规定，被保险人可以将保险赔偿保险金请求权的转让给予第三者，使第三者可以直接从保险人处获得赔偿；赋予第三者责任保险赔偿保险金代位请求权，以保证第三者能够及时获得赔偿。但是，保险人在对此类案件的实际操作中增加了难度，保险人的注意义务应是形式上的审查义务；保险人尽到形式审查义务之后，第二者如仍终未获得被保险人赔偿的，第三者无权以保险公司违反注意义务为由向保险人主张损害赔偿。

最后，在处理涉及第三者责任的案件过程中，保险人有自行处理的权利，同时要求被保险人对保险人的工作提供必要的支持，并将其作为被保险人的义务。

## 第八节
# 保险人与投保人/被保险人义务

保险合同是经济合同的一种，在经济合同项下合同双方的权利和义务均是对等的，即一方的权利就是另一方的义务；同时，合同一方履行义务是其享有权利的前提条件。为此，工程保险合同中分别列明了保险人和投保人各自的义务，目的是明确和强调合同双方义务。

应当注意的是本节内容与条款中有关效力的呼应，这强化了本节对于保险合同双方义务要求的“刚性”。

### 一、保险人义务

（一）明示告知义务

订立保险合同时，采用保险人提供的格式条款的，保险人向投保人提供的投保单应当附格式条款，保险人应当向投保人说明保险合同的内容。对保险合同中免除保险人责任的条款，保险人在订立合同时应当在投保单、保险单或者批单上作出足以引起投保人注意的提示，并对该条款的内容以书面或者口头形式向投保人作出明确说明；未作提示或者明确说明的，该条款不产生效力。

本条款规定保险人应当对合同条款说明的同时，也规定了保险人提供的投保单中应当附有保险格式条款，投保人以此为基础作出是否投保的决定。保险人对保险条款的明确说明应当是在缔约之前或之时，只有在合同签订之前，保险人通过说明解释的方式让投保人了解合同的内容，才能体现对投保人知情权及选择权的保护。同时，条款隐含着保险人说明义务的范围从“责任免除条款”扩大到“免除保险人责任的条款”。

在工程保险条款中强化保险人对条款解释说明的“告知义务”，原因是保险条款是由专业人士拟定，内容比较复杂，有大量的专业术语，一般人对保险合同的内容，尤其是专业性、技术性条款难以准确理解，保险人作为合同的起草者应当对投保人或被保险人做出解释说明，充分保护投保人或被保险人的知情权及选择权。特别是对于免除保险人责任的条款，保险人除了应当尽到明确说明义务外，还规定了保险人应当在投保单、保单、或者其他保险凭证上做出足以引起投保人注意的提示的义务。

保险人在其制作的投保申请书上的“投保人声明栏目”中一般均有“本保单相应条款被保险人已阅，保险人已对全部条款明确说明，特别是责任免除于被保险人义务部分，本人已悉知其含义，同意投保”之描述。保险人通常在接受投保时，要求投保人的代表在工程保险投保申请书上亲笔签名、加盖公章，以证明其已经尽到说明义务。有的时候，保险人也可采用其他方式明示自己已经尽到了告知义务。

（二）及时签发保单义务

本保险合同成立后，保险人应当及时向投保人签发保险单或批单。

保险单是保险合同凭证之一，签发保险单是保险人履行合同义务的行为。

由于合同的非要式性，有些人认为保单签发是工程保险合同成立的时点和标志，认为保险单的签发意味着核保的通过，保险人对投保人的要约做出了承诺。没有签发保险单，如何证明保险人已经同意承保；没有保险单，被保险人向保险人索赔的依据何在？实际上，投保人有投保意愿，保险人的代表人做出了同意承保的意思表示，无论是口头，还是书面，保险合同即成立。而对于合同条款双方是否协商并且是否达成协议则不重要，保险人可充分行使法律赋予保险人的权利，对于在合同订立时双方权利、义务并未完全明确的情况下，为保障保险人的权益，可对合同附加生效条件，约定合同自该条件成就时始发生效力，自合同生效，保险人开始承担保险责任。

（三）弃权与禁止反言

保险人依据条款所取得的保险合同解除权，自保险人知道有解除事由之日起，超过三十日不行使而消灭。自保险合同成立之日起超过二年的，保险人不得解除合同；发生保险事故的，保险人承担赔偿责任。

保险人在合同订立时已经知道投保人未如实告知的情况的，保险人不得解除合同；发生保险事故的，保险人应当承担赔偿责任。

本条款对保险人的合同解除权作了适当限制。保险人在合同订立时已经知道投保人未如实告知的情况的，保险人不得解除合同；发生保险事故的，保险人应当承担赔偿责任。因此，保险人承保时，需要了解投保人的有关情况，以确认承保风险，进而决定是否承保及保险费率条件。

“弃权与禁止反言”原则主要是约束保险人，但往往涉及保险人、保险中介和投保人三者之间的关系。但保险人应注意：有的保险代理人为谋取佣金收入，对保险标的或投保人的声明事项不严格审核甚至代填投保单，因此，一旦保险合同生效，即使保险人发现被保险人不符合保险条件，也不能以不实告知主张保险合同解除并不承担保险责任。保险人只能加强保险代理人管理，要求其诚信规范展业，同时提高核保人的业务技能，严格审核投保人提交的投保申请书。

（四）及时理赔的义务

保险人按照保险条款的约定，认为被保险人提供的有关索赔的证明和资料不完整的，应当及时一次性通知投保人、被保险人补充提供。

保险人收到被保险人的赔偿保险金的请求后，应当及时作出是否属于保险责任的核定；情形复杂的，应当在三十日内作出核定，但保险合同另有约定的除外。

保险人应当将核定结果通知被保险人；对属于保险责任的，在与被保险人达成赔偿保险金的协议后十日内，履行赔偿保险金义务。保险合同对赔偿保险金的期限有约定的，保险人应当按照约定履行赔偿保险金的义务。保险人依照前款约定作出核定后，对不属于保险责任的，应当自作出核定之日起三日内向被保险人发出拒绝赔偿保险金通知书，并说明理由。

保险人自收到赔偿保险金的请求和有关证明、资料之日起六十日内，对其赔偿保险金的数额不能确定的，应当根据已有证明和资料可以确定的数额先予支付；保险人最终确定赔偿的数额后，应当支付相应的差额。

本条款明确和规范了保险理赔的程序、时限要求，约束保险人要求被保险人补充索赔材料的行为，保险人认为被保险人等提供的有关索赔请求的证明和材料不完整的，应当“及时一次性书面”通知被保险人等补充提供，以避免保险人以此为由拖延理赔。本规定使被保险人的利益得到更好的保护，对于保险人则提出了更高的要求。

条款规定对不属于保险责任的，要求保险人说明拒赔理由，增加了保险人对拒赔案件的说明义务。保险人需要注意是在没有合同约定的情况下，尽量加快核赔的时间，遵守法律的规定；对于所承保的大型工程项目，如果预估到将来核赔可能需要较长的时间，那么可以在签订合同时在合同中约定核赔的时间，从而排除法律关于“及时”与“30 日”的规定，争取更多的理赔时间。

## 二、投保人/被保险人义务

（一）诚信义务

本条款规定：订立保险合同，保险人就保险标的或者被保险人的有关情况提出询问的，投保人应当如实告知。

投保人故意或者因重大过失未履行前款规定的如实告知义务，足以影响保险人决定是否同意承保或者提高保险费率的，保险人有权解除保险合同。

投保人故意不履行如实告知义务的，保险人对于合同解除前发生的保险事故，不承担赔偿责任，并不退还保险费。

投保人因重大过失未履行如实告知义务，对保险事故的发生有严重影响的，保险人对于合同解除前发生的保险事故，不承担赔偿责任，但应当退还保险费。

由于保险合同不同于其他经济合同，对当事人诚信要求程度远比一般的民事活动要求严格，要求当事人遵循“最大诚信”原则，其含义是指当事人应向对方充分而且准确地告知有关保险的所有重要事实。

关于告知的程度问题有两种类型：一种是“充分告知”，即承担告知义务的一方应将其知道的所有关于保险的情况主动告知对方；另一种是“有限告知”，即当事人一方只需针对对方提出的问题进行如实告知即可。我国《保险法》和本条款均采用了“有限告知”的原则，即“有问有答，不问不答”，被保险人只要针对保险人的投保单提出的问题进行了如实的回答，即履行了保险单项下的被保险人的告知义务。

对于被保险人未履行告知义务的后果，我国《保险法》第十六条作了明确的规定：“投保人故意或者因重大过失未履行前款规定的如实告知义务，足以影响保险人决定是否同意承保或者提高保险费率的，保险人有权解除合同。”

投保人故意不履行如实告知义务的，保险人对于合同解除前发生的保险事故，不承担赔偿或者给付保险金的责任，并不退还保险费。

投保人因重大过失未履行如实告知义务，对保险事故的发生有严重影响的，保险人对于合同解除前发生的保险事故，不承担赔偿或者给付保险金的责任，但应当退还保险费。

保险人在合同订立时已经知道投保人未如实告知的情况的，保险人不得解除合同；发生保险事故的，保险人应当承担赔偿或者给付保险金的责任。如保险人未尽审慎义务就同意承保，在合同生效前又发现保险标的不符合承保条件，缔约过失责任由保险人承担。”

（二）缴付保险费的义务

条款规定：投保人应按约定缴付保险费。

约定一次性缴付保险费的，投保人在约定交费日后缴付保险费的，保险人对缴费之前发生的保险事故不承担保险责任。

约定分期缴付保险费的，保险人按照保险事故发生前保险人实际收取保险费总额与投保人应当缴付的保险费的比例承担保险责任，投保人应当缴付的保险费是指截至保险事故发生时投保人按约定分期应该缴纳的保费总额。

经济合同的重要特征之一是合同的对价关系，在保险合同关系中，被保险人缴纳保险费与保险人承担保险责任形成一种对价关系，所以被保险人缴纳保险费是保险人承担保险责任的前提条件。

保险费的支付方式有两种：一种是“一次性付清保险费”，在这种情况下应明确保险费应于确定的日期之前支付；另一种是“分期支付保险费”，则应明确每一期保险费支付的具体时间。有的时候，保险人会对工程保险合同附加“生效条件”，特别是在保险费缴纳与保险责任承担等重要事项上作出约定，将保险费的按时缴纳作为保险人履行保险责任的前提条件。这种“生效条件”的安排，应当引起投保人的高度注意；同时，保险人也有义务在被保险人没有按期缴纳保险费的情况下，进行必要的催缴。

（三）防灾防损义务

条款规定：被保险人应当遵守国家有关消防、安全、生产操作等方面的相关法律、法规及规定，谨慎选用施工人员，遵守一切与施工有关的法规、技术规程和安全操作规程，维护保险标的的安全。

条款又规定：保险人及其代表有权在适当的时候对保险标的的风险情况进行现场查验。被保险人应提供一切便利及保险人要求的用以评估有关风险的详情和资料，但上述查验并不构成保险人对被保险人的任何承诺。保险人向投保人、被保险人提出消除不安全因素和隐患的书面建议，投保人、被保险人应该认真付诸实施。

投保人、被保险人未按照约定履行其对保险标的的安全应尽责任的，保险人有权要求增加保险费或者解除合同。

保险合同承担了被保险人因发生自然灾害和意外事故可能遭受损失的经济赔偿责任，但是它并未免除被保险人应防止灾害发生这一不可推卸的责任，法律也不会无视或容许被保险人一方面违反有关消防、安全、生产操作和劳动保护的规定，一方面又获取保险赔偿金的行为。因此，被保险人必须恪尽职守，按照国家的有关规定，积极采取科学的管理方法和合理的防损措施，包括采纳保险人代表提出的合理的防损建议，以尽可能避免灾害事故的发生。此外，保险人对大型工程应经常派员前往查勘，主动协助被保险人做好施工管理和防损工作，而被保险人因采取防损措施所产生的费用应当由其自行承担。

我国《保险法》第五十一条对于被保险人履行防灾防损义务和未按照约定履行的后果也作了明确的规定。

（四）通知义务

关于投保人和被保险人的通知义务，工程保险条款有两条重要的规定：

1. 若工程保险的保险标的的转让及工程变更，被保险人应通知保险人。

（1）保险标的转让的，被保险人或者受让人应当及时通知保险人。因保险标的转让导致危险程度显著增加的，保险人自收到前款规定的通知之日起三十日内，可以按照合同约定增加保险费或者解除合同。保险人解除合同的，应当将已收取的保险费，按照合同约定扣除自保险责任开始之日起至合同解除之日止应收的部分后，退还投保人。

被保险人、受让人未履行本条规定的通知义务的，因转让导致保险标的危险程度显著增加而发生的保险事故，保险人不承担赔偿责任。

（2）在保险期间内，被保险人在工程设计、施工方式、工艺、技术手段等方面发生改变致使保险工程风险程度显著增加或其他足以影响保险人决定是否继续承保或是否增加保险费的保险合同重要事项变更，被保险人应及时书面通知保险人，保险人有权要求增加保险费或者解除合同。保险人解除合同的，应当将已收取的保险费，按照合同约定扣除自保险责任开始之日起至合同解除之日止应收的部分后，退还投保人。

被保险人未履行通知义务，因上述保险合同重要事项变更而导致保险事故发生的，保险人不承担赔偿责任。

1. 关于保险财产的转让问题，我们可以从三个层次理解。

（1）保险标的转让之后，由标的的受让人承继被保险人的权利义务，当发生保险事故时，受让人作为标的的所有权人有权要求保险公司赔偿。

（2）标的转让的，原所有权人应当通知保险人，但是没有通知的，保险人并不能因此而拒赔，只有当保险人有证据证明标的的转让会导致危险程度增加的，方可依据保险合同的约定要求增加保费或者解除合同。

（3）对于在保险事故发生时，原所有权人对标的转让未通知保险人的，如果保险人有证据证明该事故的发生是由于标的转让危险程度增加而导致的，保险人可以不承担责任。

同样的保险标的掌握在不同的人手中，其危险程度可能有很大的不同。保险人的承保风险会因保险标的转让而发生变化，对保险人确定是否承保、拟定费率及履行保险合同的主要义务产生重大影响，保险人有权利，也有义务根据新的合同对原来确定的保险条件，确定是否承保、增加费率条件。

2. 从工程保险诉讼案件的实际情况看：

（1）保险人如果能够证明保险标的转让致使危险程度显著增加的，那么，法律赋予了保险人可依据保险合同的约定增加保费或者解除合同的权利。

（2）即使投保人对于保险标的的转让没有通知保险人，只要保险人无法证明标的转让导致危险程度增加，那么在事故发生后，保险人就必须承担保险赔偿责任。

（3）条款增加了保险人对于标的转让而导致危险程度增加的举证责任。如果保险人无法证明转让导致危险增加，则拒赔存在一定风险。但何谓"危险程度增加"，目前没有明确的标准和规定，因此，保险人举证可能面临较大的困难。

就工程保险而言，基本不可能存在保险标的的权益转让问题，除非工程合同的某一当事人不履行承诺。工程条款对被保险人提出要求："若工程设计、施工方式、工艺、技术手段等方面发生改变，应及时向保险人报告情况。"因为，这种变化有可能导致保险人对工程的承保风险扩大，所以，条款强调被保险人对保险标的的风险增加应承担的通知义务。

我国《保险法》第五十二条规定："在保险合同有效期内，若保险标的的危险程度增加，保险人有权加收保险费或终止保险合同，但若被保险人未履行通知义务时，因此项危险增加而引起的保险事故，保险人不承担赔偿责任。"

2. 若保险工程发生事故，被保险人应及时将损失情况通知保险人。

条款规定：投保人、被保险人知道保险事故发生后，被保险人应该：

（1）尽力采取必要、合理的措施，防止或减少损失，否则，对因此扩大的损失，保险人不承担赔偿责任；

(2) 立即通知保险人，并书面说明事故发生的原因、经过和损失情况；故意或者因重大过失未及时通知，致使保险事故的性质、原因、损失程度等难以确定的，保险人对无法确定的部分，不承担赔偿责任，但保险人通过其他途径已经及时知道或者应当及时知道保险事故发生的除外；

(3) 保护事故现场，允许并且协助保险人进行事故调查，对于拒绝或者妨碍保险人进行事故调查导致无法认定事故原因或核实损失情况的，保险人对无法核实的部分不承担赔偿责任；

(4) 在保险财产遭受盗窃或恶意破坏时，立即向公安部门报案；

(5) 在预知可能引起第三者责任险项下的诉讼时，立即以书面形式通知保险人，并在接到法院传票或其他法律文件后，立即将其送交保险人。

本条款明确规定被保险人故意或者因重大过失未履行该义务所造成的法律后果；同时规定保险人仅对无法确定的部分不承担赔偿或者给付保险金的责任，明确了保险人拒赔的范围（仅无法确定部分的损失），一定程度上免除了被保险人的通知义务，增加保险人自觉主动进入理赔查勘程序的义务。

保险人及时知道损失事故的发生是非常重要的：一是使保险人得以迅速展开对事故的调查，掌握事故发生的原因以及损害的真实情况，不至于因调查的迟延而丧失证据，影响保险责任和损失程度的确定；二是使保险人能够及时指导和协助被保险人开展施救行动，防止损失进一步扩大；三是如果存在潜在第三者责任的索赔，保险双方可以尽早协商及采取对策，将损失控制在最小的范围内；四是使保险人有准备保险赔偿金的充分时间。如果因被保险人延误通知而使保险人无法查明原始损失情况，或造成进一步的损失，保险人有权拒绝赔偿或仅与被保险人按比例分担责任。因此，本条特别强调被保险人在损失发生后要立即通知保险人，并要求其尽快提供书面的事故报告。我国《保险法》也有相应的规定。

（五）提交索赔资料义务

本条款对被保险人提交的索赔资料进行了说明：被保险人向保险人请求赔偿时，应向保险人提交保险单、索赔申请、财产损失清单、有关部门的损失证明以及其他投保人、被保险人所能提供的与确认保险事故的性质、原因、损失程度等有关的证明和资料。

投保人、被保险人未履行前款约定的索赔材料提供义务，导致保险人无法核实损失情况的，保险人对无法核实的部分不承担赔偿责任。

条款对被保险人提交索赔资料作出明确约定，并对被保险人未履行相关义务的后果处理作出规定。在保险事故发生之后，为了便于保险人确认保险事故的性质、原因、损失程度和其他足以影响保险责任之成立或大小的事实，被保险人应在行使保险金请求权的同时，向保险人提供必要的与确定保险事故的性质、原因和损失程度有关的索赔证据和文件。

应强调指出的是，对损失的举证是被保险人不可推卸的责任。当保险人对损失的原因或程度存有疑问时，或保险人认为被保险人所提供的证据和资料不够完整时，被保险人必须充分予以配合，根据保险人的要求准备和提供进一步的证据和资料。

（六）缺陷纠正义务

条款规定：若在某一保险财产中发现的缺陷表明或预示类似缺陷亦存在于其他保险财产中时，被保险人应立即自付费用进行调查并纠正该缺陷。否则，由该缺陷或类似缺陷造成的损失，保险人不承担赔偿责任。

这一条的用意在于，强调发现缺陷后被保险人一定要及时予以纠正，且自负一切费用。否则，保险人不仅对有缺陷标的本身的损失不负责赔偿，而且对因此类缺陷所引起的其他完好标的的损失也不予赔偿。这项义务是工程保险特有的，应予以特别注意。

## 第九节 其他事项

### 一、保险合同的争议处理

工程保险条款对保险人与被保险人之间就保险合同的争议处理作了明确的阐述：

因履行本保险合同发生的争议，由当事人协商解决。协商不成的，提交保险单载明的仲裁机构仲裁；保险单未载明仲裁机构且争议发生后未达成仲裁协议的，依法向人民法院起诉。

与本保险合同有关的以及履行本保险合同产生的一切争议，适用中华人民共和国法律（不包括港澳台地区法律）。

保险双方发生争议是难以避免的，所以保险合同对争议的处理必须作出相应的规定。本款明确指出，当发生争议时，双方首先应进行友好协商，这是我

国处理经济纠纷时的基本原则。只有在友好协商无法解决时，才采取仲裁或诉讼方法。工程保险条款规定仲裁在事先约定的地方和机构进行，若双方未约定仲裁机构或争议后未达成仲裁协议，才向我国法院起诉，起诉的管辖通常是采用“原告就被告”原则。

## 二、保险合同的解除

工程保险条款对合同双方在保险责任开始前后申请解除保险合同作了明确规定：

1. 保险标的发生部分损失的，自保险人赔偿之日起三十日内，投保人可以解除合同；除合同另有约定外，保险人也可以解除合同，但应当提前十五日通知投保人。

保险合同依据前款规定解除的，保险人应当将保险标的未受损失部分的保险费，按照合同约定扣除自保险责任开始之日起至合同解除之日止应收的部分后，退还投保人。

2. 保险责任开始前，投保人要求解除保险合同的，应当按本保险合同的约定向保险人支付手续费，保险人应当退还保险费。保险人要求解除保险合同的，不得向投保人收取手续费并应退还已收取的保险费。

保险责任开始后，投保人要求解除保险合同的，自通知保险人之日起，保险合同解除，保险人按照保险责任开始之日起至合同解除之日止期间与保险期间的日比例计收保险费，并退还剩余部分保险费；保险人要求解除保险合同的，应提前十五日向投保人发出解约通知书，保险人按照保险责任开始之日起至合同解除之日止期间与保险期间的日比例计收保险费，并退还剩余部分保险费。

3. 保险标的发生全部损失，属于保险责任的，保险人在履行赔偿义务后，本保险合同终止；不属于保险责任的，本保险合同终止，保险人按照保险责任开始之日起至合同解除之日止期间与保险期间的日比例计收保险费，并退还剩余部分保险费。

在一般情况下，保险人不主张解除工程保险合同，但是，本条款给予保险合同双方解除保险合同的权力。保险人与被保险人双方都有权注销保险单，所不同的是保险人若注销保险单，必须提前十五天通知被保险人，以便被保险人有足够的时间另行安排保险。无论是保险单注销还是保险单终止，保险人都应出具批单并收回保险单。工程保险条款对合同当事人申请解除合同的权利及保险人退还保险费作了具体规定，保险人在不同情形下退还保险费的计算方法不同。

# 第十节
# 我国工程保险条款与国际通用条款的比较

我国目前使用的工程保险条款与国际保险市场通用的工程保险条款相比，核心内容基本没有差异，如保险单的引言、总除外责任、物质损失保险、第三者责任保险、保险期间、保险金额、赔偿处理、被保险人义务等基本相同。但是，在措辞上有些部分的差异比较大。现以慕尼黑再保险公司最新的标准条款为例，从以下几个方面进行对比分析。

## 一、条款结构

（一）国际市场通用的保险条款结构

国际市场通用的保险条款结构如图 3－8 所示。

<table>
<tr><td colspan="4">引　言</td></tr>
<tr><td colspan="4">总除外责任</td></tr>
<tr><td colspan="4">保险期限</td></tr>
<tr><td colspan="2">第一部分：物质损失</td><td colspan="2">第二部分：第三者责任</td></tr>
<tr><td colspan="2">除外责任</td><td colspan="2">除外责任</td></tr>
<tr><td colspan="2">赔偿处理</td><td colspan="2">赔偿处理</td></tr>
<tr><td>总则</td><td colspan="3">适用于保险合同各个部分，包括合同统一性、保险合同效力</td></tr>
<tr><td>批单</td><td colspan="3">附加条款、特别约定</td></tr>
<tr><td>扩展责任条款</td><td>保证条款</td><td>分项限额</td><td>特别除外责任</td></tr>
</table>

图 3－8　国际市场通用的保险条款结构

（二）我国保险市场上通用的保险条款结构

我国保险市场上通用的保险条款结构如图3－9所示。

| 总　则 | |
|---|---|
| 第一部分：物质损失 | 标的、责任及责任免除、保额及免赔额、赔偿处理 |
| 第二部分：第三者责任 | 责任及责任免除、限额及免赔额、赔偿处理 |
| 第三部分：通用条款 | 责任免除、保险期间、保险人及被保险人义务、赔偿处理、争议处理、其他事项 |
| 保险合同释义 | 自然灾害、意外事故、应保险金额等 |
| 附加条款及批单 | |

图3－9　我国保险市场上通用的保险条款结构

## 二、被保险人及其保险利益

按我国《保险法》第四十八条的要求，我国现行的工程保险条款规定：保险事故发生时，被保险人对保险标的不具有保险利益的，不得向保险人请求赔偿保险金。条款明确保险利益的主体为被保险人，保险利益享有的时点为保险事故发生之时。

国际保险市场通用的条款，以慕尼黑再保险公司的工程保险条款为例（下同），该条款仅仅隐含着保险利益而已，没有明确说明，如文中所描述：

Insured party (ies), an individual, firm, company, corporation or joint venture specified as being insured in this policy of insurance… has submit a proposal to the insurer requesting insurance cover to be provided under one or more sections of this policy of insurance and the proposal has been accepted by the insurer.

(in some cases, sub－contractor receive benefit of the insurance, receive the indemnity only to the extent required by the contract conditions)

Subject to the insured having paid the agreed premium to the insurer and subject to the terms, provisions, conditions, warranties and exclusions …, the insurer shall indemnify the insured in the manner and to the extent …

以上条文强调，任何个体公司、公司、集团公司或联营公司均可成为被保险人，并在保险单的其中某一部分载明。被保险人将向保险人提出投保申请。

有的合同规定，工程承包人、分包人的可保利益以工程合同条件的规定为限。

条款同时规定被保险人缴付保险费的义务，并以被保险人已经缴付或同意按期缴付保险单明细表中列明的保险费作为保险人承担赔偿责任的前提条件。

## 三、保险标的

我国现行的工程保险条款对保险标的分三个部分进行描述。

1. 保险标的为保单明细表中列明的在列明工地范围内的与实施工程合同相关的财产或费用。

2. 可特约保险标的为：（1）施工用机具、设备、机械装置；（2）在保险工程开始以前已经存在或形成的位于工地范围内或其周围的属于被保险人的财产；（3）在保险合同保险期间终止前，已经投入商业运行或业主已经接受、实际占有的财产或其中的任何一部分财产，或已经签发工程竣工证书或工程承包人已经正式提出申请验收并经业主代表验收合格的财产或其中任何一部分财产；（4）清除残骸费用。该费用指发生保险事故后，被保险人为修复保险标的而清理施工现场所发生的必要、合理的费用。

3. 不可保标的为：（1）文件、账册、图表、技术资料、计算机软件、计算机数据资料等无法鉴定价值的财产；（2）便携式通讯装置、便携式计算机设备、便携式照相摄像器材以及其他便携式装置、设备；（3）土地、海床、矿藏、水资源、动物、植物、农作物；（4）领有公共运输行驶执照的，或已由其他保险予以保障的车辆、船舶、航空器；（5）违章建筑、危险建筑、非法占用的财产。

慕尼黑再保险公司的条款规定：property insured means the property insured as specified in the schedules of this policy of insurance，即“保险标的为保险单明细表所列明保险财产”。

同时规定：Property insured is the permanent and temporary works and any part thereof constructed, erected or tested in the performance of the insured contract specified in the schedule including any Free issue material which is to be incorporated therein. 即“保险财产的范围为永久工程和临时工程，以及为履行保险单承保的工程合同而进行施工的任何一部分建筑、安装、调试工程，包括用于工程的由业主提供的物料及其他免费物料”。

## 四、保险责任

我国的工程保险条款分别对物质损失保险和第三者责任保险两个部分的责任范围进行规定。其中，第三者责任保险部分，中外条款除措辞稍有不同之外，内容基本一样。现仅对物质损失保险部分的保险责任对比如下：

（一）基本责任

根据中国的国情及人们的思维习惯，我国使用的建筑工程一切险和安装工程一切险条款都列明了责任范围，并在条款的释义部分对自然灾害和意外事故作出解释。

1. 在保险期间内，保险合同分项列明的保险财产在列明的工地范围内，因本保险合同责任免除以外的任何自然灾害或意外事故造成的物质损坏或灭失（以下简称“损失”），保险人按保险合同的约定负责赔偿。

2. 在保险期间内，由于上述保险责任事故发生造成保险标的的损失所产生的以下费用，保险人也按保险合同的约定负责赔偿：

（1）保险事故发生后，被保险人为防止或减少保险标的的损失所支付的必要的、合理的费用。

（2）对经保险合同列明的因发生上述损失所产生的其他有关费用。

慕尼黑再保险公司的条款没有保险责任的规定，只对工程保险总的除外责任及物质损失保险、第三者责任保险分别列明除外责任。该条款物质损失保险部分的引言中隐含着保险人的责任，比如条款规定：The insurer shall indemnify the insured for any sudden physical loss of or damage to the property Insured which the insured could not reasonably have foreseen and occurs within the territorial limits at any time during the periods of insurance specified in the schedule due to any cause not specifically excluded and which results in property insured needing to be repaired or replaced .

其大意是：在保险期限内，若保险单明细表所列明的保险财产在规定的地域范围内，因保险单特别除外责任以外的任何原因而遭受被保险人无法合理预见的突发的有形的损失或损坏，引起保险财产必需的修理或重置，保险人对被保险人承担赔偿责任（赔偿方式由保险人自行选择）。

条款对保险人的最大赔偿责任规定：Indemnity shall not exceed the specified sum insured or limit of indemnity.

保险人对每一保险项目的赔偿责任均不得超过保险单明细表对应列明的分

项保险金额，对任何保险事故的赔偿也不得超过其适用的赔偿限额，而且，保险人的最高赔偿总额不得超过保险单明细表中列明的总保险金额。

（二）扩展责任

慕尼黑再保险公司的条款将以上保险责任暗示为基本责任，以下扩展责任条款经约定并在保险单中列明，也构成保险单的组成部分：

1. 属于被保险人或由被保险人控制或照管的财产。

The insurer shall indemnify the insured up to the sum insured specified in the schedule in respect of physical loss of damage to the property other than the property insured belonging to or held in the care, custody or control of the insured which the insured could not reasonably have foreseen and which is caused by or arises out of the execution of the insured contract (s) .

2. 专业费用。

The insurer shall indemnify the insured in respect of professional fees and related costs necessarily incurred to rectify loss of or damage to property insured but not for preparing claims. The amount payable for such fees shall not exceed that authorized under the scales of the respective institutions or bodies regulating such charges or the sum insured specified.

3. 图纸、文件及数据。

The insurer shall indemnify the insured up to the sum insured specified in the schedule in respect of the costs and expenses necessarily incurred to reproduce plans, drawings, contract and account documents and data lost or damaged but not in respect of the value of the information contained therein.

4. 清理残骸。

The insurer shall indemnify the insured up to the sum insured specified in the schedule in respect of cost or expenses necessarily incurred to remove and dispose of debris, to dismantle, demolish, shore or prop up property insured in any circumstances giving rise to indemnifiable loss or damage under this section of the policy of insurance.

5. 加速修理费用。

The insurer shall indemnify the insured up to limit of indemnity specified in the schedule in respect of reasonable extra costs for overtime, night – work, work on public holidays, express freight (except airfreight) incurred to rectify loss of or damage to the property insured.

6. 工地外储存。

The insurer shall indemnify the insured up to limit of indemnity specified in the schedule for loss of or damage to property insured whilst in off – site storage within the territorial limits.

7. 内陆运输。

The insurer shall indemnify the insured up to limit of indemnity specified in the schedule for loss of or damage to property insured whilst in transit within the territorial limits including unloading at the site.

This cover shall not extend to loss of or damage to property insured whilst in transit by sea or by air.

我国使用的条款也可以约定扩展以上责任，详细内容可参见本书第四章“附加条款解释及运用”。

就保险责任而言，我国使用的工程保险条款和国外使用的工程保险没有太大区别，其本质上，都是“一切险”条款。

## 五、除外责任

我国的工程保险条款分别从物质损失、第三者责任及整个保险合同三个部分描述责任免除。

（一）物质损失保险部分

我国现行的工程保险条款规定，对下列原因造成的损失、费用，保险人不负责赔偿：

1. 设计错误引起的损失和费用；

2. 自然磨损、内在或潜在缺陷、物质本身变化、自燃、自热、氧化、锈蚀、渗漏、鼠咬、虫蛀、大气（气候或气温）变化、正常水位变化或其他渐变原因造成的保险财产自身的损失和费用；

3. 因原材料缺陷或工艺不善引起的保险财产本身的损失以及为换置、修理或矫正这些缺点错误所支付的费用；

4. 非外力引起的机械或电气装置的本身损失，或施工用机具、设备、机械装置失灵造成的本身损失。

工程保险条款还规定，对下列损失、费用，保险人也不负责赔偿：

1. 维修保养或正常检修的费用；

2. 档案、文件、账簿、票据、现金、各种有价证券、图表资料及包装物料的损失；

3. 盘点时发现的短缺；

4. 领有公共运输行驶执照的，或已由其他保险予以保障的车辆、船舶和飞机的损失；

5. 除非另有约定，在保险工程开始以前已经存在或形成的位于工地范围内或其周围的属于被保险人的财产的损失；

6. 除非另有约定，在保险合同保险期间终止以前，保险财产中已由工程所有人签发完工验收证书或验收合格或实际占有或使用或接收部分的损失。

慕尼黑再保险公司条款的除外责任为：The following shall be excluded from the cover provided by this section of the policy of insurance.

1. any costs rendered necessary to replace, repair or rectify property insured which is defective as a result of any fault, defect, error or omission in design, plan, specification, material or workmanship, should any part of property insured containing any such defect become lost or damaged the costs excluded are those which the insured would have incurred to replace, repair, rectify the original defect if such defect had been discovered before the occurrence of loss or damage;

2. loss or damage resulting from wear and tear, corrosion, oxidation or deterioration of property insured, but this exclusion shall be limited to the parts immediately affected and shall not extend to liability for loss of or damage to parts of the property insured lost or damaged as a consequence thereof;

3. loss of or damage to bills, currency stamps, deeds, evidence of debt, notes, securities , or cheques;

4. loss or disappearance which is discovered only at the time of taking an inventory or which is not traceable to a specific occurrence otherwise indemnifiable under this insurance.

5. loss or damage resulting from use or operation of property insured occurring after expiry of its testing period, but this exclusion shall be limited to the parts immediately affected and shall not extend to liability for loss of or damage to other parts of the property insured as a consequence thereof;

6. loss of or damage to property insured or any part thereof 1) which has been taken into use or operation by the employer, or 2) for which a taking – over certificate has been issued or is deemed to have been issued , unless such loss or damage occurred during the defects liability period specified in the schedule and (1) was

caused by an insured contractor in the course of any operations carried out by him for the purpose of complying with his obligations under the defects liability provisions of the insured contract (s) or (2) was caused on the site during the construction and erection period or during the testing period;

7. loss of or damage to any part of the property insured which has previously been in use or operation and occurring after the commencement of testing period of any such property;

8. consequential loss .

除上述第 8 条除外责任“后果损失”在我国使用的条款中第三部分列明之外，慕尼黑再保险公司的条款与我国的条款在物质损失保险中列明的除外责任条文意思是一致的。但是，慕尼黑再保险公司的条款更加严谨，更加详细，更加明确。

（二）第三者责任保险部分

我国现行的工程保险条款规定，对下列原因造成的损失、费用，保险人不负责赔偿：

1. 由于震动、移动或减弱支撑而造成的任何财产、土地、建筑物的损失及由此造成的任何人身伤害和物质损失；

2. 领有公共运输行驶执照的车辆、船舶、航空器造成的事故。

工程保险条款还规定，对下列损失、费用，保险人也不负责赔偿：

1. 保险合同物质损失项下或本应在该项下予以负责的损失及各种费用；

2. 工程所有人、承包人或其他关系方或其所雇用的在工地现场从事与工程有关工作的职员、工人及上述人员的家庭成员的人身伤亡或疾病；

3. 工程所有人、承包人或其他关系方或其所雇用的职员、工人所有的或由上述人员所照管、控制的财产发生的损失；

4. 被保险人应该承担的合同责任，但无合同存在时仍然应由被保险人承担的法律责任不在此限。

慕尼黑再保险公司条款对第三者责任作如下约定：the following shall be excluded from the cover by this insurance:

1. any liability resulting from any loss or damage to any property or land or building caused by vibration or by removal or weakening of any support;

2. any liability resulting from ownership or possession of or use by or on behalf of the insured of any waterborne vessel or aircraft or vehicle licensed for general road use other than when being used as a tool or trade on site;

3. any liability resulting from death of , bodily injury to or illness of employees or workmen of the insured;

4. any liability resulting from loss of or damage to property held in the care, custody or control by an insured party or any property on which an insured party is working;

5. any liability resulting from any contract or any agreement entered into by insured to pay any sum by way of indemnification or otherwise unless such liability would also have attached in the absence of such agreement;

6. any liability resulting from pollution or contamination other than that caused by a sudden identifiable unintended and unexpected accident (unless excluded by the exclusions applicable to all sections of this policy) which takes place in its entirety at a specific time and place;

7. any fines, penalties, liquidated damages, or damages for breach or non - performance of contract;

8. any liability for occurrence which is inevitable having regard to the circumstances and nature of the work undertaken;

9. any liability arising during the defects liability period specified in the schedule to section 1 other than that which arises solely out of an insured contractor's operations carried out for the purpose of complying with his obligations under the defects liability provisions of an insured contract.

上述条款中第6条和第7条规定的内容分别与我国工程保险条款的第三部分通用条款中规定的大气污染、土地污染、水污染及其他各种污染和罚金、延误、丧失合同及其他后果损失相一致；除外风险比我国的条款多两条，即第8条和第9条；第1、2、3、4和5条内容与我国条款中适用于第三者责任保险部分的责任免除相同。

（三）适用于整个保险合同部分

我国现行的工程保险条款第三部分通用条款规定，对下列原因造成的损失、费用，保险人不负责赔偿：

1. 战争、类似战争行为、敌对行为、武装冲突、恐怖活动、谋反、政变；

2. 行政行为或司法行为；

3. 罢工、暴动、民众骚乱；

4. 被保险人及其代表的故意行为或重大过失行为；

5. 核裂变、核聚变、核武器、核材料、核辐射、核爆炸、核污染及其他放射性污染；

6. 大气污染、土地污染、水污染及其他各种污染。

工程保险条款还规定，对下列损失、费用，保险人也不负责赔偿：

1. 工程部分停工或全部停工引起的任何损失、费用和责任；

2. 罚金、延误、丧失合同及其他后果损失；

3. 保险合同中载明的免赔额或按保险合同中载明的免赔率计算的免赔额。

慕尼黑再保险公司的条款在适用于保险单各个部分的除外责任中规定：

Unless otherwise stated in any section of this policy of insurance, the insurer shall not indemnify the insured in respect of any loss, damage or liability resulting from or aggravated by:

1. war, invasion, act of foreign enemy, hostilities (whether war be declared or not), civil war, rebellion, revolution, insurrection, mutiny, conspiracy, riot, strike, look - out, civil commotion, military or usurped power, confiscation, nationalization, commandeering, requisition or destruction or damage by or under the order of any government, de jure or de facto or by any public or local authority;

2. the act of any person or persons acting on behalf of or in connection with any organization with activities directed towards the overthrowing or influencing of any government de jure or de facto by force or violence;

3. ionizing radiation or radioactive contamination from any nuclear fuel or nuclear waste or from the combustion of nuclear fuel;

4. the radioactive toxic, explosive or otherwise hazardous, or contaminating, properties of any nuclear installation, reactor or other nuclear assembly or nuclear component thereof;

5. any weapon of war employing atomic or nuclear fission and/or fusion or any other similar reaction or radioactive force or matter;

6. an act of default committed by the insured or its representatives;

7. any partial or total unscheduled cessation of work exceed four weeks of which the insurer has not been notified.

上述第 3、4、5 条除外责任对核风险进行了比较详细的描述，至于对政府行为、战争风险、罢工、暴动、恐怖活动、工程停工损失及被保险人故意行为等风险的规定，我国和国外的条款没有区别。

## 六、保险金额

我国现行的工程保险条款通过两种方式对工程（物质损失保险部分）保险金额作出规定。

（一）以合同价作为保险金额

条款规定：保险金额应不低于保险工程建筑完成时的总价值，包括原材料费用、设备费用、建造费、安装费、运保费、关税、其他税项和费用，以及由工程所有人提供的原材料和设备的费用。

（二）以工程概算总造价投保

条款要求投保人或被保险人应：

1. 在本保险项下工程造价中包括的各项费用因涨价或升值原因而超出保险工程造价时，必须尽快以书面通知保险人，保险人据此调整保险金额；

2. 在保险期间内对相应的工程细节作出精确记录，并允许保险人在合理的时候对该项记录进行查验；

3. 若保险工程的建造期超过三年，必须从本保险合同生效日起每隔十二个月向保险人申报当时的工程实际投入金额及调整后的工程总造价，保险人将据此调整保险费；

4. 在本保险合同列明的保险期间届满后三个月内向保险人申报最终的工程总价值，保险人据此以多退少补的方式对预收保险费进行调整。

慕尼黑再保险公司的条款规定保险金额如下：

Sum insured means the amount of property insured or interest insured or the total amount of insurance cover specified in a schedule as the context require.

1. it is a requirement of this policy of insurance that at the inception date of this insurance the sum insured of the property shall not less than new reinstatement cost at the completion date of the insured contract（s）, but excluding professional fees and costs incurred for reproduction of plans and documents, removal of debris and expediting expenses;

2. if during the period of insurance the sum insured specified in the schedule in respect of property insured is exceeded by the new reinstatement cost it shall be deemed to increased by the amount in excess, not more than percentage for escalation;

3. if additional insurance cover is agreed upon in the schedule, the sum insured

shall be increased by the respective amount whenever applicable;

4. in the event of indemnification, sum insured shall automatically be reinstated.

大意为：

1. 被保险人投保时保险金额不低于工程完工时的新的重置成本，但保险金额不包括专业费用、图纸文件的复制费用、清理残骸费用及加速修复费用，所有这些费用需另外加保；

2. 如果新的重置成本高于保险财产的保险金额时，保险金额按所增加的金额调整，但不能超过保险单明细表中列明的升值比率；

3. 约定扩展承保时，保险金额须相应增加；

4. 发生赔偿时，保险金额将自动恢复。

我国的保险条款在保险金额方面对投保人提出更加具体和明确的要求，目的是要求被保险人高度关注工程保险的“保险金额管理”问题，确保足额投保。条款要求投保人和被保险人不仅要尽到“涨价通知”、“精确记录”和“最终申报造价”的义务，同时，还要在保险期间，关注保险金额充足问题，尤其是低价中标的工程，或工程可能发生变更，或工程量增加时，应当及时通知保险人。

## 七、保险期间

我国现行的工程保险条款规定：保险期间遵循如下约定：

（一）保险人的保险责任自保险工程在工地动工或用于保险工程的材料、设备运抵工地之时起始，至工程所有人对部分或全部工程签发完工验收证书或验收合格，或工程所有人实际占有或使用或接收该部分或全部工程之时终止，以先发生者为准。但在任何情况下，建筑期保险责任的起始或终止不得超出本保险单载明的建筑保险期间范围。

（二）不论有关合同中对试车和考核期如何规定，保险人仅在本保险合同明细表中列明的试车和考核期间内对试车和考核所引发的损失、费用和责任负责赔偿；若保险设备本身是在本次安装前已被使用过的设备或转手设备，则自其试车之时起，保险人对该项设备的保险责任即行终止。

（三）保险期间的展延，投保人须事先获得保险人的书面同意，否则，从本保险合同明细表中列明的建筑期保险期间终止日之后发生的任何损失、费用和责任，保险人不负责赔偿。

慕尼黑再保险公司的工程保险条款分别对物质损失保险、第三者责任保险的保险期限作出规定，现对物质损失保险的保险期间进行分析。

a) The period of insurance of this section shall include (1) the construction and erection period including the testing period, (2) the defects liability period.

b) The insurance cover under this section shall begin upon commencement of physical work storage on the site or the inception date of this section specified in the schedule, whichever is the later.

c) The testing period shall commence for each item or property insured with the application of the first test - load or the first introduction of fuel, feedstock or process materials and shall last for the duration specified in the schedule or until the item has passed its tests , whichever is the earlier.

d) The defects liability period shall commence for each item of property insured on the date it has been taken into use or into occupation by the employer or on the date a taking - over certificate has been issued or is deemed to have been issued, whichever is the earlier.

e) All insurance cover under this section shall cease upon expiry of any defects liability period or on the expiry date specified in the schedule, whichever is the earlier.

f) Any extensions of the periods of insurance shall be subject to the prior written consent of the insurer.

慕尼黑再保险公司的工程保险条款规定物质损失保险的保险期间如下：

(1) 保险期限包括建筑安装期及试车期；

(2) 保险期间自保险工程的材料、设备运抵工地之时起始或保险责任开始日；

(3) 试车期间自第一次进行负荷试验开始至该项标的通过试验；

(4) 缺陷责任期间自保险标的投入使用或由业主接收或签发接收证书开始；

(5) 保险期间结束日为缺陷责任期满或保险单结束日；

(6) 保险期间延长须事先经过保险人书面同意。

我国现行的工程保险条款和慕尼黑再保险公司的条款对保险责任的起止日及保险期间延迟的规定是一样的，但后者对试车期和缺陷责任期间的起止日作了清晰的说明，而前者没有类似规定。

## 八、赔偿处理

我国的工程保险条款对保险标的遭受的损失赔偿规定：保险人可选择以支付赔款或以修复、重置受损项目的方式予以赔偿，对保险标的在修复或替换过程中，被保险人进行的任何变更、性能增加或改进所产生的额外费用，保险人不负责赔偿。

保险标的发生损失后，保险人按下列方式确定损失金额：

（一）可以修复的部分损失：以将保险财产修复至其基本恢复受损前状态的费用考虑保险合同约定的残值处理方式后确定的赔偿金额为准。但若修复费用等于或超过保险财产损失前的价值时，则按下列第（二）款的规定处理；

（二）全部损失或推定全损：以保险财产损失前的实际价值考虑本保险合同约定的残值处理方式后确定的赔偿金额为准。

保险标的发生保险责任范围内的损失，保险人按以下方式计算赔偿：

（一）保险金额等于或高于应保险金额时，按实际损失计算赔偿，最高不超过应保险金额；

（二）保险金额低于应保险金额时，按保险金额与应保险金额的比例乘以实际损失计算赔偿，最高不超过保险金额。

我国工程保险条款规定，保险合同所列标的不止一项时，应分项计算赔偿，保险人对每一保险项目的赔偿责任均不得超过本保险合同明细表对应列明的分项保险金额，以及保险合同特别条款或批单中规定的其他适用的赔偿限额。在任何情况下，保险人在保险合同下承担的对物质损失的最高赔偿金额不得超过保险合同明细表中列明的总保险金额。

条款又规定：保险标的的保险金额大于或等于其应保险金额时，被保险人为防止或减少保险标的的损失所支付的必要的、合理的费用，在保险标的损失赔偿金额之外另行计算，最高不超过被施救标的的应保险金额。

条款还规定：保险标的的保险金额小于其应保险金额时，上述费用按被施救标的的保险金额与其应保险金额的比例在保险标的损失赔偿金额之外另行计算，最高不超过被施救标的的保险金额。

慕尼黑再保险公司工程保险条款对物质损失保险的损失赔偿规定如下：

In the event of any loss or damage, the basis of loss settlements shall be as follows:

1. in cases where damage can be repaired the insurer shall indemnify the costs

necessarily incurred to restore the damaged property to its condition immediately before the occurrence of loss or damage.

2. if the costs of repairs equal or exceed the actual value of the damaged property immediately before the occurrence of loss or damage, that property shall be deemed to be total loss and settlement shall be made on the basis provided in 3.

3. in the event of a total loss the insurer shall pay the actual value of the property insured immediately before the occurrence of loss or damage, provided all costs have been included in the sum insured .

4. if, in the event of loss or damage , it is found that the sum insured is less than the amount required to be insured , then the amount recoverable by the insured under this section shall be reduced in such proportion as the sum insured bears to the amount required to be insured.

5. the cost of any provisional repairs shall be borne by the insurer if such repairs constitute part of the final repairs and do not increase the total cost of repairs.

6. the amount payable by the insurer shall reduced by the value of any salvage.

我国现行的工程保险条款和慕尼黑再保险公司的条款在如下几个方面是相同的：（1）可以修复的部分损失、全部损失或推定全损的赔偿处理；（2）保险标的的保险金额高于或低于应保险金额时赔偿款的计算；（3）临时性修理；（4）施救费用；（5）残值扣除。

但是，我国条款规定：对被保险人在保险标的在修复或替换过程中，进行的任何变更、性能增加或改进所产生的额外费用不予赔偿。而慕尼黑保险公司没有类似的规定，国际保险市场上的保险人通常根据承保工程的特点，对保险合同中的赔偿基础作更详细更明确的约定。

中外条款关于第三者责任损失部分的赔偿处理和整个保险合同的赔偿处理的规定基本一致，在此不赘述。

## 九、保险索赔的有效性

慕尼黑再保险公司条款总则部分（general conditions）第8条规定：If a claim is in any respect fraudulent, or if any false declaration is made or used in support thereof, or if any fraudulent means or devices are used by the Insured or anyone acting on his behalf to obtain any benefit under this Policy, or if a claim is made and rejected and no action or suit is commenced within three months after such rejection

or, in the case of arbitration taking place as provided herein, within three months after the arbitrator or arbitrators or umpire have made their award, all benefit under this Policy shall be forfeited.

以上规定大意是：如果保险单项下的索赔具有任何的欺诈性，或在索赔中制作或采用任何伪造的声明支持该索赔，或为获得本保险单下的利益，被保险人或其任何代表利用欺诈性手段或方法，或提出的索赔遭到拒付后的三个月内被保险人未开始采取任何行动或诉讼，或在仲裁的情况下，在仲裁人就该部分进行的仲裁作出裁决后的三个月内被保险人仍未开始采取任何行动或诉讼，则被保险人在保险单下的所有权益将丧失。这一条款对被保险人索赔的真实性规定了严格的要求。

我国现行的工程保险条款在赔偿处理的第五条规定：被保险人向保险人请求赔偿的诉讼时效期间为二年，自其知道或者应当知道保险事故发生之日起计算。

工程保险的理赔时效和起算点是十分明确的，这样的规定对被保险人权利的保障更加有利，扩大了被保险人对保险人的索赔时效期间。但是，条款中没有任何制约被保险人行为的规定，更没有对被保险人索赔的真实性及虚假索赔造成的后果作出规定。

## 十、保险合同中双方的义务

### （一）保险人义务

我国现行的工程保险条款规定保险人应履行如下义务：

1. 订立保险合同时，采用保险人提供的格式条款的，保险人向投保人提供的投保单应当附格式条款，保险人应当向投保人说明保险合同的内容。对保险合同中免除保险人责任的条款，保险人在订立合同时应当在投保单、保险单或者批单上作出足以引起投保人注意的提示，并对该条款的内容以书面或者口头形式向投保人作出明确说明；未作提示或者明确说明的，该条款不产生效力。

2. 保险合同成立后，保险人应当及时向投保人签发保险单或批单。

3. 保险人所取得的保险合同解除权，自保险人知道有解除事由之日起，超过三十日不行使而消灭。自保险合同成立之日起超过二年的，保险人不得解除合同；发生保险事故的，保险人承担赔偿责任。

保险人在合同订立时已经知道投保人未如实告知的情况的，保险人不得解

除合同；发生保险事故的，保险人应当承担赔偿责任。

4. 保险人认为被保险人提供的有关索赔的证明和资料不完整的，应当及时一次性通知投保人、被保险人补充提供。

5. 保险人收到被保险人的赔偿保险金的请求后，应当及时作出是否属于保险责任的核定；情形复杂的，应当在三十日内作出核定，但保险合同另有约定的除外。

保险人应当将核定结果通知被保险人；对属于保险责任的，在与被保险人达成赔偿保险金的协议后十日内，履行赔偿保险金义务。保险合同对赔偿保险金的期限有约定的，保险人应当按照约定履行赔偿保险金的义务。保险人依照前款约定作出核定后，对不属于保险责任的，应当自作出核定之日起三日内向被保险人发出拒绝赔偿保险金通知书，并说明理由。

6. 保险人自收到赔偿保险金的请求和有关证明、资料之日起六十日内，对其赔偿保险金的数额不能确定的，应当根据已有证明和资料可以确定的数额先予支付；保险人最终确定赔偿的数额后，应当支付相应的差额。

慕尼黑再保险公司条款没有对保险人的义务作出特别规定，但是，条款的总则及其他部分包含着类似的内容，现归纳如下：

1. the insurer shall indemnify the insured in the manner and to the extent stated in the policy.

2. policy wording has been completed and the policy have been signed and dated by the insurer .

3. the insurer shall have the right to inspect and examine the property insured at any reasonable time.

保险人的义务归纳起来有：（1）按保险单的约定赔偿被保险人；（2）完成保险条款措辞并签发保险单；（3）在合理的时间内对保险财产进行查验。

（二）投保人/被保险人义务

我国现行的工程保险条款对投保人/被保险人的义务作了详细的规定：

1. 订立保险合同，保险人就保险标的或者被保险人的有关情况提出询问的，投保人应当如实告知。

投保人故意或者因重大过失未履行前款规定的如实告知义务，足以影响保险人决定是否同意承保或者提高保险费率的，保险人有权解除保险合同。

投保人故意不履行如实告知义务的，保险人对于合同解除前发生的保险事故，不承担赔偿责任，并不退还保险费。

投保人因重大过失未履行如实告知义务，对保险事故的发生有严重影响

的，保险人对于合同解除前发生的保险事故，不承担赔偿责任，但应当退还保险费。

2. 被保险人应按约定交付保险费。

约定一次性交付保险费的，投保人在约定交费日后交付保险费的，保险人对交费之前发生的保险事故不承担保险责任。

约定分期交付保险费的，保险人按照保险事故发生前保险人实际收取保险费总额与投保人应当缴付的保险费的比例承担保险责任，投保人应当缴付的保险费是指截至保险事故发生时投保人按约定分期应该缴纳的保费总额。

3. 被保险人应当遵守国家有关消防、安全、生产操作等方面的相关法律、法规及规定，谨慎选用施工人员，遵守一切与施工有关的法规、技术规程和安全操作规程，维护保险标的的安全。

保险人及其代表有权在适当的时候对保险标的的风险情况进行现场查验。被保险人应提供一切便利及保险人要求的用以评估有关风险的详情和资料，但上述查验并不构成保险人对被保险人的任何承诺。保险人向投保人、被保险人提出消除不安全因素和隐患的书面建议，投保人、被保险人应该认真付诸实施。

投保人、被保险人未按照约定履行其对保险标的的安全应尽责任的，保险人有权要求增加保险费或者解除合同。

4. 保险标的转让的，被保险人或者受让人应当及时通知保险人。

因保险标的转让导致危险程度显著增加的，保险人自收到前款规定的通知之日起三十日内，可以按照合同约定增加保险费或者解除合同。保险人解除合同的，应当将已收取的保险费，按照合同约定扣除自保险责任开始之日起至合同解除之日止应收的部分后，退还投保人。

被保险人、受让人未履行本条规定的通知义务的，因转让导致保险标的危险程度显著增加而发生的保险事故，保险人不承担赔偿责任。

5. 在保险期间内，被保险人在工程设计、施工方式、工艺、技术手段等方面发生改变致使保险工程风险程度显著增加或其他足以影响保险人决定是否继续承保或是否增加保险费的保险合同重要事项变更，被保险人应及时书面通知保险人，保险人有权要求增加保险费或者解除合同。保险人解除合同的，应当将已收取的保险费，按照合同约定扣除自保险责任开始之日起至合同解除之日止应收的部分后，退还投保人。

被保险人未履行通知义务，因上述保险合同重要事项变更而导致保险事故发生的，保险人不承担赔偿责任。

6. 投保人、被保险人知道保险事故发生后，被保险人应该：

（1）尽力采取必要、合理的措施，防止或减少损失，否则，对因此扩大的损失，保险人不承担赔偿责任；

（2）立即通知保险人，并书面说明事故发生的原因、经过和损失情况；故意或者因重大过失未及时通知，致使保险事故的性质、原因、损失程度等难以确定的，保险人对无法确定的部分，不承担赔偿责任，但保险人通过其他途径已经及时知道或者应当及时知道保险事故发生的除外；

（3）保护事故现场，允许并且协助保险人进行事故调查，对于拒绝或者妨碍保险人进行事故调查导致无法认定事故原因或核实损失情况的，保险人对无法核实的部分不承担赔偿责任；

（4）在保险财产遭受盗窃或恶意破坏时，立即向公安部门报案；

（5）在预知可能引起第三者责任险项下的诉讼时，立即以书面形式通知保险人，并在接到法院传票或其他法律文件后，立即将其送交保险人。

7. 被保险人向保险人请求赔偿时，应向保险人提交保险单、索赔申请、财产损失清单、有关部门的损失证明以及其他投保人、被保险人所能提供的与确认保险事故的性质、原因、损失程度等有关的证明和资料。

投保人、被保险人未履行前款约定的索赔材料提供义务，导致保险人无法核实损失情况的，保险人对无法核实的部分不承担赔偿责任。

若在某一保险财产中发现的缺陷表明或预示类似缺陷亦存在于其他保险财产中时，被保险人应立即自付费用进行调查并纠正该缺陷。否则，由该缺陷或类似缺陷造成的损失保险人不承担赔偿责任。

慕尼黑再保险公司的工程保险条款没有专门的被保险人的义务规定，但包含在引言和总则之中，归纳起来有如下几条：

1. the insured acknowledges that it has ensured and shall continue to ensure that all parties named as insured in any section of this policy disclose to it all information to be provided to the insurer and shall at all time comply with any obligations which are placed upon the insured.

the due observance and fulfillment of the terms of this policy of insurance insofar as they relate to anything to be done or complied with the insured and the truth of the statements and answers given by or on behalf of the insured in the proposal as well as any statements in the schedules to any section of this policy shall be a conditions precedent to any liability on the part of the insurer.

2. the payment of premium by the insured is a condition precedent to the insur-

er' s liability.

3. the insured shall take at its own expense all reasonable precautions and comply with all reasonable recommendations made by the insurer, to prevent loss of or damage to the property insured or any liability arising under this policy of insurance and comply with all relevant statutory requirements and manufacturers' recommendations.

4. the insured shall at the insurer' s expense do and concur in doing and permit to be done all action that may be necessary or required by the insurer in the interest of any rights or remedies or for the purpose of obtaining relief or indemnity to which the insurer is or would become entitled or which is or would be subrogated to him upon indemnification or rectification or any loss or damage under this policy of insurance, regardless of whether such action is or becomes necessary or required before or after the insured' s indemnification by the insurer.

5. the insured shall notify the insurer of any material change in risk of which it is aware or ought reasonably to be aware and shall take or cause to be taken at its own expense any additional precautions that may be necessary to prevent loss or damage occurring to the property insured as a result of such material change in risk.

6. in the event of any occurrence which might give rise to a claim under this policy of insurance, the insured shall:

(1) notify the insurer in writing as soon as reasonably possible, indicating the nature and extent of the loss or damage;

(2) take all such measures as may be reasonable for the purpose of minimizing such loss or damage;

(3) ensure that all rights against carriers, bailees or other third parties are properly preserved and exercised;

(4) do and concur in doing and permit to be done all such things as may be practicable to establish the cause and extent of the loss or damage;

(5) preserve all parts affected and make them available for inspection by the insurer' s agent as long as the insurer may require;

(6) inform the police authorities of loss or damage due to fire , theft or burglary or actions by malicious person and render all reasonable assistance to the police authorities;

(7) furnish any information and documentary evidence that the insurer may re-

quire together with, if required, a statutory declaration of the truth of the claim.

以上几条"被保险人义务"的大意是：

1. 被保险人保证向保险人提供的说明、问卷调查、投保申请的真实性及被保险人遵守和履行保险单对其规定的义务是保险人承担赔偿责任的先决条件；

2. 被保险人按时缴付保险费是保险人承担赔偿责任的先决条件；

3. 被保险人应自费采取一切合理预防措施并执行保险人提出的一切合理建议以避免损失、损坏或责任损失，遵守安全法规与生产商的使用说明；

4. 被保险人应采取或允许采取一切必要的或按保险人要求的措施，以维护所有的权利和补偿，或从损失责任方（非保险单中所称的被保险人）获得补救或赔偿，而不管这种措施是否有必要、或保险人在此之前是否要求、或保险人是否已赔偿被保险人，以上措施的费用由保险人承担；

5. 被保险人应在实际和合理时间内尽快将风险的实质性变化情况通知保险人，并自费按照当时情境的要求采取相应的预防措施；

6. 根据本保险单规定，在可能引发索赔的任何事故发生时，被保险人应该：

（1）在实际和合理时间内尽快以书面形式通知保险人，说明损失或损坏的性质和程度；

（2）在力所能及的范围内，采取一切措施将损失或损坏程度最小化；

（3）在合理及实际情况下保护受损财产，以便保险人的代表或理赔人员进行现场查勘，保险人代表应尽可能及时对受损财产进行查勘；

（4）根据保险人要求提供有关的所有资料和文件证明；

（5）发生火灾、偷盗或恶意破坏而使保险财产受损时，应向公安部门报案并给予协助。

我国现行的工程保险条款和慕尼黑再保险公司条款在"如实告知"、"缴付保险费"、"防灾防损"、"损失通知"、"提供索赔资料"等五个方面对被保险人义务的规定是相同的，只是在措辞上稍有差异。不同的是：

1. 我国的条款明确规定被保险人若在某一保险财产中发现的缺陷表明或预示类似缺陷亦存在于其他保险财产中时，应立即自付费用进行调查并纠正该缺陷。但是，慕尼黑再保险公司条款却没有此规定。

2. 我国的条款对每一条被保险人的义务都规定未履行该项义务所造成的后果，而慕尼黑再保险公司条款只规定被保险人履行如实告知、缴付保险费等两项义务是保险人承担赔偿责任的先决条件。

3. 我国的条款规定：保险标的转让的，被保险人或者受让人应当及时通知保险人。因保险标的转让导致危险程度显著增加的，可以按照合同约定增加保险费或者解除合同。被保险人、受让人未履行本条规定的通知义务的，因转让导致保险标的危险程度显著增加而发生的保险事故，保险人不承担赔偿责任。条款明确了保险标的转让后的法律后果。

慕尼黑再保险公司条款没有此规定，但是该条款规定凡列为被保险人的各方均应在保险单明细表中载明（all parties named as insured in a section of this policy of insurance），按此规定，保险标的的转让应当通知保险人，经保险人同意继续承保后，依条款规定保险人将在保险单中加批变更被保险人。保险标的转让未经保险人同意，保险合同应属无效，保险人就可以不承担保险责任。保险合同成立于投保人与保险公司之间，保险标的转让之后，投保人对保险标的不具有保险利益，保险合同应属无效；保险标的的受让人虽然对保险标的具有保险利益，但与保险人并无保险合同关系，也无权向保险人提出索赔。

4. 我国的条款规定工程发生事故时，被保险人应立即通知保险人，并书面说明事故发生的原因、经过和损失情况，但保险人通过其他途径已经及时知道或者应当及时知道保险事故发生的除外，在一定程度上免除了被保险人的通知义务，增加保险人自觉主动进入理赔查勘程序的义务，而慕尼黑再保险公司条款没有类似规定。

# 第十一节
# 建筑工程一切险与安装工程一切险条款的异同

安装工程一切险的条款措辞与建筑工程一切险基本相同，但鉴于安装工程风险的特点，某些条款存在异同，以下就不同点进行比较和说明。

## 一、物质损失保险项下的除外责任部分

安装工程一切险根据其承保工程项目的特点，在除外责任方面与建筑工程一切险有一定的差异，具体如下：

第一，建筑工程一切险除外责任的第一条和第三条规定，保险人不负责赔偿：设计错误引起的损失和费用；因原材料缺陷或工艺不善引起的被保险财产本身的损失以及为换置、修理或矫正这些缺点错误所支付的费用。

安装工程一切险的相应条款则规定：因设计错误、铸造或原材料缺陷或工艺不善引起的被保险财产本身的损失以及为换置、修理或矫正这些缺点错误所支付的费用。

首先，安装工程一切险对于这类除外不仅包括设计方面，而且还包含了“铸造或原材料缺陷或工艺不善”。原因是作为建筑工程的承包商可能面临的风险之一就是“原材料缺陷或工艺不善”造成的损失，他是这种风险的造成因素之一，也是这种风险损失责任的承受者，所以，他拥有这方面的可保利益。但对于安装工程的承包商来讲，他所可能面临的风险仅仅是安装过程中由于他所属的安装工人、技术人员操作错误、缺乏经验、技术不善、疏忽、过失或恶意行为造成的损失，而对于被安装的机器设备本身存在的设计错误、铸造或原材料缺陷或工艺不善的问题可能造成的损失是不负责任的，这些损失应由机器设备的生产厂家负责。所以，安装工程一切险将这部分风险损失除外。

其次，在这类风险事故发生后可能造成三类损失：（1）存在“设计错误、铸造或原材料缺陷或工艺不善”的被保险机器设备本身的损失。这部分损失在安装工程一切险项下属于除外责任，应由这些机器设备的生产厂家根据机器设备订购合同的有关规定进行赔偿。（2）为了换置、修理或矫正这些存在着设计错误、铸造或原材料缺陷或工艺不善的被保险机器设备本身的缺点错误所支付的费用。这部分费用在安装工程一切险项下也属于除外责任，应由这些机器设备的生产厂家根据机器设备的订购合同的有关规定进行赔偿。以上两类损失和费用就是本除外针对的具体对象。（3）由于这些“设计错误、铸造或原材料缺陷或工艺不善”的被保险机器设备造成其他被保险财产的损失。这类损失应属于安装工程一切险的责任范围，但保险人在赔偿之后有权向这些造成损失的存在设计错误、铸造或原材料缺陷或工艺不善的机器设备的厂家进行追偿。

第二，安装工程一切险除外责任的第二条是针对安装工程的特点制定的，条款具体规定，保险人不负责赔偿被保险人，由于超负荷、超电压、碰线、电弧、漏电、短路、大气放电及其他电气原因造成电气设备或电气用具本身的损失。

本除外主要是针对安装工程的特点制定的，由于安装工程将面对大量的电气设备或电气用具的安装，在安装，尤其是在调试过程中经常会发生由于超负荷、超电压、碰线、电弧、漏电、短路、大气放电及其他电气原因造成的事故，这类事故的大多数是由于电气设备或电气用具本身存在质量问题造成的，但在实践中要认定这种原因往往是困难的，为此，安装工程一切险将这类风险损失一概除外。

但对于由于超负荷、超电压、碰线、电弧、漏电、短路、大气放电及其他电气原因造成其他被保险财产的损失，安装工程一切险应予以负责。

第三，建筑工程一切险除外责任的第四条规定，保险人不负责赔偿被保险人非外力引起的机械或电力装置的本身损失或施工用机具、设备、机械装置失灵造成的本身损失。

安装工程一切险的相应条款规定保险人不负责赔偿被保险人施工用机具、设备、机械装置失灵造成的本身损失。

与建筑工程一切险相比，安装工程一切险将工程建设过程中需安装并作为建设项目的一部分的机器设备纳入保险标的的范畴。因为，这一部分标的是安装工程的主要标的，安装工程一切险所针对的就是被保险人可能面临的由于从事安装的工人、技术人员操作错误、缺乏经验、技术不善、疏忽、过失或恶意行为造成这类机器设备的损失。

## 二、第三者责任保险项下的除外责任部分

关于工程保险第三者责任项下的除外责任问题，建筑工程一切险和安装工程一切险的措辞基本上是相同的。但是，其中的第二条“震动、移动或减弱支撑”仅仅是针对建筑工程特点的，所以，在安装工程一切险第三者责任项下的除外责任的措辞中就没有这一条。

## 三、保险金额

安装工程一切险保险单第四条对安装工程项目的保险金额规定，投保人投保工程保险的保险金额应不低于被保险工程安装完成时的总价值，包括设备费用、原材料费用、安装费、建造费、运输费和保险费、关税、其他税项和费用，以及由工程所有人提供的原材料和设备的费用。

安装工程保险金额的确定情况与建筑工程保险金额的确定情况基本相同，但是应当注意的是，通常安装工程承包合同的承包价不包括被安装设备的价值，它仅仅包括安装费用和安装过程中必需的辅助材料。

# 第十二节
# 列明风险条款

我国工程保险存在的一个问题是产品较为单一，原因是在工程保险发展的初期针对的大都是一些大型项目和涉外项目，这些项目均要求提供保障较为充分的“一切险”产品。随着我国市场经济体制的建设与完善，对于工程保险的需求也呈现出了多样化的趋势，同时，保险公司为了发展业务，开始关注一些中、小项目的保险需求。这些中、小项目保险需求的特点是项目金额相对较小，发生巨额事故的几率相对低，且保费的支付能力有限，因此，需要一些具有基本风险保障的产品。在这样的背景下，中国人民保险公司组织人员编写和制定了列明风险条款，即《建筑、安装工程保险条款》，并于2001年报经中国保监会批准并投入使用。2009年，该条款根据新《保险法》的相关规定，进行了全面修改。

## 一、条款体系

列明风险条款体系包括一个主险和两个附加险。主险为建筑、安装工程保险；附加险为第三者责任保险和施工机器、设备保险。

投保附加险的前提条件是投保主险，只有投保了主险的投保人才能够投保附加险。同时规定：附加险隶属于主险条款，为主险条款不可分割的一部分。附加险条款与主险条款有不一致之处时，以附加险条款为准。附加险条款未规定之处，按主险条款办理。

## 二、主险的保险责任

列明风险条款规定：在保险期间内，在保险合同中列明的建筑期或安装期间和施工场地内，由于下列自然灾害或意外事故原因造成保险标的的损失，保险人按照保险合同的约定负责赔偿：

（一）火灾、爆炸；

（二）雷击、暴雨、洪水、暴风、龙卷风、冰雹、台风、飓风、暴雪、冰凌、突发性滑坡、崩塌、泥石流、地面突然下陷下沉、地震、海啸；

（三）空中运行物体的坠落；

（四）升降机、行车、吊车、脚手架的倒塌造成其他保险财产的损失；

（五）安装技术不善所引起的事故，并造成其他保险财产的损失；

（六）超负荷、超电压、电弧、短路和其他电气原因引起的事故，并造成其他保险财产的损失。

保险人的责任归纳为三种风险和三项损失。

条款规定了保险人的试车责任：经保险人与被保险人特别约定，并在保险合同中注明，保险人负责赔偿在保险合同中列明的试车期和施工场地内由于试车所造成的安装设备本身的损失。即明确保险人的试车责任仅限于安装设备本身的损失。

条款还规定：保险事故发生后，被保险人为防止或减少保险标的的损失所支付的必要的、合理的费用，保险人按照保险合同的约定也负责赔偿。可见施救费用的赔偿与其他工程保险条款基本相同。

## 三、附加险的保险责任

（一）第三者责任险

1. 在本保险期间内，因发生与建筑或安装工程保险所承保工程直接相关的意外事故引起工地内及邻近区域的第三者人身伤亡或财产损失，依法应由被保险人承担的经济赔偿责任，保险人按本条款的规定负责赔偿。

2. 对被保险人因上述原因而支付的诉讼费用以及事先经保险人书面同意而支付的其他费用，保险人亦负责赔偿。

3. 保险人对每次事故引起的赔偿金额以法院或仲裁机构根据现行法律裁定的应由被保险人偿付的金额为依据。但在任何情况下，均不得超过本保险合同明细表中对应列明的每次事故赔偿限额。在本保险期间内，保险人在本保险合同项下对上述经济赔偿的最高赔偿责任不得超过本保险合同中列明的累计赔偿限额。

第三者责任保险的内容与建筑安装工程一切险相同。

（二）施工机器、设备险

施工机器、设备附加险的责任范围为：在保险合同明细表中列明的建筑期或安装期间和施工场地内，由于下列原因造成施工用机器、设备的损失，保险人负责赔偿：

（一）火灾、爆炸；

（二）雷击、暴雨、洪水、暴风、龙卷风、冰雹、台风、飓风、暴雪、冰凌、突发性滑坡、崩塌、泥石流、地面突然下陷下沉、地震、海啸；

（三）空中运行物体的坠落；

（四）升降机、行车、吊车、脚手架的倒塌；

（五）碰撞、倾覆；

（六）操作人员的疏忽、过失。

施工机具的保险只是标的的扩展，保险责任与主险基本一致。

# 第四章

# 附加条款解释及应用

## 第一节

## 附加条款的特征及分类

尽管工程保险条款是针对工程项目建设过程中的风险特点制定的，但由于工程项目种类繁多、情况复杂、风险各异，所以，工程保险条款只能是针对和解决工程项目建设中风险的共性问题。如果用这种规范和统一的保险条款简单地去承保所有的工程项目，无论是对于投保人或被保险人来讲，还是对于保险人来讲，均存在着不足。设计附加条款的目的就是要弥补这种不足，通过附加条款对标准条款的修正，使整个保险方案更适应于该工程项目的特点，更加符合保险合同双方的要求。

保险合同当事人双方在制定保险合同的过程中，应对工程项目的情况，尤其是工程项目的风险状况有一个全面和充分的了解和评估，然后，根据双方对保险方案的需求和意见，在标准条款的基础上，选用附加条款加以修正，制订出适应本工程项目的保险方案。由此可见，附加条款是对标准条款的补充和完善，在条款的使用过程中，优先于标准条款。同时，在采用附加条款的过程中应注意与标准条款的呼应与吻合，必要时，应对标准条款的有关措辞进行修正或删除。

附加条款根据其作用和性质可以分为三类：一是扩展性附加条款；二是限制性附加条款；三是规范性附加条款。

## 一、扩展性附加条款

扩展性附加条款是指对保险范围进行扩展的条款，其中包括扩展保险责任类、扩展保险标的类和扩展保险期限类。

扩展类附加条款中按照适用的范围可以分为三类：适用于物质损失部分的、适用于第三者责任部分的和适用于整个保险合同的。

## 二、限制性附加条款

限制性附加条款是指对保险范围进行限制的条款，其中包括限制保险责任类和限制保险标的类等两类。

限制类附加条款中按照适用的范围可以分为两类：适用于物质损失部分的和适用于第三者责任部分的。

## 三、规范性附加条款

规范性附加条款是指针对保险合同执行过程中的一些重要问题或者需要明确的问题进行明确的规定，以免产生误解和争议。

规范性附加条款中按照适用的范围可以分为三类：适用于物质损失部分的、适用于第三者责任部分的和适用于整个保险合同的。

但由于适用于第三者责任部分的较少使用，本章仅对适用于物质损失部分和适用于整个保险合同的附加条款进行介绍。

附加条款的版本繁多，不少保险公司和保险经纪公司均推出自己的附加条款，而其中大多数大同小异，但这无疑给使用者增添了一些难度。相关当事人应尽可能地使用主流版本，如使用非主流版本，则应当认真比对其与主流版本的差异，以免在合同执行过程中，特别是在理赔时产生歧义，甚至是纠纷。

本章收录了目前我国工程保险市场上比较常用的 58 个附加条款进行介绍。

# 第二节
# 扩展性附加条款解释及应用

## 一、适用于物质损失部分的扩展性附加条款解释及应用

（一）罢工、暴动及民众骚动扩展条款

本条款扩展承保由于罢工、暴乱及民众骚动引起的损失。但本扩展条款仅负责由下列原因直接引起的保险财产的损失：

（1）任何个人参与他人进行社会骚乱的活动（无论是否与罢工有关）；

（2）任何合法当局对该骚乱进行平息，或试图平息，或为减轻该骚乱造成的后果所采取的行动；

（3）任何罢工者为扩大罢工规模，或抵制厂方关闭工厂而采取的故意行为；

（4）任何合法当局为预防，或试图预防该故意行为，或为减轻该故意行为造成的后果所采取的行动。

条款又规定，除下述特别条件另有规定外，保险单所有条款，除外责任及条件等均适用于本扩展条款。本保险单的责任范围亦将包括本扩展条款承保的损失。

但下述特别条件仅适用于本扩展特别条件。

保险人对以下原因造成的损失不予负责：

（1）全部停工或部分停工，或工程实施过程中的延迟、中断、停止；

（2）任何合法当局没收、征用保险财产造成被保险人永久或临时的权益丧失；

（3）任何人非法占有建筑物造成被保险人对该建筑物永久或临时的权益丧失。

但保险人对上述（2）及（3）项下被保险人的权益丧失之前，或临时丧失期间的保险财产的物质损失负责赔偿。

保险人对下列原因引起的直接或间接损失也不予负责：

（1）战争、入侵、外敌行为、敌对行为、类似战争行为（无论宣战与

否）、内乱；

（2）兵变、民众骚动导致的全民起义、军队起义、暴动、叛乱、革命、军事行动或篡权行动；

（3）代表任何组织，或与之有关联的任何个人采取的旨在动用武力推翻或用恐怖及暴力行为影响政府的行动（合法的或事实上的），一旦发生诉讼，且保险人根据本特别条件申明损失不属于本保险责任范围时，被保险人如有异议，则举证之责由其承担。

保险人可随时注销本扩展条款，将该注销通知以挂号信寄至被保险人最近提供的地址。届时，保险人按比例退还未到期部分的附加保费。

本扩展条款主要是针对罢工、暴乱及民众骚动风险的。具体可以分为两方面的责任：一是罢工、暴乱及民众骚动的行为人造成被保险财产的损失；二是合法当局在预防和制止上述行为过程中造成被保险财产的损失。

但是，对于部分或者全部停工、征用、没收、非法占用、战争、起义和推翻政府等暴力行为不负责任。

本扩展条款的另一个重要特点是保险人可以随时注销本扩展的保障。

保险人接受本扩展时应充分考虑工程所处的政治环境以及工程的性质、劳资关系、被保险人的公共关系、工程所在地的治安情况、工程的管理情况等。承保海外工程时，应特别谨慎。

本扩展条款一般需加每次事故的赔偿限额和免赔额，并在适当加费的前提下承保。

本扩展条款仅适用于物质损失保险部分的。

（二）内陆运输扩展条款

本条款扩展承保被保险财产在中华人民共和国境内供货地点到本保单中列明的工地除水运和空运以外的内陆运输途中因自然灾害或意外事故引起的损失。但被保险财产在运输时必须有合格的包装及装载。

本扩展条款保险是针对物质损失部分的，其实质是将对被保险财产的责任起点延伸至供货地点。

对于被保险人在工程建设过程中需在国内大量采购物资或进口设备需由港口向内地转运的情况尤为适用，但必须注意的是标的应是本工程保险保单项下的被保险财产，如可能，应要求被保险人事先将需纳入本扩展的采购或进口计划向保险人报备。

标准条件是“除水运和空运”，但这种规定不是绝对的。

在本扩展条款项下通常应对每次运输最高金额加以限制，并确定一个专项免赔额。

本扩展条款应根据估计运输的量和运输情况增收保费。

（三）设计师风险扩展条款

本条款扩展承保被保险财产因设计错误或原材料缺陷或工艺不善原因引起的意外事故并导致其他被保险财产的损失而发生的重置、修理及矫正费用，但由于上述原因导致的被保险财产本身的损失，保险人不负责。

在本条扩展中应注意以下两个概念：

“设计错误、原材料缺陷、工艺不善的被保险财产”是指本身存在这些问题的那一部分保险财产。

“其他被保险财产”是指由于存在问题的保险财产引起的事故造成损失的保险财产。

保险单中原来是将设计错误造成的直接和间接损失均列入除外，本扩展将设计错误造成的间接损失纳入，但对直接损失仍不负责赔偿。

保险人扩展承保此项风险时，应持十分谨慎的态度，尽可能不接受本扩展条款。如需要接受本扩展条款时应注意以下问题：

1. 应对风险进行充分的了解和评估，对设计人和设备供应商的资质情况以及其与被保险人之间的合同情况进行充分的了解。

2. 应确定一个分项限额和一个较高的免赔额。

3. 应根据具体情况适当加费。

本扩展条款仅适用于物质损失保险部分的。

（四）工地外储存物附加条款

本条款扩展承保本保险单明细表中列明的工地以外的储存物，但该储存物的金额应包括在保险金额中。被保险人应根据保险人的要求提供：

（1）工地外储存的地址；

（2）储存物的最高金额；

（3）储存期限。

被保险人应保证做到：

（1）工地外储存地点必须有安全警卫人员24小时值班；

（2）工地外储存地点必须符合储存物的存放要求。

保险人对每一储存点每次事故设定一个赔偿限额。

工程保险对保险标的的存放地点是有限制条件的，即限于工地范围内。但是，在许多工程项目的施工过程中，由于施工场地的条件限制，需要将部分用于项目建设的材料、设备等储存在工地以外的地方，这些物资在储存期间同样存在着风险，本扩展条款就是针对这些风险的。

投保人要求扩展的前提条件：一是这些物资的价值是已经包括在工程保险的保险金额内的；二是这些物资的所有权已经转移给被保险人的。

本扩展条款可以视为保险地点的延伸。

保险人接受本扩展条款时应对储存地点的情况进行充分的了解，通常这些属于临时性的储存地点的情况不会太好，所以，对于不符合条件的应拒绝扩展申请，或者限制保险责任范围，即对工地外储存物仅按财产保险基本险的责任范围负责。

本扩展是适用于物质损失部分的。保险人接受本扩展时应尽可能地要求被保险人列明临时存放物的名称、数量、金额和地点，并确定一个每次事故每一个存放地的赔偿限额。同时，接受本扩展条款应适当加费。

（五）地下炸弹附加条款

条款通用部分中规定的“战争、类似战争行为、敌对行为、恐怖行动、谋杀、政变。”不适用于工程开工前就已在地下或水下埋藏的炸弹、地雷、鱼雷、弹药及其他军火引起的损失。

工程保险对于“战争风险”是列为除外的，但对于在工程开工前就已在工地范围内的地下或水下埋藏的炸弹、地雷、鱼雷、弹药及其他军火则不包含在内。尽管它们可能是由于战争或其他类似原因造成并留下的，但是，它们从本质上讲与工程保险的“战争风险”存在较大的区别。一是这些炸弹、地雷、鱼雷、弹药及其他军火往往存在的时间已经很久，人们对其的存在情况无从了解，更是被保险人主观无法控制的；二是这些炸弹、地雷、鱼雷、弹药及其他军火可能引起损失的概率和程度均远远低于“战争风险”。

保险人接受本扩展条款时应尽可能地对有关情况进行了解，如果被保险人只是出于一般意义上对风险防范的考虑而要求扩展的，原则上可以接受；如果被保险人已经知道工地明确存在这种风险，则保险人应十分慎重，同时，根据情况的不同决定是否应适当加费。

（六）制造商风险扩展条款

本条款扩展承保：保险财产因设计错误、铸造或原材料缺陷或工艺不善原因造成保险财产的损失，但安装错误造成的损失和费用保险人不负责。

工程保险对于“制造商风险”是严格除外的。本条款则是对这种工程保险中最常见、同时也是最容易产生巨大损失的除外责任进行了扩展。设计错误、铸造及原材料缺陷或工艺不善大多是制造商的责任，而且往往在与业主签订销售合同时，都会以保证的形式写入合同，即承诺如果出现上述原因造成的损失，由制造商负责承担。保险人一旦附加这一条款，有可能会将制造商商业运营中产生的风险包括进来。保险人在接受这一附加条款时一定要十分谨慎，因为，这意味着承保设备制造商的产品质量保证风险。

如果保险人决定接受这一扩展，应特别注意：一是按照承保产品质量保证保险的风险评估方法，对制造商的风险进行全面评估，并决定是否接受扩展；二是全面了解，必要时可以参与业主与制造商的商务谈判，重点是确保索赔条款的有效性和可行性；三是要按照风险的实际情况适当加费。

（七）租赁费用条款

本条款扩展承保：对于不再适合使用的受损保险建筑物或其任何部分进行重置期间所必须另行花费的租金。保险人设定每次事故的最高赔偿限额为受损保险财产保险金额的××%或××万元，以高者为准。

由于在建的建筑物部分受损，如工人临时居住屋，由于保险事故受损，被保险人被迫在外租用房屋安置工人，此类费用在附加此条款后得到赔偿。

本扩展通常需要规定一个每次事故的最高赔偿限额，一般是以损失金额的一定比例，或一个绝对金额，以高者为准。

（八）原有建筑物及周围财产扩展条款

本条款赔偿保险单明细表物质损失项下根据本扩展条款规定承保被保险财产在建筑、安装过程中由于震动、移动或减弱支撑、地下水位降低、基础加固、隧道挖掘，以及其他涉及支撑因素或地下土的施工而造成列明的建筑物突然的、不可预料的物质损失。

作为保险人承担赔偿责任的先决条件，被保险人在工程开工前应向保险人提供书面报告以证实被保险工程开工前原有建筑物及周围财产的状况良好，并已采取了必要的安全措施。

保险人不负责赔偿因工程设计错误造成下述建筑物的损失，以及既不损害建筑物的稳固又不危及使用者安全的裂缝损失。

工程建设期间，若需要采取进一步的安全措施，该项费用由被保险人自己承担。

本条款要求被保险人提供承保的建筑物（或后附清单）：

保险人在本条款项下

最高赔偿限额：______________

每次事故赔偿限额：______________

每次事故免赔额：______________，或损失金额的20%，以高者为准。

有些工程项目，尤其是旧厂或旧城改造项目中，可能由于某些原因在工地中将保留一些原有的建筑物。这些建筑物在施工过程中将面临种种风险，对于这些风险可以采取两种处理方式：一是在保险标的中将这些建筑物列入；二是采用本扩展。

本扩展承保这些建筑物在施工过程中可能出现的震动、移动或减弱支撑、地下水位降低、基础加固、隧道挖掘，以及其他涉及支撑因素或地下土的施工原因而造成建筑物突然的、不可预料的物质损失。

由于本扩展条款承保的风险较大，保险人接受本扩展条款须十分谨慎，并注意掌握以下先决条件：一是为了明确责任，避免纠纷，保险人应要求被保险人在工程开工前提供书面报告，以证实被保险工程开工前原有建筑物及周围财产的状况良好，并已采取了必要的安全措施；二是因工程设计错误造成建筑物的损失，属于除外责任的范围；三是既不损害建筑物的稳固，又不危及使用者安全的裂缝损失，由于不对被保险人形成实际损失，故保险人不负责；四是保险人承保以后在工程建设期间，若需要对这些建筑物采取进一步的安全措施，该项费用由被保险人自己承担。

保险人应在接受本扩展条款时将上述先决条件向被保险人解释清楚，以免日后产生异议，在可能的条件下应由双方共同对被保险的建筑物进行拍照、检验和备忘。对于建筑物情况不良的，应谨慎承保或拒绝承保。

本扩展条款是适用于物质损失保险部分的，保险人接受本扩展条款时将适当加费。

（九）建筑、安装施工机器、设备扩展条款

本条款扩展承保所附清单列明的建筑或安装施工机具、设备的损失，但不负责赔偿建筑或安装施工机具、设备由于内在的机械及电气故障引起的损失，以及领有公共运输行驶执照的车、船及飞机的损失。

建筑、安装施工机具、设备应以该机具、设备的重置价投保，该重置价是指重置同型号、同负载的新设备所需费用。

本扩展条款的总保险金额：______________

年费率：______________

保险期限：自______________至______________

附加保险费：______________

每次事故免赔额：______________，或损失金额的20%，以高者为准。

工程保险的保险金额通常不包括承包商用于施工的机器和设备，这类机器和设备的风险一般认为仅仅是工程承包商的风险。所以，在工程承包合同中并未对此类标的风险的投保问题作出硬性规定。

被保险人如果需要将这类标的投保，即可以采用本扩展。投保时被保险人应向保险人提供投保设备的清单（名称、品牌/生产厂家、型号、生产年份、序号、重置价、进入工地现场的时间等）并作为本扩展的附件。

就一般情况而言，施工机器、设备的风险较大，尤其是施工现场情况复杂、机械化作业程度较高，且大量采用进口设备的工程项目。所以，接受本扩展，应对工程使用的施工机器、设备情况进行全面和充分的了解。由于本扩展是采用重置价承保的，应特别对修复的费用，如可能需要进口配件以及关税等情况进行了解。在充分了解和评估的基础上确定相应的免赔额。

本扩展条款与主保单不同的是采用年度费率，而不是工期费率。

（十）工程图纸、文件特别扩展条款

本条款负责赔偿被保险人因本保险单项下承保风险造成工程图纸及文件的损失而产生的重新绘制、重新制作的费用。

保险人对每次事故赔偿限额作出约定。

由于工程图纸和文件的价值难以确定，所以在工程保险项下一般将其列为除外，本扩展是有条件地接受承保这一风险。

应当注意和明确的是这些标的重新复制的费用往往不高，但如需重新设计或编制，费用就可能相当高。但这一扩展仅负责这些图纸和文件损失之后的重新绘制和制作费用。

接受本扩展条款应设定一个分项限额，同时根据情况适当加费。

（十一）清除残骸费用扩展条款

本条款扩展赔偿被保险人因保险单承保的风险造成保险财产损失而发生的清除、拆除及支撑受损财产的费用，但不得超过保险单明细表中列明的赔偿限额。

工程保险的标的是工程项目本身，所以，保险金额是根据工程的总造价确定的。从这个意义上看，如果发生了保险事故造成保险标的全部损失，保险人承担的是重建的费用。但是，在进行重建之前通常需要对受损的残骸和场地进行清理，而对这种残骸和场地进行清理，费用数额有时可能很大，却不在工程保险的责任范围内。

本扩展条款是针对这种在损失发生之后可能产生的残骸和场地清理费用，应当注意的是在有的情况下，尽管保险标的本身并未发生损失，但仍然可能产生清除残骸的费用。如一些工地在遭到洪水侵袭之后，保险标的本身并未发生损失，但洪水可能给工地带来大量的淤泥和杂物需要清理，并产生巨额费用。

保险人接受本扩展时应十分谨慎，特别是对于一些特殊项目，如石化项目，由于环境保护方面的要求，可能导致对清理残骸的要求很高，产生的费用金额巨大，因此，在接受本扩展时需对风险进行认真的评估。

保险人接受本扩展的同时通常确定一个分项限额，限额的确定方式有两种：一种是以一个具体金额的方式确定；另一种是以保险标的损失金额的一定百分比确定。

保险人接受本扩展条款需加费，加费的办法是按照主保单的费率乘以根据以上方法确定的分项限额。

（十二）专业费用扩展条款

本条款负责赔偿被保险人因保险单项下承保风险造成被保险工程损失后，在重置过程中发生的必要的设计师、检验师及工程咨询人费用，但被保险人为了准备索赔，或估损所发生的任何费用除外。上述赔偿费用应以损失当时适用的有关行业管理部门制定的收费标准为准，但不得超过保险单明细表中列明的赔偿限额。

在发生保险事故损失并进行重建过程中，往往会因为重建而发生一些专业费用，主要是指在重置过程中发生的必要的设计师、检验师及工程咨询人费用，这些专业费用是不包括在正常的工程造价或者保险金额内的。

本扩展条款就是针对这类专业费用的，但是，应当注意的是，这些专业费用仅限于与重建有关的、增加开支的专业费用，而不包括为了准备索赔发生的各种费用。保险人接受本扩展的同时通常确定一个分项限额。限额的确定方式有两种：一种是以一个具体金额的方式确定；另一种是以保险标的损失金额的一定百分比的方式确定。

保险人接受本扩展条款需适当加费，加费的办法是按照主保单的费率乘以根据以上方法确定的分项限额。

（十三）特别费用扩展条款

本条款扩展承保下列特别费用，即：加班费、夜班费、节假日加班费以及快运费（不包括空运费）。但该特别费用须与保险单项下予以赔偿的保险财产的损失有关。且本条款项下特别费用的最高赔偿金额在保险期限内不超过以下列明限额。

若保险财产的保额不足，本条款项下特别费用的赔偿金额按比例减少。

本条款规定最高赔偿限额和每次事故赔偿限额。

作为保险金额依据的工程造价内的各种费用均是以正常情况和标准确定的，但是在发生损失并进行重建的过程中，业主和承包商为了抢工期往往会采取加班的方式，对重建中需要的物资采用快运的方式（但不包括空运，因为空运的费用往往较大，应用专门的条款进行扩展），而这些对于保险人而言均是额外的。

本扩展条款就是针对这些额外的特别费用的，但是，这些特别费用的发生是以保险事故的发生并进行了修复工作为前提的。同时，与其他费用扩展不同的是，它不是采用第一危险赔偿方式，所以，如果工程保险的保险金额存在保险金额不足的情况时，本扩展条款项下保险人承担的责任也将采用比例赔付。

保险人接受本扩展条款的同时通常一般设定一个分项限额，限额的确定方式有两种：一种是以一个具体金额的方式确定；另一种是以保险标的损失金额的一定百分比的方式确定。

保险人接受本扩展条款将适当加费。

（十四）空运费扩展条款

本条款扩展承保空运费。但该空运费须与保险单项下予以赔偿的保险财产的损失有关。且本条款项下的空运费的最高赔偿金额在保险期限内不得超过以下列明限额。

若保险财产的保额不足，本条款项下空运费的赔偿金额按比例减少。

保险人设定最高赔偿限额和每次事故赔偿限额。

本扩展与“特别费用扩展”类似，即作为保险金额依据的工程造价内的各种设备和材料的价格中包含的运输费用均是以正常的运输方式（海运和陆运）和标准确定的，但是在发生损失并进行重建的过程中，业主和承包商为了抢工期，往往会采取空运的方式运输修复所需要的设备、材料和配件，而这些空运费用通常远远大于正常运输方式的费用。

本扩展条款就是针对这些可能发生的空运费用的，但是，这些特别费用的发生是以保险事故的发生并进行了修复工作为前提的。同时，与其他费用扩展不同的是，它不是采用第一危险赔偿方式，所以，如果工程保险的保险金额存在保险金额不足的情况时，本扩展承担的责任也将采用比例赔付。

保险人接受本扩展条款的同时通常应设定一个分项限额，限额的确定方式有两种：一种是以一个具体金额的方式确定；另一种是以保险标的损失金额的一定百分比的方式确定。保险人接受本扩展条款时应慎重，例如，工程项目大量采用国外某一特定厂家的设备和建筑材料时，可能出现大型配件需要包机空运的情况。

保险人接受本扩展条款需要适当加费。

（十五）清除污染费用扩展条款

本条款扩展承保在正常操作过程中受到放射性污染及保险单项下予以赔偿

的损失造成污染的保险财产进行清除的特别费用。

清除污染费用包括以下几项：

(1) 为修理受损对象必须发生的清除污染费用，例如：对在正常操作过程中暴露于离子辐射的部件进行清除污染的费用；

(2) 为接触受损对象而发生的费用，例如：卸去及重新放置护罩和防护墙的费用；

(3) 为防护受损对象的人员而发生的费用，例如：防护服，为避免辐射而设置阻隔物的费用；

(4) 受损对象因正常操作过程中无法修理，只能重置所发生的额外费用；

(5) 受损物件修理后，根据有关规定必须进行试验、检查、验收而发生的费用；

(6) 转移和处置放射性残骸的费用。

本条款项下每次事故最高赔偿金额不得超过以下列明的限额，但保险单物质损失项下承保的财产，其通常的修理费用不受该限额的限制。

保险人规定每次事故最高赔偿限额。

本扩展条款主要是针对以核电站为主的运用核技术的工程项目，原因是这些项目与其他工程项目不同，一旦发生保险事故，往往会产生巨额的清理污染费用，这对于被保险人来讲可能是一个巨大的潜在风险，而这种潜在风险可能造成的损失显然不包括在原来的工程造价内，即不包括在工程保险的保险金额内。

本扩展条款针对的费用为列明的6项，通常不对其分别制定分项限额，只是针对本扩展制定一个总限额。

保险人在接受本扩展条款时，应十分谨慎并适当加费。

(十六) 工程完工部分扩展条款

本条款扩展承保本保险单明细表中物质损失项下被保险财产在保险期限内施工过程中造成已交付使用的部分的损失。

本扩展条款是与主条款的责任免除“除非另有约定，在本保险单保险期限终止以前，被保险财产中已由工程所有人签发完工验收证书或验收合格或实际占有或使用或接收的部分”相对应的。其主要是针对在保险期限终止以前，已由工程所有人签发完工验收证书或验收合格或实际占有或使用或接收的部分被保险财产。

但是，上述责任免除带来的问题是：在一些大型工程项目的建设过程中可能存在在保险期限（总工期）结束前就有许多项目部分完工并交付，而由于整个工程尚未完工，可能因为施工过程的事故造成这些已经完工并交付的项目损失，本扩展条款就是针对这种风险的。

保险人接受本扩展条款需对工程的情况，尤其是各分项的工期及其可能出现的相互影响进行了解和评估，在此基础上考虑适当加费承保。

（十七）被保险人控制财产扩展条款

本条款规定：物质损失部分项下扩展承保工地内现有财产或被保险人所有、照看、照管或控制的工地内财产由于本保单项下承保的工程施工所造成的损失或损坏。

保险人在承保时通常列明此类保险财产及其保险金额。

本条款仅对在施工之前完好的并采取了必要保护措施的财产的损失或损坏负责赔偿。

如因震动、移动或减弱支撑造成保险财产的损失或损坏，保险人仅负责赔偿保险财产由于全部或部分倒塌造成的损失，而对既不会影响建筑稳固也不会对其使用者造成危险的保险财产的表面损失，保险人不负责赔偿。

保险人不负责赔偿下列损失：

——根据工程性质和挖掘方法，本可以预见到的损失；

——在保险期限内采取必要的防损措施所支付的费用。

保险人设定一定的免赔额。

本条款主要用于对原建筑进行改造或扩建时使用，因为在此类工程中往往存在大量被保险人自有或控制的财产，此类财产受损时，如果被保险人未投保财产险，也很难在工程险的第三者责任险中得到赔偿，因此如果有此类工程，应尽量附加此险种。

（十八）个人财产及工具条款

本条款扩展承保与本项目有关的雇员的个人物品，但有一定的限额。同时，保险人不承保如下几项：

（1）每次事故的……元之内，小金额财产；

（2）财产损失发生在工地现场之外；

（3）摩托车；

（4）金银首饰或现金。

雇员可能在工地现场的办公或生活区域放置一些个人物品，如一些衣物、生活用品、自购的办公用品等，这部分财产不属于工程项目范畴，故在标准条款下是得不到保障的。本扩展承保在发生保险事故时，导致的雇员个人财产的损失风险。

通常保险人需要对此扩展制定一个分项的免赔额和赔偿限额，同时，视情况适当加费。

（十九）有限责任保证期扩展条款

本条款扩展承保以下列明的保证期内因被保险的承包人为履行工程合同在进行维修保养的过程中所造成的保险工程的损失。

保险人规定保证期限。

本扩展条款是针对作为被保险人的承包人根据工程承包合同中的有关规定在保证期内对保险工程进行维修保养过程中造成保险工程的损失。

保险人承担的仅仅是承包人在保证期内进行维修保养过程中人为因素造成的损失，是承包人的一种合同责任。对于自然灾害及业主风险造成的损失不属于本扩展条款的范畴，同时，本扩展也不针对可能出现的第三者责任。

现行保险条款规定扩展保证期需要投保人另行提出申请，经保险人同意，与主保险单同时进行安排，扩展保证期的加费因素在总费率中一并考虑。

（二十）扩展责任保证期扩展条款

本条款扩展承保以下列明的保证期内因被保险的承包人为履行工程合同在进行维修保养的过程中所造成的保险工程的损失，以及在完工证书签出前的建筑或安装期内由于施工原因导致保证期内发生的保险工程的损失。

保险人规定保证期限。

本扩展保证期是保险中责任范围较广的一种，即它既承保了在保证期内出现的由于施工期内潜在因素造成保险工程的损失，又承保承包人在保证期内因履行合同的有关规定进行维修保养过程中造成保险工程的损失，是承包人的一种合同责任。对于自然灾害及业主风险造成的损失也不属于本扩展条款的范畴，同时，本扩展条款也不针对可能出现的第三者责任。

现行保险条款规定扩展保证期需要投保人另行提出申请，经保险人同意，与主保险单同时进行安排，扩展保证期的加费因素在总费率中一并考虑。

（二十一）保证期特别扩展条款

本条款扩展承保保险合同中列明的保证期限内由于安装错误、设计错误、原材料或铸件缺陷以及工艺不善引起的被保险财产的损失，但对被保险人在损失发生前即已发现错误并应予以矫正的费用除外。

本扩展条款既不承保直接或间接由于火灾、爆炸以及任何人力不可抗拒的自然灾害造成的损失，也不承保任何第三者责任。

保险人规定保证期的期限及每次事故免赔额（率）。

本扩展主要是针对在保证期内由于施工期内潜在的安装错误、设计错误、原材料或铸件缺陷以及工艺不善等因素造成的保险工程的损失。

从上述条款分析，保险人在保证期内的责任限于工程承包人的合同责任，但必须具备以下条件：

（1）承包合同载明的保证期内承包人履行维修义务过程中发生意外事故造成保险标的的损失；

（2）事故发生在规定的保证期内；

（3）事故原因可追溯到工程建设和设备制造、安装期。

现行保险条款规定扩展保证期需要投保人另行提出申请，经保险人同意，与主保险单同时进行安排，扩展保证期的加费因素在总费率中一并考虑。

## 二、适用于第三者责任部分的扩展性附加条款解释及应用

（一）交叉责任扩展条款

本条款规定单第三者责任项下的保障范围将适用于保险单明细表列明的所有被保险人，就如同每一被保险人均持有一份独立的保险单，但保险人对被保险人不承担以下赔偿责任：

（1）已在或可在本保险单物质损失部分投保的财产损失，包括因免赔额或赔偿限额规定不予赔偿的损失；

（2）已在或应在劳工保险或雇主责任保险项下投保的被保险人雇员的疾病或人身伤亡。

保险人对所有被保险人由一次事故或同一事由引起的数次事故承担的全部责任不得超过保险单明细表中列明的每次事故赔偿限额。

本扩展条款是针对工程保险中的第三者责任保险部分的。

在责任保险中有一个重要的规定，就是保险人在根据保险单的有关规定赔偿了被保险人之后，就当然地取得了代位求偿权，并据此向有关责任方进行追偿。工程保险的第三者责任保险与其他责任保险有一个显著的不同之处就是一般责任保险的被保险人均为单数，而工程保险中的被保险人往往是复数。这样就产生了一个问题，如果责任是在被保险人之间产生的，那么保险人就可以不赔。因为，被保险人是一体的，一体的单元内不应产生责任。退一步说，即使保险人对某一被保险人赔偿了之后，他也可以向有责任的被保险人进行追偿，这样也就失去了保险的意义。

本扩展条款就是针对上述情况而制定的，它的实质就是视同保险人对每一个被保险人均签发了一张独立的保险单，即保险人对每一个被保险人均独立地

承担保险责任，以解决可能存在的相互之间追偿问题。

本扩展条款在使用中，需要引起注意的一个重要问题是保险人即使接受了被保险人对于本扩展条款的要求，但是，对下列损失仍不承担赔偿责任：一是“已在或可在本保险单物质损失部分投保的财产损失”承担赔偿责任，包括物质损失部分规定的免赔额；二是“已在或应在劳工保险或雇主责任保险项下投保的被保险人雇员的疾病或人身伤亡”。

保险人在接受本扩展条款时，需根据具体情况考虑是否加费以及加费的幅度。

（二）契约责任扩展条款

本条款规定保险人负责赔偿被保险人因契约责任而应承担的对任何第三者人身伤亡及财产损失赔偿责任，但不得超过保险单第三者责任项下规定的赔偿限额。被保险人应将有关契约向保险人申报，并得到保险人的书面同意。

就一般情况而言，责任保险的标的主要是针对被保险人因侵权行为产生的责任，而合同责任属于可预见的风险，故通常将其列为除外。

但是这种除外不是绝对的，保险人可以根据投保人的要求，在对被保险人的有关契约进行认真的审核之后，接受承保被保险人的契约责任。

保险人在接受本扩展条款申请时，通常要求被保险人提供全部的有关合同，在充分分析了合同的情况和可能存在的风险后，决定是否接受承保和应当加收的保费。

本扩展条款是针对第三者责任的责任范围的，并与原有的责任范围共享原有的赔偿限额，即本扩展条款不增加保单项下的赔偿限额。

（三）保证期内第三者责任扩展条款

本条款扩展承保保险单中列明的保证期内引起的第三者责任。

本条款扩展了在工程保证期内被保险人引起的第三者责任，由于此条款措辞较为宽松，对于一些不予承保的风险责任并未作出限制，因此较易引起争议，如工程在保证期内引起的对第三者的污染责任是否包括等，所以保险人一般不接受此类附加条款。

（四）车辆装卸责任条款

本条款扩展承保被保险人因其拥有的车辆在保险单列明工地范围内进行与工程建设有关的装卸过程中发生意外事故造成的第三者人身伤亡或财产损失时应负的赔偿责任。

保险人规定每次事故赔偿限额。

本条款扩展了被保险人在工程进行过程中由于装卸设备、材料，发生意外事故，造成第三者的人身伤亡或财产损失。此附加条款对被保险人的保障更加充分。

（五）地下文物责任扩展附加条款

本条款规定保险人负责赔偿被保险人如在施工过程中遭遇地下文物，应承担的文物管理部门要求的维护、照管等费用，并相应顺延保险期限。

近年来，由于文物保护观念的普及，文物部门执法监督力度不断加大。而地铁、高层建筑开挖深度的增加，在施工过程中遭遇文物的可能性也越来越大，在施工工地的挖掘中一旦出现文物，业主方就要负责进行维护、照管，因此，会产生一定的费用，更重要的是有可能引起保险期限的顺延。通过这个扩展条款，可以补偿被保险人的额外费用损失，同时，相应地顺延保险期限，以维护被保险人的利益。

（六）意外污染责任条款

条款规定：对由于突发的、非故意的和不可预料的污染事故，被保险人因此依法应承担的赔偿责任，保险人负责赔偿。

对于污染所造成的损失，在工程保险中一般均为除外责任。但由于国家对环境保护的重视及人民对环境要求的提高，此类事故所产生的赔偿每年都在提高，因此，被保险人对此类风险保障的要求越来越高，保险人在增加此条款时，通常需要对项目的潜在环境污染风险进行全面的评估，同时，要求被保险人制订相应的应急预案，确保防止风险的发生以及有效的控制。保险人接受本扩展应适当加费，并设定一个赔偿限额。

（七）地下电缆、管道及设施附加条款

条款规定：保险人负责赔偿被保险人对原有的地下电缆、管道或其他地下设施造成的损失。但被保险人须在工程开工前，向有关当局了解这些电缆、管道及其他地下设施的确切位置，并采取必要措施防止损失发生。对图纸上正确标明位置的地下设施的损失赔偿应先扣除以下列明的免赔额：

(1) 对图纸上错误标明位置的地下设施的损失赔偿应先扣除以下列明的免赔额；

(2) 任何损失赔偿仅限于电缆、管道及地下设施的修理费用，任何后果损失及罚金均不负责。

每次事故免赔额 1……或损失金额的 20%，以高者为准。

每次事故免赔额 2……或损失金额的 20%，以高者为准。

本附加条款主要是针对工程保险项下的第三者责任的，在大部分工程项目的施工中均可能涉及地下施工作业，包括基础工程、地下室工程和各种地下管路工程等。除了项目施工地点属于新区的，绝大部分的工程项目在进行这些地下施工作业过程中均存在着可能因造成工地内原有的地下电缆、管道或其他地下设施损失而产生赔偿责任。

尽管这种赔偿责任属于被保险人的第三者责任，但是，由于这种风险的特殊性，保险人在本附加条款中明确了承担保险责任的前提条件：

(1) 被保险人须在工程开工前，向有关当局了解工地范围内可能存在的电缆、管道及其他地下设施的确切位置，被保险人的设计和施工应是建立在对这些既存情况充分了解的基础上；

(2) 被保险人对于此类地下作业的风险应有充分的估计，并采取必要措施防止损失发生；

(3) 对于从有关当局得到的图纸资料中没有标明的电缆、管道及其他地下设施的损失，保险人不负赔偿责任；

(4) 保险人对这些电缆、管道及其他地下设施的任何损失赔偿责任仅限于电缆、管道及地下设施的修理费用，而对任何后果损失及罚金均不负责；

(5) 保险人根据造成损失原因情况的不同，分为：对图纸上正确标明位置的地下设施的损失赔偿和对图纸上错误标明位置的地下设施的损失赔偿分别适用不同的免赔额。

## 三、适用于整个保险合同的扩展性附加条款解释及应用

### (一) 工程延迟完工损失条款

条款规定：在承保的工程延迟完工期间（即一定的赔偿期内），保险人扩展承保由建筑安装工程一切险项下可获赔偿的损失或损坏所造成的工程延迟完工而发生的利息、附加利息和规定的常规费用（包括但不限于因工程延迟完工而产生的工资费用、设备租金等相关费用）损失。

本条款扩展工程项下的“间接损失”，即对保险事故导致延迟完工时，被保险人可能产生的，可以预见的利息、工资费用、设备租金等进行赔偿，但不包括预期收益。与“营业中断保险”类似，本扩展与主险存在“跟随（follow)”的关系，即承担责任的前提条件是发生了工程保险责任范围内的事故，并导致了实际损失，本扩展才承担赔偿责任。

本扩展的风险相对较高，因此，保险人接受此扩展条款时，首先，应详细了解工程所有人的贷款、利率、重要设备的租赁情况、工资水平情况；其次，

应对工期安排，特别是关键项目和设备对工期的影响情况进行评估；最后，保险人应谨慎接受此扩展，在接受时，应确定一个较高的免赔天数和适当的赔偿期。

（二）业主雇员在工地意外伤害扩展条款

本条款规定：业主方人员（不记名或记名）在保险工程施工工地内，因意外事故造成人身伤残或事故，保险人将根据不同伤害程度，按下列赔偿金额表所订百分率给予赔偿，保险人根据被保险人的要求，对不同人员规定不同的赔偿限额：

1. 业主方高级管理人员（限制人数）在施工工期内意外伤害责任赔偿限额及每次意外事故医疗费；

2. 业主方其他职员在施工工期内意外伤害责任赔偿限额及每次意外事故医疗费。

本扩展承保的对象主要是针对业主单位的工作人员，这些人员可能由于工作的需要，频繁进入工地现场，而工地现场的意外伤害风险相对较大，因此，需要为其安排一个专门的工地意外伤害保险，特别是在这些工作人员没有其他意外伤害保险安排的情况下。

需要注意的是：（1）扩展的前提是在工地范围内发生的意外事故，而对工地之外的意外事故则不属于本扩展责任范围；（2）通常是采用记名的方式，也可以采用不记名的方式，但如采用不记名方式，则慎重；（3）需要对不同类别的人员确定不同的意外伤害责任赔偿限额和每次意外事故医疗费赔偿限额。

（三）保额自动增加条款

本条款规定：如在保险期限内工程总造价超过预计数值，则保险金额应自动增加，但增加部分不得超过明细表中载明的保险金额的一定百分比，且应根据条款的规定，被保险人向保险人申报实际工程造价。

本扩展主要是针对工程保险项下可能出现的“保额不足”问题。就工程保险而言，在投保时往往难以对工程造价，即保险金额准确确定。同时，由于一些大型工程项目的工期相对较长，在保险期限内工程造价受到设计变更、物价等因素的影响，发生变动的可能性较大。这些因素均将导致在保险事故发生时出现保额不足，使得被保险人得不到足额的赔偿。本扩展明确当工程造价增加时，在约定的比例范围内，保险金额将自动“跟随”增加。

本扩展是通过事前约定的方式明确：在出险时，如实际的工程总造价超过保险金额，且在一定的比例范围内，则保险人不按照保额不足处理。

保险人接受本扩展并不影响基本条款中关于“保险金额管理”的相关规定。

## 第三节
## 限制性附加条款解释及应用

### 一、适用于物质损失部分的限制性附加条款解释及应用

（一）地震除外条款

本条款规定：保险人对被保险人直接或间接因地震引起的损失和责任不负责赔偿。

工程保险属于一切险，即其承保的风险中包括了地震风险。

由于地震属于巨灾风险，所以，如果被保险的工程处于地震多发区域范围内，保险人可能出于限制风险的因素或者是由于分保安排、费率等因素需要，将地震风险除外，即可运用本限制性附加条款。

（二）洪水除外条款

本条款规定：保险人对被保险人直接或间接因洪水引起的损失和责任不负责赔偿。

工程保险属于一切险，即其承保的风险中包括了洪水风险。

由于洪水属于巨灾风险，所以如果被保险的工程处于洪水多发的河流流域的低洼区域范围内，保险人可能出于限制风险的因素或者是由于分保安排、费率等因素需要将洪水风险除外，即可运用本限制性附加条款。

（三）隧道工程特别除外条款

本条款规定：保险人不负责赔偿被保险人在工程建设中发生的下列损失和费用：

（1）对软石地域灌浆或采取其他必要的安全措施；

（2）超过图纸规定的开挖以及因此而造成的回填费用；

（3）排水费用，即使水量远远超过原来的估计；

（4）排水系统的故障、损坏引起的，且若有充分的备用设备则可以避免的损失；

（5）因增加防水隔离措施，以及增加排放流水和地下水设备发生的费用。

在工程保险的标的中可能出现隧道项目，而在这些工程项目的施工过程中，有些费用的认定往往容易在保险人和被保险人之间产生争议，故需要事先进行明确。所以，保险人承保隧道工程或者工程中含有隧道项目一般附加本特别除外条款。

以上所述的各种费用通常是针对这些项目的特点而产生的，主要有两类：一是在这类项目的施工过程中经常会发生的费用，如开挖量超出设计并需要回填，开挖作业面出现渗水需要排水、处理裂缝等；二是被保险人为了完成施工必须进行的防护费用，如软基处理、隔水防渗等。

由于这些费用是在进行此类项目施工过程中必然会遇到的，或者说是包括在工程的不可预见费用内的，故工程保险对此予以除外。

（四）大坝、水库工程除外附加条款

本条款规定：保险人不负责赔偿被保险人在工程建设中发生的下列损失和费用：

（1）对软石地域灌浆或采取其他必要的安全措施；

（2）排水费用，即使水量远远超过原来的估计；

（3）排水系统的故障、损坏引起的，且若有充足的备用设备则可以避免的损失；

（4）因增加防水隔离措施，以及增加排放流水和地下水的设备而发生的费用；

（5）基础不实造成地陷引起的损失；

（6）裂缝和渗漏。

在工程保险的标的中可能出现大坝、水库等工程项目，而在这些工程项目的施工过程中，有些费用的认定往往容易在保险人和被保险人之间产生争议，故需要事先进行明确。所以，保险人承保水电站或水利工程项目一般附加本特别除外条款。

以上所述的各种费用通常是针对这些项目的特点而产生的，主要有两类：一是在这类项目的施工过程中经常会发生的费用，如排水、处理裂缝渗漏等；二是被保险人为了完成施工必须进行的防护费用，如软基处理、隔水防渗等。

由于这些费用是在进行此类项目施工过程中必然会遇到的，或者说是包括在工程的不可预见费用内的，故工程保险对此予以除外。

（五）清除滑坡土石方特别除外条款

条款规定：保险人不负责赔偿被保险人清除滑坡土石方的费用，但对滑坡造成工程地区重新开挖的费用在不超过原开挖费用的范围内负责赔偿。对被保险人未采取或未及时采取必要的措施而导致斜坡腐蚀的修补费用不负责赔偿。

在工程项目的施工中可能出现大量的开挖项目，如道路、隧道、大坝、水库等工程项目，而在这些项目的施工过程中往往容易产生滑坡现象，而处理滑坡的有关费用的赔偿问题常常引起保险人和被保险人之间的争议，故需要事先进行明确。

在这些项目的施工中滑坡现象的特点是：滑坡的出现与否与被保险人有着密切和直接的关系，包括被保险人的技术、管理乃至工期的控制；滑坡的出现可能造成巨大的损失。针对这两个特点，通常工程保险将其列为除外。

但是，对工程项目建设过程中设计的开挖费用不在本除外之列，即其仅仅是针对因滑坡引起的额外的开挖费用。同时，在开挖之后应及时对开挖面采取必要的保护措施，如果被保险人由于种种原因未能或未能及时对开挖面进行处理，因此导致斜坡腐蚀的修补费用，保险人也不负责赔偿。

（六）旧设备除外条款

本条款规定，保险人对被保险的旧设备发生的下列损失不负责赔偿：

（1）可归因于该设备在其安装之前的运行中形成的；

（2）可归因于该设备的拆卸（若保险单未承保该拆卸工程）；

（3）任何非金属部分。

本附加条款主要是针对保险标的中可能存在的旧设备（二手设备）的风险，目的是对此类旧设备的风险进行明确。所以，在承保的工程项目中如果有旧设备，保险人一般附加本附加条款。

旧设备的主要风险体现在由于这些设备是已经使用过的或者出厂后存放的时间大大超过合理的期间，相对于新设备而言存在较大的风险。另外，作为新设备，通常生产的厂家应承担相应的质量保证责任，在设备的安装调试过程中发生的一些损失保险人在赔偿之后，可以通过追偿的方式向生产厂家索赔。但是，如果是旧设备就没有这种质量保证，保险人不愿承担此种设备风险。

（七）风暴除外条款

本条款规定：保险人对由于风速达到或超过（蒲福）8级（平均风速超过62千米/小时）的风暴直接或间接导致的损失、损坏或责任不负责赔偿。

此条款是针对一些完全不会遭受风暴损失的工程（如地下工程）或工程的风暴损失过大保险人不愿意承保而使用的，使用此条款后，费率可以适当调低。保险人通常在适用纯风险损失率条款的项目上附加此条款。

（八）隧道、坑道、临时或永久地下建筑安装工程附加条款

本条款规定，保险人对被保险人由于下列各项不负责赔偿：

（1）改变施工方法或地质条件不可预见的变化或地质障碍所增加的费用；

（2）为改善或稳定地质条件，或封闭入水口而采取的必要措施所发生的费用，但为修复受损保险财产所必须采取的措施不在此限；

（3）清除挖掘物，或者清除超挖物及由此产生的回填费用；

（4）排水费用，但为修复受损保险财产所必须采取的排水措施所发生的费用不在此限；

（5）使用备用设施本可以避免的排水系统损坏；

（6）放弃或恢复隧道挖掘设备；

（7）为挖掘进行支撑或加固地面所需的膨润土等任何媒介物。

保险人依照本保险合同应赔偿金额以将保险财产恢复至受损前技术标准所规定的费用为限，但不超过损失发生区域原挖掘费用的百分比。

本限制性条款主要用于地下工程。由于地下工程在进行前期地质勘探时是使用抽样采点的方法，不可能做到将地下地质状况查勘得十分准确，因此，施工时存在较大的不确定性。而这类地下工程，特别是隧道工程，一旦发生事故，往往会产生巨额的相关处理和善后费用，有的甚至需要改线，为此，需要对其进行明确和限制。

本条款同时对赔付上限作了规定，以控制风险暴露，即明确恢复和赔偿的标准，同时，明确“不超过原挖掘费用”的一定百分比，现在市场上一般为120% ~150%之间。

与此条款内容几乎相同的还有“地下工程条款”。

（九）打桩及挡土墙除外条款

本条款规定，保险人对以下费用不负责赔偿：

（1）由于以下原因更换、矫正桩柱或挡土墙：在施工中错误放置、错误连接或挤压；在打桩或抽取过程中丢失、放弃或损坏；打桩设备或套筒的故障或损坏导致阻塞；

（2）修复断开或分离的板桩；

（3）修复任何物质的渗漏或渗透；

（4）填充空隙或更换消耗掉的膨润土；

（5）由于桩基或地基工程不能通过负载测试或其他未达到设计承载能力；

（6）修复侧立面或结构。

本条款不适用于由于自然灾害造成的损失，证明损失属于保险责任的举证之责应由被保险人承担。

本条款主要用于建筑物的桩基工程和挡土墙工程，由于打桩或制作挡土墙也属于地下工程的一部分，而地下地质情况存在较大的不确定性，且施工单位采用的施工工艺不同，风险情况也不同。在事故发生时，往往难以界定损失是保险责任范围内的意外事故所造成的，还是其他非保险责任因素造成的。同时，对于损失处理和恢复的方案也存在很大的不确定性，保险合同双方很容易因此产生纠纷，所以，保险人通常使用此条款进行明确除外。

（十）沉降附加条款

本条款规定：对于地基、道路、桥梁由于下列沉降引起的损失、费用或责任，保险人不负责赔偿：

（1）因未进行足够的加固或改良所引起的沉降；

（2）可预见的沉降；

（3）与所用的材料或施工方法有关的沉降。

由于地基、道路、桥梁进行施工时都会产生一定的沉降，而对于此类沉降是不均匀的，一般都是可以预见的，也可以说，它是一种必然风险。除此之外，有的时候通常是因为承包人违规赶工或由于施工工艺不善而造成的，因此，保险人采用本条款将此类风险明确除外。

（十一）被保险人权益丧失条款

本条款规定：如果任何索赔带有欺诈性或被保险人或其代表为在保单下获得利益而使用欺诈性手段，则其在本保单下的利益将全部丧失，但本款仅针对有此行为的被保险人。

被保险人的代表是指一个单位或公司的法人代表及其书面授权代表。

本条款用于防止被保险人有意的欺诈行为，而且对被保险人及其代表进行了定义，避免歧义。

（十二）涵洞、溶洞工程除外责任条款

本条款规定：在保险单的其他承保条件、保障范围、责任免除不变的情况下，保险人对下列各项损失或费用不负赔偿责任：

（1）软石、溶洞地域灌水泥浆及采取的其他即便是工程所需的正常安全措施；

（2）排水费用（即便水量大大超过了预计量）和后果；

（3）排水系统的机器损坏所致损失（假如排水系统的机器损坏在有足够的备用设施情况下完全可以避免的）；

（4）防止流水、地下水渗漏的附加绝缘设施及其他装置的费用；

（5）由于被保险人能合理预见但未能及时采取措施而致的侵蚀坡面及其

他斜坡地区的修理费用；

（6）基础不实引起的地面塌陷损失；

（7）裂口及渗漏；

（8）超过设计和规范要求挖掘量的挖掘费用及由此产生的额外填充费用。

本条款主要用于喀斯特地形地区工程保险项目，由于在此地形区内溶洞密布，深度及空间大小很难定位，而且溶洞与地下暗河互联，在进行灌浆作业、排水、挖掘时，往往难以确定数量和金额，也容易出现塌陷的现象，因此，保险人一般使用此条款将上述损失明确除外。

## 二、适用于第三者责任部分的限制性附加条款解释及应用

（一）农作物、森林除外条款

本条款规定：对被保险人在工程施工期间直接或间接造成农作物、森林以及其他养殖类的损失或责任不负责赔偿。

在普通财产保险中的保险标的一般是针对物质和利益，而这种物质是没有生命的。对于动物和植物这类有生命的标的，通常是将其纳入农业保险的范畴，原因是这类标的的价值确定方式不同于普通财产保险标的，且较为复杂和困难。鉴于同样的原因，工程保险将这类标的从其财产损失责任和第三者责任两类责任中明确除外。

（二）地下公共服务设施条款

本条款规定：保险人不负责赔偿因造成现有地下服务设施（如供水、供气或地下水管，电线或电话线）损失或损坏，被保险人依法应负的经济赔偿责任，除非在挖掘开始之前，被保险人已向有关政府部门询问此种设施的确切位置，在有关政府部门指示设施存在于工地附近时，被保险人应在进行任何机械挖掘之前手工挖掘试坑，以确定设施位置。如果手工挖掘仍无法确定，被保险人应要求有关政府部门给予帮助。

保险人的责任限于对受损的地下公共服务设施进行修理、替换或重置的费用，并不扩展包括服务中断引起的后果损失。

条款规定：被保险人承担一定的免赔额。

由于我国目前地下公共服务设施的定位图纸档案保存不善，而有些线路（如军事通讯线路）是不公开的，在进行地下挖掘时，对于管线的定位只有一个粗略的范围，施工单位进行施工时常常会出现挖断此类管线的现象，而一旦这些管线被挖断，产生的间接损失很难估计和控制，因此，保险人用此条款将

其保险责任范围限于这些设施的修理费用，对于由此导致第三者的损失或任何后果损失不负责赔偿。

## 第四节
## 规范性附加条款解释及应用

### 一、适用于物质损失部分的规范性附加条款解释及应用

（一）工棚、库房附加条款

条款规定：只有在被保险人将工棚、库房落址在工地周围高于最近20年记载中最高水位的地方，并且每一工棚、库房或间隔50米，或由防火墙分隔的情况下，保险人对被保险人因火灾、洪水直接或间接造成工棚、库房的损失和由此产生的责任负责赔偿。

在一些大型工程项目的施工过程中，由于整个工地范围很广，作业点多，因此可能会有大量的工棚和库房分布在工地内。这些工棚和库房面临的主要风险是火灾和洪水，而这些风险对于保险标的的影响在很大程度上又取决于被保险人对于这些工棚和库房的管理。

本附加条款的目的是对这些工棚和库房承担保险赔偿责任的前提条件进行规定：（1）地址必须位于20年一遇的洪水水位之上；（2）间隔必须大于50米；（3）间隔小于50米的必须有防火墙。

（二）施工用机具附加条款

本条款规定：只有在被保险人将施工结束后，或任何施工中断时的施工用机具放置在最近20年未遭受洪水或水灾侵害的地方的情况下，保险人对被保险人因洪水或水灾直接或间接造成施工用机具的损失及由此产生的责任负责赔偿。

在工程保险项下扩展施工机具的情况下，由于施工机具的流动性，其损失可能在很大程度上取决于被保险人对于这些施工机具的管理。

作为保险人承担保险责任的前提条件，要求被保险人在非使用期间，将被保险的施工机具放置在20年一遇的洪水水位之上的停放地点。

（三）建筑材料存放附加条款

本条款规定：只有在被保险人的建筑材料超过3天的用量，且超过此量的材料放置在最近10年未遭受洪水或水灾侵害的地方的情况下，保险人对被保险人因洪水或水灾直接或间接造成建筑材料的损失及由此产生的责任负责赔偿。

在工程保险中，建筑材料作为保险标的的一部分，可能分布存放于工地的各个地方，而由于这些建筑材料本身的特点使其缺乏防御洪水或水灾的能力，为此，保险人就其对这些建筑材料的损失承担赔偿责任的前提条件作了一些规定：（1）对工地内任何地点的建筑材料承担赔偿责任的前提是，其存放量应不超过3天的用量；（2）对于超过3天用量的建筑材料损失承担赔偿责任的前提是，这些建筑材料应存放在10年一遇的洪水水位之上的地点。

（四）地震地区建筑物附加条款

本条款规定：若被保险人能证明工程的设计、材料、工艺以及建筑物结构均已符合有关当局对房屋建筑的抗震要求，保险人对被保险人由于地震引起的损失和责任予以赔偿。

由于地震属于巨灾风险，政府有关部门从公众安全的角度出发，对于在工程建设中的设计、材料和工艺以及建筑物结构的抗震问题均有明确的规定。

保险人从依法经营和统一标准的角度出发，将符合政府有关部门的标准作为保险人承担地震引起的损失赔偿责任的前提条件。

对于承保的工程项目处于地震多发区域的，保险人通常在保险单中增加本附加条款。

（五）防火设施附加条款

本条款规定：保险人仅在被保险人做到并符合下列各条要求后对被保险人因火灾爆炸直接或间接引起的损失负责赔偿：

（1）工地上应始终配备足够的和有效的消防设备以及充足容量的灭火用具，并使之处于随时可用的状态。

（2）保证足够数量的人员受到使用该消防设备的训练，并能随时进行灭火工作。

（3）若建筑、安装工程需设材料仓库，则库存物应分置若干库存点，每一库存点的材料不得超过以下列明的金额，每一库存点或间隔50米或由防火墙分隔；所有易燃物，尤其是所有易燃液体和气体的放置地应远离正进行建筑、安装的财产或任何明火作业区。

(4) 易燃物附近动用明火，或进行烧焊、切割作业时必须至少有一名受到消防训练并配备灭火器材的人员在场。

(5) 试车开始时，所有为设备运行而设计的消防设施必须安装就绪并能使用。

本附加条款主要是为了减少和控制火灾、爆炸风险而制定的。采用的办法是进一步细化和明确被保险人的义务，并重申其作为保险人承担保险责任的前提条件。

同时，保险人对于被保险人在每一地点存放建筑材料的上限作了明确的规定，目的是减少最大可能损失的金额。

(六) 铺设供水、污水管附加条款

本条款规定：保险人负责赔偿被保险人因作业井、沟、水管遭受水淹、淤塞引起的损失和责任。但每次开挖的长度，无论是部分或全部开挖均不得超过以下列明的长度。

保险人仅在下述情况下予以赔偿：

(1) 水管铺设后，应保证立即填实，以避免沟壕水淹后水管移位；

(2) 水管铺设后，应保证立即封闭管口，防止水、淤泥等渗透；

(3) 一旦压力测试结束，水管测试部分的沟、壕应立即填实。

保险人规定每次开沟长度。

本附加条款是针对供水、污水管工程项目风险特点的，在进行管路施工过程中的损失往往是由于施工面拉得过大造成的。所以，在管路施工中，控制风险的关键是控制施工作业面，以确保能及时回填和封口。

(七) 铺设管道、电缆附加条款

本条款规定：保险人负责赔偿被保险人在全部或部分开挖时遭受暴风雨、雨水、洪水而引起泥沙淹没、淤塞、腐蚀、塌方及管道、电缆、埋设物的浮起导致的损失。但每次开挖长度不得超过以下列明的公里。

被保险人应保证管口处备有应急的封堵设备，并在任何停工期间诸如夜晚、假日等，封堵可能受到洪水侵害的管口。

保险人规定每次开沟长度。

本附加条款与“铺设供水、污水管附加条款”类似，主要是针对管道、电缆铺设工程的项目特点，在进行铺设管道、电缆施工过程中的损失往往是由于施工面拉得过大造成的。所以，在铺设管道、电缆施工中控制风险的关键是控制施工作业面，以确保能及时回填和封口。

(八) 埋管查漏费用附加条款

1. 本条款规定：保险人负责赔偿被保险人下列项目：

(1) 流体静力试验后的查漏费用（包括特殊设备的租用费、运输费和操作费）。

(2) 为查寻及修补漏点而产生必要的土方工程费用。例如，对未受损壕沟的开挖，管道覆盖层的剥离和复原。但：

上述泄漏必须是保险单项下予以赔偿的事故，或由工地的施工错误所造成，并且 __% 的焊缝已经 X 光检查，且所有发现的缺陷均已排除。

保险人规定本保险的累计赔偿限额和每一流体静力试验段的赔偿限额：以及保险期间最高赔偿限额。

本条款不负责赔偿被保险人焊缝的错误修理造成的费用。

本附加条款主要是针对管路工程特点的，由于在管路工程的施工过程中经常会产生这种与查漏有关的费用，而这种查漏费用往往金额巨大，为此，有必要事先对其进行明确，以免产生争议。

2. 本附加条款明确保险人承担赔偿查漏费用的条件是：

(1) 泄漏必须是工地的施工错误所造成的；

(2) 泄漏必须是本保险单项下予以赔偿的事故引起的；

(3) 根据施工规范的规定一定百分比的焊缝已经 X 光检查，且所有发现的缺陷均已排除。

3. 赔偿的项目包括：

(1) 流体静力试验后的查漏费用。

(2) 为查寻及修补漏点而产生必要的土方工程费用。例如，对未受损壕沟的开挖，管道覆盖层的剥离和复原。

(九) 运输险、工程险责任分摊条款

1. 本条款要求被保险人：

(1) 一旦原材料及设备运抵工地，被保险人应立即检验其运输途中可能发生的损失，若裸装货物损失明显，被保险人应在运输险保险单下提出索赔。

(2) 若包装的货物未立即开箱，需放置一段时间，则被保险人应观察检验外包装是否有货损迹象。若货损迹象明显，被保险人应在运输险保险单下提出索赔。

(3) 若货物外包装无货损迹象，并且货物仍处于包装状态，直至货物开箱时才发现损失，该损失将视作发生在运输期间，除非从损失的性质上有明显的证据表明损失确系发生在运输保险终止后。

（4）若无明显证据确定损失的发生时间，则该损失将由运输保险及本保险各分摊50%。

本附加条款又称为“50/50条款”，主要是用于解决工程项目中机器设备的运输段风险和施工段风险的界定问题。

用于工程项目的机器设备等货物运输至工地后，在一般情况下，不会立即投入安装或使用，往往要在工地内存放一段时期或相当长的一段时期后，才开箱安装或使用。这样，一旦安装或使用时开箱发现货物损坏，则这种损坏有可能是在运输期间发生的，但也有可能是在运抵工地后的存储期间发生的，而要判断损坏是在哪一个区间发生的，即由谁来承担损坏的赔偿责任常常是困难的。为了避免届时产生争议，对于工程中存在大量的机器设备安装项目的应采用本附加条款。

2. 本附加条款对可能出现的情况进行了明确的规定：

（1）机器设备抵达工地后，在明显存在损失的情况下，被保险人应向货物承运人或其保险人提出索赔。

（2）机器设备抵达工地后，在外包装损坏，存在损失可能的情况下，被保险人应及时进行检验，并向货物承运人或其保险人提出索赔。

（3）机器设备抵达工地后，外包装情况良好，但在开箱时发现货物损坏，应对导致损坏的原因进行分析，若是有理由证明损失是发生在运输期间的，应向货物承运人或其保险人提出索赔；但若是损失发生在抵达工地之后，就应由工程保险的保险人负责。

（4）机器设备抵达工地后，外包装情况良好，但在开箱时发现货物损坏，且其损失的原因无法确定的，即可能是在运输段产生的损失，也可能是在抵达工地后产生的损失，则由工程保险的保险人和货物承运人或其保险人各承担损失金额的50%，即工程保险的保险人仅承担损失的50%，而无论被保险人是否能得到货物承运人或其保险人的赔偿。

可以看出第（4）条是本附加条款的核心，而第（1）、（2）、（3）条是前提条件。

（十）系列损失附加条款

条款规定：对于保险合同所承保工程之结构物或其一部分及机械设备，凡因为设计错误（加保设计师风险者）、材料瑕疵或工艺不善等原因造成保险财产损坏或灭失，保险人的赔偿责任以扣除免赔额后，依其发生次数以下列百分比计算损失，但是对第六次以上损失保险人不负赔偿责任：

| 第一次及第二次事故 | 100% |
|---|---|
| 第三次事故 | 80% |
| 第四次事故 | 60% |
| 第五次事故 | 50% |

本条款适用于建筑工程一切险的物质损失保险，其本意在于补偿被保险人因保险标的物遭受突发而不可预料的意外事故所致的损坏或灭失。对于一再重复发生的事故，已不属于突发性质，也非完全是不可预料，不宜全由保险人来继续赔偿。因此，本条款对于因同一事故引起的一系列损失，保险人通常事先约定以发生次数的增加逐渐递减其赔偿责任，以促使被保险人对于发生过的灾害能够注意设法改善，以防同样事故损失一再发生，并避免被保险人因已有保险保障，忽略自己应尽的防灾防损义务。

（十一）桥梁工程的附加条款

本条款对桥梁工程作如下特别规定：

(1) 工程材料、半成品组件及设备的储存处所、仓库、办公室、宿舍、工棚及加工场及其他各种施工工地，均应设在施工工地内高于过去20年记录最高水位或发生频率20年一次洪水位以上的高地。否则保险人对于上述设施及存放材料因洪水、涨水或淹水所致损坏或灭失均不负责赔偿。

(2) 对于因施工需要，必须在河床存放或加工的工程材料、半成品组件及设备，均应依施工进度需要逐渐移置。遇有任何损坏或灭失时，保险人的赔偿责任，一律以3日内所需用量为限。前项所称河床是指现在或以往有河流经过的河槽或区域，筑有堤防者是指堤防内的区域。

(3) 保险人对在河床预制件厂制造中的预应力梁工程及存放在河床上的预应力梁、钢梁，于每年5月1日至10月31日期间，因洪水、涨水或淹水所致的损坏或灭失，均不负责赔偿。

(4) 工程合同规定施工中需拍照者，被保险人每月至少应拍照一次保存备查。保险工程发生事故后，被保险人应立即拍摄显示损毁部分的照片，保留现场，并于72小时内通知保险人，非经保险人同意不得修复，并应提供业主派驻工地监理签章的施工进度表、施工检验记录及材料进场、使用及储存的完整资料，以供保险人理赔时参考，否则保险人对无法查证部分的损失不负责赔偿。

(5) 保险工程(含临时工程)任何一次意外事故所致损坏或灭失,被保险人除应负担保险合同所列明的免赔额外,对临时工程应再自行承担该项损失的50%或RMB……元,以高者为准。

若临时工程以外其他工程的损失没有超过该项免赔额,而临时工程的损失合计超过时,被保险人除承担该项免赔额外,应另行承担超过部分损失的50%或RMB……元,以高者为准。

本条款适用于建筑工程一切险的物质损失保险。跨越河川、溪流的桥梁工程,如同水力发电站工程一样,受季节及洪水的影响很大,然而在台风季节,在上河床预制或存放预应力梁、钢梁的风险甚高,被保险人可预见到损失难免,属于不可保风险。所以,该条款第(3)条约定:因洪水、涨水或淹水所致的损失,保险人不负责赔偿,用意在于加强被保险人注意施工安全及进度控制,避免无谓损失,如果遇到特殊情形,保险人通常需要调整免赔额或设置赔偿限额的方式承保上述风险。

## 二、适用于整个保险合同的规范性附加条款解释及应用

(一)建筑、安装工程时间进度附加条款

本条款规定:被保险人为获得本保险单的保障,应向保险人提供建筑或安装工程时间进度表,包括其他书面材料及技术资料,上述资料作为本保险单的组成部分。除非保险人在损失发生前已书面同意被保险人提出的时间进度偏差期限,保险人对建筑或安装工程时间进度偏差超过以下列明的期限所引起或扩大的损失不负责赔偿。

保险人允许一定时间进度偏差。

本附加条款主要是针对工程项目在施工过程中可能出现的进度偏差问题。保险人认为被保险人向其提供的包括建筑或安装工程时间进度表在内的各种技术资料均作为保险合同的一部分,应具有真实性。同时,保险人对于工程项目进行风险评估的依据之一也是这些包括建筑或安装工程时间进度表在内的各种技术资料。

如果这些技术资料不真实或者这些技术资料不能得到执行或者在执行中出现较大的偏差,将直接影响保险人对于风险的评估结果。为此,保险人有理由认为被保险人违反告知义务,拒绝承担赔偿责任。

(二)分期付费条款

本条款规定:保险单项下的保险费按下列条件分多少期缴付:

规定被保险人分期数________缴付保险费金额________缴付日期________

若被保险人未按上述缴付日期缴付规定的保险费，从应付日起至实际缴付日止的期限内，若保险财产发生损失，保险人不负责赔偿。

被保险人在付清本保险单项下全部保险费之前，如保险财产发生损失，保险人应支付的赔款数额超过被保险人已缴付的保险费时，保险人有权在赔款中扣除被保险人尚未缴付的保险费。

工程保险的特点之一是保险费数额较大和保险期限较长，为此，常常采用分期付费的方式。本条款的目的是为了对分期付费的有关问题进行明确，以免产生争议。

首先，条款对分期的期数、各期应缴付的金额和缴付日期均进行了明确的规定，使其成为保险合同的一部分，或者是被保险人义务的一部分。其次，明确如果被保险人未能按时缴付保险费，则保险人对于从应付日起至实际缴付日止的期限内发生的损失，不负赔偿责任。应当注意的是：尽管保险人对在上述期间发生的损失不负赔偿责任，但并没有免除被保险人支付上述期间保险费的责任。最后，在被保险人付清全部保险费之前，保险人在赔款将超过被保险人已支付保费的情况下，有权将应付未付的保险费在应支付的赔款中先行扣除。

# 第五章
# 工程保险承保实务

## 第一节
## 工程保险承保及其基本原则

### 一、工程保险承保

工程保险承保是指保险公司的承保人员根据投保人提出的申请，在认真评估风险的基础上决定是否接受承保，以什么样的条件接受承保，同时，对于接受承保的项目具体地选择，或者拟订条款和条件的过程。

承保工作的基础是对项目的风险评估，这种风险评估工作可以由保险公司的人员进行，也可以委托保险公估公司进行。承保人员在对项目进行风险评估的基础上，结合以往的同类项目的损失记录以及自身的工作经验，决定是否接受承保以及用什么样的条件承保。

通常人们认为承保工作的核心就是确定费率，这种想法是有失偏颇的。承保工作的核心是决定是否接受承保，而不仅仅是承保的条件。一个质量没有保证的项目，即使收再高的费率也难免出问题，因此，承保人员要做的第一个判断是这个项目能否接受，其次才是承保条件问题。在确定承保条件过程中，不应当将费率作为主要因素。与所有保险一样，承保人员要解决的关键问题是确定赔偿条件以及对应的保险成本。在赔偿条件中包括了保险责任，特别要注意一些附加条款提供的责任扩展问题。在保险成本中不应当将目光仅放在费率上，因为费率固然是确定保险费的条件之一，而保险金额及其确定方式同样决定了保险成本。所以，应当从风险对价的角度来考虑保险成本问题，也就是确定赔偿条件下的总保险费问题，费率仅仅是一个过渡性的因素。

## 二、工程保险承保的基本原则

保险是进行工程项目风险管理过程中的重要环节之一，保险合同双方在制订和安排保险方案时会涉及许多问题，这些问题往往是错综复杂的，其中有些问题是矛盾的，甚至对立的，因此，双方在进行设计和安排工程保险，尤其是保险人在进行承保过程中，应当遵循一些基本原则。

（一）充分评估风险的原则

保险是进行风险管理的主要工具，对风险进行有效管理的前提是对风险进行充分的识别和评估，所以，在保险方案的制订过程中应当对项目进行充分的风险识别和评估。对投保人而言，对风险进行充分评估是制定风险管理计划的依据，也是科学、合理地进行保险安排的基础；对保险人而言，如果对于风险缺乏充分的评估，就不可能科学地确定保险价格，甚至可能导致自身经营的不稳定。

（二）满足投保人风险分散需要的原则

投保人安排保险的最主要的目的是分散风险，实现稳定经营。在承保的过程中应当充分考虑和重视投保人对于风险分散的需要，保险方案应尽可能满足这种需要。投保人风险分散的需要通常体现在两个方面：一方面是风险保障的充分性，即将投保人需要分散的风险尽可能地纳入保险责任范围；另一方面是补偿的充分性，即将保险事故发生之后被保险人可能产生的损失尽可能地予以保障，确保被保险人在保险事故发生之后财务的稳定。

（三）满足保险人控制风险要求的原则

保险人在经营保险的过程中，控制风险、确保自身经营的稳定是一个首要任务。从保险公司的投资者来讲，投资经营保险的目的是为了实现利润最大化，而实现利润最大化的前提是经营的安全和稳定。从投保人来讲，投保的目的就是其认为自身存在风险，而又不愿意承受可能出现的风险损失，所以，将风险通过保险的形式转移给保险人，以谋求经营的稳定。如果保险公司的经营稳定无法保证，那么，被保险人的风险保障也就无从谈起。

（四）实现公平和对价的原则

保险也是一种商品，在承保过程中应当充分体现公平和对价的原则。所谓公平是指在制订保险方案的过程中，应确保合同双方处于一种平等的地位，充分考虑保险合同双方的利益；所谓对价是指在确定保险条件和费率的过程中，应根据风险的情况，确定合理的保险费率，即费率与风险成对应或者对等的关系。

# 第二节 保险单类型

## 一、按责任范围划分

工程保险的保险单类型按照责任范围可以分为列明除外型和列明风险型。

(一) 列明除外型

列明除外型保险单亦称为“一切险”保险单。列明除外型保险单是指保险人承保除了列明的除外责任以外的一切风险造成的损失。这种类型保险单的具体表现形式有两种：

1. 直接明示型。这种类型的保险单在责任范围的规定采用“除外之除外”的方式，其通常的措辞是：“因本保险单除外责任以外的任何自然灾害或意外事故造成的物质损坏或灭失。”

2. 否定除外型。这种类型的保险单在责任范围的规定上采用列明的方式明确承保的风险，但在其责任范围规定的最后一条通常的措辞是：“除本条款除外责任规定以外的其他不可预料和突然事故。”这一措辞通过否定除外的方式，使保险单成为列明除外型的“一切险”保险单。

尽管这种列明除外型保单一般称为“一切险”保单，但要注意的是它仅仅是普通商业保险意义上的“一切险”，有些人将“一切险”理解为广义上的保障“一切”风险和“一切”损失的保险，或者将其称为“全险”，这显然是错误的。从商业保险的角度理解“一切险”，应当注意把握两个基本要点：一是一般保险承保的风险均应满足可保风险的特征，即造成损失的风险应具有突发的、不可预见的、人力无法抗拒等特点；二是它所针对的风险是除外责任风险以外的，即它所指的“一切”是除外责任以外的“一切”。

目前，大多数工程合同，如“菲迪克”（FIDIC）合同为了最大限度地维护和保障工程各个方面的利益，在关于工程保险安排中均明确要求应采用列明除外型，即“一切险”的保险单。

（二）列明风险型

列明风险型保险单，亦称为列明责任保险单。列明风险型保险单是指保险人仅仅承保保险单中列明的风险造成的损失。在这种保险单的责任范围规定中，在列明了承保的风险之后，通常会出现一条“关门”条款，具体措辞为：“其他不属于保险责任范围内的损失和费用。”

这种保险单的保障范围显然要比列明除外型保险单的保障范围窄得多，保险合同双方在使用这种保险单时，应当对于这个问题有充分的了解和共识，以免日后产生纠纷。一般这种保险单只用于一些小的工程项目，或者是一些简单的、风险较为单一的项目。

## 二、按承保方式划分

工程保险的保险单类型按照承保方式可以分为单一项目保险单、开口保险单和年度保险单。

（一）单一项目保险单

单一项目保险单（Single Project Policy）是指向某一工程项目，或者某一工程项目的一个部分提供风险保障的保险单。这是工程保险中最为常见的保险单类型。

若是以某一工程项目中的某一部分为保险标的的保险单，一般是指在一个大型项目的建设过程中，需由几个方面（承包商）合作进行完成的，而作为投保人的承包商独立完成其中的某一部分。但是，要注意的是，保险人一般不接受投保人选择将其承包的某一项目中的风险较大的某一部分进行投保，如基础工程。同时，这个“某一部分”应有一个独立的工程合同。在接受一个项目中的一部分进行投保时，保险人通常不接受第三者责任保险的安排。因为，在这种情况下第三者责任的风险较大，也较为复杂。如果投保人坚持要求安排第三者责任风险，保险人应对各个关系方、项目的划分、工地的管理等风险情况进行详尽的了解和评估，在此前提下，确定适当的承保条件，慎重承保。

（二）开口保险单

开口保险单（Open Policy）是指应投保人的特殊需要，保险人向其提供的一种统一条件的预约保险单。

开口保险单一般是投保人要进行一系列项目开发时，如对于一个开发区进行建设时，为了统一风险管理水平，避免重复劳动，便于合同的统一和规范管理，防止由于疏忽等原因可能出现漏保而导致损失，在项目开发前，就其将要建设的所有项目的保险条件一次性地与保险人进行统一的协商，在协商的基础上，双方签订一个开口保险单。在以后的开发建设过程中，投保人一旦签订了工程合同，或者开工建设一个项目时，只需将项目向保险人进行开工申报，就可以将工程合同纳入开口保单范畴，即可获得统一的风险保障，而无须逐个进行谈判、协商和签订保险单。

（三）年度保险单

年度保险单（Floater Policy）是指向投保人提供在某一年度内的施工活动风险保障的保单。

与项目保险单不同，年度保险单设计的适用对象仅仅是承包商，目的是为了更好地满足承包商的需要，为承包商的经营管理提供配套的风险保障服务。所以，它的特点是能适应承包商进行年度核算和管理的需要。

年度保险单向承包商提供在一定期限（年度）内承建工程的风险保障，而不管在建的项目始于何时，也不管保险期限结束时工程是否完成，只要这些在建的项目是由作为被保险人的承包商承建的，并在保险期间（年度）内发生了损失，保险人就承担责任。

年度保险单还可以分为：新项目年度保险单、期间年度保险单和混合年度保险单。

新项目年度保险单（New Contracts Floater Policy）是指保险人仅对被保险人在保险期限（年度）内开工的项目承担保险责任，对于在保险期限（年度）开始之前已经开工的项目不承担保险责任。

期间年度保险单（Period Floater Policy）是指保险人对被保险人在保险期限的所有项目承担保险责任，不论项目是否为保险期限以内开工的。

混合年度保险单（Mixed Floater Policy）为新项目年度保险单和期间年度保险单的混合。

# 第三节
# 投保单

## 一、投保单的性质与作用

保险经营活动的核心是保险合同，保险合同作为经济合同的一种，其成立必须经过要约和承诺两个步骤。所谓要约，是指一方向另一方作出的订立合同的意思表示，要约的内容必须包括要约人愿意与受要约人订立合同的决心和合同的主要条款。所谓承诺，则是指对要约完全接受的意思表示。

在保险合同的订立过程中同样需要经过要约和承诺这两个步骤。投保人根据保险公司提供的一些资料，如条款和费率等，填写投保单并将其交付给保险人，这一行为就是保险合同订立过程中的要约。而保险人对投保人提交的投保单进行审核，认为其符合保险条件并在投保单上签章就是对于投保人要约的承诺。在完成以上步骤之后，保险合同宣告成立。

从保险合同订立的过程分析，投保单是投保人要约的证明，是保险人承诺的对象，是确定保险合同内容的依据。所以，一旦投保单存在问题，可能导致合同无效，至少是部分内容无效。通过对保险合同订立过程的认识和分析，可以对投保单性质有一个明确的定性，即投保单是保险合同订立过程中的一份重要单证，是投保人向保险人进行要约的证明，是确定保险合同内容的依据。所以，在开展业务的过程中应当予以足够的重视。保险公司的业务人员应当要求或者指导投保人按照有关规定认真填写投保单，并注意检查投保人填写的项目是否完整，同时，应当切忌代投保人填写投保单。

## 二、工程保险投保单

与其他保险不同，投保单在工程保险的经营过程中扮演着更加重要的角色，因此，对投保单的要求也更高。与其他保险业务不同，工程保险的投保单相对复杂，往往不仅是作为投保单（Proposal Form），而且是作为风险调查/问讯表（Questionaire）出现的，其中要求投保人详细地填报与工程及其风险有关的各种信息。有的保险公司还会针对一些具有特殊风险的工程项目，如公路、铁路、桥梁、大坝、隧道、发电厂工程及其他安装工程等设计专门的风险调查/问讯表，目的是能够更有针对性地了解项目的风险情况。

### 三、工程保险投保单附件及其效力

鉴于工程项目风险的特点，即使专门设计的投保单仍无法将所有的信息包含在内，所以，通常保险人会要求投保人提供一些与工程建设相关的资料作为投保单的附件，如施工合同、可行性研究报告、工地地质报告、施工进度计划等。根据工程保险条款的有关规定，投保人提交的投保单及其附件将被视作保险合同的有效组成部分。为此，在投保时应要求投保人确认提供的资料完整、真实和有效。同时，在发生损失理赔时，这些资料也将被作为进行理算和履行保险合同的重要依据。

## 第四节 基本条款与附加条款

### 一、条款种类及使用

工程保险条款可以分为基本条款和附加条款。基本条款是指按照工程的常规风险设计的条款，其主要作用是解决工程项目的投保人在风险分散共性方面的需求。附加条款是根据不同的投保人风险分散的需求有针对性地设计的条款，其主要作用是解决工程项目投保人在风险分散个性方面的需求。

工程保险条款还可以分为保险人的条款、再保险人的条款、经纪人的条款和投保人的条款。

目前，根据中国保监会2000年8月30日颁布的《财产保险条款费率管理暂行办法》中对于财产类保险产品管理的有关规定，工程保险的基本条款属于“主要险种的基本保险条款”，这类条款应由中国保监会制定和修改。国内

市场原先广为采用的“95版工程保险条款”是由中国人民银行保险司制定并颁布的（在中国保监会成立之前，中国人民银行保险司是保险行业的监管机构）和目前使用的2009版的工程保险条款。

在有外资成分的工程项目中，尤其那些采用世界银行或者国外政府贷款的项目中，合同通常均要求采用德国慕尼黑再保险公司的工程保险条款。慕尼黑再保险公司作为一家历史悠久的经营工程再保险业务的著名公司，其设计的工程保险条款以严谨和科学著称，所以，为业内人士广泛接受。值得一提的是，我国的“95版工程保险条款”就是在充分研究和借鉴了世界各个市场的主流条款，特别是慕尼黑再保险公司条款的基础上制定的。为此，“95版工程保险条款”曾经在涉外项目中也被广泛接受。

随着我国工程保险业务的不断发展，不同类型项目的保险需求呈现多样化的趋势，为了解决一些中小型项目对于工程保险的特殊需要，要求工程保险条款能够更加简单，主要解决以自然灾害为主的巨灾风险；同时，中小项目的保险费支付能力也有一定的局限性，2000年市场上推出了“列明风险”的工程保险条款。2009年10月开始，国内保险市场使用中国保监会核准备案的行业统一标准的建筑工程一切险、安装工程一切险及建筑安装工程保险条款。

## 二、条款选择

一般很少有一个工程项目是纯粹的建筑工程或安装工程，往往同时包含了建筑工程和安装工程的内容，因此，就有一个条款的选择问题。条款选择的基本原则是根据建筑工程和安装工程的各自占比决定。一般的规定是：在一个以建筑工程为主的项目中，如果安装工程的占比不超过25%，则采用建筑工程一切险条款承保；如果安装工程占比超过25%，则应采用建筑工程一切险条款和安装工程一切险条款分别承保。在以安装工程为主的项目中也是按照同样的原则处理。

## 三、基本条款与附加条款的匹配

在承保和设计保险方案的过程中，不仅要考虑到风险分散共性方面的问题，同时应当注意项目以及投保人风险分散个性方面的问题。一方面应注意到利用基本条款解决项目风险分散的共性问题；另一方面要善于利用附加条

款解决项目风险分散的个性问题。因为，每一个项目的风险情况均不相同，而且不同的投保人对于风险的态度和风险分散的要求也不相同，所以，仅有基本条款是远远不够的。一个好的保险方案应能够满足投保人的个性化需求，这就需要在制订保险方案之前对项目的风险状况有全面的了解，在此基础上保险人应与投保人进行充分的沟通，了解投保人风险分散的需求，然后，选择使用的附加条款，确定附加条款的具体条件（如分项限额等），用这些附加条款与基本条款配合就构成一个具有较强针对性的保险方案。

由于这些附加条款是对基本条款的补充或者修正，所以，在使用这些附加条款时，应当注意与基本条款的衔接和吻合，如在采用“震动、移动或减弱支撑”特别条款之后，就应当对基本条款的除外责任部分进行相应的删除。

# 第五节
# 投保人与被保险人

## 一、投保人

工程保险的投保人是指对于保险标的拥有保险利益，向保险人提出订立保险合同申请，并负有缴付保险费义务的人。

工程保险的投保人通常是承包商，但也可以是业主。在特殊情况下，其他对于工程保险标的拥有保险利益的主体也可以成为投保人。

## 二、被保险人

工程保险的被保险人是指其财产或者利益受到保险合同保障的人。

在工程保险中，财产损失部分的被保险人是保险财产的权利主体或者是拥有利益的主体。第三者责任部分的被保险人是对第三者的财产损毁或人身伤亡负有法律责任，因而要求保险人代其进行赔偿，因此对自己的利益进行保障的人。可以成为工程保险被保险人的范围较广，核心风险层有业主、承包商和分包商，外围风险层有设计单位、勘察单位、监理单位、咨询（顾问）机构、材料和设备供应商、为工程建设提供运输服务的单位、施工机具的出租人、施工材料的仓储保管人等与工程项目建设有直接关系的单位。另外，对于项目进行融资的金融机构也可以成为被保险人。

确定工程保险被保险人的主要依据有：一是投保人的申请；二是保险利益原则。

通常具体的被保险人名称应在保险合同，即明细表中予以列明，如××建设公司，或者××监理工程公司等。但是，对于分包商可以例外，因为，在一个建设项目中的分包商较多，在保险合同订立时（开工之前）往往还无法完全确定，所以，可以采用在明细表中只规定“分包商（复数）”这个范围的方式。今后，只要是成为被保险工程的分包商就自动地成为被保险人。

## 三、保险利益原则的应用

保险利益原则作为保险的一个基本原则同样适用于工程保险，但是，与其他财产保险不同，工程保险中被保险人往往不是单一的，而可能是众多的。保险标的除了工程项目这些有形的物质财产外，还包括各种责任和费用。因此，被保险人拥有保险利益产生的依据不尽相同，有的可能是依据所有权产生的，有的则可能是依据合同或者相关法律产生的。保险人在协助投保人确定保险方案时，必须对有关主体的保险利益进行确认，确保保险合同的合法有效。

## 四、业主控制原则

从理论上讲，工程保险的投保方式可以由业主统一安排投保，也可以由承包商各自单独投保，应当说这两种方式各有利弊。

由业主统一安排投保的优点是：(1) 业主对整个工程的风险管理和风险转嫁有充分的决定权；(2) 业主对保险费的支出和赔款的处置拥有充分的控制权；(3) 可以有效防止由于承包商多头办理保险而造成的保障重复或保障脱节；(4) 如同“批发与零售”的关系，业主统一投保可以节约保险费支出；(5) 发生赔案后，索赔简单，减少争议，可以充分保障业主的利益。但是，业主统一安排投保存在的缺点是业主为安排保险而需做大量事务性工作。

由承包商单独投保的优点是业主指定由承包商出面投保，并在承包价中给出保险费预算，免除了业主的大量事务性工作，承包商自主性较强。由承包商单独投保的缺点是：（1）业主可能对工程保险的具体安排失去控制，如保险保障是否全面、承包商与承保人所谈的具体条件等；（2）承包商也可能会通过选择资信较差的保险公司、降低保险金额、提高免赔额、减少保险责任的方法以降低保险费开支，致使工程项目得不到切实的保险保障。

尽管大多数工程合同均要求承包商应当按照规定办理相关的保险，业主可以不必参与工程保险的安排工作，但根据我国现阶段工程建设市场的环境看，笔者建议采用由业主统一安排投保的方式，即强调业主控制原则。这样可以确保整个项目风险管理的统一性和规范性，同时，也能够确保业主在项目风险管理过程中处于主动地位。

## 五、贷款银行

现代大型项目建设过程离不开金融机构，特别是贷款银行的参与。而这些金融机构在参与项目的过程中，希望自身的利益能够得到切实的保障，因此，在工程保险领域就出现了一些针对贷款银行利益的特殊制度，其中较为典型的是“第一受益人条款”和“不可无效条款”。

（一）第一受益人条款

在一些大型工程项目的建设过程中，由于投资金额巨大，往往需要银行等金融机构的参与，这些金融机构为了有效防范经营风险，维护自身的利益，通常会要求在工程保险合同项下安排一个“第一受益人”条款，即规定保险公司在支付保险赔款时应优先保证贷款银行的利益，将赔款支付给作为第一受益人的贷款银行。条款的标准措辞如下：

经投保人要求，本公司特此同意，如上述保险单所保的标的发生本保险责任范围内的索赔时，本公司将赔款首先支付给（贷款银行）。但以其对受损保险标的的可保利益为限，支付后如有余额将支付给（被保险人）。

但在实际操作过程中，一般情况下是保险人在将赔款支付给被保险人之前，应征得贷款银行的书面同意。只有在作为第一受益人的贷款银行不同意将赔款支付给被保险人时，才将赔款支付给贷款银行。同时，根据保险利益原则，贷款银行对于赔款的请求权以其对于项目的贷款余额为限。

（二）不可无效条款

由于工程保险具有被保险人众多的特点，在工程保险合同的履行过程中，保险人承担保险责任的前提是这些“共同被保险人”都严格地履行和遵守了保险合同所有的条件、保证和规定。因此，在保险合同的执行过程中，可能由于某一个被保险人的违约行为而导致其他被保险人，包括贷款银行的利益受到损害。为了解决这个问题，在一些贷款项目中，贷款银行和业主要求加入“不可无效（Non – Vitiation）条款”。这一条款的含义是：某一被保险人违反保险合同的条件、保证和规定并不能影响保险合同项下其他被保险人的权利，而仅仅是对于违约的被保险人失效。这种情况可以视同保险人对于不同的被保险人签发了各自独立的保险合同，这些保险合同相互独立，互不影响。

保险人接受这一条款时应当十分谨慎，因为，一旦接受这一条款，就意味着保险合同项下的条件、保证和规定均不再具有效力，这无疑将加大保险人的经营风险。

## 第六节

# 保险标的

保险标的是保险责任的指向，从大的方面看是确定工程项目，从小的方面看是明确物质对象和责任对象，其中物质对象包括工程项目本身、各种费用、施工机具和业主在工地内既有的财产；责任对象包括各个被保险人可能产生的侵权责任。一般情况下，责任对象不包括各种合同责任，但在保险合同双方事先约定的情况下，可以包括部分合同责任，如设计责任等。

### 一、工程项目的界定

工程项目的界定问题在签订保险合同时经常容易被忽视，但在保险事故损失处理过程中，则往往因为项目的界定问题导致纠纷。为此，在承保时就应当重视工程项目的界定问题。

在工程项目的界定过程中，应避免采用不规范和笼统的名称，建议采用与工程建设项目一致的、明确的、具体的名称。合同号是一个重要的识别因素，有时在一个工程建设项目项下有数个标段，不同的标段有其相应和独立的合同号，通过合同号能够容易地对工程项目进行识别和界定。为此，在保险合同中除了应列明工程名称外，还应当列明合同号。

对工程项目的界定还有另一层含义，即应当明确保险合同针对的是关于工程项目建设的哪一方面工作内容，是土建工程、安装工程，还是设计服务、设备提供，等等。

## 二、工程项目的构成

工程项目应当在保险合同中予以明确，通常包括工程建设的永久性工程、临时性工程、用于工程建设的各种材料、模板和脚手架。

（一）永久性工程

永久性工程常称为工程或正式工程，由承包人按设计要求建造并最后移交给业主。

（二）临时工程

1. 临时工程的种类繁多，其价值的确定比较复杂，保险人通常根据工程承包合同条款界定临时工程，例如：

（1）施工交通工程。指施工场地内外，为工程建设服务的临时交通设施工程，包括公路、铁路、桥梁、施工支洞、架空索道、转运站、施工期间的通航等。

（2）施工供电工程。包括从现有电网向场内施工供电的高压输电线路及施工场内受电的一级降压变（配）电设备进线端至最后一级降压变（配）电设备出线端之间的线路及供电设施工程。

（3）施工供水系统工程。包括取水建筑物、水池、输水干管敷设、移设和拆除等工程。

（4）施工供风系统工程。包括施工供风站建筑、供风干管敷设、移设和拆除等工程。

（5）施工通信工程。包括施工所需的场内外通信设施及通信线路工程等。

（6）施工管理信息化工程。指为工程建设管理需要所建设的管理信息自动化系统工程。

（7）砂石料生产系统工程。指为建造砂石骨料生产系统所需的建筑及钢构架工程。

（8）混凝土生产及浇筑系统工程。指为建造混凝土拌和及浇筑系统所需的建筑工程、钢构架及混凝土制冷、供热系统等。

（9）导流工程。包括导流明渠、导流洞、施工围堰、截流工程及蓄水期下游断流供水工程等。

（10）施工及建设管理房屋建筑工程。指在建设过程中为施工和建设管理需要兴建的房屋工程及配套设施。包括施工仓库及辅助加工厂、办公及生活营地以及所需的场地平整。施工仓库及辅助加工厂包括设备、材料、工器具仓库以及木材加工厂、钢筋加工厂、金属结构加工厂、机械修理厂、混凝土预制构件厂等。办公及生活营地指为工程建设管理、监理、设计及施工人员办公和生活而在施工现场兴建的房屋建筑和配套设施工程。

（11）其他施工辅助工程。指除上述所列工程之外，其他所有的施工辅助工程。包括施工场地平整，施工临时支撑，地下施工排风散烟管道，施工排水，施工期交通设施养护，施工期消防，大型施工机械安装拆卸，施工区封闭措施，施工场地整理，施工期水文、水情、泥沙、气象、防汛、防冰工程等。其中，施工排水包括施工期内需要建设的排水工程、经常性排水措施及排水费用。

2. 对于临时设施的风险，保险人一般从以下几个方面进行分析后确定其承保条件：

（1）实际情况，即项目情况、施工方案详细程度、其他边界条件等；

（2）对施工组织设计提供的项目和数据进行认真细致的分析，分清单独报价和计入主体工程的临时工程费用；

（3）在临时工程中，有些材料的可重复使用性；有些材料的可回收性；

（4）施工合同及工程量清单中对临时工程建设安装和完工拆除费用计算的相关规定；

（5）临时工程的使用期长短。

（三）用于工程建设的各种材料

对于“用于工程建设的各种材料”的认定问题，通常是根据所有权的转移时间，即从这些“材料”的所有权转移给被保险人时就可以纳入保险合同的保障范围。但是，这种保障的提供并不是自动的，因为，从工程保险的角度看，只有当这些“材料”到达工地范围内时，才处于保险合同的保障之下。如果这些“材料”是储存在工地外的仓库，或者处于运输途中，则需要投保人或者被保险人事先对这些“材料”的储存或者运输风险进行特别约定，否则，保险合同对这些“材料”在储存和运输期间的风险不予保障。

（四）模板和脚手架

在对工程项目的界定过程中，往往会遇到在施工过程中使用的一些介于临时性工程和设备之间的标的，最为典型的是模板和脚手架。对这些标的的归属界定和利益量化问题一直是工程保险理赔过程的一个难题，其问题的核心是难以确定被保险人对这些标的在出险时的保险利益。如模板。在我国，模板通常是按照使用次数进行摊销的方式计入工程造价的，但是，要确定被保险人在事故中因模板灭失导致的实际利益损失是困难的。另外，还有一些工程是采用租用的方式使用这些模板和脚手架的。

对这个问题的最好解决方法是事先进行明确的约定。约定的基本依据是这些标的计入造价的方式，是以使用费、租金，还是以摊销的方式。约定的基本原则是根据这些模板和脚手架的取得方式和再利用的可能性进行。如果这些模板和脚手架是通过租用的方式取得的，则应根据租赁合同的有关规定确定投保人或者被保险人的保险利益，并确定相应的承保和理赔方式，如可以采用租金的方式承保和理赔。如果这些模板和脚手架是投保人或者被保险人自己的，则应着重考虑再利用可能性。有些模板或者脚手架完全是用于保险工程的，如一些工程专用的异形模板等；而有些模板或者脚手架在保险工程结束之后，还可以利用在其他工程中，如一些通用的钢模板、钢脚手架等。总之，模板和脚手架问题几乎是每一个工程项目都难以回避的问题，也是工程保险承保和理赔实务中的一个难题。所以，保险合同的双方在承保时就必须对这个问题有一个明确的约定，包括如何承保和如何理赔，这样就能够避免日后可能产生的纠纷。

## 三、施工机具、施工人员的个人物品和图纸文件

施工机具有广义和狭义之分。狭义的施工机具仅仅指用于项目工程建设的机械设备，如推土机、挖掘机、吊车等。广义的施工机具除了包括狭义的施工机具外，还包括工具、临时性工程等。临时性工程包括工地办公室、工地宿舍、工棚、仓库和车间等。

施工人员的个人物品不包括在工程合同项下，但工程保险合同通常将其纳入保险合同的保障范围。具体做法是采用标的扩展的方式，同时明确一个总赔偿限额以及对每一个施工人员的赔偿限额和相应的免赔额。

在工地办公室内可能存放大量与工程建设有关的图纸和文件，这些图纸和

文件由于价值难以确定，所以在工程保险项下一般将其列为除外。但是，可以根据投保人的要求有条件地扩展承保，但这一扩展仅负责这些图纸和文件损失之后的重新绘制和制作费用。具体可以参阅本册第四章第二节“扩展性附加条款解释及应用”中关于“工程图纸、文件特别扩展条款”的有关介绍。

### 四、业主在工地内既有的财产

在一些工地的范围内存在业主的既有财产，这些财产大多数是工地内既有的建筑物。工程项目在某种意义上是对于这些既有建筑物的改造，或者是在既有建筑物的基础上进行扩建。所以，这种既有建筑物或者财产是工程项目的组成，这个属性是十分重要的。

这些业主在工地内既有的财产，通常是作为工程项目之外单独的一类保险标的列入保险合同。这样，无论是否由于承包商的过失造成这类财产的损失，均可以通过保险合同获得保障。

### 五、业主提供的材料和设备

业主提供的材料和设备是指在一些项目的建设过程中，出于各种考虑，业主对于一些关键设备和材料采用自行采购并提供给承包商的方式。在这种情况下，工程合同价格是不包括这些设备和材料的。因此，投保人和保险人在制订保险方案时，应当充分注意到这一点，并在确定物质损失部分的保险金额时予以考虑或单独列明此部分保额。

## 第七节
## 危险单位及划分

### 一、危险单位的定义

“危险单位”是指一次保险事故可能造成的最大损失范围（见《保险法》第一百零三条）。保险事故的概率具有很大的不确定性，不同情景下的最大可

能损失有着极大的差别。

正常情况下，保险人一般将概率情景分为两类：普通保险事故和极端概率事故。普通保险事故与极端概率事故的区别主要在于两方面：一是发生概率。极端概率事故的发生概率要大大低于普通保险事故，有可能是50年、100年，甚至是几百年一遇的事件。二是损失范围。普通保险事故的损失范围往往限定在单一地点，极端概率事故（如高烈度地震、飓风、海啸等）则往往影响范围广，造成损失巨大。这些风险通常需要通过超赔再保险等方式转移。因此通常所说的危险单位划分主要指普通保险事故情景下的最大损失范围划分。

## 二、危险单位划分的目的

危险单位划分是评估可能最大损失（Possible Maximum Loss）的基础。通过危险单位划分确定最大损失范围后，保险人对该范围内保险财产遭遇保险事故可能损失的程度作进一步的估测，以便得出可能最大损失的金额。保险人将根据可能最大损失，确定自身在特定项目上的自留风险比例，并安排所需的各项再保险保障。

## 三、我国危险单位划分规范性工作的进程

在中国保监会的主导下，保险行业于2006年初启动了关于危险单位划分的研究和探索工作，并陆续颁布了危险单位管理的相关监管基础制度。

2006年5月颁布了《财产保险危险单位划分方法指引第1号：基本原则和基本方法》、《财产保险危险单位划分方法指引第2号：水力发电企业》、《财产保险危险单位划分方法指引第3号：火力发电企业》、《财产保险危险单位划分方法指引第4号：航天风险》、《财产保险危险单位划分方法指引第5号：公路及桥梁》。

2006年10月颁布了《财产保险危险单位划分方法指引第6号：地铁隧道工程》和《财产保险危险单位划分方法指引第7号：石油天然气上游企业》。

2006年12月颁布了《财产保险危险单位划分方法指引第8号：石化企业》、《财产保险危险单位划分方法指引第9号：半导体制造企业》、《财产保险危险单位划分方法指引第10号：港口工程》、《财产保险危险单位划分方法指引第11号：商业楼宇》。

2007年4月颁布了《财产保险危险单位划分方法指引第12号：核电站运

营期》。

截至目前，中国保监会分4次共颁发了12份“危险单位划分方法指引”文件，其中涉及工程保险的共有9个。

## 四、危险单位划分的基本原则

危险单位的划分应本着科学、谨慎和合理的原则进行。“存疑不分”是危险单位划分的重要原则，即在存有疑惑和不确定的情况下，就不应该对一个危险单位作进一步的划分。

危险单位划分的标准是坐落于同一地点的两（多）项保险财产之间存在充分的安全区隔，即其中一项财产发生保险事故，不会同时影响其他保险财产。

同一保单下的保险财产如果符合上述危险单位划分的标准，该保单可以进行危险单位划分。同一地点不同保单下的保险财产如果可能受到同一保险事故的影响，上述不同保单项下的保险财产应合并视为一个危险单位。

最大损失范围应以最大可能损失（Maximum Possible Loss）为判断基础。最大可能损失是指在所有保护系统失灵，相关应急处理人员以及公共救灾机构无法提供任何有效救助的情况下，单一设施可能遭受的财产损失以及营业中断损失的最大合计金额。对于火灾风险而言，这意味着“完全焚毁”的状态。在这一情景下，只有充分的区隔距离以及完整无隙的防火墙（即防火墙上不能开有通口，即使这些通口有防火门一类设施遮蔽）才能有效阻止火势蔓延。简单地说，最大可能损失是主动保护系统无效情景下的可能最大损失。

## 五、工程保险危险单位划分的基本方法

就工程保险而言，同一地点的一项工程，不管涉及多少个被保险人或多少张保险单都应视为一个危险单位，其中除工程保险以外，也包括预期利润损失、延误开工和后果损失。同时应明确工程项目属于新建、扩建，还是内部改造。

如果保险人承保的附加风险受位于不同地点的风险影响时，无论它是在标的物所在地，或其他地点，每个地点都可被看作一个独立的危险单位。

## 六、具体项目中的危险单位划分方式

（一）水力发电企业

坝后式或河床式结构，整个电站应视为一个危险单位。

引水式发电结构，大坝、围堰以及与大坝相关联的工程作为一个危险单位，引水隧道、尾水隧道、地下厂房及厂房内设备等作为另一个危险单位。

部分混合式发电结构，如果发电厂房距大坝有一定的安全距离，可以考虑将挡水系统、泄水系统以及与大坝相关联的系统作为一个危险单位；引水发电系统作为另一个危险单位。这里所指的“安全距离”应根据电站所处的地形、地质、水文条件、设计施工方案等情况而定，基本原则是一旦发生洪水、溃坝、巨型滑坡、泥石流等重大损失，不至于同时影响大坝和厂房的安全。

相关的利润损失保险的危险单位不能与主险分开，必须与相应的主险相加作为一个危险单位；如果主险标的可以划分为两个危险单位，利损险必须分别全额加至每一个危险单位项下。

（二）火力发电企业

如一个火电厂只有一座主厂房视作一个危险单位，不论这个主厂房内有几台机组，如果承保了利润损失保险，相应的利润损失保险应与主险相加作为一个危险单位。

如一个火电厂有两座主厂房，并且安全间距大于 50 米，可以划分为两个危险单位。如果两座厂房的设备没有共用的辅助设施，利润损失保险的危险单位可以按相应的利润损失保险的保险金额按比例划分并分别与主险相加；如果两座厂房的设备有共用的辅助设施，相应的利润损失保险的危险单位则不可以拆分，应将利润损失保险的总保险金额分别与主险相加作为一个危险单位。

对于那些相对独立的辅助设施，如码头、冷却塔、职工宿舍、备品备件仓库、办公楼等，如果与主厂房安全间距大于 50 米，则可以将这些辅助设施视作一个独立的危险单位。对于利润损失保险，无论附属设施和主厂房的安全间距有多大，均不能拆分，必须在两个危险单位上同时加上利润损失保险的保险金额。

（三）公路及桥梁

从谨慎的角度出发，在建高速公路通常是按照“每 100 公里”划分为一个危险单位，而建成的高速公路则按照“每 50 公里”划分为一个危险单位。且对于任何隧道及桥梁（包括在建、建成工程）均不得分割为不同的危险单位。

如建成高速公路承保利润损失保险，或在建高速公路承保预期利润损失险，利润损失保险或预期利润损失险的保额不可进行危险单位划分，该部分保额应与单个危险单位物质财产保险金额合并计算，作为该危险单位的保险金额。

桥梁项目（包括在建和完工桥梁）原则上不划分危险单位。如果桥梁项目的陆上从属建筑与桥梁主体工程间隔100米以上，可以考虑划分为单独的危险单位。另外，引桥虽然主要在陆地上施工，但与主桥结构相连，超常水位洪水、台风、地震等自然灾害以及因设计缺陷导致的结构垮塌均会同时波及主桥和引桥。因此，一般情况下应将引桥和主桥视为同一危险单位。

（四）地铁隧道工程

在建造期内，考虑各种意外事故和水灾的损失影响范围，对于以下（1）（2）（3）情况，整个地铁工程应作为一个危险单位。其他情况按照（4）进行危险单位划分：（1）存在穿越江河、湖泊或海湾的区段；（2）地铁沿线任何一点离最近的江河、湖泊或海湾的距离小于100米；（3）地铁所在区域最近10年的年最大降雨量大于1 000毫米；（4）在建地铁工程每10公里（包括车站）可以划分为一个危险单位（不小于10公里）；车辆段则可以另外单独划作一个危险单位。

在建地铁工程如果附带有部分地上段，则地上段可以单独划作一个危险单位。

土建和安装工程部分在建造期内存在较大重叠，相互之间的影响在所难免，在依据上述意见划分危险单位时，应将二者合并考虑为一个危险单位。

（五）石油天然气上游企业

海上油田建造险以其中最大的一个平台或浮式储油轮的合同造价，加上保单规定的施救、清除残骸、共同海损限额作为一个危险单位。对栈桥连接的两个平台，应将两个平台合并计算作为一个危险单位。

保险公司应审慎评估与平台或浮式储油轮相连的附属物的风险，若一次关键风险可导致其损失，应将该附属物可能损失的部分与平台或浮式储油轮合并计算，作为一个危险单位。

（六）石化企业

对于普通的石化企业的财产保险、机器损坏保险和工程保险不作危险单位划分，即一个企业作为一个危险单位。

对于某些特殊的石化企业，如果相邻两个工艺装置生产区域之间的最小距离达到了1 000米以上，可以将其视为两个危险单位。

（七）半导体制造企业

半导体制造企业的财产损失与利润损失应作为一个危险单位加以考虑。

半导体制造企业的洁净室厂房，含位于同一厂区的所有洁净室厂房，通常不进行危险单位拆分。同时，配套设施应和洁净室厂房作为一个危险单位考虑，也不可单独拆分。

办公楼、仓库等建筑如果与周边建筑有任何形式的连接，则不可拆分危险单位；如果完全独立，与周边建筑无任何物理连接，原则上可以依照防火间距划分危险单位。

（八）港口工程

防波堤位于港区外侧，是港口的第一道屏障，相对独立，在任何情况下均可以作为一个危险单位。

进港航道、锚地、回转水域、港池面临的关键风险是水底滑坡、淤积、岩土软化崩解和泥沙运动等，考虑到相同区域的地质风险性质类似，可以将上述标的包括导航助航设施作为一个危险单位。

码头建造期内面临的关键风险是风、潮汐、波浪、风暴潮和船舶碰撞等，尽管不同的平面布置方式可能受到影响的程度不同，但这时码头本身抗风险能力较弱，均在一次事故影响范围内，因此应将港区内的所有码头，包括与之相连的栈桥以及码头上的所有装卸设备作为一个危险单位。

除了码头以外，陆域上的其他标的，包括陆域土地本身、仓库、堆场、营运配套设备及生产辅助房间，受潮汐或风暴潮的增水影响，发生损失的可能性较大，可能会整体遭受水灾，应作为一个危险单位。

陆地上的道路主要是进港道路，一般会延伸到港区以外，所有的道路可以单独作为一个危险单位。

对于可能受到台风影响的港口，上述港口内所有水域工程和陆域工程应作为一个危险单位。

（九）商业楼宇

商业楼宇危险单位的划分应该遵循“同一屋面下”原则，即同一建筑物中的所有财产包括建筑物本身应被划分在同一个危险单位内。该原则同样适用于该建筑的地下建筑部分。

商业楼宇群具有两幢或者两幢以上的主楼，如果存在用于通行、观光、通道线缆等类似用途的通道，不论该通道位于地下、地面和高于地面的空中，被连接的两幢或者两幢以上的建筑应该划在一个危险单位内，不论这些通道的两头是否具有防火门、防火卷帘或者水幕等火灾隔断措施。但是，如果该连接通道的长度超过30米，且为钢筋水泥或者钢铁等非可燃材料建造、通道的内部不存在导致火灾延烧的可燃物品时，被该通道连接的建筑可划为不同的危险单位。

如果相邻两幢建筑物之间的防火间距大于或者等于其中较高一栋建筑物的高度、且不小于20米时，相邻的建筑可划为不同的危险单位。如果相邻的建筑高度超过24米时，防火间距大于24米（含24米）的，相邻的建筑方可划为两个危险单位。在相邻建筑之间存在堆放可燃物导致实际防火间距减少的，应该根据堆放的可燃物与建筑物之间的实际距离，在确保上述有效防火间距后才能划分成不同的危险单位。

建筑的裙楼应该与主体建筑视为一个危险单位，不可将其拆分成两个危险单位。

建筑的辅助设施，包括输变电设施，供气设施，或者甲、乙、丙类易燃、可燃液体、气体等的储藏设施和建筑，与主体建筑的防火间距小于25米的（含25米），不应将这些设施和建筑与主体建筑拆分成两个危险单位。

划分危险单位不应考虑消防保护措施的作用。

考虑到利润损失划分的复杂性，其中非常重要的原因就是楼宇之间的营业存在相互关联性、堵塞的通道及不同的行业营业特点等复杂因素，因此商业楼宇财产保险项下的利润损失保险原则上不应划分危险单位。

但如果一个独立财产保险的危险单位的财产在发生保险事故受损时，若能确认不会影响至另一个独立的财产保险的危险单位项下的利润损失的（如统括保单项下不同的保险地点上的保险标的），该财产保险危险单位项下的利润损失保险可以划分成独立的危险单位。划分危险单位时，应该将独立的财产保险危险单位的保额与其项下的利润损失保险的保险金额合并成为一个危险单位。

## 第八节

# 保险金额和赔偿限额

保险金额和赔偿限额是保险合同双方在签订合同时应当确定，并在合同中

载明的一个重要内容。保险金额通常是针对物质损失类标的的，赔偿限额则是针对责任和费用标的的。具体含义有三点：一是合同双方确认的被保险标的的金额，或者被保险责任的限额；二是保险人承担赔偿责任，被保险人获得保障的最高限额；三是保险人收取保险费的计算依据。

工程保险是一种综合性的保险，保险标的包括物质损失风险和责任损失风险。同时，在物质损失风险标的中，除了建设项目主体工程外，还可以包括施工机具、工地内已经存在的财产以及与风险损失相关的费用等。

对于不同的保险标的，确定保险金额或者赔偿限额的方式也不同。但是，无论如何，在签订保险合同时就应当对这些问题进行明确，以免日后发生争议。

## 一、主保险金额

工程保险的主保险金额是指保险合同针对的工程建设项目“完成时的总价值”，通常是建设工程项目的概算总造价。尽管从理论上明确主保险金额的定义并不是一件困难的事情，但在实际工作中要准确地确定主保险金额并不是易事。工程项目的价格构成复杂，应当逐项确认其可保性，这需要对工程建设和保险均具有一定的专业素养。而一旦在主保险金额确定上存在缺陷，将直接影响保险合同的执行，特别是理赔工作，所以，保险合同双方对主保险金额的确定应当予以高度的重视。

（一）确定原则

在确定主保险金额的过程中应掌握几条原则：一是充分原则。保险金额的充分原则体现为必须与工程建设项目的实际造价一致，因为保险金额是保险人承担保险责任的最高限额，如果保险金额确定得不充分，一旦发生损失，被保险人就无法得到充分的补偿。二是对应原则。保险金额的确定应与工程建设项目的具体项目实现对应，与工程造价的构成实现对应。三是合理原则。保险金额的确定应当遵循合理的原则，纳入保险金额的项目是事故发生以及恢复过程中将发生的费用，对于那些“一次性”的费用应从造价中予以剔除，如土地使用费、设计费等。

（二）通货膨胀问题

在主保险金额的确定和管理过程中，应当特别引起注意的一个问题就是通货膨胀。由于工程建设项目的周期通常较长，在一个相对较长的周期内，作为工程建设成本的各种要素均面临着通货膨胀因素的影响，这种影响有时候是相当严重的，特别是在一些经济处于上升时期的国家和地区。工程造价的大幅度上升将对工程建设项目的财务产生重要影响，主要表现为突破工程预算，导致财务危机，最终影响工程建设项目的正常运行。

对于保险人而言，保险期间内大幅度的通货膨胀将导致修复费用的上涨，使得原来的费率水平难以应付所承担的风险。因此，大多数保险人均要求在工程保险合同内增加“不足额投保”条款，对由于各种原因，主要是通货膨胀因素导致保险金额不足时，保险人可以采用比例赔付的方式，而这种做法更多地是着眼于事后赔案的处理。笔者认为对于通货膨胀的问题，应当采用更加积极的方法加以解决，即我国“95 版条款”中最先提出的“主保险金额管理制度”。我国现行的建筑工程一切险保险条款第九条第二款明确规定：“若投保人是以保险工程合同规定的工程概算总造价投保，投保人被保险人应：（1）在本保险项下工程造价中包括的各项费用因涨价或升值原因而超出原保险工程造价时，必须尽快以书面通知保险人，保险人据此调整保险金额；（2）在保险期限内对相应的工程细节作出精确记录，并允许保险人在合理的时候对该项记录进行查验；（3）若保险工程的建造期超过 3 年，必须从本保险单生效日起每隔 12 个月向保险人申报当时的工程实际投入金额及调整后的工程总造价，保险人将据此调整保险费；（4）在本保险单列明的保险期限届满后 3 个月内向保险人申报最终的工程总价值，保险人据此以多退少补的方式对预收保险费进行调整。”根据这一条款的规定，一旦工程造价发生变动，被保险人应当通知保险公司，同时进一步要求工期超过 3 年的项目应当每 12 个月进行一次定期申报。“主保险金额管理制度”能够较好地解决通货膨胀可能产生的问题，更重要的是能够避免保险合同双方可能因此产生的纠纷。

（三）清理残骸费用问题

工程保险的主保险金额是根据工程的总造价确定的，但发生保险事故损失时，在进行修复之前，通常需要对受损的残骸和场地进行清理，而这种对残骸和场地进行清理费用的数额有时可能很大（如美国的一个化工项目发生损失之后，清理和处理事故现场的费用超过 1 亿美元，甚至比修复费用本身更高），显然这个损失不在工程保险的主保险金额范畴内。特别应当注意的是，在有的情况下，尽管保险标的本身并未发生损失，但仍然可能产生清除残骸的费用。如一些工地在遭到洪水侵袭之后，保险标的本身并未发生损失，但由于洪水可能给工地带来大量的淤泥和杂物需要清理并产生巨额费用。因此，保险合同双方在制订保险方案的过程中应当充分认识并高度重视清理残骸费用问题，并进行明确和合理的安排。

对于清理残骸费用的安排，通常是采用一个特别条款的方式，即“清理残骸费用扩展”；同时，应当明确一个赔偿限额，通常是一个绝对数，也有的保险合同将清理残骸费用表示为保险金额的一定比例，并载明在保险合同的明细表中。少数保险合同对于清理残骸费用的责任进行了明确，但没有约定具体的金额，在这种情况下，则认为清理残骸费用是包含在标的的保险金额内，发生损失后，一旦修复费用加上清理残骸费用超过标的的保险金额，则保险人对超过部分不承担赔偿责任。

## 二、特殊风险赔偿限额

特殊风险赔偿限额是工程保险中的一种特有的制度，即保险人对由于地震、海啸、洪水、风暴和暴雨一类具有巨灾特性的风险造成工程项目的物质损失所承担的最高赔偿限额。

在工程保险中设置特殊风险赔偿限额制度是出于工程保险经营需要和工程项目建设特点两方面的考虑：一是从保险人的角度看，如设置一个特殊风险赔偿限额，就可以在一定程度上降低对于承保能力的要求，从而有利于控制经营风险，降低经营成本。二是从投保人的角度看，工程项目的建设是一个渐进的过程，在绝大多数的时间里，项目暴露在风险之中的实际价值均要低于保险金额，所以，客观上投保人可以接受这种安排，同时，投保人也可以因此得到相对较低的保险费。

工程保险的特殊风险赔偿限额的幅度通常设定在物质损失部分总保险金额的70% ~90%。但实际幅度需要根据项目的具体情况和特点协商并设定，不宜过高或过低。如幅度太高，就失去了设置特殊风险赔偿限额的意义；如幅度太低，则将出现对投保人实际保障不足的问题。

特殊风险赔偿限额的规定是对保险人风险责任的一种限制，因此，特殊风险赔偿限额的设定将对保险费率的厘定产生直接的影响，即与保险费率成反比例关系。

## 三、第三者责任赔偿限额

在责任保险赔偿限额的确定中，根据业务的性质、投保人的要求和保险人风险控制的需要有多种方式。

工程保险第三者责任限额的确定方式有以下几种：（1）每次事故赔偿限

额，其中对人身伤亡和财产损失再制定分项限额；（2）每次事故赔偿限额，无分项，无累计；（3）在每次事故赔偿限额的基础上，规定保险期限内的总（累计）赔偿限额；（4）保险期限内的总赔偿限额和每次事故的赔偿限额均为同一个金额。

## 四、施工机具保险金额

施工机具的保险金额是按照设备的重置价确定的，如果施工机具属于进口的，还需要考虑运费、货运险保险费和关税等。

由于在工地使用的施工机具数量较大，而且是根据施工进度情况不断变化的，为了使投保人能够获得充分的保障，在承保时双方可以按照保险期限内最大可能约定的保险金额，保险人按照应收保险费的一定比例预收保险费。在保险期限内，被保险人根据投入工地的施工机具的实际情况向保险人进行定期（按月/季度）申报，保险人在保险期限结束时，根据被保险人申报的情况结算保险费，多退少补。

## 五、附加条款保险金额与赔偿限额

在保险合同的安排过程中，为了解决工程项目对于风险分散的特殊需要，保险人可以根据被保险人的需要安排一些扩展责任的附加条款。有时，保险人从限制责任的角度出发，在与投保人协商一致后，也会安排一些限制性的附加条款。这些附加条款的安排均是对工程保险“标准型”合同的一种修改。但是，往往附加条款的安排仅仅是解决了作为“定性”的责任范围的问题，而没有解决作为“定量”的保险金额与赔偿限额问题。为此，应当对相应的责任在“定量”方面进行必要的明确和限制。

附加条款的保险金额与赔偿限额有“内置型”和“外加型”两种。“内置型”是指附加条款的安排并不改变原来确定的保险金额或者赔偿限额，而是对于扩展的责任单独限定一个保险金额或者赔偿限额。如“工地外储存物附加条款”对用于工程建设项目的施工材料存放在工地外的风险进行了扩展，但这些施工材料已经包括在原先确定的工程建设总造价之中了。所以，对于这一附加条款采用的赔偿限额就属于“内置型”。“外加型”是指附加条款的安排改变原来确定的保险金额或者赔偿限额，是对于扩展的责任单独增加一个保险金额或者赔偿限额。如“空运费用扩展”除了对保险责任范围进行了扩展，同时对保险金额进行了追加，即原来的保险条件仅仅是承担采用常规运输条件的风险，例如对采购设备的运输费用是按照海运条件确定的。保险金额的构成也是按照海运费用确定的，在进行了“空运费用扩展”之后，不仅责任范围扩展到空运，同时，追加了空运与海运之间可能出现的差价，这个“差价”就属于“外加型”。

# 第九节
# 保险期间

保险期间是指从保险合同生效到保险合同终止期间，即保险合同期间。通过这种保险合同期间的规定，进一步解决保险责任期间问题，即明确保险责任的时间限制。在通常情况下，只有在特定期间内发生的特定事件才能够构成保险责任。工程保险的各个保险期间与工程建设的各个期间之间存在一定的联系，因此，在确定工程保险的保险期间过程中，应当注意其与工程建设的关系(见图5－1)。

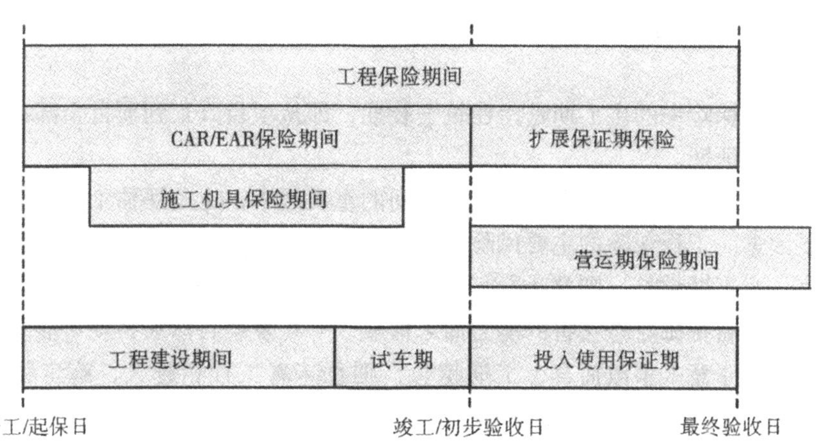


图5－1　保险期间与工程建设的关系

由于工程保险的保险期间与普通财产保险不同，普通财产保险的保险期间

一般是12个月，工程保险的保险期间原则上根据工期以及工程的时间情况确定，保险期间往往大于12个月。但是，施工机具保险和保证期保险则不同。施工机具保险的保险期间通常是按照年度安排的，对于一些特殊的施工机具则是按照其进入现场作业的期间进行安排的。保证期保险的保险期间是根据合同的有关规定安排的，应当注意的是保证期的起点取决于主工期的执行情况，一旦主工期拖延将导致保证期顺延，所以，在一开始安排工程保险时，对于保证期的保险期间只是规定一个时间段，如6个月或12个月。

在保险合同的安排过程中，双方应当十分重视保险期间的确定，对于投保人和被保险人而言，保险期间是保险人承担责任的前提和重要条件，是其进行风险管理的一个重要因素；对于保险人而言，保险期间是保险人评估风险、厘定费率的重要依据。因此，保险合同双方应就保险期间的确定进行充分的交流和沟通。一方面保险人应当向投保人详细说明保险期间的含义以及重要性，指导投保人正确地安排保险期间；另一方面投保人应当将工程的情况，主要是与工期有关的情况向保险人充分告知，特别是那些可能影响工期的因素和情况，使保险人能够全面了解情况，保险人应指导投保人合理地确定保险期间。保险期间的确定主要是依据工程施工合同的有关条款，一般情况下，要求与工程施工合同的相关条款衔接，但施工机具的保险期间则视工程的施工组织计划具体情况而定。

## 一、主工期

工程保险中的主工期是指建筑安装期，即从项目开工到项目全部竣工，它不包括保证期。

主工期是决定工程保险的保险期间的重要因素，也是评估工程项目风险的重要因素。工程保险的主要风险可以分为自然灾害与意外事故。对于自然灾害而言，主工期越长，则意味着其面临自然灾害危险的期间越长，特别是在建设初期，项目抵御自然灾害的能力尚未形成，一旦发生自然灾害就可能导致重大损失。对于意外事故而言，工期越长，则意味着工程量越大，施工程度越复杂，可能发生意外事故的几率相对较大。

主工期对于工程项目，特别是对于一些特殊的项目，如桥梁、公路、水电站等项目的风险评估具有重要意义。在这些项目建设过程中，自然灾害往往是造成损失的主要原因，而这些自然灾害的分布和出现具有一定的规律，如洪水、暴雨总是与雨季和台风季节密切相关。因此，在进行风险评估过程中，分析工期或者保险期间与这些灾害季节的相对关系就显得十分重要。如两个工期均为16个月的项目A和B，其中项目A的工期从第一年的1月至第二年的4月，而项目B的工期则从第一年的4月至第二年的8月。当地的洪水季节为4个月（5～8月）。通过图5－2，我们不难发现项目A仅经历一个灾害季节，而项目B则将经历两个灾害季节，因此，项目B的风险明显高于项目A。

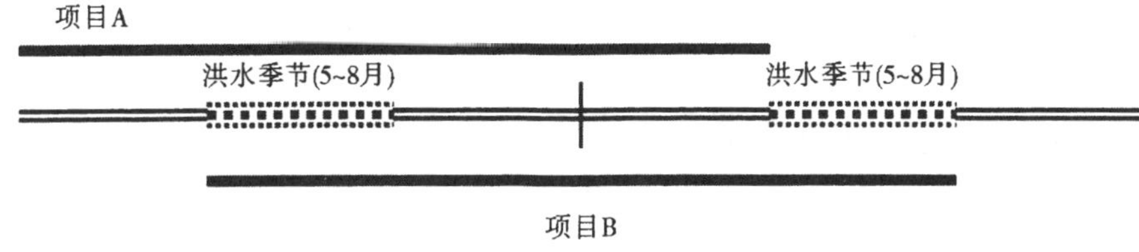


图5－2　工期与灾害季节的相对关系

工程保险的特点之一是保险期间往往较长，一般项目的保险期间都在两三年，一些大型项目则可能达到四五年或者七八年，有的特大型项目的保险期间甚至超过十年，达到十几年。在工程保险的安排过程中，应当注意主工期这个直接影响保险期间的因素，因为如果保险期间较长，则工程建设施工和工程保险经营的环境均会发生较大的变化，无论是投保人、被保险人，还是保险人均应当高度重视这个问题。通常讲，主工期越长，未来的各种不确定性因素的影响就越大。这些不确定性将直接影响对风险的评估以及保险方案的执行，特别是其可能对保险金额、赔偿标准、补偿充分程度的影响。通常工程保险的设计期间为3年，如果投保项目的主工期超过3年，保险人就必须进行特别的评估。

## 二、试车期

在工程保险方案安排过程中，试车期是一个关键的风险因素。试车期是对试车期和考核期的统称，其主要是针对安装工程的，它是指机器设备在安装完毕后，投入生产性使用前，为了保证正式运行的可靠性、准确性及工作指标所进行的试运转期间。就安装设备的风险而言，在安装期间的风险为相对静态的，而在试车期间则处于动态，设备在安装过程中的各种缺陷和隐患均将在试车过程中暴露出来，并可能造成重大损失。所以，通常认为试车期是风险相对集中的时期，据统计资料表明，工程保险损失的相当大的比例是发生在试车期内。因此，在风险评估过程中，应当特别关注试车期风险。

试车期风险的决定因素主要有：（1）设备的技术成熟程度。对于一些项目中大量运用新技术的，因技术的运用处于实验状态，所以相对风险较大。（2）安装单位和人员的技术、管理和经验。设备的安装是一种技术活动，技术、管理和经验是决定成功的重要条件。特别应当注意的是安装单位的经验，即是否安装过同样或者类似的设备。（3）设备供应合同条件。在设备供应合同的价格条件中，就设备供应商对安装工作的义务问题通常有三种规定模式：一是不负责安装；二是负责安装的技术指导；三是负责安装。显然，在不同的方式下，试车期的风险是不同的。（4）试车方式及其期限。试车的方式根据试车的范围可以分为单机试车和联动试车；根据试车的性质可以分为冷试、热试和试生产。不同试车方式的风险也不尽相同。试车期限根据工程合同条款确定，通常为1个月至3个月，如果期限超过3个月，则应视为特殊情况。（5）试车期的免赔额。由于试车期的风险相对集中，可能造成的损失较大，且试车期的风险在很大程度上体现为一种被保险人的人为风险和管理风险，为此，通常在安排工程保险方案时均会为试车期安排一个相对较大的免赔额，希望通过共保机制调动被保险人防范风险的积极性。在保险人对试车期的风险进行评估时，应充分考虑选择的免赔额金额大小对保险人实际承担风险的影响。

保险单中为试车期提供的保险保障的保险期限一般是紧接在安装期之后的一个明确的期限，保险单所提供的试车期保险期限应根据施工合同以及安装工程项目的具体情况而定，但一般不超过3个月。如果根据安装工程项目的情况需要安排超过3个月的试车期保险时，应认真分析被保险设备的安装情况，并酌情增收保险费。

对于试车期的规定目的是在工程保险期限内进一步对保险人承担试车风险的区间进行明确的限定。大型项目设备安装的试车工作通常是分阶段进行的，且在各个阶段之间存在一定的时间间距，即一部分设备安装完成后就进行试车，然后等待另一个部分完成后再进行那个部分的试车，最后全部设备均安装完成后，再进行联动试车、热试和试生产。工程保险试车期的计算是以第一次试车为起点，如试车期是3个月，则以第90天的24时为终点。应当注意的是，工程保险的试车期是连续计算的，而不是将在安装过程中可能出现的断断续续的试车时间进行累计计算的。

关于“二手设备”的试车期问题。工程保险对于“二手设备”的试车期风险通常是除外的，原因是“二手设备”的安装风险具有一定的特殊性，风险相对集中在试车期，而且对于风险责任难以界定，无法向可能的责任方——设备供应商进行追索。

“二手设备”包括“已被使用过的设备”和“转手设备”，二者不同之处在于“转手设备”可能是已被使用过的旧设备，也可能是未被使用过的新设备，后者的情况往往是转手方在购买了设备之后由于某种特殊的原因，使其未能使用该设备，而造成该设备在较长时间的闲置后转手。一方面，这种设备由于受时间和存放地点条件的影响，其性能均可能产生很大的变化，完全不同于刚出厂的新设备；另一方面，由于长期闲置，这类设备一般均已超过了厂家承诺的保修期。即使没有超过保修期，设备一经转手，改变了原来的购销合同当事人关系，厂家的保修承诺也就失效。所以，将这类设备也视为“二手设备”。

## 三、保证期

保证期是指根据工程合同的规定，承包商对所承建的工程项目在工程验收并交付使用之后的一定期限内，如果建筑物或被安装的机器设备存在建筑或安装的质量问题，甚至造成损失的，承包商对这些质量问题和损失应承担修复或赔偿的责任。

工程保险的保证期保障从原理上讲是一个相对独立的保险，与工程保险并无必然的联系，工程保险项下是否扩展保证期保障完全取决于被保险人的需求。它的相对独立性还体现在它的保险责任范围是专门设定，它的保险期间也是相对独立的。

由于保证期风险具有一定的特殊性，其核心是工程项目已经交付使用，各个被保险人主体的利益均发生了一定的变化，承包商是从全面履行合同的角度出发进入保险标的现场实施保证行为，因此，在工程保险中，针对保证期风险分散的不同需求提供了不同的条款，以满足不同程度风险分散的需求。在安排工程保险的过程中，如果投保人有保证期保险需求的，保险人首先应当全面了解工程合同对于保证期的相关规定；同时，由于保险期保险具有一定的特殊性，应当特别注意向投保人详细介绍和解释各种保证期保险条款的内涵及其差异，确保投保人能够正确地选择保险条款。

在评估保证期风险过程中，首先，应当考虑保证期的实际风险，这主要取决于工程性质以及履行保证义务的内容。其次，应当考虑保证期的时间长度，保证期一般是 12 个月，也有 6 个月、3 个月和 24 个月。要注意的是，与工程保险不同，保证期的时间长度与风险具有更加直接的正相关。最后，应当考虑投保人需要的保障范围和程度及其选择的条款。

在工程保险合同的执行过程中，应当加强对保证风险的评估工作，如果在施工过程中发生了重大变化或重大事件，均可能直接影响保证期的风险。为此，在施工过程中如发生了重大事故或重大的设计变更等，保险人应当注意重新评估保证期风险，以确定是否继续按照原条件提供保证期保险。

## 四、施工机具保险期间

在工程保险中，大部分保障范围的期限均是以工期为准。但是，施工机具保险的保险期间是按照年度计算的；同时，施工机具的费率也是采用年度费率，而不是工期费率。

施工机具的保险期间按照年度计算的主要原因是，大多数的施工机具只是在一个时期应用于施工建设，而较少在整个过程中使用。

在实际工作中，施工机具保险期间是根据施工机具的调遣情况确定的，通常是根据投保人或者被保险人的申报确定的，所以，在大量运用施工机具的项目中，应明确施工机具的申报制度，通常是 1 个月，或者 1 个季度申报 1 次，保险人根据申报的情况确认保险期间并承担相应的责任。同时，年终按照申报的情况计算并收取保险费。

由于施工机具的保险责任范围包括了自然灾害和意外事故，所以，对于存放在工地范围内，但根据工程建设的特点，在较长时间没有投入使用的施工机具，可以酌情在剔除意外事故风险的情况下，调减保险费。

## 五、工期与保险期间变更

在工程项目的建设过程中，工期的变化是较为常见的现象。在安排工程保险的过程中，确定保险期间的主要依据是工程施工合同，但在实际执行的过程中，往往会出现需要调整的情况。导致保险期间需要调整的原因是：(1) 由于种种原因，在编制工程施工合同中对工期的估计存在误差；(2) 由于施工环境发生了变化导致工期的变化。对于正常的因工期变化而需要对保险期间进行调整的，应由投保人提出申请，由保险人出具批单对保险合同进行修改。

关于保费调整的问题，应根据实际情况进行。原则上讲，工程保险保费的厘定取决于整个工程项目的各种风险因素。工期长短固然是一个重要因素，但工期与保费之间不是等比例关系。工期延长或者缩短，特别是延长和缩短的期间较短时，对项目的风险和保费的影响不大。如一个 24 个月的工程项目，如果工期延长或缩短了 3 个月，则其对于整个项目风险的影响并不大。因此，对于投保人提出变更保险期间申请的，保险人一般可以接受，并酌情适当地增退保费。但是，对于工期变化较大的，则应当慎重，应对项目的风险重新进行全面的评估，了解工期变化的原因，以决定是否接受以及增退的保费。

对于那些已经办理了临时分保的大型或者特殊项目，如果需要较大幅度地调整保险期间和保费时，应当注意分保合同条件的有关规定，尽可能与分保接受人进行必要的沟通，取得他们的同意。

## 六、关于已开工工程的保险问题

工程保险一般不接受已开工的工程项目的投保，主要是防止逆选择。有些项目在进行基础施工过程中发现了一些问题，导致整个项目的风险因素加大，在这种情况下，进行投保就存在一定的道德风险。但对一些特殊情况，如在施工过程中，因需向银行融资而应银行的要求投保的，可以接受投保。对于这类项目的投保，保险人应持十分谨慎的态度，对工程及其背景情况应进行周密的调查和了解，做到心中有数，主要是应了解工程项目可能存在的事故隐患。同时，应对投保前可能存在的损失责任予以明确，以免日后产生纠纷。

## 七、关于保险项目的停工问题

在工程保险期间可能由于各种原因导致工程项目的停工。对于停工问题的处理，首先应当了解和确定停工的原因。大多数项目的停工属于暂时性的停工，其原因主要有：（1）市场方面的原因，如项目缺乏市场前景；（2）资金方面的原因，如项目资金一时无法到位；（3）设备和材料方面的原因，如项目需要的关键设备和材料无法按时到货；（4）设计方面的原因，如设计方面出现一些重大问题，导致需要重新设计；（5）政策方面的原因，如项目审批或者有关政策发生重大变化等。只有极少数项目的停工属于永久性停工。对于永久性停工的处理，一般是采用终止保险合同的方式。停工通常是指非正常的、无法预见的和较长时间的停工。由于气候等原因，导致短时间的停工不属于非正常停工。

对于临时性停工的处理方式应当根据停工的具体情况而定，除了停工的原因外，还应当考虑停工期间的确定性、停工期间长度、停工前工程进展情况、停工后的工地情况等。通常由投保人提出申请。投保人向保险人提出停工变更申请有两层含义：一是履行其告知义务。停工是工程保险中一种典型的风险变化现象，根据保险合同的规定，投保人有义务通知保险人并说明停工的具体原因。二是申请修改保险合同。停工不仅导致风险的变更，还将导致保险合同期间的变更，因此，投保人需要相应地变更保险合同。保险人将根据停工的实际情况以及投保人的申请，采用出具批单的方式，扩展承保项目停工期间的风险。与施工期间不同，停工期间的风险为静态风险，类似财产保险的风险。但是，财产保险的标的通常具有一定自我抵御风险的能力，而处于停工阶段的建设项目则不然，因此，在接受停工期间风险和厘定费率的过程中，应当充分考虑可能影响风险的各种因素。同时，应当要求和督促投保人和被保险人加强对于停工期间工地的管理，最大限度地防范和控制风险，保险人也应定期到工地进行检查。在停工结束后，应对工地进行必要的勘察，了解并记录工地的实际情况。对于一些大型和复杂的项目，还可以委请公估人作为公正的第三方，在重新开工前对工地进行检验并出具检验报告。

## 八、关于整体完工前保险责任终止的问题

根据工程保险关于保险期间的有关规定，在整体完工或保单终止日之前，对于工程项目某一局部的保险责任可能因某种情况的变化而终止。这一点保险人和被保险人均应予以足够的认识和重视，并根据工程项目的建设情况作出相应的安排，以确保充分的保险保障。

安排的方案有两种。第一种方案是针对那些相对独立的“部分项目”。对于这些相对独立的部分项目，在经过正式或非正式验收，或实际占有、接收和使用的，应在占有或投入使用后，根据项目的风险情况安排相应的营运期的各类保险，以分散风险。第二种方案是针对那些相对难以划分的“部分项目”。对于这些“部分项目”的风险，可以事先在工程保险方案中针对部分完工、交付部分安排一个特别扩展条款，以保障这方面的风险。

# 第十节
# 免赔额

## 一、免赔额的定义

免赔额是指保险人对于保险标的在一定限度内的损失不负赔偿责任的金额。免赔额是保险制度中的一种共保机制，设计免赔额的实质是对被保险财产可能发生的损失有条件地由保险人和被保险人共同承担，即在一定条件下降低保险人实际承担的责任。

## 二、免赔额的意义

免赔额的设定主要是针对一些保险金额巨大、责任范围广、损失几率高的保险种类的，如一些大型项目的财产一切险保单和工程一切险保单。在这些保单项下设定免赔额的意义在于：

（一）可以增强被保险人安全生产的责任心

免赔额的设定意味着被保险人和保险人必须共同去面对每一个保险责任范围内的事故，而且被保险人在承担保险责任范围内的损失时处于“第一位”的地位，即发生了损失，如果损失的金额在免赔额范围内，就由被保险人自行承担，保险人不负任何赔偿责任。只有当损失金额超过免赔额时，保险人才承担保险赔偿责任。

工程保险的特点：一方面是保险的责任范围广泛，包含了人力不可抗拒的自然灾害和主要由人为因素产生的意外事故；另一方面是工程往往涉及面广、人多，存在时间和空间上的立体和交叉作业。在这种情况下，被保险人就成为防止和减少损失的关键的一环，即被保险人对于安全生产的认识和重视，将在很大程度上影响工程建设过程中的事故发生率和损失的大小。工程保险中免赔额的设定正是针对工程保险可能面对的这一特点提出的，这样就可以从根本上增强被保险人的责任心，促使被保险人加强安全生产工作，以防止损失的发生，尤其是一些中、小损失的发生。

（二）可以减少小额案件的处理

由于工程保险的责任范围较广，如果不设定一个免赔额，可以提起索赔的案件将会很多，而要处理这些案件，一方面，被保险人为了准备索赔必须收集大量的单证，制作索赔文件，势必耗费大量的人力和物力；另一方面，保险人为了处理这些案件也必须花费一定的人力、物力进行调查取证，审核理算。其结果是，保险人和被保险人为了处理案件的付出，在大多数情况下超过案件最终赔付的金额，从而违背了市场经济的基本原则。设定一个适当金额的免赔额就可以较好地解决这个问题，即损失在免赔额以下的，由被保险人自行承担，保险人只是针对那些损失金额较大的案件承担赔偿责任。

（三）可以降低被保险人的保险费支出

从保险经营的基本原理上分析，就整个行业而言，社会总保险费的收取总是与总赔款的支出成一定的比例关系，具体到某一险种或某一保单的情况亦是如此，保险费的收取总是与所承保风险可能发生的保险损失率有关。如果不设定免赔额或免赔额定得过低，势必造成保险赔付几率和量的增多，保险人则需收取较高的保险费或相应地增收保险费。反之，被保险人若能根据自身财务承受能力的实际情况，确定并接受一个合理的免赔额，则可以在保险费方面获得一定的优惠，而对于一些保险金额巨大的大型项目来讲，这种保险费优惠在绝对数上可能是一个相当可观的数字。

从现代风险管理的原理看，一个科学、合理和经济的风险管理方案是：被保险人根据自身的实际情况接受一个适当的自留风险额，从而获得一个相对低的风险转移支出。

## 三、免赔额的类型

免赔额一般可以分为相对免赔额和绝对免赔额。相对免赔额是指保险人在理赔时，若损失金额低于免赔额，则保险人不负赔偿责任；若损失金额高于免赔额，则保险人赔偿全部损失。绝对免赔额是指保险人在理赔时，若损失金额低于免赔额，则保险人不负赔偿责任；若损失金额高于免赔额，则保险人赔偿损失中超过免赔额的那一部分。相对免赔额的类型已不常采用了，与其他保险一样，在工程保险中广泛采用的是绝对免赔额的类型。

## 四、免赔额的表现形式

绝对免赔额的具体表现形式有四种。

（一）定额型

定额型是将免赔额确定为一固定的货币金额。这是较为常见的一种形式，也是对被保险人相对有利的形式。采用这种免赔额形式，无论发生多大的损失，被保险人可能承担的金额均是相对有限和固定的。

（二）比例型

比例型是将免赔额确定为损失金额的一固定比例。这是一种对被保险人相对不利的形式，采用这种免赔额形式，一旦发生巨大的损失，被保险人就可能面对一个金额相当大的自负额，这显然不利于被保险人的财务稳定。

（三）混合型

混合型是将免赔额同时确定一定金额和一定比例，并适用两者中的高者。常见的措辞是：“××××元或损失金额的××%，以高者为准。”这是一种对保险人最为有利的免赔额形式，即从“两头”控制自身的风险。在“低头”方面，一个固定的金额，可以使保险人排除所有低于这一金额的索赔；在“高头”方面，一个固定比例可以确保在发生巨大损失时的赔偿金额的控制。

（四）累进型

累进型是在混合型的基础上，将固定百分比修改为按出险次数变动自负额百分比，如第一次出险的免赔额比例为5%，第二次出险的免赔额比例为7%，第三次出险的免赔额比例为10%。有时，保险人按出险次数变动的由负额的金额，如第一次出险的免赔额50万元，第二次出险的免赔额100万元，第三次出险的免赔额150万元。

## 五、每次事故

“每次事故”是工程保险中一个重要的概念，因为，这个概念直接关系到保险的实际保障程度。通常在承保条件的“赔偿限额”和“免赔额”中涉及“每次事故”这个概念。从赔偿限额的角度看，赔偿限额通常是指保险人针对一次保险事故承担赔偿责任的最高额度，如果被保险人的损失属于一次保险事故，则保险人承担责任的“上限”为一个赔偿限额；如果被保险人的损失属于两次保险事故，则保险人承担责任的“上限”为两个赔偿限额。从免赔额的角度看，免赔额通常是保险人针对每次保险事故承担赔偿责任时可以扣减的金额，或者说是被保险人针对每次保险事故需要自己承担的部分损失。一个损失如果被认定为是由一次保险事故造成的，保险人在理赔时只能扣除一个免赔额；而一个损失如果被认定为是属于两次保险事故造成的，则保险人在理赔时就要扣除两个免赔额。

如何对“每次事故”进行界定是一个技术难题。在一般情况下，对于“每次事故”的界定并不困难。但往往在一些特殊情况下，保险合同双方会就“每次事故”的界定发生歧义，而这种歧义的结果是直接影响双方的利益。最典型的是地震灾害造成的损失，因为，通常在一次地震之后会有多次余震，这种余震可能多达几十次，甚至几百次，那么，是将一次地震作为“一次事故”呢，还是将每一次余震均作为“一次事故”？两种解释对于保险赔偿结果的影响显然不同。同样的例子还有台风造成的损失，因为，一个台风有可能由于多次登陆而造成多次损失。

目前，解决这个问题的办法是事先在保险合同中对相关问题进行明确和约定，即采用“规范性附加条款”的方式。规范性附加条款是针对保险合同执行过程中的一些重要问题或者需要明确的问题进行明确的规定，以免产生误解和争议。在工程保险中，较为常见的“时间调整附加条款”的措辞为：

“兹经双方同意，本保险单项下保险财产因在连续 72 小时内遭受暴风雨、台风、洪水或地震所致损失应视为一单独事件，并因此构成一次意外事故而扣除规定的免赔额。被保险人可自行决定 72 小时期限的起始时间，但若在连续数个 72 小时期限时间内发生损失，任何两个或两个以上 72 小时期限不得重叠。”

我国现行的建筑工程一切险条款的第十四条的规定与上述措辞相同。

## 六、免赔额的适用

免赔额的适用是针对每次事故的损失金额的，这里所指的损失金额不是被保险人提出索赔的损失金额，而是保险人最终确定赔付的金额。如果保险属于保额不足，需要进行比例赔付的，应在适用比例赔付之后，再适用免赔额。

通常在工程保险项下有一组免赔额，而不只有一个免赔额，所以，应当根据损失的项目分别适用免赔额。

## 七、物质损失项下免赔额

物质损失项下的免赔额通常采用期间和风险两种划分方式。按照期间分为建筑安装期和试车期，或者说在主工期中，针对试车期安排一个特别的免赔额。由于试车期的风险相对集中，且可能造成的损失较大，所以，试车期的免赔额数额一般较大。保险人希望通过一个较大的试车期免赔额的安排来提高被保险人的风险与责任意识，以控制风险。风险通常分为巨灾（特殊）风险、火灾和爆炸风险、其他风险三类。从金额上看，巨灾（特殊）风险的免赔额最高，一般为“十万元级”，甚至百万元；火灾和爆炸风险的免赔额次之，一般为“万元级”；其他风险的免赔额则较低。

由于工程保险的承保风险中包括盗窃风险，因此，在确定最低免赔额（其他风险免赔额）的过程中，应当根据项目盗窃风险实际情况加以确定。

## 八、第三者责任项下免赔额

第三者责任项下的损失通常包括两个部分：第三者的人身伤亡损失和第三者的财产损失。从第三者责任保险的保护无辜受害者、维护社会稳定的公益性角度出发，一般在第三者的人身伤亡项下不安排免赔额。所以，第三者责任项下的免赔额通常是针对第三者财产损失的。

## 九、专项免赔额

专项免赔额是针对承保特殊风险而制定的免赔额，这种特殊性表现为风险的特殊性和项目的特殊性。风险的特殊性表现为保险人对于常规项目提供特殊风险保障，如在工程保险项下提供设计风险保障，保险人在提供这类风险保障的同时会要求安排一个特别的，也是较高的免赔额。项目的特殊性表现为项目本身具有较强的特殊性，如管道项目，特别是海上管道项目。因此，保险人通常会为这些特殊项目安排一个专门的免赔额组合（见表5－1）。

表 5－1　　管理项目免赔额组合　　（单位：美元）

| 类 型 | 陆上管道项目 | 海上管道项目 |
| --- | --- | --- |
| 货物和包装 | 15 000 | 50 000 |
| 管道铺设 | 50 000 | 250 000 |
| 业主在工地既有的财产 | 25 000 | 100 000 |
| 测试和试车 | 25 000 | 250 000 |
| 设计错误 | 50 000 | 250 000 |
| 第三者责任 | 25 000 | 25 000 |
| 保证期 | 50 000 | 150 000 |

# 第十一节
# 工程保险价格及其确定方法

## 一、保险价格理论

保险是一种经济制度，它把众多单位和个人集合起来，运用概率理论和大数法则，科学合理地计算并收取保险费，建立共同的风险基金，并按照保险合同的约定对被保险人实行经济补偿。根据我国《保险法》第十四条规定：“保险合同成立后，投保人按照约定支付保险费；保险人按照约定的时间开始承担保险责任。”

保险费简称保费，是投保人为转移风险取得保险保障而应付出的价值，亦是保险人承担保险合同所约定的保险责任向投保人或被保险人收取的费用。

保险商品的理论价格是指以决定保险商品价格的内在因素为基础而形成的价格，决定保险商品价格的内在因素是保险商品的价值，保险商品的价值也是保险商品理论的基础。保险企业在经营作为商品的保险过程中必须遵循市场经济的价值价格规律。在确定保险价格过程中，首先，应当明确保险是通过收取保险费的途径聚集保险基金的，而这种收取的标准是按照以往的损失率确定的。因此，收取的保险费是否恰当直接关系到保险公司能否按照合同履行责任以及公司的经营状况。其次，保险价格是按照预期成本加平均利润构成的，在市场经济条件下，价格固然受到市场供求关系的影响，但起决定作用的因素仍是价值。所以，如果价格严重偏离价值，受到影响的将不仅仅是保险人，也包括被保险人以及其他利益方。最后，保险的价格是根据过去损失统计与费用记录来推算的，它与实际承保风险的情况是否一致有待实践的检验。所以，在确定价格过程中，相对保守的估计是明智的选择。

保险商品的理论价格由纯费率和附加费率两部分构成，亦称为毛费率。

纯费率，亦称技术费率的确定通常是在以往一定期限内的平均保险金额损失率的基础上再加上一定数量的风险附加率。而附加费率是各个保险公司根据其自身的经营水平、税赋和预期利润水平决定的。所以，保险商品狭义的理论价格是由纯费率决定的。

保险精算的主要目的之一就是要确定保险的纯费率，即通过对一定期限内的平均保险金额损失率的统计分析以实现科学地确定保险价格的目的。在非寿险领域由于风险的不均衡特征，导致其在确定保险价格的理论和技术方面均存在一定的障碍。所以，传统意义上的精算大都是针对寿险业务的。但是，在非寿险领域也正在开始逐步地导入精算的一些基本特征，即风险单位的差异较小，风险单位具有一定的数量集合，较为符合保险精算的理论基础。这也是机动车辆保险成为逐步崛起的非寿险精算领域的原因所在。

同时，保险人通过对损失的情况进行统计和细化分析，对其在经营的过程中具有直接的现实意义。一方面能够有针对性地向被保险人提出改善风险状况的建议，提高产品和服务的内涵；另一方面能够有针对性地对经营的风险进行选择，以确保经营的稳定和实现利润的最大化。

## 二、保险费及其构成

保险费是投保人为转移风险取得保险保障而应付出的价值，亦是保险人承担保险合同所约定的保险责任，为被保险人提供风险保障服务而取得的报酬。保险费是保险基金的主要来源，也是保险人履行赔偿与给付义务的基础。因而，缴纳保险费是投保人的基本义务。我国《保险法》第十四条规定：“保险

合同成立后，投保人按照约定支付保险费；保险人按照约定的时间开始承担保险责任。”这说明，保险双方当事人的权利义务关系与保险费密切联系在一起。因此，保险费是保险活动的重要内容之一。

一般情况下，保险费即毛保费（Gross Premium），又称营业保费（Office Premium），可以分解为纯保费（Pure Premium）和附加保费（Loading Premium）两部分。纯保费是保费的主要部分，用以建立保险赔偿与给付基金，是保险费的最低界限，根据对保险标的未来保险损失的预测（期望值及一定的安全附加）而确定。附加保费用于保险人的经营管理开支和预期利润，包括职工工资、业务费用、管理费用、中介费用、宣传费用、税金、利润等。

影响保险费的直接因素有三个。一是保险金额。保险费与保险金额呈正相关。保险期限与保险费率一旦确定，则保险金额越高，保费越多；保险金额越低，保费越少。二是保险期限。保险费与保险期限呈正相关。保险金额与保险费率一旦确定，则保险期限越长，保费越多；保险期限越短，保费越少。但是，工程保险承保风险的特点决定了其保险费与保险期限并不是呈等比例的正相关关系，工程保险的保险费更多地体现为工期保险费。三是保险费率。保险费与保险费率也呈正相关。保险金额与保险期限一旦确定，则保险费率越高，保费越多；保险费率越低，保费越少。

## 三、保险费率及其特点

保险费率（Premium Rate）是指单位保险金额或责任限额的保费。因此，保险费一般是按保险金额或责任限额乘以保险费率来计算的，即：

保险费 = 保险金额或责任限额 × 保险费率

此外，也有按基本保险费再加上保险金额或责任限额与保险费率的乘积计算的，即：

保险费 = 基本保险费 +（保险金额或责任限额 × 保险费率）

还有的则直接按约定保险费收取，不出现保险费率。与保险费相应，保险费率也分解成纯费率与附加费率，按纯费率收取的保费为纯保费，按附加费率收取的保费为附加保费。所以，从某种意义上说，对保险费的研究主要归结为对保险费率的研究。

显然，保险费率即保险价格。但保险费率与一般商品的价格有所不同，其主要特点有三。

其一，就单个保险合同而言，保险费率与保险补偿或给付之间没有对等关系，即费率高未必保险给付多，费率低未必保险给付少。这与一般商品交换活动不同。虽然保险活动也坚持费率与风险相应的原则，即风险高则费率高，风险低则费率低，但保险活动具有很强的射幸性。有的投保人缴纳了保险费，因为保险事故未发生，其被保险人（或受益人）不会得到任何给付；有的投保人缴纳了保险费，因为保险事故的发生，其被保险人（或受益人）会得到远远大于投保人所交缴保险费的保险金。

其二，保险费率的计算在成本发生之前，一般商品价格的决定通常发生在成本已知之后。保险费率的确定虽然是依据过去的经验数据，但毕竟只是对将来保险给付的一种预测，因此，当前决定的费率事实上是用于补偿未来发生的成本。

其三，保险费率受政府管制远较一般商品为严。市场经济社会中，一般商品的价格政府管制较少，通常由市场供求关系决定。保险费率则不同。由于保险技术的复杂性，为保护被保险人的合法利益并保证保险事业的健康发展，许多国家规定，政府保险监管部门不仅具有核定保险费率的权力，而且规定保险费率的计算方法，甚至要求保险人调整保险费率。如我国台湾地区的保险管理部门就规定了工程保险的费率结构比例，其中纯保费占比为60.3%，附加保费占比为35.7%，特别准备金占比为4%。

## 四、保险费率厘定原则

根据保险价格理论，厘定保险费率的科学方法是依据不同保险对象的客观环境和主观条件形成的危险度，采用非寿险精算的方法进行确定。但是，非寿险精算是一个纯技术的范畴，在实际经营过程中，非寿险精算仅仅是提供一个确定费率的基本依据和方法，而保险人确定费率还应当遵循一些基本的原则。

（一）公平合理原则

公平合理原则的核心是确保实现每一个被保险人的保费负担基本上是依据或者反映了保险标的的危险程度。这种公平合理的原则应在两个层面加以体现。一是在保险人和被保险人之间。在保险人和被保险人之间体现公平合理的原则是指保险人的总体收费应当符合保险价格确定的基本原理，尤其是在附加费率部分，不应让被保险人负担保险人不合理的经营成本和利润。二是在不同的被保险人之间。在被保险人之间体现公平合理是指不同被保险人的保险标的的危险程度可能存在较大的差异，保险人对不同的被保险人收取的保险费应当反映这种差异。

由于保险商品存在一定的特殊性，要实现绝对的公平合理是不可能的，所以，公平合理只能是相对的，只是要求保险人在确定费率的过程中应当注意体现一种公平合理的倾向，力求实现费率确定的相对公平合理。

（二）保证偿付原则

保证偿付原则的核心是确保保险人具有充分的偿付能力。保险费是保险标的损失偿付的基本资金，所以，厘定的保险费率应保证保险公司具有相应的偿付能力，这是由保险的基本职能决定的。保险费率过低，势必削弱保险公司的偿付能力，从而影响对被保险人的实际保障。在市场经济条件下，经常出现一些保险公司在市场竞争中为了争取市场份额，盲目地降低保险费率，结果是严重影响其自身的偿付能力，损害了被保险人的利益，甚至对整个保险业和社会产生巨大的负面影响。为了防止这种现象的发生，各国对于保险费率的厘定大都实行由同业公会制定统一费率的方式，有的国家在一定的历史时期甚至采用由国家保险监督管理部门颁布统一费率，并要求强制执行的方式。

保证偿付能力是保险费率确定原则的关键，原因是保险公司是否具有足够的偿付能力，不仅仅影响到保险业的经营秩序和稳定，同时，还可能对广大的被保险人乃至整个社会产生直接的影响。

（三）相对稳定原则

相对稳定原则是指在保险费率厘定之后，应当在相当长的一段时间内保持稳定，不要轻易地变动。经常的费率变动势必增加保险公司的业务工作量，导致经营成本上升。同时也会给被保险人需要不断适应新的费率带来不便。要实现保险费率确定相对稳定的原则，在确定保险费率时就应充分考虑各种可能影响费率的因素，建立科学的费率体系，更重要的是应对未来的趋势作出科学的预测，确保费率的适度超前，从而实现相对稳定。

要求费率的确定具有一定的稳定性是相对的，一旦经营的外部环境发生了较大的变化，保险费率就必须进行相应的调整，以符合公平合理的原则。

（四）促进防损原则

防灾防损是保险的一个重要职能，其内涵是保险公司在经营过程中应协调某一风险群体的利益，积极推动和参与针对这一风险群体的预防灾害和损失活动，减少或者避免不必要的灾害事故的发生。这样不仅可以减少保险公司的赔付金额和减少被保险人的损失，更重要的是可以保障社会财富，稳定企业的经营，安定人民的生活，促进社会经济的发展。为此，保险人在厘定保险费率的过程中应将防灾防损的费用列入成本，并将这部分费用用于防灾防损工作。

## 五、保险费率厘定的基本方法

保险费率厘定的基本方法有两种：风险保费法和损失率调整法。风险保费法是在一定损失数据积累的基础上，按照出险率和案均赔款直接计算每个风险单位的平均风险保费，再加上费用率、利润率，形成保险费率。损失率调整法是在现行费率（市场总体赔付经验）的基础上，与公司经营的实际损失率进行比较，确定保费调整幅度。

从工程保险的特征看，工程保险的费率厘定不宜采用风险保费法，因为，就工程保险而言，难以有足够的均质业务数据积累支持风险保费法的保费厘定工作，关键是如果要保证有一定的业务量，就必须放宽均质标准，而放宽均质标准的结果是计算出来的保费对于某一类项目的针对性和有效性则不强。但如果将均质标准定得过细，则样本数量就难以满足精算技术的要求，其稳定性和可信度较弱。对于工程保险的费率厘定通常是采用损失率调整法，但这种调整的因素除了需要根据经营的实际情况外，还需要根据项目的具体情况进行调整。

通常可以采用层级分析法（The Analytic Hierarchy Process，AHP），这种方法是在调整过程中需要考虑主要评估因素和次要因素，主要评估因素包括工程项目因素和保险经营因素。

（一）工程项目因素

工程项目因素包括：

1. 工程项目性质：工程项目的风险程度、工地地质、施工方法、工地环境、工程规模和工期。

2. 工程合同内容：工程项目明细、规范、标准。

3. 业主情况：业主性质、业主的风险管理能力、工程保险安排与管理。

4. 承包商情况：施工管理能力、总资产、经验、以往损失记录、工地负责人的管理经验和能力。

5. 工程保险安排：承保条件、免赔额等。

（二）工程保险经营因素

工程保险经营因素包括：

1. 保险公司情况：保险公司性质、资产总额、核保人员的技术与经验、与业主或承包商的关系、保险公司的经营策略、工程保险的利润水平。

2. 保险市场情况：再保险市场的情况、国内保险市场总体情况、保险市场的竞争情况、保险市场的监管情况。

## 六、影响保险费率厘定的主要因素

由于工程保险风险以及经营的特殊性，影响保险费率厘定的因素相对复杂，因此，工程保险的费率厘定是一项技术性很强的工作，一方面需要从业人员具备各种专业基础知识和技术准备，另一方面需要大量的经验积累。在工程保险的费率厘定中重点应当把握好“时”与“空”的界限：“时”就是保险期间，保险期间的长短直接影响风险暴露的区间；“空”就是保险责任范围，保险责任范围的大小直接影响保险人将承担的赔偿责任。同时，要结合工程和保险合同条件，如造价确定方式、免赔额、最大可能损失（MPL）等。在费率厘定的过程中应当考虑的因素主要包括：工程项目类别、项目本身的风险状况、保险合同条件、同类项目的损失记录和再保险市场等。

（一）工程项目类别

与工程保险费率及保险费关系最为直接的因素是工程项目的风险类别，不同类别项目的风险相差很大。

工程项目风险类别的划分是由两个方面因素决定的：一是由工程项目的内在因素决定的，如设计可靠程度、工艺要求、技术成熟度、施工难度等；二是由以往损失记录决定的。

瑞士再保险公司将各类建筑项目分为两大类：一类是低风险和中等风险建筑项目，包括普通住宅、办公楼、医院、学校、教堂、工业建筑、仓储罐、水塔、地下车库、道路岔口、大开挖的地铁、管道、污水处理、道路、铁路、机场、桥梁等；另一类是高风险建筑项目，包括隧道、通风管道、水工作业、水坝、河流、港口、船坞等工程。

我国台湾地区将工程项目风险分为三类，即轻度风险、中度风险和高度风险（见表5－2）。

表 5－2　　我国台湾地区工程项目风险的分类

| | |
|---|---|
| 轻度风险项目 | 独栋住宅建筑、公寓、私人办公室群、15 层以下的社区建筑物（办公室、医院、学校、教堂）、大梁跨距小于 20 米的商业建筑、在平原地区和旱季施工，且工期短的小型道路项目。 |
| 中度风险项目 | 地下停车场、机场、铁路、公路、管道工程、跨距不超过 80 米的陆上桥梁、水塔。 |
| 高度风险项目 | 高层建筑、隧道工程、水上桥梁、大坝、码头、水利项目、运河、港口工程、海堤、防波堤。 |

我国工程保险市场上“建筑工程一切险”的费率表将建筑项目分为 12 类，从中我们可以看到项目风险类别划分的基本情况以及不同风险类别之间的价格水平差异情况（见表 5－3）。

表 5－3　　我国建筑工程一切险的费率表

| 项　目 | 费率幅度 |
|---|---|
| 住宅大楼、综合性大楼、办公大楼、学校大楼、医院、饭店、商店、仓库及普通工厂厂房 | 0.8‰ ～ 1.5‰ |
| 机械工业、纺织工业 | 1.8‰ ～3‰ |
| 化学工业、冶金工业 | 2.0‰ ～ 3.5‰ |
| 机场（综合项目） | 2.5‰ ～ 4‰ |
| 电子电器工业 | 2.5‰ ～ 5‰ |
| 火电站 | 2.5‰ ～ 5‰ |
| 水利、水电 | 3‰ ～ 6‰ |
| 道路、公路 | 2‰ ～ 6‰ |
| 铁路 | 2.5‰ ～ 6‰ |
| 码头、港口 | 2.5‰ ～ 5.5‰ |
| 桥梁 | 3‰ ～ 5‰ |
| 隧道、管道、地铁 | 3.5‰ ～ 6.5‰ |

（二）项目本身的风险状况

项目本身的风险状况是指承保项目建设过程中的各种风险因素，主要包括项目建设的设计风险因素、设备风险因素、施工工艺和技术风险因素、环境风险因素、管理风险因素等。保险公司通常是委托外部的专业机构，或者由自己的专业人员对项目的风险状况进行全面的勘察，对各种风险因素进行专业的评估，然后出具承保检验报告。保险公司的承保人员通过这个检验报告了解项目本身的风险状况，决定承保条件并厘定保险费率。

（三）保险合同条件

保险合同条件与保险费的厘定具有最为直接的关系。首先是条款条件，使用的条款不同，保险责任范围与赔偿条件不同，保险费也不同。如使用“一切险”条款的保险费将大大高于使用“列明风险”条款的。其次是明细表条件，其中与保险费水平有直接关系的是免赔额、赔偿限额、保险期限、试车期、保证期等。

（四）同类项目的损失记录

同类项目的损失记录是指行业，或者承保数据中反映的同类项目建设过程中的损失情况，这种损失记录通常是反映特定类型建设项目的类别风险。保险公司的承保人员通过这一记录能够了解项目类别之间的风险差异，如地铁项目的损失记录相对较高，而一般民用建筑的损失记录相对较低。

（五）再保险市场

再保险在工程保险领域始终扮演着重要的角色，原因是在工程保险的经营过程中存在的一个重要特征是风险相对集中，表现为：一是风险数量少，如在一定时期内大型桥梁、高速公路、地铁、核电站等建设项目的数量相对有限。二是风险金额大，一些大型工程项目的投资金额往往较大，潜在损失金额巨大。因此，工程保险的经营风险需要在一个更大范围内进行分散，直接承保业务的公司通常需要将较大份额的风险向再保险市场转移，通过这种转移，能够实现在更大范围内体现大数法则，确保经营的安全和稳定。

在工程保险的经营过程中，再保险市场往往起到决定性的作用，因为：一方面，再保险市场对工程保险经营情况的数据积累更丰富，定价的准确性和权威性更强；另一方面，工程保险需要庞大的承保能力，这些承保能力只有通过再保险市场得到满足。所以，再保险市场的承保能力和供给情况直接决定了工程保险的保险费水平。

## 七、保险费率与赔偿限额的关系

工程保险属于综合保险，其中包括财产风险和责任风险。在责任风险部分的费率厘定过程中，需要考虑的一个重要因素是赔偿限额问题。从责任风险的量化特征看，其在一定赔偿限额区间内，费率与赔偿限额成正比关系，即赔偿限额越大，费率越高。但在责任保险中，赔偿限额存在一个“有效区间现象”，即在一定的区间范围内，费率与赔偿限额成正比关系，而一旦超过了这个有效区间，费率则会出现一种反比发展趋势。原因是作为计算保险费的赔偿限额加大了，但是实际风险并没有等比增加，其中有法律的因素，特别是以往同类事故的判例；有经济的因素，即当地实际生活水平；有社会的因素，人们的诉讼意识等。所以，在责任保险中，当赔偿限额超过有效区间之后，费率随着赔偿限额的增加而下降（见图5-3）。

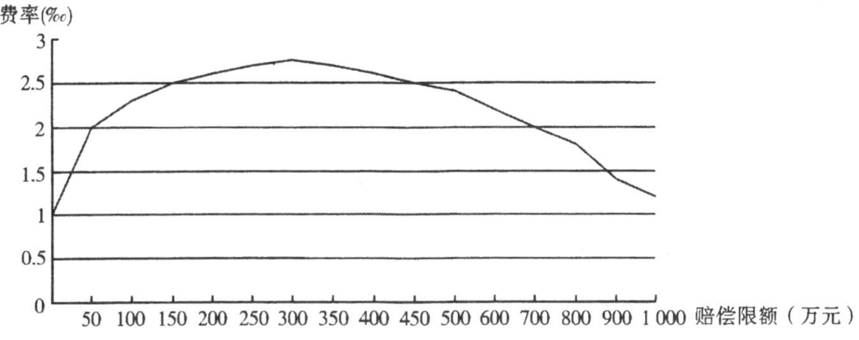


图5-3　赔偿限额“有效区间”现象

根据工程保险中责任风险的上述特征，在制订保险方案和确定保险费率的过程中，一项重要的工作是分析并确定责任风险的有效区间，通过对有效区间的确定，建议投保人在制订保险方案时，在有效区间内选择确定赔偿限额，避免赔偿限额选择过大，导致保险方案制订存在不经济的现象。

## 八、保险费率与免赔额的关系

在工程保险的定价过程中，免赔额是最为敏感的因素，也是调整价格的最直接和最常用的因素。因此，在工程保险的经营过程中，无论是保险人，还是投保人和经纪人均在探索免赔额与保险费率及保险费之间的关系。

通常在工程保险的定价过程中，均设定一个基础免赔额，或者是最小免赔额，定价是以这个免赔额为前提的。在一些大型项目，或者特大型项目的工程保险安排过程中，投保人或经纪人为了获得一个相对较低的费率，减少保费的支出，往往提出提高免赔额的方案，甚至要求保险人提供多种免赔额的报价方案。这个问题曾经是保险公司承保人员的一个难题，早期在保险市场出现了一种“免赔额与费率折扣关系表”，保险公司的承保人员利用这种表就能够计算出各种不同的免赔额条件下对于基础价格的修正值。表5－4是早年在伦敦市场上使用的“免赔额与费率折扣关系表”，尽管它的绝对数已经不能适应今天的情况，但其中的相对关系仍然具有一定的指导意义。

**表5－4　　伦敦市场使用的免赔额与费率折扣关系表**

| 重置价/保险金额（万英镑） | 最小/基础免赔额（万英镑） | 最小/基础免赔额的倍数 | | | | |
|---|---|---|---|---|---|---|
| | | 2 | 3 | 5 | 10 | 20 |
| | | 费率折扣比例（%） | | | | |
| <100 | 15 | 5 | 10 | 25 | 50 | 80 |
| 100～1 000 | 15 | 10 | 15 | 30 | 50 | 85 |
| 1 000～2 000 | 15 | 7.5 | 12.5 | 27.5 | 45 | 70 |
| 2 000～5 000 | 20 | 10 | 10 | 27.5 | 45 | 67.5 |
| 5 000～20 000 | 30 | 10 | 10 | 25 | 40 | 62.5 |
| 20 000～100 000 | 60 | 7.5 | 12.5 | 25 | 40 | 57.5 |
| 100 000～200 000 | 100 | 7.5 | 12.5 | 25 | 40 | 52.5 |
| 200 000～500 000 | 200 | 7.5 | 12.5 | 20 | 35 | 47.5 |
| >500 000 | 200 | 7.5 | 12.5 | 20 | 35 | 42.5 |

表5－5是某再保险公司推荐的工程保险“免赔额与费率折扣关系表”。

**表5－5　　某再保险公司“免赔额与费率折扣关系表”**

| 免赔额倍数（倍） | 2 | 3 | 4 | 5 | 10 | 20 | 40 |
|---|---|---|---|---|---|---|---|
| 费率折扣 | 0.90 | 0.85 | 0.82 | 0.80 | 0.70 | 0.65 | 0.55 |

如果采用“比例型”免赔额的，则推荐“免赔率与费率折扣关系表”（见表5－6）。

表 5－6　　某再保险公司“免赔率与费率折扣关系表”

| 免赔额比例（%） | 10 | 20 |
|---|---|---|
| 费率折扣 | 0.9 | 0.8 |

随着保险技术的发展、定价软件的出现及逐步完善，解决各种不同免赔额条件下对基础价格的修正问题已经不再是一个难题了，保险公司的承保人员通过工程保险定价软件的使用就能够很轻松地解决这些问题，同时，还可以设计出更多的方案，供投保人选择。

但是，无论是“免赔额与费率折扣关系表”，还是定价软件，解决各种不同的免赔额条件下对于基础价格修正问题的根本是确定两者之间的数学关系。在瑞士再保险公司的“Puma”定价软件中设计的数学关系为：

$$\text{降费因子} = 1 - 0.125 \log \frac{\text{自选免赔额}}{\text{基础免赔额}}$$

以上这些确定免赔额与费率折扣关系的方法均存在一定的局限性，从非寿险精算的角度看，科学地确定免赔额与费率之间的关系应当是在一定量的同类项目损失记录的基础上，通过损失分布分析，确定两者之间的关系。但对于一般的从业人员，由于掌握的技术与信息有限，往往难以进行这种分析与计算。[①]

## 九、保险费率与保险期限的关系

从原则上讲，保险费率与保险期限成正比关系，即保险期限越长，保险人承担风险的期限越长，则保险费率越高。但与其他财产保险相比，工程保险的保险费率与保险期限之间的关系存在一定的特殊性。

首先，与其他财产保险不同，工程保险在整个保险期间中保险金额的分布是不均匀的，表现为一个递增过程，一般到保险期限结束时才达到峰值。因此，保险公司在承保工程保险过程中，实际承担的风险量也是一个逐步增加的过程，只有在保险期限即将结束时，保险公司实际承担的风险才达到保险金额。而在其他财产保险中，保险公司实际承担的风险在整个保险期间内都等于保险金额（见图 5－4 和图 5－5）。

① 有兴趣的读者可以参考本书附录，其中提供了一个“不同免赔额条件下的费率折扣计算（理论模型）”。

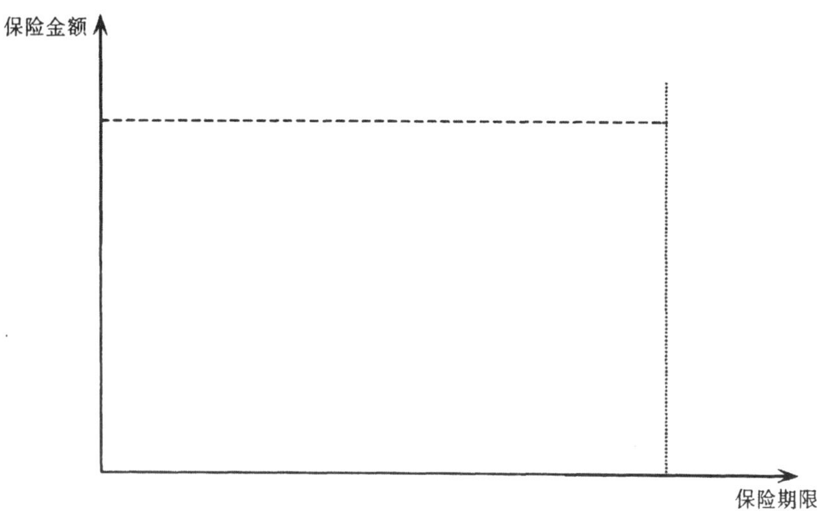


图 5-4　其他财产保险保险金额与保险期限的关系

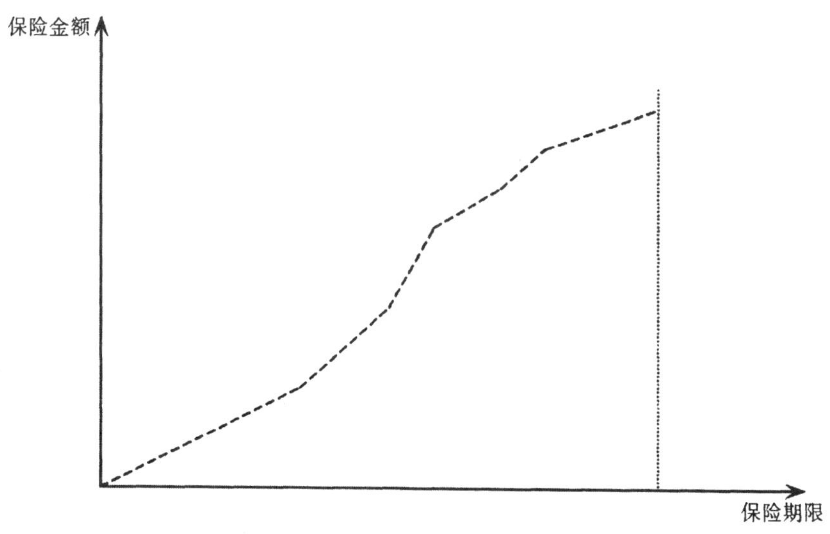


图 5-5　工程保险保险金额与保险期限的关系

其次，其他财产保险更多地表现为一种静态形式，即在一种静态状况下，针对一个相对确定的保险标的，提供一段期间的保障，所以，这种保障对价的重要因素是时间，保险费率与保险期间成直接的等比关系。工程保险则表现为一种动态形式，即是针对项目建设这个行为过程，为这个行为过程提供的保障。由于工程保险提供的风险保障包括两个部分：自然灾害和意外事故，所以，如果就自然灾害等风险而言，保险期限与保险费率具有直接的等比关系；但如果就意外事故风险而言，则保险期限与保险费率的相关性就相对弱一些。例如，两个其他条件均相同的项目，A 的保险期限是 12 个月，B 的保险期限是 18 个月，如果是其他财产保险，则 B 的保险费等于 A 的保险费的 1.5 倍，而工程保险中 B 的保险费则应当小于 A 的保险费的 1.5 倍。从图 5 -6 中，可以看出：

面积 BOBi ≠ 面积 AOAi ×150%；或：面积 BOBi < 面积 AOAi ×150%

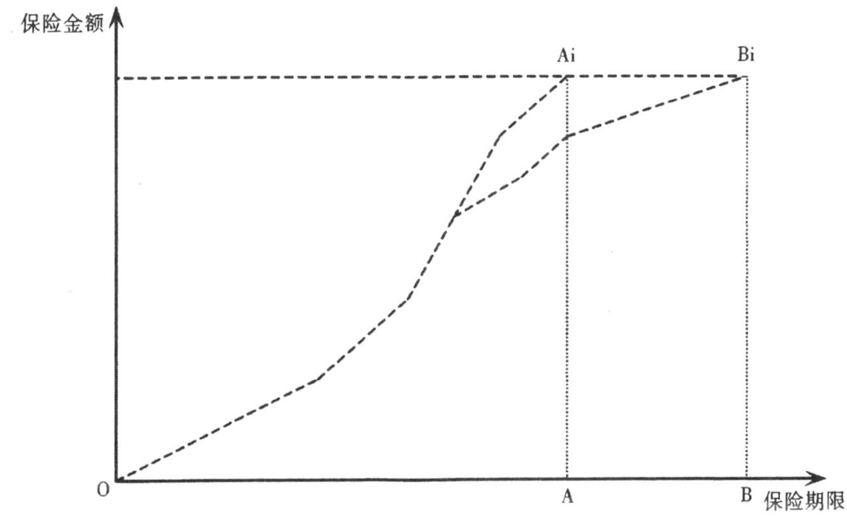


图 5 -6　A/B 项目比较示意图

（一）关于保险期限延长的保险费率调整问题

工程项目在建设过程中，经常会遇到一些无法预料的事件而导致工期的变化，大多数情况下是导致工期的延长。在这种情况下，工程保险的经营就面临保险期限变更问题以及保险期限变更之后的保险费率调整问题。

通常认为如果保险期限的变更在 12 个月以内，或者是原来工期的 50% 范围内是可以接受的，并可以在原来保险费率的基础上考虑调整问题。如果超过了这个范围，或者已经发生了重大损失，或者风险状况发生了重大变化，则保险人需要重新考虑定价问题。

在保险期限延长的情况下，应当根据项目的风险状况以及损失记录确定费率调整因子。调整因子确定方式参见表 5 -7。

**表 5 -7** 调整因子确定方式

| 火灾及自然灾害风险状况 | 损失记录 | 调整因子 |
|---|---|---|
| 低 | 良好 | 0.75 ~ 0.95 |
| 中等 | 中等 | 1.00 |
| 高 | 差 | 1.10 ~ 1.30 |

具体计算方式如下：

$$增加保险费率 = \frac{原保险费率}{原工期（月）} \times 调整因子 \times 延长期限（月）$$

（二）关于保险期限缩短的保险费率调整问题

少数工程项目会出现实际工期比预计工期提前的情况，在这种情况下，投保人或被保险人就会要求保险人对于保险费率进行相应的调整。从工程保险定价的原理看，保险期限是影响定价的因素之一，所以，保险期限变化，保险费率也应当产生变化。由于工程保险的特殊性，在考虑调整保险费率时，不能采用其他财产保险计算调整保险费的短期费率表来计算保险费率调整。两个不同期限的工程保险项目应当视为相对独立的，所以，应当以预计工期和实际工期为条件，按照两个独立的项目进行定价，然后将两个定价的差额作为保险费率调整，退还给投保人或被保险人。

## 十、扩展性附加条款的定价

在工程保险的定价过程中，基础定价是针对标准条款和基本条件的，但标准条款提供的风险保障往往难以满足投保项目和投保人个性化的风险特征和需求。因此，一个好的保险方案需要在标准条款的基础上进行个性化的完善，其中一个主要方法是选择一些有针对性的扩展性附加条款。在增加这些扩展性附加条款的同时，应当进行相应的定价调整。

目前，在工程保险定价过程中，存在的一个突出问题是由于各种原因导致对扩展性附加条款价格因素的忽视。有的从业人员在定价时，往往只注意标准条款和基本条件，而忽视了扩展性附加条款对价格的影响问题；有的从业人员则在定价之后，任意地“免费”增加扩展性附加条款。这些现象均反映了一些从业人员对保险定价，特别是对扩展性附加条款的定价认识不足。扩展性附加条款从本质上讲是实现一种特殊保障的提供，与所有保险保障一样，它同样存在一个价格问题。通常的做法是在基础定价的基础上，根据项目以及扩展性附加条款的具体情况，确定相应的价格。

为了使读者能够更加直观地了解和掌握扩展性附加条款的定价问题，笔者在参考一些再保险公司和保险公司的工程保险承保手册的基础上，对一些主要的扩展性附加条款提出一些具体的定价建议。需要特别强调的是，这些仅仅是一种建议费率，同时，这些建议是有一系列前提条件限制的，读者切忌盲目地直接使用！笔者提出这些具体数值的目的是想让读者对扩展性附加条款的定价问题有一个更加直观的认识，同时，能够了解它们之间的相对关系。现列出 13 条附加条款加以说明，供读者参考。

（一）罢工、暴动及民众骚动扩展条款

罢工、暴动及民众骚动扩展定价考虑的主要因素是项目所在国、工地附近的社会状况，具体需要考虑的因素有两个方面：一是大局方面；二是工地位置。从大局的角度看，如果大局方面属于社会和政治不稳定，保险人通常拒绝扩展这一风险保障。在社会和政治相对平稳的前提下，按照工地位置情况，将风险分为两类：城市地区和乡村地区。通常认为城市地区的风险相对大一些，建议在基础费率上加费 6%，乡村地区的风险相对小一些，建议加费 2%。

修正费率 = 基础费率 ×（1 + 加费幅度）

（二）交叉责任扩展条款

交叉责任扩展是对第三者责任风险经营的一种特例，但它的基础风险因素与第三者责任风险是一致的，因此，定价的基础是第三者责任保险，采用在第三者责任保险基础上加费的方式，建议加费幅度为 10%。

修正费率 = 第三者责任保险基础费率 ×（1 + 加费幅度）

由于交叉责任扩展的核心是放弃被保险人之间的追偿，所以，建议的加费幅度是在常规的被保险人范畴条件下。如果保险方案确定的被保险人范围出现了较大程度的扩大，特别如供应商，这些风险程度较高的扩大，则应当重新考虑承保条件和加费幅度。

（三）震动、移动或减弱支撑扩展条款

震动、移动或减弱支撑扩展针对的风险具有潜在责任巨大、情况复

杂、处理困难的特点，所以，针对投保人的申请，保险人应持十分谨慎的态度，并对工地环境以及周围的有关情况进行认真、细致的查勘，切不可轻率接受。

震动、移动或减弱支撑扩展定价考虑的主要因素是项目施工以及工地周边的情况，并将这些因素加以综合考虑（见表5－8）。

表5－8 震动、移动或减弱支撑扩展定价考虑的因素

| 风险因素 | 风险技术指标 | 风险技术参数 |
|---|---|---|
| 工地与周边第三者既有财产/建筑物的距离 | 50米以上 | 0.00 |
| | 30～50米 | 0.20 |
| | 15～30米 | 0.50 |
| | 5～15米 | 0.80 |
| | 0～5米 | 1.10 |
| 项目开挖面高度 | 在既有建筑物之上 | 0.10 |
| | 在既有建筑物之下5米 | 0.40 |
| | 在既有建筑物之下5～10米 | 0.60 |
| | 在既有建筑物之下10～15米 | 0.80 |
| 工地基础 | 岩石 | 0.00 |
| | 沙砾、石块 | 0.20 |
| | 沙土 | 0.30 |
| | 泥土 | 0.40 |
| 地下水 | 不低于地下水位 | 0.00 |
| | 低于地下水5米 | 0.30 |
| | 低于地下水5～10米 | 0.40 |
| | 低于地下水10～15米 | 0.50 |
| 桩基工艺是否采用压桩或锤击 | 否 | 0.00 |
| | 是 | 0.20 |
| 既有建筑物结构 | 水泥混凝土、钢结构 | 0.00 |
| | 砖混结构 | 0.40 |

根据工程项目的6项风险因素以及技术指标，对于风险技术参数进行评估，并根据评估结果对第三者责任的基础费率和免赔额进行调整，具体调整规则如下：

1. 风险技术参数在1以下的：不需要进行调整。

2. 风险技术参数在1~2之间：

修正费率 = 第三者责任保险基础费率×风险技术参数

将免赔额增加到损失金额的20%。

3. 风险技术参数在2以上的：建议不接受扩展。

（四）内陆运输扩展条款

内陆运输扩展的本质是提供一个货物运输保险的预约保险协议（开口保单），并将其与工程保险合同进行组合，因此，内陆运输扩展的定价应以货物运输保险定价的基础框架为基础，按照货物运输保险定价的原理考虑定价。首先，应当对工程项目可能涉及的货物运输情况及其风险进行充分的了解和评估，包括货物的总量、单次运输最大数额、货物的性质、是否有危险品和超大件、运输方式、运输工具等。其次，在定价过程中应当与货物运输保险部门充分沟通，并参考货物运输保险的定价水平进行内陆运输扩展的定价。

在常规风险状况下，建议最低专项费率为1‰，计算公式如下：

扩展内陆运输风险保费 = 内陆运输货物金额×专项费率

（五）设计师风险扩展条款

设计师风险扩展的本质是在工程保险的基础上，提供一个设计师职业责任保险，但它与标准的设计师职业责任又不完全相同，工程保险的设计师风险扩展只是针对由于设计缺陷导致的间接损失，即对存在缺陷的部件和结构自身的损失不负责，仅仅针对由其导致的其他财产的损失。

设计师风险扩展的风险较大，保险人应当慎重接受这一扩展。接受这一风险扩展的重要前提条件是对相关的设计和制造单位进行充分和专业的风险评估，首先是确认这一风险是否可以接受，其次是分析风险特征和程度，并在此基础上考虑定价问题。通常是按照工程项目的性质考虑一定的加费幅度，建议分类加费幅度如表5-9所示。

**表5-9　　设计师风险扩展加费幅度**

| 工程项目性质 | 建议加费幅度（%） |
| --- | --- |
| 一般建筑物 | 10 |
| 地下库、油罐、塔、烟囱工程 | 20 |
| 蓄水池工程 | 12.5 |

续表

| 工程项目性质 | 建议加费幅度（%） |
|---|---|
| 管道工程 | 10 |
| 道路工程 | 10 |
| 桥梁工程 | 20 |
| 地下信道工程 | 15 |
| 工业项目的土建工程 | 12.5 |
| 护坡工程 | 15 |
| 基础工程 | 10 |

（六）原有建筑物及周围财产扩展条款

原有建筑物及周围财产扩展定价考虑的主要因素是这些建筑物和财产的实际风险状况，具体需要考虑的是这些标的自身的情况和在项目建设过程中可能产生的影响。一般是以风险暴露程度作为风险评估指标，分为高风险与低风险。

风险暴露程度分为以下五个等级：

一级：原有建筑物及周围财产与施工地点距离在10米以上；

二级：原有建筑物及周围财产与施工地点距离在10米以内，但施工不对原有建筑物及周围财产的结构和支撑产生影响，在原有建筑物及周围财产四周没有开挖工程；

三级：在原有建筑物及周围财产之上、旁边有施工行为，施工项目与原有建筑物及周围财产形成连接，但原有建筑物及周围财产的结构，特别是承重结构情况良好；

四级：在三级的基础上，对原有建筑物及周围财产的结构进行重大改变；

五级：在三级和四级的基础上，施工对原有建筑物及周围财产的基础产生影响，或原有建筑物及周围财产结构情况恶劣。

建议在基础费率之上加费，加费幅度为2%～30%，具体如表5－10所示。

**表5－10　　原有建筑物及周围财产扩展加费幅度**

| 风险暴露程度 | 一级 | 二级 | 三级 | 四级 | 五级 |
|---|---|---|---|---|---|
| 加费幅度 | 2%～5% | 3%～10% | 5%～15% | 10%～30% | 酌情 |

扩展保费 = 每次事故赔偿限额×基础费率×（1 + 加费幅度）

（七）建筑、安装施工机器、设备扩展条款

建筑、安装施工机器、设备的风险相对较大，保险人在提供这个风险扩展之前应当对风险状况进行必要和充分的评估，包括建筑、安装施工机器、设备的种类、型号、价值、使用环境、机械手技术和经验、保养维修条件、零配件供应等。

建筑、安装施工机器、设备是以年度为单位定价的，保险金额一般是新设备的重置价，赔偿标准是实际修复费用（见表5－11）。

**表5－11　　建筑、安装施工机器、设备扩展加费幅度**

| 施工机器、设备类型 | 年费率 | 保险金额确定方式 |
|---|---|---|
| 土方机械：推土机、自卸车、挖掘机、铲土机、平地机 | 15‰ | 重置价 |
| 混凝土机械：水泥罐、计量设备、拌和楼、传送设施 | 6‰ | 重置价 |
| 道路施工机械：压路机、压土机、震动机、平路机 | 5‰ | 重置价 |
| 汽车吊 | 20‰ | 重置价 |
| 塔吊、其他升降设备 | 15‰ | 重置价 |
| 打桩机 | 10‰ | 重置价 |
| 压缩机、水泵、变压器、电焊机 | 8‰ | 重置价 |
| 脚手架、模板、打板桩 | 5‰ | 实际价值 |
| 工地简易建筑、现场办公室、车间 | 5‰ | 实际价值 |

（八）工程图纸、文件特别扩展条款

工程图纸、文件特别扩展是指在保险事故发生后，为了重新制作工程建设需要的工程图纸、文件而产生的费用。因此，工程图纸、文件扩展定价考虑的主要因素是保险事故的发生几率，所以，建议直接采用工程保险基础费率。

扩展保费 = 每次事故赔偿限额×工程保险基础费率

也有的保险方案将工程图纸、文件特别扩展的赔偿限额直接纳入主保险金额，这样就不需要单独考虑加费问题。

（九）清除残骸费用扩展条款

清除残骸费用是指在保险事故发生后，为了清理损毁的保险标的而产生的费用。因此，清除残骸费用扩展定价考虑的主要因素是保险事故发生几率，所以，建议直接采用工程保险基础费率。

扩展保费 = 每次事故赔偿限额×工程保险基础费率

也有的保险方案将清除残骸费用赔偿限额直接纳入主保险金额，这样就不需要单独考虑加费问题。

（十）专业费用扩展条款

专业费用特别扩展是指在保险事故发生后，在保险事故损失的恢复过程中往往会因为重建而发生一些专业费用，主要是指在重置过程中发生的必要的设计师、检验师及工程咨询人费用。因此，专业费用特别扩展定价考虑的主要因素是保险事故的发生几率，所以，建议直接采用工程保险基础费率。

扩展保费 = 每次事故赔偿限额 × 工程保险基础费率

也可以将专业费用特别扩展的赔偿限额直接纳入主保险金额，这样就不需要单独考虑加费问题。

（十一）特别费用扩展条款

特别费用扩展是针对业主和承包商在发生保险事故之后的修复过程中，为了抢工期而采取的各种方式所产生的额外费用，其中主要是加班费用、快运费用等，一般不包括空运费用。但有的保险公司将空运费用包含在特别扩展费用中，关键是需要事先明确，并在定价时加以考虑。

在特别费用扩展定价过程中，考虑的主要因素是项目特点和工期安排的情况，一些项目的工期具有相当大的弹性特征，一旦某个局部发生损失，并不直接影响整个工期；而有的项目有一些关键部件，一旦这些部件发生问题，则整个项目都将陷入停顿。另外，需要考虑的最重要因素是计划工期安排情况，有的项目的计划工期安排得相对紧，而有的项目工期安排则相对宽松。显然，前者的风险相对大，后者的风险则相对小。

建议在基础费率上增加 5% ~10%，工期相对紧的项目增加幅度为 7% 以上；工期相对松的项目增加幅度为 4% 以上。

（十二）空运费扩展条款

空运费用扩展的定价，主要考虑因素是空运费用的水平，具体需要考虑的是设备供应商所在地，或者是设备生产厂家所在地。一般是以距离作为风险评估的指标，分为 2 000 公里以内和 2 000 公里以上。另外，如果采用进口设备的项目，则应当适当调高费率。

建议专项费率为 5‰ ~20‰，分为：（1）若距离在 2 000 公里以内，费率为 5‰；（2）若距离在 2 000 公里以上，费率按每 2 000 公里增加 5‰计算。

扩展保费 = 分项限额 × 专项费率

（十三）保证期责任扩展条款

在进行保证期责任扩展条款定价之前，必须就保证期责任的几个关键问题进行澄清和明确。第一，保证期是工程合同条款的一部分，保证期责任是由工程合同具体规定的，这些责任风险的一部分或者全部可以通过工程保险的保证期责任扩展的方式进行转移，但如何转移，则应当根据保险合同的约定。第二，保证期保障从原理上讲是一个相对独立的保险，它与工程保险并无必然的联系，工程保险项下是否扩展保证期保障完全取决于被保险人的需求。第三，保证期保障的相对独立性体现在它的保险责任范围是专门设定，它的保险期间也是相对独立的。第四，通常的保证期责任扩展是不包括第三者责任风险的，如果投保人有需求，则应当特别安排，并相应加费。

保证期特别扩展条款定价，主要根据工程项目的性质和提供的保障范围考虑一定的加费幅度，建筑工程一切险建议分类加费幅度如表 5 – 12 所示。

**表 5 – 12　　　　建筑工程一切险加费幅度**

| 工程项目性质 | 建议加费幅度（%） | |
|---|---|---|
| | 有限责任保证期 | 扩展责任保证期 |
| 一般建筑物 | 5 | 10 |
| 地下库、油罐、塔、烟囱工程 | 5 | 10 |
| 蓄水池工程 | 5 | 10 |
| 管道工程 | 5 | 15 |
| 道路工程 | 3 | 12.5 |
| 桥梁工程 | 3 | 10 |
| 地下通道工程 | 3 | 10 |
| 工业项目的土建工程 | 5 | 10 |
| 护坡工程 | 5 | 12.5 |
| 基础工程 | — | — |

安装工程一切险建议分类加费幅度如表 5 – 13 所示。

**表 5 – 13　　　　安装工程一切险加费幅度**

| 保障范围 | 建议加费幅度（%） | |
|---|---|---|
| | 轻工业项目 | 发电厂、化工厂、重工业项目 |
| 有限责任保证期 | 5 | 7.5 |
| 扩展责任保证期 | 7.5 | 12.5 |

以上加费幅度是基于 12 个月保证期条件的，如果实际保证期不是 12 个月，则要根据实际保证期进行修正，修正系数如表 5 - 14 所示。

**表 5 - 14　　　　修　正　系　数**

| 实际保证期 | 修正系数 |
| --- | --- |
| 6 个月 | 0.7 |
| 18 个月 | 1.4 |
| 24 个月 | 1.7 |

扩展保证期修正费率 ＝ 工程保险基础费率 ×（1 ＋ 加费幅度）× 修正系数

如果需要扩展保证期的第三者责任风险保障，则需要在工程保险第三者责任保险费率基础上考虑加费，加费考虑的主要因素是保证期的责任范围，建议的加费幅度如表 5 - 15 所示。

**表 5 - 15　　　　保证期责任加费幅度**

| 保证期责任范围 | 加费幅度（%） |
| --- | --- |
| 有限责任保证期 | 10 |
| 扩展责任保证期 | 20 |

扩展保证期第三者责任修正费率 ＝ 第三者责任保险基础费率 ×（1 ＋ 加费幅度）

## 十一、工程保险定价的基本步骤①

工程保险定价的基本思路是“分别确定，集中体现”，即尽可能按照标的的风险特征和类属进行划分，分别进行保费的计算，然后进行汇总并集中体现。定价的基本步骤为确定费率厘定因素、选择费率拟订方法、进行保费计

① 为了帮助读者理解工程保险定价的基本步骤，本书下册“附录八　工程保险定价示例”以一个钢铁厂安装工程险物质损失部分费率计算为例对整个定价过程进行了介绍。

算。第一，应当将工程保险的承保标的按与时间的关联性，区分为“与时间无关的费率构成要素”和“与时间相关的费率构成要素”；“与时间相关的费率构成要素”还可以进一步分为“一般相关”和“比例相关”。一般“与时间无关的费率构成要素”体现为固定费率，或者是“首期费率”，而“与时间相关的费率构成要素”体现为工期费率。第二，针对与时间具有相关性的标的，建立价值与时间的二维坐标体系，这个坐标体系能够直观地反映工程或各个项目/部分的价值在时间（工期）轴上的分布情况，或者称为价值的风险暴露情况。同时，通过这个坐标体系还能够发现这种风险暴露与灾害季节之间的对应关系。第三，按照不同的项目/部分，针对不同的风险暴露情况，分别计算费率，然后进行加总。第四，将总保费除以合同总价值（保险金额）就等于总（综合）费率。图 5 -7 为一发电厂安装工程一切险的定价步骤示意图。

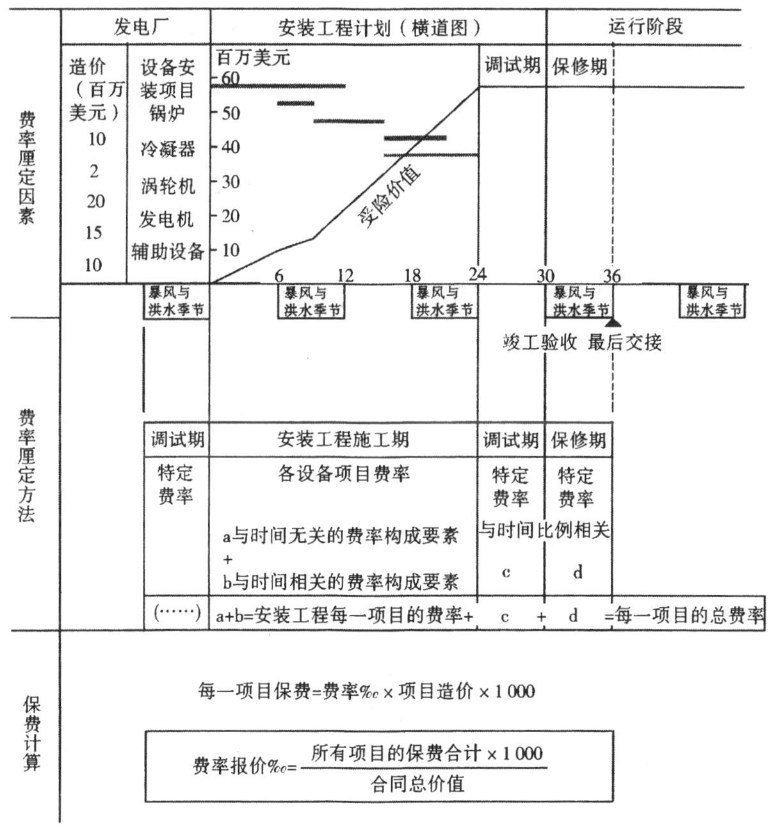


图 5 -7　定价步骤示意图

### 十二、保险费的支付条件

保险费的支付方式有两种：一次性支付和分期支付。由于工程保险具有期限长、保险费金额巨大的特点，保险费通常采用分期支付的方式。采用分期支付保险费的，应采用规定性附加条款“分期付费条款”，在附加条款中明确各期应支付的金额和期限。一般首期应不低于总保险费的25%，而最后1期的支付日期应不迟于保险期限结束前的6个月。

保险费的支付采用分期支付的，应当对保险费、保险费支付与保险合同效力之间的关系有一个明确的认识，否则，容易产生争议和纠纷。第一，应当明确保险合同属于有偿、双务合同，投保人已经支付或者同意支付保险费是保险人承担赔偿责任的前提，因此，支付保险费是投保人的义务。第二，投保人是否支付了保险费并不是保险合同生效的要件，保险人不能仅仅以投保人没有支付保险费而拒绝承担赔偿责任。第三，按期支付保险费是投保人的义务，对投保人不能按时支付保险费的，保险人应当以书面方式予以催告。对经过反复催告仍不支付的，可以书面通知对方终止保险合同。第四，由于投保人不能按时支付保险费而终止保险合同的，保险人不承担赔偿责任。

## 第十二节
## 纯风险损失率

### 一、纯风险损失率颁布的背景

保险费率一般由纯费率和附加费率两部分组成。纯费率也称净费率，是保险费率的基本组成部分。由于纯费率是根据风险损失概率确定的，亦称“纯风险损失率”。按纯费率收取的保险费为纯保费。一般而言，纯保费附加一定的管理费用与利润，就是保险人向投保人收取的可维持其经营的最低保费。

在我国财产保险市场的发展过程中，随着市场主体的增加，市场竞争，特别是在一些大型商业项目上的无序竞争情况十分严重，个别保险公司为了争取

业务，不计成本，随意压价，导致财产保险市场费率不断下滑，给整个行业的经营埋下巨大的风险隐患。针对这种情况，2006 年中国保监会专门下发了《关于规范非车险市场经营行为有关问题的通知》（保监发［2006］17 号），要求财产保险公司进一步加强对经营行为的管理，正确使用已报备过的保险条款和费率，对于市场上出现的不规范竞争行为，要及时向监管机关举报，通过全行业的规范自律，实现财产保险市场的良性发展。

在规范市场行为的过程中，科学的定价就成为关键和焦点。因为，如果缺乏一个行业一致认同和遵循的定价标准和体系，那么，价格管理就无从谈起，就可能出现各自为政，难以规范和处罚的局面。纯风险损失率是保险定价的核心，因此，做好纯风险损失率的测算工作也就成为中国保监会进行行业监管，特别是费率管理制度的重中之重。在全行业的共同呼吁下，为了有效解决大型商业保险市场非理性价格竞争问题，促进财产保险市场稳定健康发展，2006 年中国保险协会组织全行业的力量，通过对保险公司各项历史数据的整理和分析，搜集并测算出各主要险种不同风险状况下的损失数据，建立了部分行业的纯风险损失率表，供全行业共同遵守和使用，为各保险公司，特别是新公司厘定保险费率提供数据支持。

在全行业的共同努力下，2006 年中国保险协会下发了《关于发布试点项目〈纯风险损失率〉的通知》（中保协发［2006］13 号）。通知公布了道路建筑安装工程、地铁、电厂、商业楼宇 4 个试点项目的纯风险损失率表，而与工程保险有关的是地铁和道路。同时中国保监会下发了与之相配套的《财产保险危险单位划分方法指引第 5 号：公路及桥梁》，对道路项目的危险单位划分问题进行了明确界定。2008 年中国保险协会继续下发了《关于发布〈高速铁路建筑安装工程一切险纯风险损失率表行业指导性标准〉的通知》（中保协发［2008］108 号），同时中国保监会推出了《财产保险危险单位划分方法指引第 6 号：地铁隧道工程》。2010 年中国保险协会又推出了仅适用传统轮轨的《铁路建筑安装工程一切险纯风险损失率表》。目前在中国保险市场上对于地铁、道路、铁路、高速铁路的工程保险均有了纯风险损失率表，其中对于道路和地铁项目还有危险单位划分指引。

自此，工程保险领域正式形成了地铁、道路、铁路、高速铁路 4 个行业的《纯风险损失率表》。

## 二、纯风险损失率颁布的重要意义

（一）提高认识，制定措施

在第一批纯风险损失率颁布后，2006 年中国保监会发文要求保险行业应认真执行财产保险危险单位划分方法指引与《纯风险损失率表》。要求保险公司充分提高对财产保险危险单位划分方法指引以及《纯风险损失率表》制度的认识，制定切实可行的管理措施。

1. 加强对分支机构的培训力度，使各级业务机构了解、掌握财产保险危险单位划分方法以及以《纯风险损失率表》为基础制定的新费率体系。

2. 尽快完善和调整各类业务制度和系统，包括风险评估制度、核保授权制度、内部核保责任制度以及相应的计算机信息系统，确保全系统执行的有效性。

3. 加大系统内的业务检查力度，定期检查，对违反规定的分支机构及相关责任人进行严肃处理。

中国保监会还要求各财产保险公司在财产保险业务经营活动中，认真贯彻落实财产保险危险单位划分方法指引，严禁随意划分危险单位；对《纯风险损失率表》中规定的业务类型，应严格执行经报备后的新条款费率，严禁使用原保险条款费率，严禁采取各种违规手段降费、退费，严禁在招标过程中任意降低费率，扰乱市场秩序。要积极防止出现因承保费率过低而导致无法获得再保险支持的现象，积极防范风险累积。

（二）纯风险损失率的作用

目前，纯风险损失率已成为中国保监会加强监督、防范风险、规范市场秩序的重要手段，这对于提升全行业的风险管理水平和承保技术水平、防范和控制经营风险具有重要的作用。

1. 有利于提高承保质量、有效控制定价风险。通过纯风险损失率测算费率，加强对项目承保审批环节的控制，严格承保条件，及时分散风险。从根本上解决市场规范过程中“无法可依”的尴尬，在一定程度上避免市场恶性竞争造成的低费承保，为大型商业保险业务健康发展打下了良好基础。

2. 有利于建立同业沟通机制，加强行业自律。纯风险损失率的执行需要全行业的共同努力，执行这一标准费率体系可以积极推动各保险公司在风险管理、竞争策略上的协调和交流，从而形成良好的相互协同和互补关系，扭转财产保险市场费率低迷、市场竞争秩序混乱的局面。

通过全行业的不懈努力，2007年我国财产保险业务平均费率下降趋势有所放缓，在大型商业保险项目上，如中电投、中电国际、建设银行等一批大型商业保险项目，承保条件得到了有效改善，促进大型商业保险业务市场秩序逐步好转。

## 三、适用于纯风险损失率的工程保险条款

目前，除高速铁路外，地铁、铁路、道路项目的纯风险损失率已有其专门的工程保险条款，并经中国保监会备案，其主险与未应用纯风险损失率计算费率的工程保险条款内容上完全一致，仅在附加险的数量和内容上有所区别。

## 四、纯风险损失率条款存在的问题

尽管纯风险损失率制度对规范市场，促进行业健康发展发挥了较好的积极作用，但由于纯风险损失率条款推出时间较短，且较为仓促，因此，也存在着一些问题。

（一）条款体系不完善

附加险的内容及归类上存在一些矛盾的地方，如在其他类中实为扩展责任的附加险“扩展责任保证期条款”，在地铁项目的纯风险损失率条款里却成了规范性条款，而规范性条款是不加费条款。

（二）条款的市场适应性存在问题

工程保险市场发展较快，出现了许多新情况，面临许多新问题，而《纯风险损失率表》未适应这种变化。由于《纯风险损失率表》中没有考虑到项目增加了“每次事故赔偿限额”后对费率的影响问题，如目前市场上就出现了对工程保险的每次事故加上较高的赔偿限额，从而达到规避纯风险损失率管理、降低费率的目的。再如有的经纪人在地铁工程项目上制定10亿元的每次事故赔偿限额，由于目前在我国还没有发生过超过10亿元的地铁事故损失，而从估计最大损失（EML）看，出现此类损失的可能性极低，有些保险公司就以此为理由降费20%，甚至更多，因此，《纯风险损失率表》需要根据市场上出现的变化进行相应调整。

（三）对于违反纯风险损失率的处理方式不统一

目前由于对违反纯风险损失率的保险公司处理不统一，有的地方由保险监

管部门直接处罚保险公司，而有的地方则认为这是行业协会的管理范围，不予处罚，这也是目前的纯风险损失率条款在使用过程中较混乱的原因之一。

## 第十三节 工程保险定价软件

### 一、工程保险定价软件简介

工程保险往往存在金额巨大、项目繁杂、保险条件特殊、技术含量高、定价需要的信息量大等特点，科学定价一直是困扰工程保险经营的一个难题。为了解决这个问题，一些长期经营工程保险的国际著名再保险公司开始了研究开发工程保险定价软件的探索。这些公司根据长期承保工程保险业务的数据积累，辅之以现代的计算机技术开发了工程保险定价软件，如慕尼黑再保险公司的“工程保险定价软件”、瑞士再保险公司的“Puma”。这些定价软件的共同特点是能够根据定价软件中既存的和使用者提供的数据按一定的算法为任何项目自动计算出承保条件，包括保险费与免赔率。定价软件的生成通常包含了各种费用的价格，即毛保费（Gross Premium）。

这些定价软件共同的特点是以大量的数据积累为基础，这些数据包括公共数据和保险数据；同时，软件的设计根据工程保险的特点展开，与工程项目风险特征、工程保险的条款、承保条件相联系，并以其整个程序结构的科学性和配合计算机使用的方便性，为广大从业人员所青睐。

工程保险定价软件应用范围有的是广义的“大工程保险”的概念，既包括狭义的建筑工程保险和安装工程保险，也包括机器损坏保险和预期利润损失保险；也有的定价软件仅仅适用于狭义的工程保险。

### 二、工程保险定价软件的设计思路

工程保险定价软件设计的基本思路是力图通过定价软件的使用来提升使用人员工程保险承保和定价水平，因此，在软件设计思路中突出了指引功能、辅助功能和计算功能。

定价软件的指引功能是指在设计过程中尽可能地将工程保险以及特定项目的各种风险因素纳入，承保人员在使用软件的过程中就会在软件的指引下，对于各种相关的风险因素加以考虑，从而能够更加全面地考虑和分析相关的风险因素，提升定价的科学性。如在项目类型的确定中，当承保人员选择了电站之后，定价软件就会要求使用者在燃煤电站、燃油电站、太阳能电站、风力电站、核电站之间继续选择。在选择了燃煤电站之后，定价软件会按照燃煤电站的基本设计，要求使用者输入各个主要部分的详细信息，包括锅炉的规格、汽轮机的类型以及它们的分项金额等。又如当承保人员选择了投保保证期之后，定价软件会提示要求明确保证期的类型。再如当承保人员选择了第三者责任保障后，定价软件就会要求使用者提供与第三者责任风险有关的一些信息。

定价软件的辅助功能是指在软件编写过程中内置了大量与工程项目及其风险有关的信息。由于工程项目具有较强的专业性，承保人员往往难以了解和掌握所有项目情况，所以，定价软件的一个重要功能就是利用大量的内置信息和计算机技术，为使用者提供技术和知识支持，成为一个重要的辅助工具。当承保人员选择了定价的工程项目类型之后，定价软件将提示这类工程项目的基本构成。如选择水电站时，定价软件就会提示水电站包括的项目有：建筑（混凝土/钢结构/砖石）、河道、土木建筑、围堰、混凝土坝、填石坝、土方工程、变电站、管线、竖井等。如果使用者对于这些具体项目不了解，则定价软件将进一步介绍这些项目的情况。瑞士再保险公司的定价软件还能够提供项目的照片，让使用者能够更加直观地了解项目。

定价软件的计算功能是针对工程保险定价特点设计的。工程保险定价的特点是影响保险费的因素繁多，而且这些因素之间存在相互影响的关系。所以，在工程保险的定价过程中要同时考虑多种因素，而当其中的一个因素发生变化时，其他因素的影响也将发生变化。因此，如果采用人工计算的方式不仅工作量大，而且容易出现错误，使得在工程保险定价过程中难以考虑更多的风险因素。定价软件利用计算机技术能够较好地解决这个问题，通过对数据的分析，将各类风险因素之间的相互关系以数学关系的方式编入软件，就能够便捷地计算各种条件下的价格。

## 三、工程保险定价软件的基本结构

工程保险定价软件的基本结构包括基本资料、工程项目资料、承保条件资料三部分。

基本资料包括与承保项目有关的一些基本资料，如项目名称、业务来源（中介/渠道）、业务编号、被保险人名称、保险项目名称、项目代码、项目地理位置（国家/城市）、货币、汇率。

工程项目资料是指项目本身的资料，主要是技术方面的资料，即具体项目的规格、规模、技术等，如水力涡轮发电机的类型和发电量、水电站项目中围堰的高度和材料等。

承保条件资料是指保险保障的主要指标，如保险金额/赔偿限额、免赔额、保险期限、扩展责任等。

工程保险定价软件的设计思路基本是遵循定价逻辑展开，同时具有很强的辅助功能，使用相对简单，使用者只要按照软件的提示按部就班地使用，最终就能够得到结果。在使用的过程中会涉及一些专业术语和缩写，使用者可以通过使用手册，或者“帮助”键得到具体的解释。

## 四、瑞士再保险公司的 Puma 2.1 版（2002）定价软件介绍

瑞士再保险公司于2002年推出了新一版的工程保险定价软件，这一版定价软件充分利用信息技术，内置了大量的与定价有关的信息，特别是工程专业信息，让使用者能够更加直观地了解和掌握工程项目的知识，大大提升了软件的辅助性和实用性。为了使读者能够更加全面地了解工程保险定价软件的结构与使用，下面使用瑞士再保险公司的 Puma 2.1 版（2002）定价软件，以水力发电厂为例，进行定价的全过程演示和说明。

启动定价软件，选择建设项目的行业归属。

Puma 2.1 版（2002）定价软件涵盖了 21 个大类，100 多个小类，具体包括：

（1）农业、水产类：农产品、水/海产品；

（2）化工、石化类：化工厂、肥料厂、天然气厂、石油化工厂、炼油厂、合成 PROD/橡胶厂；

（3）商业、管理类：会议中心、展览中心/大厅、办公室/商业建筑、购物中心；

（4）教育类：学校、大学；

（5）食品、饮料、烟草类：酿造厂、酿酒厂、牛奶厂、食品加工厂、谷物、饲料厂、饮料厂、糖厂、烟草加工厂；

（6）基础设施类：工业区基础设施、河流控制、海岸保护、城市基础设

施、城市改造；

（7）政府机构类：法庭/政府/议会建筑、军事设施、刑罚机构、监狱；

（8）一般制造业类：重工厂、高技术工厂、轻工厂、轻纺工厂；

（9）冶金类：有色金属工厂、钢厂、表面处理厂；

（10）采矿、勘探类：砂/沙选 PROD 厂、露天煤矿、地下煤矿、露天金属矿、地下金属矿、露天非金属矿、地下非金属矿、陆上油/气厂、油/气平台、采石场；

（11）发电、输电类：柴油电厂、汽油涡轮电厂、地热电厂、水电站、INT、核电厂、海上输电、高空输电、地下输电、太阳能电厂、蒸汽电厂、海上风能电厂、陆上风能电厂；

（12）娱乐、文化类：度假中心、宗教建筑、运动/休闲设施、室内运动场、室外运动场、剧院/影院、主题/娱乐公园、游艇港口；

（13）住宅、健康类：医院、宾馆、住宅/公寓建筑；

（14）土、石类：建筑材料厂、水泥厂、玻璃厂；

（15）通讯类：广播站、通讯系统、海上数据传输、陆上数据传输、卫星；

（16）纺织、皮革类：纤维加工厂、纺织/皮革厂；

（17）交通基础设施类：机场、索道、商业港口、内陆水道、运输工具、城际铁路、城市地面铁路、城市地下铁路；

（18）运输、仓储类：海上气管道、陆上气管道、气储存设施、海上油管道、陆上油管道、地面油储存、地下油储存、仓库、海上水管、陆上水管；

（19）废物处理类：再生工厂、废物处理场、废物焚化厂、废物处理厂；

（20）供水/水处理类：海水淡化厂、污水处理厂；

（21）木材、纸浆、造纸类：纸张/纸板厂、印刷厂、纸浆厂、木材厂。

选择“电力”。

在“电力”项下提示各种类型的电站，如燃油、水力、蒸汽、风力、核能和太阳能等，选择水力发电厂。

选择建立一个新定价文件，进入“项目（Project）”界面。

输入项目的名称以及参考编号（Ref. No.）。

选定了国家及项目地址（城市）后，系统自动显示项目地点的经纬度。

选择地形和地质情况。在地形情况选项中，系统从优到劣给出 8 种情况，使用者可以根据项目的实际情况选择。在地质情况选项中，系统从优（Rock good）到劣（Soil very bad）给出 5 种情况，使用者可以根据项目的实际情况选择。

按“下一步”。

进入“范围/阶段（Scope）”界面。

输入项目名称、项目编号、客户名称和币别。由于系统的设计币种为欧元，所以如果选择其他币种，则需要将选择币种与欧元之间的汇率输入。

从右边“标的”项目中进行选择增减使之与项目实际情况相符。系统中设计水力发电厂包含的“标的”项目有：建筑（混凝土/钢结构/砖石）、河道、土木建筑、围堰、混凝土坝、填石坝、土方工程、变电站、管线、竖井等。

按“下一步”。

进入“标的（Object）”界面（土建部分）。

输入标的名称，如“××水电站”，输入“标的价值”。

选择“装机容量”，系统设计的选择为小于10MW、10～50MW、50～250 MW、250～1 000 MW、大于1 000 MW 5 档。

按“下一步”。

逐项进入“标的”（土建部分）界面，重复以上步骤。对于每一类标的，系统均会根据标的的特点，提示使用者输入与风险有关的参数，如围堰部分要求输入围堰的高度和材料。

进入“标的（Object View）”界面（机器设备部分）。

输入“标的类型”：水力涡轮发电机。

输入标的名称和标的价值。

选择“涡轮机类型”和“发电量”。

按“下一步”。

逐项进入“标的”（机器设备部分）界面，重复以上步骤。

进入“范围/阶段责任期间（Cover To Scope）”界面。

输入“范围/阶段名称”。

系统自动显示总保额（TSI）。

系统要求确定主工期信息，包括起始日、期限（月）、终止日。

使用者可以选择是否需要试车期、保证期保障，如果选择，则需要输入试车期、保证期的信息，包括起始日、期限（月）、终止日。选择保证期时，还需要对3种保证期条件（Visits/Extended/Guarantee）进行选择。

系统将会显示一个保险期限示意图。

按“下一步”。

系统显示各个“标的”部分的情况，包括标的类型、标的名称、标的价值、占工程总保额的比重等。

系统提供已经选择确定主工期、试车期和保证期，同时，进一步让使用者选择闲置期和运行期。

系统提示确定各期间的免赔额，系统内预设一个“最低免赔额”（Min Ded.），同时，提供了一个“选择免赔额”（Chosen Ded.），使用者可以根据项目的具体情况，确定使用最低免赔额，或者是自行确定并输入一个免赔额。

按“下一步”。

进入“自然灾害”风险（Perils of Nature）选择界面。

系统提供三大类自然灾害风险供使用者选择：地震、洪水和风暴。

选择自然灾害风险之后，需要选择相应的免赔额，系统会给出一个最低免赔额，使用者也可以根据需要选择并输入免赔额。同时，使用者还可以选择一个“比例免赔额”。

按“下一步”。

进入扩展责任（Cover Extensions）界面。

系统提供 SRCC、内陆运输、场外储存、空运费、清理残骸、专业费用、加速费用、现有财产、第三者责任、完工延误、施工机具等扩展责任供使用者选择。在进行了选择之后，系统还会要求使用者提供相关的条件，包括分项保额。如：在选择第三者责任扩展之后，系统进一步要求提供每次事故的赔偿限额、工地周边的人口和财产密度、分项的免赔额以及是否需要扩展“震动、移动和减弱支撑（VRWS）风险”。

按“下一步”。

系统进行运算，显示分阶段（主工期、试车期、保证期、闲置期和营运期）、分范围（主责任、地震/洪水/暴雨风险、扩展责任）的保险金额以及保费。

最后系统给出整个工程保险定价情况的汇总表，包括责任范围、各个标的的保险期限、自然灾害风险承保情况、扩展责任部分、免赔额一览表、费率与保险费一览表、承保建议、特别条件、最终定价情况汇总。

## 五、慕尼黑再保险公司工程保险定价软件介绍

慕尼黑再保险公司定价软件的基本原理与瑞士再保险公司的 Puma 类似，这套系统具体分成建筑工程一切险、安装工程一切险、机器损坏险、预期利益

损失险几个部分，同时该软件还提供一个风险评估系统（Risk Evaluation System）和慕尼黑再保险公司的数据灾害地图系统（MR MAPS）。以下以安装工程一切险为例介绍该软件的结构和使用。

安装工程一切险部分具体分成基本资料输入和4个主屏幕，整个使用过程基本上是问答式，使用者可以根据屏幕的提示和掌握的项目资料逐步输入，对于提示项目不清楚的，还可以使用“帮助”键，取得辅助资料。

基本资料输入：要求输入与工程相关的一些基本资料：日期/业务来源/风险编号/被保险人名称/保险项目名称/保险项目地点/国别代码（中国：311）/币别代码（CNY）/汇率（与德国马克）。

第一屏幕：这一屏幕分为两部分，即自然灾害（Nat. Hazards）和基本条件（General Covers）。

1. 自然灾害项下有：

（1）地震风险。地震风险是按地震级区划分的，工程所在地的级区资料的查询有两种方法。

一种是图示法，即通过“帮助”键从系统程序中调出工程所在地国家的地震级区图，然后根据工程项目的具体位置就可以从地震级区图中查出所处的区级。另一种是数据法，根据工程所在地的资料而确定：

0级区：50年内发生过一次小于5级的地震；

1级区：50年内发生过一次6级的地震；

2级区：50年内发生过一次7级的地震；

3级区：50年内发生过一次8级的地震；

4级区：50年内发生过一次9级以上的地震。

（2）风灾风险。风灾风险的等级分为三级：一般、中等、严重。划分级别的参数有三个：最大风速、台风频率、龙卷风频率。

一般级：最大风速——小于10级（102公里/小时）；
台风频率——每十年不超过一次（小于十年一遇）；
龙卷风频率——在工地250公里范围内每年不超过一次（小于一年一遇）。

中等级：最大风速——10～12级（102～117公里/小时）；
台风频率——每年发生0.1～1次；
龙卷风频率——在工地250公里范围内每年发生0.1～10次。

严重级：最大风速——大于12级（117公里/小时）；
台风频率——每年发生1次以上（大于一年一遇）；

龙卷风频率——在工地250公里范围内每年发生10次以上。

(3) 洪水和内涝风险。洪水和内涝风险的等级分为三级：一般、中等、严重。具体标准如下：

一般级：工地距离海、河流、湖泊1公里以上；
工地高出平均水位（海拔）25米以上；
当地日均降水量小于40毫米。

中等级：工地距离海、河流、湖泊在300~1 000米之间；
工地高出平均水位（海拔）3~25米；
日均降水量在40~100毫米之间。

严重级：所有其他情况。

2. 基本条件项下有：

(1) 场地清理费用限额。可以采用两种方式：一种是按照损失金额的一定比例确定；另一种是按照固定金额。

(2) 施工机具保额。

(3) 工地内既有财产的限额。通常是将工地内既有财产以第一危险赔偿方式，即限额的方式纳入“物质损失部分”的保险金额范围，同时规定这一限额不能高于主保险金额（工程合同价）。

为了评估和确定工地内既有财产的风险状况，软件将风险状况分为三个等级，要求使用者根据实际情况输入。三个等级的标准如下：

一般级：工地与既有财产距离大于/等于50米；
工程建设项目不与既有财产直接相关，仅仅是边缘地段接触。

中等级：工地与既有财产的距离在25~50米之间；
工程建设项目与既有财产有少量关联。

严重级：工地与既有财产的距离小于25米；
工程建设项目与既有财产密切相关。

(4) 第三者责任限额。使用者在输入确定的第三者责任限额的同时，需要根据实际情况评估并确定第三者责任风险等级。软件将第三者责任风险的等级分为三级：一般、中等、严重。具体标准如下：

一般级：工地附近没有其他建筑物；
没有铁路、水路或日流量超过200辆的公路通过工地；
在工地范围内没有水、气、电等公共设施。

中等级：工地处于建筑区内；
有铁路、水路、公路通过工地；

存在火灾、爆炸和塌方的风险。

严重级：工地处于密集建筑区内；

有大流量的铁路、水路、公路通过工地；

在工地附近有水、气、电等公共设施；

存在较大的火灾、爆炸和塌方的风险；

工程属于重建或部分建设。

（5）自然灾害的免赔额。使用者可以根据保险方案设计的需要或根据被保险人、经纪人的要求确定。一般系统软件会推荐一个方案。

（6）工地内既有财产的免赔额。

（7）第三者责任项下物质损失部分的免赔额。

第二屏幕：这一屏幕主要是针对常用的扩展批单。

001 罢工、暴乱及民众骚动扩展；

002 交叉责任扩展；

006 特别费用扩展；

007 空运费用扩展；

009 地震除外；

010 洪水除外；

120 震动、移动或减弱支撑扩展。

第三屏幕：这一屏幕为主工作屏幕。

定价软件的设计思路是将整个项目进行分解，然后按照不同的“子项目”分别进行定价，最后进行汇总。在主工作屏幕就是要完成各个“子项目”的定价工作，因此，应当根据“子项目”的情况，反复使用这一屏幕，进行分别的定价工作。

1. 保险工程项目代码：项目代码需通过“帮助”键分两步查询，第一步是查询大类，报价系统将工程项目分成20大类：

0100 运输、交通；

0300 矿产；

0700 印刷；

0800 化工；

0900 制造；

1000 电力；

1100 冶金；

1400 食品工业；

1700 建筑机械；

1800 木材加工；

2000 仓储；

2200 农业、皮革；

2500 造纸；

2600 电信；

2700 建筑材料；

2800 纺织；

3400 水、垃圾处理；

3500 电厂；

4300 光学工业；

5100 管道。

根据所属的大类查出一个4位数的代码，然后输入这一代码进入“子项目”的细目，继续查询与“子项目”对应的一个5位数的代码，最后将这一代码输入。

2. 工程性质：确定工程是一个新工程或是一个改造工程。

3. 各个部分的保险金额。

4. 工期（月）。

5. 试车（热试车）期（周）。

6. 各个安装项目的免赔额。

7. 试车期的免赔额。

8. 选择针对安装工程一切险的附加条款，主要有：

200 制造商风险特别扩展；

003 保证期；

004 扩展保证期；

203 二手设备。

第四屏幕：这一屏幕为具体定价屏幕，显示所有的定价结果。

在显示定价结果之后，使用者还可以根据实际情况进行“特别修正”。这种“特别修正”是指在定价过程中，项目的一些特殊因素未被软件考虑，需要进行特殊的人工干预。

“特别修正”是在基础定价上进行加费，或者减费。需要考虑加费的主要因素有：（1）海外项目或者是偏远地区的项目，这些项目无论是进行项目管理还是事故处理，条件相对差，特别是进行修复的费用相对要大大增加。

(2) 工程项目采用了大量的新技术和新工艺，在这些新技术和新工艺的采用过程中，由于技术不成熟，稳定性差，同时，对施工单位的技术和经验要求高，导致出险几率相对较高。(3) 工程项目对于施工环境和条件有特别要求的，如温度、湿度等，这些项目的出险几率也相对高。考虑减费的主要因素是项目具有一些限制风险的因素。

## 第十四节 保险建议书

### 一、保险建议书及其作用

保险建议书是保险人应投保人的要求，在对项目进行了认真的考察、评估和研究的基础上提供给投保人的风险管理和保险方面的专业意见书。制作和提供保险建议书的原因是因为大部分投保人对风险管理和保险方面的专业知识较为缺乏，至少是缺乏系统的了解。保险人通过保险建议书向投保人介绍风险管理的基本知识，提供保险人对项目进行风险评估的结论性意见，在此基础上提出保险方案设计的初步意见，供投保人在进行保险安排和决策时参考。有的保险建议书为了体现专业性和服务性，还会由其聘请的专家对项目风险的改进提出意见和建议。保险建议书的目的是让投保人对工程的风险状况有一个全面和专业的了解，并接受保险人提出的初步建议方案。

在保险建议书中除了应向投保人介绍一些知识，提出一些建议外，更重要的是应当向投保人传输一些保险以及与保险相关的基本理念。在这些理念中，首先是风险管理的理念。应当让投保人认识到风险管理是现代企业管理，包括项目管理的重要内容之一，一个理性和有责任感的企业家应当客观和科学地面对经营过程中可能出现的各种风险，善于运用现代风险管理技术对风险进行处理，实现用最小的成本获得最大的风险保障和企业经营稳定的目的。其次是商品经济的理念。应当让投保人认识到保险是一种金融服务性商品，作为一种社会服务性行业，其基本功能是为社会提供风险转移的服务；作为商品，其同样受到价值价格规律的制约，偏离合理价格的保险，其质量是难以保证的。再次是选择保险人的基本标准。投保人购买保险的最主要的目的是转移风险，确保经营的稳定和安全，为此，对于保险人选择的首要标准是保险人的资信情况，包括其经营状况和经营理念。最后，保险人的承保经验也是重要因素之一，因为投保人购买保险的目的不仅仅是简单的价值转移，其希望保险人在经营的过程中能够为其创造价值，保险人拥有一批专业技术人员，结合以往的承保经验往往能够为投保人提供十分有价值的风险管理的意见和建议，这种服务对于投保人而言，有时比风险保障本身更具有价值。

保险建议书是保险人与投保人沟通的一个重要的媒介。保险人固然可以通过情况介绍、会谈等方式与投保人进行交流，但保险建议书的优势是能够系统、全面、形象和静态地与投保人进行专业的交流。为此，保险人应当重视保险建议书的内容和形式，它可能是给投保人、特别是给其高层人员第一印象的重要依据，是展业成功的关键环节之一。同时，在编制保险建议书的过程中应当注意换位思考，编写人切忌单纯地从保险人的角度去分析和看待问题，而更多地应从投保人的角度，设身处地地为投保人考虑他可能面临的风险，帮他设计一个风险管理和保险方案，尤其是在保险方案中应充分体现对投保人利益的关注，体现针对性、科学性和经济性。

## 二、保险建议书的基本要求

保险建议书的基本要求包括内容和形式两个方面，对内容的要求是全面、完整、专业；对形式的要求是简洁、美观。

（一）内容

保险建议书的内容一般应包括：保险人简介、项目风险评估、风险管理、保险方案建议、服务与承诺几个方面。

由于保险建议书是提供给潜在的投保人阅读，这些人一般不具有保险方面的知识背景，为此，对内容方面的总体要求是：

1. 在叙述上应体现层次清楚、条理清晰、内容明了，易于投保人阅读。

2. 在保险建议书中应注意体现专业性，应侧重从风险管理和保险方案设计各个不同层面，对项目的风险以及风险处理的方案提出专业性的意见和建议。

3. 保险建议书应当注意收集和反映投保人以外的资料和信息。切忌大量使用投保人自己的或者他十分熟悉的资料和信息，因为这些资料和信息对于投保人而言，价值不大。

4. 保险建议书应当将风险管理和保险工作的程序和责任加以明确，使投

保人对风险管理和保险工作的具体操作有一个基本的了解。

5. 在保险建议书中保险人应给予投保人以适当的承诺，这种承诺包括两个方面：一是保险人能够为建设项目提供的保险产品；二是保险人能够为建设项目提供的服务。

（二）形式

保险建议书的内容非常重要，形式也是一个不容忽视的问题。因为形式是内容的包装，它一方面反映了保险人对项目的重视程度和态度，另一方面也反映了保险人的综合技术水平。保险建议书的形式应当注意以下几个问题：

1. 保险建议书应当有适当的篇幅，篇幅太短难以反映全部内容，但是也应当避免篇幅太长。

2. 保险建议书应有一些必要的附件，通过这些附件能够更加全面地反映工程项目及其风险的情况。

3. 在进行风险评估的过程中应当注意配合保险建议书的内容，拍摄一定的照片，通过这些照片使得阅读者能够更加直观地了解项目以及风险的具体情况。

4. 装帧也是关键因素之一，一流的装帧除了能够给人以较好的第一印象外，也能够起到烘托内容的作用。

## 三、保险人简介

保险建议书的开篇通常是保险人简介。保险人希望通过简介让投保人了解自己，继而选择自己；投保人也希望通过简介了解保险人，以便作出判断和决定。在大型建设项目中，投保人通常最为关心的是保险人的赔偿能力和提供专业服务的能力。为此，保险人在简介中应当针对投保人最关心的问题展开，因为保险人简介是投保人选择保险人的主要依据。

（一）可靠性

可靠性主要体现为公司的性质、资本金、准备金提取方式、再保险的总体安排以及公司对风险管理的策略和技术。同时，就具体项目而言，可靠性还可以体现为对这个项目的再保险安排的情况。

（二）专业性

专业性主要体现为公司经营工程保险，特别是经营同类项目工程保险的能力。反映这种能力的指标有：

1. 公司拥有工程以及风险管理技术人员的资格和数量，是否有专门的机构或者团队提供专业服务。为了更好地反映问题，可以在保险建议书中将公司专业人员的简历列出，体现公司的实力。

2. 公司承保和理赔的经验。可以通过列举公司承保的大型工程项目情况，尤其是类似项目的情况；同时，还可以列举公司处理过的大型保险案件，通过这些案件的介绍能够反映公司的技术和偿付能力。

## 四、风险评估

专业的项目风险评估是保险建议书的基础，包括对项目进行实地勘察和对资料进行研究分析，其中资料分析是工作的重点。保险人在进行风险评估时应注意避免单纯从保险人或者承保风险的角度看问题，评估应掌握由大到小的原则，即风险评估首先应当从投保人风险管理的角度进行，即对投保人的风险进行较为全面和系统的评估，然后，逐步过渡到从保险和保险方案设计的角度进行。

在保险建议书中，风险评估的主要内容通常包括：（1）项目总体情况；（2）设计、工艺技术、施工管理；（3）风险平面分布评估；（4）风险时间分布评估；（5）分析风险单位与 PML；（6）以往损失情况分析。

风险评估的具体技术详见本书下册第八章第四节“工程风险评估基础”。

## 五、保险方案建议

保险建议书的核心内容是对于保险方案提出具体建议，而建议的关键必须具有较强的针对性。

保险方案建议的基础是风险管理，在提出保险方案之前，应当注意风险管理基本理念的导入，使投保人充分认识到风险管理的重要性，只有这样保险才有基础。同时，要让投保人了解到保险仅仅是项目风险管理的一部分，而不是全部。投保人应当掌握和应用风险管理的各种技术，提高工程项目建设风险管理的水平。同时，在保险方案的设计过程中，同样需要应用一些风险管理的理论和技术，使保险方案的设计更加科学合理。

保险方案建议是利用工程保险以及相关保险产品和技术，提出一个有针对性的保险方案。在保险方案的设计过程中，首先，应当注意解决风险的共性和个性问题，特别应侧重解决个性问题。共性问题是同类工程项目风险的共同特征，一般是通过标准条款解决，而个性问题是特定工程项目风险的特殊性。个性问题相对复杂，需要认真地分析研究，并选择相应的附加条款加以解决。一个保险方案的水平往往就体现在解决个性问题上，个性问题解决好了，整个方案也就完善了。其次，应当注意保险金额、责任限额、免赔额及其组合。保险金额的确定方式，直接关系到赔偿水平和保费。责任限额则涉及被保险人获得的保障程度。免赔额是保险方案设计中最重要的因素，一方面它将对费率产生直接的影响，另一方面它将对被保险人保障程度产生影响。确定一个合理的免赔额方案，特别是针对不同的项目、不同的保障设计一组免赔额方案组合是保险方案的一个关键技术指标。最后，保险建议书中最为敏感的问题，也是投保人最为关心的问题是参考报价，这个报价可能决定其在这个项目竞争中的成败。尽管这样，保险人仍应当以一种科学的态度对待报价，在报价的过程中应当向投保人传达一个明确的信息，即保险经营过程中也存在价值价格规律，价格与风险、与承保条件之间是存在对价关系的，不同价格的内涵是不同的。在提供参考报价时，应当避免采用单一和简单的报价方式，而应当提供给投保人以多种选择，便于投保人根据自身的情况选择适合的方案。同时，在保险建议书阶段，保险人对项目的风险状况的了解还是初步的，所以，提供的参考报价应当留有充分的余地，建议采用“区间价格”模式，如第三者责任部分的价格为0.2%～0.3%。

## 六、服务与承诺

保险作为一种金融服务行业，信誉和服务是产品重要和关键的内涵，投保人支付保险费获得的是一个承诺，这个承诺是否能够得到信任决定着投保人选择保险人和购买保险。因此，保险建议书的一个重要功能是建立投保人对保险和保险人的信任。

工程保险具有保险期限长、保险金额大、技术复杂等特点，对于投保人而言，在选择保险服务供应商时，考虑的一个重要因素就是服务和承诺。在保险建议书中应当充分介绍和反映服务和承诺的内容，包括：

（一）保险公司经营的基本理念和宗旨

这些理念和宗旨体现了保险公司的企业文化，是指导企业处理客户关系的基础。

（二）服务体系与网络

保险公司要提供一个令人满意的服务，就需要有一个服务体系和网络作为支撑，这种服务体系包括客户关系管理、理赔管理、投诉处理、内部控制和监督机制等。

（三）专业人士和专门组织

由于工程保险具有一定的专业性和特殊性，提供良好服务的一个重要前提是拥有专业技术队伍和部门，只有这样，才能够确保用共同的语言进行沟通，才能够为客户提供专业的咨询和建议。

（四）第三方公正检验

保险合同执行的关键环节是对保险事故的检验理算。尽管保险公司拥有专业技术人员，但由于利益的对立，导致其进行检验理算的公正性受到质疑，所以，为了确保合同的公平和顺利履行，可以采用指定第三方公正检验的方式。

（五）明确的程序和责任

在保险合同的执行过程中，特别是在保险事故的处理过程中，产生争议的原因大多是对于有关问题的规定不明确和不清晰，在保险建议书中可以就容易产生争议的问题进行明确，如赔付时限、预付赔款等。

（六）再保险安排

对一些大型和特大型工程项目而言，一家保险公司的承保能力一般是不足以承担的，因此，需要进行再保险安排，这种再保险安排不仅直接关系到承保公司的经营稳定，也直接关系到被保险人获得保险保障的有效性。在保险建议书中应就项目的再保险安排问题进行介绍和明确。

（七）适当的承诺

在市场竞争环境下，有的保险公司为了争取业务，往往会作出一些过分和不现实的承诺，这种做法是十分不可取的，因为，这样做的结果是要么保险公司无法兑现承诺，要么是以极大的代价兑现承诺。因此，在保险建议书中作出的承诺必须是保险公司能够做到的。

保险公司在保险建议书中作出的各种服务和承诺从性质上看，可以分为两类：一类是保险合同所应当包含的内容。这一类的内容应当突出明确和可操作性，通过保险建议书的方式使其进一步地明确和细化。另一类是保险合同之外的，属于保险公司提供给被保险人的额外服务，也即增值服务。提供这一类内容时，保险人应当考虑可行性和经济性，即保险人是否能够做到，做到的成本是多少，是否会对保险人的经营产生不利影响等问题。

# 第十五节
# 保险人的项目风险管理

在工程保险的经营管理过程中，专业化的风险管理是核心和关键。从国外的实践看，大多数保险公司，特别是再保险公司均将为客户提供专业化的服务作为经营管理的重要内容，通过项目风险管理服务，一方面能够协助被保险人强化风险管控，确保安全生产，另一方面能够确保科学拟定保险方案，特别是费率，确保经营的稳定性。近年来，我国保险行业，包括保险公司和保险经纪公司在加强工程保险的项目风险管理方面开展了积极和有益的尝试，不仅发挥了保险业社会风险管理的职能作用，提升了行业的社会地位，同时，也较好地起到了引领和规范市场的作用。越来越多的工程保险投保人不再将费率作为选择保险公司的重要因素，而是将能否提供专业的风险管理服务作为选择的重要条件。

## 一、项目风险管理制度

传统的工程保险经营大多数是采用“两头重，中间轻”的管理模式，即比较注重展业和承保环节，比较注重出险之后的理赔环节，但对于工程项目建设过程中的风险管理相对薄弱，有的甚至是放任。这种模式的结果是投保人得不到除理赔之外的服务，于是就将价格作为选择保险公司的唯一条件，导致工程保险市场的价格竞争愈演愈烈。同时，由于过程控制工作的缺失，往往导致在保险事故发生之后，因对工程进展和管理情况不甚了解而产生争议，甚至是纠纷。因此，保险公司和保险经纪公司均有必要建立工程保险的“项目风险管理制度”，通过这一制度，对于承保项目进行事前、事中和事后的专业化管理，即：（1）承保前进行现场查勘和风险评估工作，确保保险方案的设计，特别是费率拟定更具有针对性和科学性；（2）承保之后开展项目的日常风险管理工作，包括定期开展现场勘察，动态掌握工程进度情况，及时发现可能存在的安全隐患，向被保险人提出改善安全生产的合理化和专业建议，督促被保险人改进和提升安全管理水平；（3）出险时能够与理赔人员一道，配合被保险人开展抢险施救，同时，能够科学客观地确定保险责任和损失情况。

为了确保项目风险管理制度能够落到实处，一是要确保必要的人力和物力的投入，人力投入的关键是组建风险管理服务团队；二是要确保时间的投入，即服务团队应根据项目规模和风险特征，定期开展工地现场勘察工作，并出具风险检验报告。

## 二、风险管理服务团队

工程保险项目风险管理制度的核心是拥有一支具有较高专业知识和丰富实践经验的专家队伍。这支队伍的人员通常由三个方面的人员组成：（1）具有各类建筑工程专业知识背景和实践经验的人员，这些人员具有丰富的施工和项目管理经验；（2）具有专业风险管理知识和技术的人员，这些人员的特点是熟悉和掌握风险评估技术；（3）具有保险、特别是工程保险知识和经验背景的人员，这些人员的特点是熟悉保险条款，掌握理赔处理过程中的定性和定量技能。

关于风险管理服务团队的组建问题，应当根据不同公司的具体情况而定。工程专业技术人员方面，由于专业分类比较细，且各自的专业性比较强，保险公司除了可以聘用一些大类人员外，对于特别专业的领域，可以通过外聘的方式解决。风险管理人员是公司风险管理服务团队的核心骨干，他们的特点是负责项目风险管理的核心工作，同时，负责联系和衔接工程专业技术人员。因此，这部分人员应当保持相对稳定，确保风险管理的连贯性和系统性。保险专业人员主要是工作在核保和理赔岗位的人员，他们的特点是熟悉保险条款，熟悉理赔流程。对于涉及第三者责任的，还应当考虑配备具有法律背景的人员。

保险公司，特别是工程保险经营规模比较大的公司应当建立专门的部门，或是专业团队，负责公司的工程保险项目风险管理工作。同时，也可以在系统内部采用非正式团队的模式，即将分支机构具有相关背景的人员通过“专家委员会”、“工程保险技术领导小组”等方式，进行统一管理、统一培养、统一使用。同时，结合项目调配相关人员，形成专项工作团队，开展风险管理服务工作。保险公司，特别是一些中小公司还可以考虑充分利用外部力量，开展项目风险管理服务工作。一是可以与再保险公司合作，开展风险管理工作。通常再保险公司在工程风险管理方面拥有一支实力雄厚的专业团队，作为分保接受公司，他们对项目也拥有利益，所以，可以共同开展风险管理工作。二是可以与保险经纪公司合作，国内外大的保险经纪公司也都非常重视工程项目的风险管理服务工作，有的保险经纪公司拥有专业的风险管理机构和专业队伍，能够为客户提供专业服务。三是可以与外部相关科研机构和院校合作，因为，一些特殊风险项目专业口径非常窄，人员相对稀缺，保险公司不可能培养和保留这样的人才，只能采用外聘的方式。

## 三、项目风险管理的依据

在开展工程保险项下的项目风险管理服务过程中，应当注意依法开展工作，其基础关系是工程保险合同关系，在工程保险条款中有关于“投保人和被保险人义务”和“合理查验”等相关规定，这些均是保险公司开展风险管理的依据。但要真正做好风险管理服务工作，被保险人的认同和配合是关键。就具体工作而言，保险公司开展项目风险管理的主要依据有：国家及各级政府颁布的建筑法律、法规、有关建筑工程建设安全生产的法律、法规和规章；工程项目设计文件、各工程项目的施工组织设计文件；项目业主制定的各类工程安全管理体系和保障措施的有关内部管理文件；《保险法》、保险招标文件、保险合同条款、保险协议、特别约定等保险合同文件以及保险公司相关的内控文件；保险合同中双方约定的义务及其他相关事宜。

## 四、项目风险管理的基本内容

（一）明确目标，制定计划

工程项目风险管理的总体目标是全面提升项目的风险管理水平，确保安全生产，确保项目顺利进展。但就具体项目而言，应根据项目实际，特别是风险状况特点，明确有针对性的工作目标，这个目标必须是在与投保人和被保险人充分沟通的基础上确定的。因为，从某种意义上看，这个目标也是保险公司在工程保险项下向被保险人的“交付物”，是保险产品的主要内容。为了确保这个“交付物”能够满足被保险人的需要，通过沟通实现客制化的服务是关键。

在目标确定之后，服务团队就应当根据工程项目的实际情况，结合各方关于项目风险管理的需求，制定整体工作计划，这个计划应确保风险管理工作能够覆盖到工程项目的各个方面，不出现时间空档。工作计划应做到明确任务，明确时间，明确要求，明确责任；同时，在项目的进展过程中，可以根据项目实际进展情况进行必要的调整。

（二）建立联系，加强沟通

工程保险项目风险管理服务的一个重要内容是建立联系，这是开展工作的前提和基础。一是由于大多数项目涉及的当事人众多，他们在项目建设过程中扮演着不同的角色，这意味着他们在项目风险管理中的角色和重要性不同，因此，开展风险管理工作的基础就是要弄清他们在项目建设和管理中的地位和作用，只有这样才能够有针对性地开展工作。二是抓住主被保险人，通常是业主，或者是总承包商，他们是整个工程项目合同关系的中枢，也是风险管理的关键环节，因此，在开展风险管理过程中，应当与其核心部门，如合同管理部、财务部、工程部建立密切联系，形成定期互访和交流的工作机制，确保良好和畅通的沟通。

风险管理服务的过程往往就是宣传和教育的过程，保险公司应当通过各种形式，加强风险管理观念和知识的普及工作。保险公司应当利用自身风险管理的专业优势、特别是在事故处理方面积累的信息和数据，通过“以案说法”的形式，利用鲜活的案例，让被保险人认识到风险管理的重要性和必要性，树立正确的项目风险管理意识。

虽然大多数被保险人具有较为丰富的项目施工和管理经验，但在项目风险管理方面往往了解不多，保险公司应当发挥“见多识广”的特点，结合以往类似项目风险管理的经验和教训，特别是通过对一些重大事故的处理和分析总结出来的教训，是指导类似项目风险管理的宝贵资料。同时，保险公司应当与被保险人的风险管理相关人员一起，学习借鉴以往类似项目管理过程中的成功经验，将其复制到项目建设之中。还可以采用与业主共同组织，由各工程承包商和监理单位组成检查团，对各承包工程进行巡回检查、评定和经验交流，以便促进技术水平和管理能力的提升。

保险公司的项目风险管理服务团队应当利用内外部的专业优势、特别专家网络优势，及时地掌握项目风险管理和施工安全管理领域最新的技术，并与被保险人进行交流、分享和互动，推动项目风险管理水平的提升。同时，可以通过编写《工程风险专题资讯》的方式，使被保险人、各承包商及时了解施工动态，对于风险检查中发现的问题，要及时出具《风险警示》，督促整改并提醒理赔部门关注。

（三）定期检查，动态管理

定期的施工现场风险查勘是工程项目风险管理的核心，也是关键。通过现场风险查勘，对项目风险实现动态的管理。保险公司的项目风险管理服务团队应当把这项工作作为重中之重来看待，切实做好相关工作。应根据工程项目风险管理和保险特点，与业主单位采用的安全管理体系密切结合，利用保险公司自身业务优势和承保理赔经验，实施科学的风险管理。

项目风险管理服务团队可以自行组织，或聘请外部的工程师、监理工程师及保险公估师，定期或不定期对施工工地风险开展巡查，并与业主、施工监理、施工单位等有关部门保持经常性的联系和交流，了解工程进度、施工方案的实施或变更，查勘工地存在的风险隐患，定期向业主提交风险及防灾防损分析报告，及时提出合理的防灾防损及整改措施建议，尽量避免或减少事故造成的损失。另外，当发生灾害事故时，可在第一时间进行现场查勘，直接参与灾害事故处理。相关工作如下：

1. 施工初期检查。由于工程项目地理和地质环境条件相对复杂，施工初期，承包商都须经过一个适应和摸索阶段，这个阶段往往具有很高的不确定性，也是风险较为集中的阶段。因此，在施工初期，风险管理随访工程师将协助业主在工程沿线进行全面和系统的勘察和检查，及时发现承包商在施工中的疏漏之处，加强施工企业的风险和防灾防损意识，指导他们按设计要求规范施工，避免事故的发生。

2. 季节性自然灾害前的检查。工程项目，特别是交通土建工程，具有线性分布特点，施工承包单位来自全国各地，对于本区域的季节性自然灾害可能并不熟悉，也未必能做好充足的灾前准备。在灾害性季节到来前，保险人的项目风险管理服务团队应注意配合业主单位，及时到工地检查走访，要求承包商按规范做好灾前防灾防损准备工作。在预知灾害即将发生前，加强风险检查，对可能的损失点做明确记录，对工程项目中易受损的财产，做好灾前工程量确认工作，同时书面通知被保险人。

3. 不定期现场检查。除了定期检查外，保险人的项目风险管理服务团队还应根据项目进展、施工管理和灾害天气情况，配合业主对施工现场进行不定期的检查，了解承包商在日常施工中是否有操作不规范、管理不到位等情况，并提出整改措施，杜绝风险事故的发生。

在各类检查中，如发现存在操作不规范、准备不充分、管理不到位等情况，保险公司应当以书面形式告知被保险人，建议业主对施工单位提出限期整改要求，要求施工单位列出具体整改措施并加以实施，同时在后期工作中，应通过“随访制度”进一步加强检查，确保安全管理制度的落实及风险隐患的及时整改。

要特别关注施工中的难点、节点工程及高风险阶段，如一些关键部件的吊装、试车等，在这些环节，应当组织有关工程及保险专家进行专项防灾防损重点检查，开展专题研讨，制定有针对性的预防措施，确保项目安全施工。

（四）建立预案，科学应急

工程项目的风险管理面临的形势往往十分复杂，一是建造周期长，可能面临各种气候状况，特别是一些季节性灾害气候，如台风、暴雨、洪水、冰冻雨雪等。二是一些大型工程项目涉及施工单位广泛，不同施工单位之间存在交叉作业，面临较大的协调和管理难度。三是工地范围广，特别是一些道路项目，施工沿线的地理和地质条件复杂。在这样的背景下，在施工过程中，尽管加强了安全生产工作，但还是难免有事故发生。

对于可能发生的风险事故，尤其是重大灾害性事故，应事先准备好详细的应急预案，以便在发生突发事故时有效地实施应急救援和现场保护，最大程度地减少人员伤亡和财产损失。这种应急预案首先体现在计划性方面，即对可能发生的事故有一个预期，并制订相应的工作方案，确保事故发生时不至于出现混乱。其次，应急预案应体现在预备性方面，对于事故发生后的应对所必需的各种资源有一个预先的安排和准备，以免在事故发生时，因调集资源而贻误时机。最后，应急预案应体现在协调性方面，应急预案不能停留在书面，而应当通过不断的实战演练，确保各单位和人员配合默契，运行顺畅。

保险公司的项目风险管理服务团队在配合被保险人建立应急预案的过程中，还应当融入保险理赔查勘的内容，一方面是将保险赔付与应急预案有机结合，如建立预付赔款制度，确保应急预案能够更好地发挥作用，也能够很好地体现保险作用；另一方面是将理赔工作与应急工作有机融合，在确保及时抢险施救的同时，不影响保险理赔的取证工作。

（五）加强取证，完善档案

项目风险管理的过程也是一个取证的过程。从工程保险经营管理的经验看，大多数问题，特别是合同和案件处理纠纷的关键是疏于取证，往往是由于保险人和被保险人均疏于对工程项目的进展情况、存在的问题、尤其是事故现场情况的调查取证工作，导致日后在“时过境迁”的情况下，相关各方因利益驱动，各执己见，难以达成共识。因此，在工程项目风险管理过程中，应当高度重视取证工作，特别是应注意利用现代科技手段开展工作。保险公司的项目风险管理服务团队应当结合工地现场的定期和不定期勘察工作，利用各种影像记录方式，客观真实地记录施工现场和工程进度情况，对一些大型和复杂项目，可以采用定期录像的方式，全面和直观地记录取证。实践证明，这种方式对于日后的理赔和纠纷处理具有非常重要的作用。除了影像资料外，对于施工建设中的一些“过程资料”的及时获得和保存也是十分重要的，如及时掌握施工记录，包括施工进度资料、进出仓单等。这些资料均能够起到间接证明事故原因和工程量的作用。

在调查取证的基础上，建立完善的工程项目风险管理档案制度十分必要，通过档案制度，一是能够全面收集和管理与工程项目相关的文件资料，包括各类工程合同、项目进展过程中的各类文件，特别是业主和承包商之间的文件；二是能够全面收集和管理与工程项目相关的文件资料，包括相关的气候资料；三是能够全面收集和管理与工程保险相关的文件资料，除了工程保险合同、各类风险查勘报告、相关会议纪要，还包括保险人与被保险人、保险经纪人、保险公估人之间的各种交往电函。

建立工程项目风险管理档案，除了将其作为项目风险管理的基础之外，也是保险公司内部管理的一个重要工具，它不仅可以作为理赔工作的重要基础，也是在人员变更情况下确保工作连续和稳定的前提。

# 第六章
# 工程保险理赔实务

## 第一节
## 工程保险理赔及其基本原则

### 一、工程保险理赔的内涵

工程保险理赔是当保险合同约定的风险事件发生并造成保险标的损失，保险人对被保险人提出的索赔要求进行处理的过程。

理赔工作的主要内容是对被保险人的损失进行补偿，是保险合同项下保险人的主要合同义务。

理赔工作的核心是“定损”和“核赔”。“定损”就是根据保险合同的有关规定，对于被保险人的损失或者其提出的索赔进行“定性”和“定量”分析。“定性”是对于导致损失的原因进行确定，并认定其是否属于保险责任范围；“定量”是对损失的工程量或者货币量进行确定的过程。“核赔”则是根据保险合同的有关规定，对于保险人应当支付的赔款进行核算和确定，通常应当考虑的因素有是否足额投保、赔偿限额、免赔额等。

### 二、工程保险理赔的基本原则

工程保险的特点决定了工程保险合同具有一定的特殊性，往往在合同

中有许多附加条款和约定，因此，与其他财产保险理赔工作不同的是，应当充分注意到合同的特殊性。另外，工程保险的理赔将涉及许多工程建设专业知识和技术，是一项复杂的技术工作。在工程保险的理赔过程中，可能会遇到许多特殊和复杂的问题和困难，解决这些问题和困难没有定式，但以下基本原则可以作为工程保险理赔工作的指导：

（一）严格遵守合同的原则

保险作为一种经济合同，明确规定了保险人与被保险人的权利和义务。保险合同双方均应当笃守信用，严格履行保险合同义务。理赔是保险人履行合同的主要和重要内容，因此，保险人在进行理赔工作过程中应当严格遵循合同的有关规定。

（二）实事求是的原则

在保险合同的执行过程中，经常会遇到各种各样的情况，无论是损失，还是损失的原因往往是错综复杂的。在理赔的过程中，由于利益的对立，被保险人与保险人往往观点和意见不一致。保险人在面对各种复杂的情况下，应当本着实事求是的原则，合情合理地进行理赔工作，因为，只有实事求是地理赔，保险才能够被广大消费者认同，才具有存在的前提。

（三）合理和及时补偿的原则

保险制度存在的意义和保险合同的本质内涵均体现为损失补偿，投保人和被保险人购买保险的价值体现的主要形式也是损失补偿，所以，合理和及时补偿是保险合同执行和理赔工作的一项重要原则。合理就是要按照被保险人的实际损失，按照保险合同的有关规定进行公平和充分的补偿；及时就是要在最短的时间里对被保险人进行补偿。补偿的时效性往往被保险人忽视，这使保险的保障功能大打折扣。

（四）充分沟通、协商一致的原则

保险合同的执行过程，在一定意义上讲是一个沟通和协商的过程。尽管合同对于双方的权利义务进行了明确的规定，但合同不可能将所有情况均包括，在合同的执行过程中，仍然会出现一些合同没有规定或者规定不明确的情况，尤其是在工程保险这样专业性和技术性很强的合同执行过程中，更容易出现分歧和争议。对于理赔过程中出现的问题、分歧、争议和矛盾，应当通过充分的沟通和开诚布公的协商加以解决。

# 第二节
# 工程保险理赔的几个基本问题

在工程保险的理赔过程中，遇到的问题或者说是难题往往不是那些技术性很强的问题，而是一些基础性的问题，究其原因是，工程保险与其他财产保险之间存在许多本质性的差异，而人们往往对这些差异缺乏足够的认识，因而出现了一些混淆。为此，要做好工程保险理赔工作，就需要对可能涉及的几个基本问题进行认真的研究和分析。只有弄清和掌握了这些基本问题，做好工程保险理赔工作才有基本保证。

在工程保险理赔过程中，最为突出的三个问题：一是对保险标的（保险财产）的认定；二是对保险损失的认定；三是对缺陷与损坏的区分。伦敦保险协会（the Insurance Institute of London）出版的保险读物《建筑安装工程保险（208A）》（Construction and Erection Insurance – Advanced Study Group 208A）的第二章第五节“保险财产的损失或损坏”对这三个问题进行了专门和系统的论述。为了使从业人员对这个问题有一个更加直观的了解和认识，该书的作者设计了11种较为典型的情况，通过对这11种情况的分析，与读者一起研究和分析这三个问题。这11种情况分别是：

（1）基坑工程完成之后，坑壁坍塌，导致坑壁泥土落进已经挖好的基坑中。

（2）基坑工程完成之后，工地外的物体落进已经挖好的基坑中。

（3）基坑工程开挖完成并进行了排水后，由于水泵故障，导致基坑内的地下水位上升至预期水位之上。

（4）在对工地进行了初步的平整之后，工地附近的一条河流决口，河水冲进工地，冲刷了工地的同时，留下了大量的淤泥、石块和树根等杂物。

（5）在新铺设好的水泥路面旁边，由于一辆大卡车急速开过，卡车轮子扬起路边的泥浆，溅到了水泥路面上。

（6）工程项目中包括一部分外购的有缺陷的部件，但在采购和安装时并没有发现。

（7）在（6）的情况下，后来那些有缺陷部件的问题暴露出来了，并导致了其他保险财产的损失。

（8）承包商错误地理解图纸，导致设备安装错误。

（9）推土机在作业过程中翻到沟里，但并未对其造成任何损坏，而为了将推土机从沟里吊出来，需要专门租用吊车并支付相应的费用。

（10）在工地周围出现了塌方或滑坡，尽管没有对工程项目造成损失，但间接地影响了工程项目的进行，如阻碍了进出的通道，被保险人不得不支出一笔费用来清理这些塌方和滑坡。

（11）工地内有一些用于项目建设的材料，但被保险人的雇员由于疏忽，错误地将它们当废品卖掉，而重新购买这些材料需要增加一笔额外的费用。

针对以上11种情况，该书作者提出一些问题供读者思考：情况（1）~（3）中，作为一个“洞”的基坑是否属于保险财产？这个“洞”被外来物填满了，能否构成一种损失？情况（4）~（11）中，是否对保险财产构成损失？

## 一、保险财产的界定

工程保险的保险财产从大类上可以分为工程项目、施工机具和工地内既有的财产。施工机具和工地内既有的财产与普通保险财产的情况相似，而工程项目的保险财产与普通财产保险中的保险财产则有很大的不同。在普通的财产保险中，保险财产大多表现为一种有形的、形态相对稳定的财产，这些财产在投保时就全部存在于保险地点。而工程项目中的保险财产更多的是一种渐变的、不断形成的财产，在投保时保险工地上一般是没有保险财产的，只有到工期（保险期限）结束时，这些财产才全部、完整地存在于工地内。

（一）表现形态

工程项目的建设过程就是保险财产的形成过程，在工程项目建设的不同时期，保险财产的表现形态是不同的，主要的表现形态有：（1）原材料、机器设备等；（2）临时性工程；（3）永久性工程。还有一些标的与工程项目建设有关，但又不属于工程项目内容，如工地内既有的财产、施工机具等。在工程保险理赔过程中，容易出现混淆和争议的保险财产主要是临时性工程和周转材料。

（二）临时性工程

在工程保险的理赔过程中，经常遇到的问题是临时性工程。临时性工程是承包商为了履行工程合同而投入了一定的劳动和材料，形成了具有一定使用价值的结构或者形态，包括围堰、便道、施工用桥、工棚等。英国保险市场对于"临时工程（Temporary Works）"的定义是：Unless specifically endorsed to the contrary, Temporary Works shall mean all structures and their materials which are not intended to form part of the Permanent Work but which are intended to provide working access to the Contract Site or to the Permanent Works or which are intended to provide temporary support to the Permanent Works under construction, but shall not mean：（a） site accommodation and contents；（b） structures or their materials intended for re - use after completion of the Permanent Works unless their full value has been included in the Contract Price.

最典型的临时性工程是大坝工程中的围堰，围堰是为了大坝建设而修建的一个临时性工程，它的功能是为大坝的修建创造一个环境和条件。尽管在大坝完成之后，通常要将其摧毁，但承包商在围堰的修建过程中投入了大量的人力、物力，在施工期间，围堰对承包商而言无疑是具有价值的，一旦围堰发生损毁，将导致承包商的损失，因此，围堰属于保险财产。同理，伦敦保险协会的《建筑安装工程保险（208A)》列举的（1） ~ （3）情况中的"洞"也是保险财产，因为它是承包商为了履行合同，建筑基础工程而投入了人力、物力而形成的，是具有使用价值的。但要注意的是，临时性工程在工程项目建设中的价值与履行其"使命"有关，当临时性工程已经完成了"使命"之后，其价值就不复存在了。因此，如果是已经完成"使命"的临时性工程发生损毁，就不存在赔偿的问题。

（三）模板问题

在工程保险的理赔过程中，遇到的一个较为常见的保险财产界定问题就是周转材料，其中较为突出的是模板问题。

周转材料是在施工过程中可以多次反复使用，基本保持其原有形态，逐步磨损，其价值逐步转移的各种建筑材料，如各种模板、脚手架、安全网、跳板、挡土板等。在工程定价过程中，周转材料计价有两个关键指标：一次使用量和摊销使用量。一次使用量是指在不重复使用的条件下的一次用量指标。摊销使用量是指在考虑了使用次数和消耗数量后的周转材料的使用量，就是应纳入预算定额中的施工中实际消耗掉的周转材料的数量。

关于周转材料和施工机具的区别问题。从工程管理的角度看，周转材料和施工机具均是以一种"损耗价值"方式计入施工成本的，但它们在造价计量方面有显著的区别，前者采用摊销量计入材料费用中，后者按照机械台班计入机械使用费中。从工程保险的角度看，周转材料归属是由保险合同进行约定的，有的工程保险合同中明确将部分周转材料列入施工机具范畴，如我国台湾地区的工程保险条款将施工机具定义为“工程施工所使用之机械、设备、器具、支撑物、模型及其附属配件”。有的工程保险合同则将施工机具明确为“工程施工所使用的机械和设备”，而且还进一步规定是“附清单列明”的施工机具。笔者认为将周转材料全部、直接纳入施工机具范畴，从理论上讲似乎缺乏依据，从实践上看也难以操作。建议在制订保险方案时，应当就周转材料问题进行明确，特别是针对那些大量应用模板和脚手架的项目，这样就能够避免日后的纠纷。

在周转材料中，占比最大的就是模板。模板是在浇灌混凝土时使用的，为保证构件各部分形状尺寸和相互位置正确的模型。模板按材料不同，可分为木、钢、钢木、玻纤塑料、塑料、胶合板等；按类型不同，可分为标准模板和异型模板；按施工工艺不同，可分为装拆式、固定式、移动式等。异型模板是指为了工程项目建设需要，按照工程图纸专门制作的模板。标准模板是一种相对统一规格的通用模板。异型模板的情况相对简单，因为，它们是专门为工程项目定做的，在其履行完“使命”之前，一旦发生损毁，就属于保险赔偿范围，而一旦完成了“使命”，就不存在赔偿的问题了。标准模板的情况就复杂得多，标准模板通常是以摊销的方式计入工程造价的，即按照模板摊销次数，将模板的造价平均分摊到每一次使用中，如钢模板的摊销次数为 20 次，木模板的摊销次数为 7 次。钢模板的每一次使用是按照其造价的 1/20 进行摊销的。根据模板的特点，我们设计以下几种模板发生损失之前的情况，对这个问题进行研究分析：（1）新的木模板，将在工程中使用 7 次，一旦发生损失，则应当按照模板的造价进行赔偿；（2）木模板，已经在工程中使用了 2 次，还将使用 5 次，一旦发生损失，则应当按照模板造价的 5/7 赔偿；（3）木模板，已经在工程中使用了 7 次，一旦发生损失，则不应当赔偿。但在实际工作中，由于模板的数量较大，而且情况各异，是难以用这样的方法逐一定损和理算的，这里只是提供一个解决问题的基本思路，具体还需要双方根据实际情况进行协商。

## 二、损失

损失，包括损毁和灭失，英文为“Loss of or Damage to”，亦简称为“Loss or Damage”。如何认定损失是工程保险理赔工作中的一个难题。在普通财产保险中，损失是较为容易认定的，因为，从保险期限一开始，保险财产就处于一种相对稳定的、完好的状态，一旦这种状态被破坏，就可以认定为是一种损失。而工程保险的保险财产是一个逐步形成的过程，在这种形成过程中去判断损失，无疑有一定的难度。在工程保险的理赔过程中，从业人员应当通过以下几个方面去把握和解决这个问题。

（一）保险事故

保险赔偿的前提是保险事故的发生，也就是说并不是被保险人的所有损失都可以通过保险得到补偿，能够成为保险补偿的前提条件是导致损失的原因属于保险事故。在判断保险事故的过程中，人们往往只注意到其外在的表现形式，如火灾、台风、洪水、火灾、爆炸、意外事故等，而忽视其内在的本质特征。在工程保险中，保险事故包括“自然灾害”和“意外事故”两类。“自然灾害”的含义是“人力不可抗拒的破坏力强大的自然现象”；“意外事故”的含义是“不可预料的以及被保险人无法控制并造成物质损失或人身伤亡的突发性事件”。分析保险事故的内在本质特征是看其是否符合“自然灾害”和“意外事故”的基本条件，尤其是“意外事故”。构成“意外事故”的关键特征是：“不可预料”、“无法控制”和“突发性”。而对于一些由于渐变原因，如地基的不均匀沉降、地下水渗漏等造成的损失，也许它们符合保险事故的外在表现形式，但不符合内在本质特征条件，因此不属于保险事故范畴。

这些解释更多的是从理论的层面分析保险事故和保险赔偿问题，目的是使保险从业人员在工作中能够更好地了解和把握根本，处理好保险理赔工作。但被保险人往往难以接受这些解释，从被保险人的角度看，任何“突发性”的事件均有一个渐变的过程，例如，从严格意义上讲，台风也不是“突发性”事件，它也是经过了一个相当长时间的能量聚集和形成的过程，只不过在最终爆发的时刻表现为“突发性”而已。在经营工程保险的过程中，保险人应当注意通过进一步完善保险合同的方式，使保险合同的意思表达更加清晰和明确，如对一些容易产生争议的问题采用明确表示、明确除外，或者采用特别约定的方式。同时，应当加强与投保人和被保险人的沟通，这是防止和解决这些问题的有效途径。

（二）损失形态

与普通财产保险不同，工程保险的损失不容易确定，有时往往容易出现混淆。普通财产保险在投保时是处于一种完好的状态，一旦发生保险事故，导致这种状态遭到破坏，就构成了损失。在工程保险中，工程项目是一个逐步形成的过程，在这个过程中，保险财产的局部可能处于一种完好状态，由于保险事故导致这种完好状态遭到破坏，可以认为是一种损失。例如，在桥梁建设过程中，在预制场完成了梁板的制作，然后运到工地现场进行吊装，在吊装过程中，由于机械手的错误操作，导致梁板坠落损毁，这就是一种损失。但是，也有保险财产的局部在形成的过程中就一直未处于完好状态，这种“局部”就不存在所谓的“损失”，通常被认为是一种缺陷，而缺陷是一种存在的状态。例如，在灌注桩的浇捣过程中，由于砂石配比存在问题，或者由于温度掌握出现问题，导致成形的桩最终被鉴定为不合格的“三类桩”。尽管“三类桩”的出现对于被保险人而言无疑是一种损失，但不属于工程保险的基本保障范围。因为，作为一根桩，它从来就没有处于完好状态，既然没有初始的完好，又何来损坏？

（三）责任除外

工程保险与其他财产保险一样，保障的是一种意外的状态，而不是必然的状态，如机器在使用过程中的磨损、新填方路基的沉降、工艺不善导致的质量缺陷等。但是，投保人和被保险人往往难以从保险原理的角度去理解这个问题，他们常常会认为只要有了损失，保险就应当弥补他们的损失。因此，认识上的差异往往是产生工程保险理赔纠纷的原因所在。解决问题的最好办法是对保险合同加以完善，将一些可以预见的必然状态，特别是容易产生异议的情况进行明确除外，如在工程保险合同中明确将缺陷、磨损、锈蚀、地下水、沉降导致的损失明确列入除外责任。

## 三、缺陷

缺陷损失处理也是工程保险理赔中经常遇到的问题之一。在缺陷损失处理过程中，首先要解决两个问题：一是形成缺陷的原因；二是缺陷损失的分类。缺陷形成的原因多种多样，在工程保险中将形成缺陷的原因分为工地外和工地内两种。所谓工地外是指用于工程项目的材料在进入工地之前就存在缺陷。这些缺陷通常是供应商在生产过程中形成的，如钢材、门窗、水管等。所谓工地内是指在施工过程中，由承包商在工地内制作部件过程中形成的缺陷。缺陷损失分为缺陷部件自身的损失和缺陷部件以外的损失。长期以来，对于不同原因导致的不同损失，不同的工程保险合同的赔偿方式是不同的，而且存在一定的混乱。为了维护保险合同各方的利益，明确和规范缺陷的损失赔偿问题，1985 年伦敦保险市场制定了统一的标准条款，将缺陷赔偿设计成 5 种标准情况，投保时，保险合同双方经过协商选择其中一种，这样日后一旦发生损失，就能够明确赔偿范围。这个统一的标准条款就是

“D1 to D5”。

“D1　缺陷绝对除外（Outright Defect Exclusion）。对由于设计、图纸、材料、工艺等缺陷导致的任何损失均不负赔偿责任。

This policy exclude all loss or damage to the property insured due to defective design, plan, specification, materials or workmanship.

D2　扩展缺陷除外（Extended Defect Exclusion）。对由于设计、图纸、材料、工艺等导致存在缺陷的保险财产本身的损失，以及依靠存在缺陷的保险财产支撑和稳定的保险财产的损失不负赔偿责任，但是对由于除外的保险财产损坏而导致其他保险财产的损失，即间接损失，保险人则负责赔偿。

This policy exclude the costs necessary to replace, repair or rectify any of the property insured which is in a defective conditions due to a defect in design, plan, specification, materials or workmanship, or which relies for its support or stability on any of the remainder of the property insured which is in itself in a defective conditions. This exclusion shall not apply to the remainder of the property insured which is free from such defective conditions but is damagedas a consequence of such defect.

D3　有限缺陷除外（Limited Defect Exclusion）。对由于设计、材料、工艺等导致存在缺陷的保险财产本身的损失不负赔偿责任，而对于存在缺陷的保险财产导致其他没有缺陷的保险财产损失，保险人均负责赔偿。

This policy exclude the costs necessary to replace, repair or rectify any of the property insured which is in a defective conditions due to a defect in design, specification, materials or workmanship, but this exclusion shall not apply to the remainder of the property insured which is free from such defective conditions but is damagedas a consequence of such defect.

D4　缺陷部分除外（Defect Parts Exclusion）。对由于设计、材料、工艺等导致存在缺陷的保险财产部件本身的损失不负赔偿责任，而对于存在缺陷的保险财产部件导致其他没有缺陷的保险财产部件损失，保险人均负责赔偿。

（D4 与 D3 的区别在于将除外的范围进一步缩小，从原来的一个相对大一点的概念：“保险财产”，缩小到“部件”。如在安装过程中发生了火灾，原因是由于开关柜内的一个继电器存在缺陷。按照 D3 的措辞，在理赔中应当将整个开关柜的损失列为除外，而按照 D4 的措辞，则仅仅是将其中继电器的损失除外。）

This policy exclude the costs necessary to replace, repair or rectify any of the property insured which is in a defective conditions due to a defect in design, specification, materials or workmanship, but this exclusion shall not apply to the parts or items of the property insured unintentionally damaged as a consequence of such defects.

D5 设计改善除外（Design Improvement Exclusion）。对由于设计、材料、工艺等导致存在缺陷的保险财产本身的损失均负赔偿责任，仅对为了改善缺陷产生的费用除外。

This policy exclude the costs necessary to replace, repair or rectify any of the property insured which is in a defective conditions due to a defect in design, specification, materials or workmanship, but should unintended damage result from such defects, this exclusion shall be limited to the addition expense of improvement to the origin assign, plan or specification."

伦敦保险市场的"1985 年标准条款"推出后，对于规范工程保险的缺陷赔偿问题起到了积极的作用，但也存在着一些问题，于是 1995 年在"标准条款（1985）"的基础上推出了新一版的"标准条款（1995）"。另外，在国际其他工程保险市场上也有类似的条款。

## 第三节 工程保险理赔的阶段与程序

### 一、工程保险理赔的主要阶段

工程保险的理赔工作一般可以分为前期、中期、终期等三个阶段，每一阶段都有不同的工作重点和方法。通常在委请保险公估公司处理理赔案件的情况下，保险公估公司也会按照三个阶段的特征开展工作，并出具阶段性报告。

（一）前期处理

前期的主要工作是现场查勘和资料收集。现场查勘的主要工作是估测损失，目的是控制现有损失，防止损失扩大。一般结构类事故，由于有严格的质量控制措施，施工单位必然会全力抢救，损失的具体情况可以待险情稳定后再定。但是对于工程保险中最常见的暴雨、洪水损毁路基（包括路堤、路堑等）案件，前期的现场定损工作就显得十分重要，因为，通常报损数额巨大，查勘人员要在第一时间，逐项核实被保险人的报损明细，将损失框定，特别是损失数量确定，并取得被保险人的签章确认。

资料收集应分清轻重缓急，对于那些属于现场工作记录类资料，应尽可能争取在第一时间取得，如施工、监理日志、进出库记录等，因为，这些资料与事故原因的判定和损失数量的确定有着直接的关系，若不及时取得和保全，容易被不良施工单位篡改，成为事后双方争议的焦点证据。与此同时，查勘人员应根据事故和损失的实际情况，以“资料清单”的方式，要求施工单位系统地提供索赔资料。对于重要资料和预计道德风险较大情况下，可以要求施工单位的报损应由施工、监理、业主代表三方同时签名提交。必要时，要求被保险人出具《提交资料真实性声明》（内容包括承认所提供资料真实并承担相应法律责任，由项目部、总监办、业主代表签章）。在现场损失情况被控制后，可以允许被保险人复工，并指定专人，或由公估公司的人员跟进案件的后续处理工作。

（二）中期阶段

中期的主要工作是充分调查取证，分析事故原因，初步框定损失。调查取证的主要工作是详细查阅相关资料、走访关键人员，目的在于分析出险原因，核定损失标的原工程量，审查的资料应包括保险协议、出险工程地质详勘报告及说明、设计总说明、阶段施工图设计说明和图纸、施工组织设计、与出险标的相关的所有文件、会议纪要、施工监理日志。

地质报告通常会揭示工地特点，指出施工注意事项。各类设计说明一般会对施工中采用的标准、施工方法、防护措施进行详细说明。根据施工组织设计了解施工全过程和主要工艺。会议纪要通常能够反映多方事故原因分析，施工、监理日志虽然真实性并无保证，但是往往就是找出解决问题方法的开始。

就一般情况而言，工程发生事故均与施工单位的管理有着密切的关联，理赔的中期阶段就是要根据各种资料的分析，理清出险的原因和线索，找出出险案件的疑点，展开多方面沟通，为以后工作打好基础。在这一阶段，要有工程经验丰富、为人正直的专家介人，提高理赔工作的专业技术水平，及时掌控和化解施工单位在索赔过程中可能存在的人为障碍，准确确定出险原因，并框定损失范围。

（三）终期阶段

终期的主要工作是沟通与谈判，就事故原因和损失达成共识。在事故情况

相对简单，即事故原因较为清晰、损失情况没有太大争议的情况下，即可进入核赔程序。

但在大多数情况下，保险双方可能就事故原因和损失情况存在争议，甚至是较大争议，此时，终期阶段工作的核心是通过加强沟通，以达成共识。由于涉及责任与利益，这个阶段工作的难度往往较大，对此应当有充分的认识。解决问题的关键是围绕事故原因、损失数量和程度摆事实、讲道理。因此，谈判人员首先要做到全面掌握案情，掌握工程项目的情况，做到心中有数；其次要掌握与工程项目相关的知识，确保有效沟通；再次是详细耐心地宣传和介绍工程保险知识，特别是保险原则和理赔处理要求，争取被保险人的理解和接受；最后，良好的沟通技巧和能力是关键。

## 二、工程保险理赔的基本程序

### （一）报案与受理

报案与受理是保险理赔工作的第一环节，也是重要环节。保险合同双方均应对这一环节的工作予以必要的重视。

从被保险人和投保人的角度看，发生保险事故之后，及时地向保险人进行报案是其履行保险合同义务的一个重要内容，也是其要求保险人进行赔偿的必要前提条件。在大多数保险合同中对报案问题均有明确的规定，如“建筑工程一切险”条款就规定：“投保人、被保险人知道保险事故发生后，被保险人应该：立即通知保险人，并书面说明事故发生的原因、经过和损失情况；故意或者因重大过失未及时通知，致使保险事故的性质、原因、损失程度等难以确定的，保险人对无法确定的部分，不承担赔偿责任，但保险人通过其他途径已经及时知道或者应当及时知道保险事故发生的除外。”同时，我国《保险法》的第二十一条也有相应的规定。报案通常要求在第一时间进行，目的是使保险人能够及时地了解和掌握保险事故发生和进展情况，并采取相应的措施跟踪和处理案件。报案的形式可以采用电话、传真、电子邮件、特快专递、挂号信等方式，无论选择何种方式都要注意可追溯、可举证问题。不少有争议的案件就是属于“无头案”，投保人和被保险人说已经报案了，而保险人坚持说没有接到报案。所以，如果采用电话报案的，除了进行必要的电话记录外，还应当在规定的期限内，尽快以书面方式报案。在工程保险合同的执行过程中，投保人和被保险人往往容易忽视报案工作，原因是多方面的，最为常见的是由于工程建设涉及的关系方较多，发生保险事故之后，往往在信息和沟通方面存在问题，导致信息不能够迅速传递，延误报案。解决这个问题的方法是在保险人的指导下，在被保险人内部建立一个事故报告制度，其核心内容是建立统一和唯一的报案渠道，明确项目保险事故的管理机构和负责人，明确报告事故类型、报告程序、报告内容、报告时限、报告责任人等。一旦发生保险事故，各责任人应当按照有关规定，在第一时间向管理机构和负责人报告案情，由管理机构和负责人向保险公司报案并跟踪案件的发展和处理情况。

从保险人的角度看，及时了解和掌握损失事故的发生是非常重要的。其原因：一是使保险人得以迅速展开对事故的调查，掌握事故发生的原因以及损害的真实情况，不至于因调查的迟延而丧失证据，影响保险责任和损失程度的确定；二是使保险人能够及时指导和协助被保险人开展施救行动，防止损失进一步扩大；三是如果存在潜在第三者责任的索赔，保险双方可以尽早协商及采取对策，将损失控制在最小的范围内；四是使保险人有准备保险赔偿金的充分时间。如果因被保险人延误通知而使保险人无法查明原始损失情况，或造成进一步的损失，保险人有权拒绝赔偿或仅与被保险人按比例分担责任。鉴于以上分析，保险人不应当被动地等待和接受报案，而应当采取更加积极和主动的态度，协助被保险人建立一个良好和有效的报案管理制度，确保所有事故均能够及时、规范地报告。同时，保险人在一些风险多发时期，如台风、洪水季节，应当主动询问和了解保险项目的情况，及时发现可能存在的问题。

（二）现场查勘

现场查勘是在保险事故发生之后，由专业人员利用各种技术和手段，对于事故现场进行调查、分析、鉴定和记录，目的是为确定事故性质和损失程度提供必要依据。

保险人在接到报案之后，应当在最短的时间内，安排对于事故现场进行查勘。及时地进行现场查勘一方面是为了能够及时地了解、掌握事故情况，及时采取必要措施，对事故可能造成的损失进行控制，以减少损失；另一方面也是为了能够在第一时间进行取证，为客观地进行理赔、减少不必要的纠纷奠定基础。

现场查勘工作可以由保险人的理赔人员完成，也可以委托专业的公估机构完成。由于历史的原因，在我国，长期以来，现场查勘工作大都由保险公司的理赔人员完成，但近几年，随着保险市场的不断完善，保险中介机构蓬勃发展，这些中介机构的技术和管理水平均有了较大的提高，在我国保险市场中发挥着越来越重要的作用，因此，在理赔中运用公估机构的现象也越来越普遍，而且，这将成为一个发展方向。

运用公估机构进行现场查勘和理算工作的，通常采用事先约定的方式，即由保险合同的双方在订立保险合同时就约定：在发生保险事故并在损失金额超过一定数额时，由事先指定的公估机构进行现场查勘和理算。有时也可以采用事后指定的方式，即在保险事故发生后，保险合同双方或者一方认为有必要，可以通过协商的方式，选择确定公估机构进行现场查勘和理算。

现场查勘，特别是事故后首次查勘，是理赔工作的重要基础，这种工作的一个重要特征是对现场事实进行确认和记录。尽管我们可以利用一些现代技术，如拍照、录像等手段进行事故记录，但是这些技术和手段仍有一定的局限性，它们均难以取代人对现场的观察和判断。因此，无论是由谁进行现场查勘，保险合同双方均不应该放弃对于现场查勘工作的参与。由保险人的理赔人员进行现场查勘时，被保险人的有关人员应当积极参与，保险人也应当主动邀请被保险人参与。委托专业公估机构进行现场查勘时，保险人和被保险人则都应当积极参与。这种做法的优点在于有关各方对事故的事实情况有一个共同和基本的了解和认同，以免日后对于基础事实产生异议和争议。

（三）测算及设立赔款准备金

根据保险经营的原理，保险公司在接受投保时，收取纯保费中的绝大部分作为保险金赔偿或给付给被保险人或受益人。所以，在保险经营核算过程中，保险人为了确保兑现保险合同约定的承诺，必须在保费中提存各种准备金。

责任准备金通常可以分为未到期责任准备金、赔款准备金、长期责任准备金、总准备金和保险保障基金。

赔款准备金是保险人为了履行对已经发生保险事故的责任，进行必要的资金准备。提取赔款准备金的原因是保险事故的发生与完成赔付之间往往存在一个时间的延迟，这种延迟的原因：一是赔案的处理需要一定的时间；二是赔案的发现和报告可能出现延迟。保险人为了及时反映保险业务的经营成果，并对未决保险赔案在赔款资金上做好充分的准备，在最终赔款尚未确定之前，先提取一笔相应的准备资金。

赔款准备金的提取是保险理赔工作的一项重要内容，理赔人员应在赔案处理的不同时期，根据掌握的资料，对可能的损失金额进行客观和充分的估计，并进行必要的财务处理。赔款准备金的测算是一项技术性很强的工作，因为，赔款准备金如果估计和提取得过低，将影响赔偿能力的准备，不能客观地反映经营结果。而如果估计和提取得过高，将产生不合理的资金占用，不利于提高经营水平。因此，理赔人员应当根据实际情况，科学地估计和测算赔款，合理地确定赔款准备金数额。

希望通过一次查勘就能够准确地确定赔款准备金数额的想法往往是不现实的，因为我们需要不断地调查、了解、研究和分析，才能够更加了解和掌握赔案的真实和全面的情况。只有这样，我们对赔款准备金的测算才能够更准确。但是，我们常常容易犯的错误是在进行第一次的赔款准备金测算后，就不去理会它了。正确的方法应当是通过对于赔案进行不断深入的了解，对于赔款准备金的数额进行不断的修正和调整。另外，若保险人已预付了部分赔款，赔款准备金也应相应减少。

测算赔款准备金的另外一个重要用途是进行再保险的现金摊回。大多数工程保险的业务均有再保险的安排，即由直接承保业务的保险人向一个或者一个以上的再保险人进行分保。通常在工程保险的再保险合同中均有现金赔付的条款，即一旦发生重大赔案，保险人可以在估计赔款金额的范围内，按照一定比例要求再保险人事先分摊赔款。

（四）预付赔款

预付赔款是指保险人在整个赔案定损理算之前，应被保险人的要求预先向其支付一部分赔款，以缓解被保险人在修复过程中资金压力的做法。其原因是在重大的工程保险损失事故的修复过程中，被保险人往往需要垫付大量资金，如果其没有足够的自有资金，就需要向金融机构进行融通。这样一方面可能耽误工期，另一方面也将增大成本。为了解决这个问题，保险人通常可以通过预付赔款的形式向被保险人进行资金融通。

预付赔款可以事先在保险合同中明确规定，也可以在保险事故发生后，由被保险人提出申请，经过双方协商确定。

保险人原则上应当接受被保险人预付赔款的申请。但在接受并进行预付赔款的过程中要注意两点：一是必须确认导致损失的原因属于保险责任范围，即在明确了事故的“定性”之后，才能够考虑预付赔款问题。但即使是这样，保险人在进行预付赔款时，仍要申明预付赔款与赔案处理没有必然联系，即预付赔款行为并未构成保险人对事故责任的认定。二是预付赔款的金额应当控制在最终可能赔款的一定比例之内，通常是30% ~50%。原因是一旦预付赔款比例过大，可能给整个定损理算工作造成被动。

（五）定损理算

定损理算是指专业人员根据现场查勘情况，确定事故损失情况，并根据保险合同的有关规定确定保险赔付金额的过程。

定损就是根据保险合同的有关规定，对于被保险人的损失，或者其提出的索赔进行定性和定量分析。定性是对于导致损失的原因进行确定，并认定其是否属于保险责任范围；定量是对损失的工程量或者货币量进行确定的过程。

理算，也就是核赔，根据保险合同的有关规定，对于保险人应当支付的赔款进行核算和确定，通常应当考虑的因素有是否足额投保、赔偿限额、免赔额等。

（六）签订赔偿协议书

赔偿协议书是指保险合同双方就保险事故的赔偿问题，经过协商达成一致的一种书面意思表示形式。

保险人，或者其委托的公估公司在完成了定损和理算工作之后，应当与投保人或者被保险人进行沟通和磋商，就最终赔偿问题达成一致意见，在取得共识的基础上应签订赔偿协议书。

（七）赔付与追偿

赔付是指保险人根据定损理算的结果向被保险人支付赔款的行为。赔付是保险人履行保险合同责任的重要内容，鉴于工程保险合同的专业性与复杂性，在支付保险赔款之前，保险合同双方应当在理算的基础上签订赔偿协议。协议应当对责任、损失、赔款以及追偿权转移等问题进行明确，以免日后产生异议。

由于大型建设项目需要大量的资金融通，所以，在这些项目中往往有银行和其他金融机构的参与。这些金融机构为了维护自身的利益，均要求在工程保险合同项下附加“第一受益人”条款，即一旦发生保险责任范围内的损失时，这些金融机构具有对赔款的优先请求权。因此，如果工程保险合同附有“第一受益人”条款或“赔款接受人条款”的，保险公司在进行赔付之前应当征求金融机构的意见，在得到他们的书面同意之后，才能够将赔款支付给被保险人，否则，应当将赔款优先支付给这些金融机构。通常，支付的金额以其对于被保险人的贷款余额为限。

追偿，即代位求偿是指保险人在向被保险人支付了保险赔偿之后，依法取得被保险人享有的向第三方责任人请求赔偿的权利，取代被保险人的位置向第三方责任人进行追偿的制度（有关追偿的内容参见相关章节）。

## 第四节

# 检验理算人员

工程保险的特点决定了工程保险赔案处理的复杂性和技术性，在工程保险

赔案的处理过程中，检验理算人员扮演着十分重要的角色，检验理算人员的素质决定了检验理算的工作水平和质量，决定了工作的效率，甚至决定了工程保险合同能否公平、高效和顺利地履行。

工程保险对于检验理算人员的要求较高，一个优秀的工程保险检验理算人员既要有工程建设方面的专业知识背景和经验，还要精通工程保险理论与实务，同时，现场检验的技术和技巧也是一门专门的学问，需要不断地学习和积累。在检验和理算过程中往往需要进行大量的沟通工作，特别是理算阶段，所以，作为一名好的检验理算人员还要有很强的沟通能力。工程保险的赔案到了后期，常常是一个沟通的过程，检验理算人员，尤其是公估公司的检验理算人员需要和各个不同的利益主体进行沟通，并在他们之间取得一个共识、平衡和谅解，甚至是妥协。因此，做好工程保险的理赔工作，检验理算人员的素质是关键，无论是保险公司的检验理算人员，还是公估公司的检验理算人员，要出色地完成检验理算工作，均必须具有良好的综合素质，主要包括娴熟的专业技术、丰富的实践经验、灵活的处理能力和良好的职业道德等。

## 一、娴熟的专业技术

工程保险的检验理算工作是一个专业性和技术性均较强的工作，作为一个优秀的检验理算人员的前提条件是必须具有娴熟的专业技术，否则，难以开展工作。工程保险的检验理算人员需要具备的专业技术主要包括三大方面：一是事故现场调查和鉴定的知识；二是工程项目建设的基本知识，包括工程计量和定价的知识、与工程建设有关的法律法规等；三是工程保险，特别是理算的有关知识。这些都是作为一个检验理算人员分析事故原因、分清事故责任、确定保险责任范围和确定损失所必需的知识。

### （一）事故现场调查和鉴定的知识

事故现场调查和鉴定是一门专门的技术。工程保险事故的种类繁多，原因也不尽相同，查勘人员应当熟悉和掌握事故现场调查和鉴定的知识。在对不同类型的事故现场调查过程中，有共性特征，但也需要应用不同的方法和知识。共性方面有事故现场调查中的现场记录、对现场人员的访谈、对相关文件的查证等，均属于对案件调查的基本知识和技能。但对不同类型的案件，还需要采取不同的思路和方法，如对火灾的调查重点，在于调查起火点以及起火的原因；对于施工事故，则应重点调查整个操作过程。

### （二）工程项目建设的基本知识

在处理工程保险赔案的过程中，对工程项目建设基本知识的了解和掌握是十分重要的，工程保险的检验理算人员应当熟悉和掌握工程项目的基本知识，其中最重要的是工程项目建设各个不同阶段的工作内容和不同主体之间的关系。在工程项目的建设过程中，不同阶段的工作内容不同，相应的特点也不同，因此，在不同阶段发生的赔案处理的方式也不相同。此外，工程项目，特别是一些大型项目参与的主体众多，关系繁杂，他们之间的利益有共同的，也有矛盾的，他们关系的基础是相关的合同。检验理算人员应当通过认真查阅相关合同，了解和掌握他们之间的关系，这是处理好工程保险赔案的基础。

1. 工程计量和定价的知识。在工程保险赔案的处理过程中，一项重要的工作是确定实际损失的金额，即确定一定单位工程量的货币价值。在工程建设领域，计量和定价已经发展为一门专门的技术，工程保险的检验理算人员应当了解和掌握这门技术。计量方面的标准和方法一般是由国家的相关法律规定以及行业标准确定的，而定价方面除了相关的标准和规定外，还应当注意到合同的有关规定，特别是价格市场变动的修正问题。

2. 与工程建设有关的法律法规。工程建设是国家经济活动的一个重要组成部分，同时，工程建设又是一个高风险的行业，是一个涉及公共利益的行业。因此，国家对工程建设颁布了大量的法律、法规和标准；同时，国家还建立了一系列制度，确保这些法律、法规和标准的有效执行，其目的就是要加强对工程建设领域的管理和监督，确保这一领域的活动能够规范、有序。检验理算人员应当全面了解这些法律、法规和标准。

（三）工程保险特别是理算的有关知识

检验理算工作的目的是为了执行保险合同。在保险合同的执行过程中，最重要的依据是工程保险合同本身，为此，检验理算人员应熟悉工程保险条款，准确理解，正确运用。同时，条款并不包罗万象，而赔案中涉及情况往往是多种多样和千变万化的，这就需要检验理算人员了解和掌握保险的基本原理，从而准确地理解条款精神与内涵，正确掌握使用。

## 二、丰富的实践经验

在处理工程保险案件过程中，除了需要具有相关的知识外，丰富的实践经验也是十分重要的因素。首先，丰富的实践经验能够有助于检验理算人员准确地判断损失原因和科学、合理地确定损失数量和金额。其次，在案件的处理过程中，丰富的实践经验对于施救方案的确定和残值的处理也会起到重要的作用。最后，丰富的实践经验对于识别和防止日益突出的道德风险和保险欺诈有着十分重要的帮助作用。

一个成熟和老练的检验理算人员的重要特征是能够较好地解决人的注意力和记忆力范围的问题。一个人的注意力范围是有限的，检验理算人员在事故现场进行工作时，应注意克服主观和既有的思维定式，善于跳出传统的思维模式，发现一些不为常人注意的细节。另外，检验理算人员应当学会运用各种方式来提高和弥补人类或者个人记忆力方面的缺陷，包括利用各种记录方法和器材，对自己记忆能力的过分自信是检验理算人员的大忌。

## 三、灵活的处理能力

工程保险的检验理算过程也是处理各种关系的过程，而且这些关系总是矛盾和错综复杂的，检验理算人员应当善于驾驭和处理这种多角关系。有时，尽管检验理算人员是本着公正的原则和立场开展工作，但是，各个关系方由于利益和角度的不同，往往会产生意见分歧，甚至冲突。而这种分歧和冲突的焦点大都集中在检验理算人员的工作上。所以，在处理工程保险的案件过程中，检验理算人员的沟通能力就显得十分重要。各个利益主体之间对立和矛盾是绝对的，检验理算人员应当学会在坚持基本原则的前提下，运用灵活的处理能力，通过良好的沟通，使得各个利益主体能够承认和接受事实，认同检验理算人员的判断和基本观点，相互理解，能够在“求大同，存小异”的基础上形成统一的认识，从而使得检验理算工作能够顺利地进行。

## 四、良好的职业道德

良好的职业道德是检验理算人员应具备的首要条件。检验工作的特点之一是其工作的结果与有关方面的经济利益直接相关，而检验理算工作又具有相对的独立性和技术性，从而使检验人员具有较大的自由掌握空间。由于工程保险损失事故往往涉及的金额巨大，情况复杂，少数利益主体由于受利益驱动，常常会对检验理算人员实施各种方式的利诱，目的是希望检验理算人员与其合作虚构、谎报和高报损失，以获得不正当的利益。为此，要求检验理算人员具有较高的职业道德水平，维护检验理算工作的信誉。

要确保检验理算人员具有良好的职业道德水平，首先，应当加强对检验理算人员的思想教育工作，提升检验理算人员的思想境界，树立忠诚职业操守的思想，使检验理算人员树立建立在人格尊严基础上的职业道德观念。其次，应当通过加强内部管理，建立和完善内部管理制度，形成一种相互监督和制约的良好机制。同时，应采用定期和不定期审计和检查方式，对于检验理算人员的工作情况进行验证和评价。最后，应加强法制建设，对于检验理算人员的行为，尤其是公估公司的经营和管理行为制定相应的法律法规，形成良好的法制环境，加强对检验理算人员的法制教育，使其树立守法经营的观念。同时，加大执法力度，对违反法律法规的应予以严厉的处分，维护法律的尊严，并起到应有的震慑和教育作用。

## 第五节
## 现场查勘

### 一、现场查勘的基本原则

现场查勘是理赔工作中关键和重要的环节，它直接关系到理赔工作的质量以及整个案件的妥善和圆满处理。同时，现场查勘工作不仅是一项技术性而且还是一项技巧性很强的工作，在工作中经常需要处理各种各样复杂的关系和问题，因此，查勘人员的工作应当注意坚持实事求是和认真负责的原则。

现场查勘工作的核心内容就是记录和反映事实，所以，查勘人员在工作中应当始终坚持实事求是的原则。实事求是就是在开展现场查勘的工作中，应当尊重客观、尊重事实、利用专业技术如实地反映事实。在工作中既要坚持原则和独立性，不为各种因素所干扰，客观地反映事实，又要充分听取各个方面的意见，克服因主观和片面地看问题导致的偏差。认真负责就是应当充分认识到现场查勘工作是一项繁杂、琐碎而又细致和系统的工作，有时还是长期和艰苦的工作，作为一名查勘人员在开展现场查勘工作时，应当本着认真负责的态度，一丝不苟地做好每一项工作。

### 二、现场查勘准备

现场查勘工作的时效性很强。由于各种原因，一些现场是难以长期保存

的，同时，在第一时间对现场和相关人员的调查往往能够了解到事件的最真实情况，因此，查勘人员在接到报案时，应当立即赶赴现场开展查勘工作。但是，及时地赶赴现场的目的是为了更好地完成查勘工作，而完成好查勘工作的一个重要条件是必要的准备工作。一些经验丰富的查勘人员在接到任务后，通常会先进行一些必要的准备，然后再去现场，而不是匆匆忙忙地出发。

一个有经验的查勘人员通常会在出发前进行以下准备工作：（1）了解保险合同的基本情况，了解使用的保险条款、主要的保险条件，特别是一些附加条款的相关规定、工程项目的基本情况等，最好能够有工地的平面图，这样做的目的是使查勘人员在开展工作前对整个项目的情况有一个基本性和概念性的掌握，这样往往能够大大提高工作效率；（2）准备查勘需要的工具和器材，包括影像拍摄设备，同时要注意检查记录材料情况，如胶卷、磁带、存储卡是否充足，电池是否够用；（3）事故现场的情况往往较为恶劣和复杂，查勘人员的衣服、鞋子、手套等均应充分考虑与工作环境的适应和查勘工作的便利；（4）在赶赴现场的途中，应当与业务人员进行联系，尽可能地了解、掌握业务的背景情况，包括被保险人单位的保险业务联系人、相关领导的基本情况。

## 三、现场查勘的基本内容和步骤

（一）现场查勘的基本内容

工程保险现场查勘工作的基本内容是：尽可能地减少损失和尽可能地确定损失。尽可能地减少损失就是要根据当时的实际情况，与被保险人一起商量、决定并采取各种措施将事故造成的损失减少到最低程度。尽可能地确定损失的内容包括两个方面：定性和定量。检验人员做这项工作的目的是为了回答两个核心问题：事故是什么原因造成的？损失金额是多少？

（二）现场查勘的基本步骤

1. 了解情况。检验人员在接到现场查勘任务之后，要尽可能地向施工现场负责人了解和掌握有关情况。一是保险业务的基本情况，包括保险合同的具体内容、保险合同执行的情况等；二是与被保险人相关的信息；三是与保险事故有关的情况。到了工地之后，除非特殊情况，一般不要急于到事故第一现场，而应当与被保险人开一个简短的会议，请被保险人简略介绍一下保险事故的大致情况，配合查看有关图纸，力求对事故的情况有一个基本概念和初步了解。实践证明，这对于高效地开展现场勘察工作具有十分重要的辅助作用。

2. 现场勘察。现场勘察是查勘工作的重要环节，尤其是第一次的现场勘察。现场勘察最重要的，应尽可能全面、完整地记录事故现场，切忌凭个人一时的主观判断决定记录的取舍。检验人员对现场和损失情况的实际观察和记录在很大程度上取决于检验人员的主观认识，这种主观认识由检验人员的知识和经验所决定，所以，不同的检验人员对现场和损失的观察往往会有很大的差异。解决这种差异的最好办法是通过拍照，照片能够真实全面地记录现场和损失的情况，在一定程度上可以弥补检验人员主观导致的差异。现场勘察的顺序也很重要，有经验的检验人员通常是紧张有序地开展勘察工作。检验人员在进入现场之后，应当对现场情况有一个初步的判断，并根据经验，遵循一定的逻辑思路展开勘察。如火灾事故，首先，检验人员应当判断和确定起火点，重点应放在对起火点的勘察上，通过不同的视角对细节进行记录，确保日后对起火原因分析和证明的需要。其次，由起火点向外展开，记录整个损失情况，这种记录应当包括整个损失范围。最后，是对整体环境的记录，特别是对与起火原因可能相关的场景的记录，如通道、风道、门、配电系统、消防设施等。

图像记录是现场勘察的主要和重要工作，检验人员对此应当予以高度重视，同时，图像记录工作需要有一定的摄影摄像技术和经验的支持，需要检验人员在这方面的专业训练和经验积累。此外，责任心也是需要特别强调的，一些重大事故的现场往往具有不可重现的特点，一旦图像记录工作出现问题或者失败，就会造成无法挽回的后果。

拍摄应采用远近景结合的方式，即既有反映查勘现场全貌的全景照片，还要有反映受损财产部位和程度的近景照片。拍摄可以从正、侧、俯、仰多方位不同角度反映受损保险标的的局部和整体，确保能够反映受损标的局部和全貌，尤其是反映出受损的局部在整体范围内所处的位置。对于一些受损的零部件还需要通过特写来反映。总之，拍摄的目的是从不同角度反映出事故第一现场的真实情况及标的的损失概况。

对于一些大型事故的现场勘察检验工作，由于现场勘察的工作量很大，经常容易出现的问题是记录资料管理混乱，最后甚至影响对记录资料的利用。解决这个问题的最好办法是勘察工作由两个人进行，即一名检验人员和一名助手。助手的主要工作是辅助和记录勘察工作，以便日后整理勘察资料，如对一些现场细节记录的管理，一般应对胶卷进行编号，并进行相应记录。另一种办法是使用“现场标识法”，即在对现场细节进行拍照之前，在拍摄对象旁边置放一个辅助标识牌（小白板/白纸），并将其与拍摄对象一并摄入镜头。在辅助标识牌上注明拍摄对象和检验人员等，如“2 号主变压器 × × 部位（某某）”，这样在整理现场照片时就不容易出现混乱，便于识别和使用。另外，现场勘察用的照相机应采用具有时间记录功能的，并注意在现场勘察之前对时间进行校正。

数码相机出现后，不少检验人员在现场勘察过程中已经开始使用数码相机进行现场拍照。数码相机具有许多优势：方便、经济和易于管理，给检验人员带来了极大的便利。但是，数码照片是可以通过有关图像处理软件进行修改的，所以，一旦赔案在处理过程中出现争议，乃至诉讼，这些数码照片作为证据容易受到质疑，这一点应引起有关人员充分的注意。

在大型事故的现场查勘过程中，也可以采用录像方式进行记录，但通常只是将其作为一种辅助手段，对于图像的记录仍应当以拍照的方式。在进行录像的过程中，应注意同时使用录音功能，检验人员在拍摄的过程中可以用“旁白”的方式，对于事故现场情况以及拍摄对象进行描述，这样就能够大大方便日后的资料整理和使用。

3. 访问当事人。访问当事人是进行现场勘察工作的一项重要内容，而这项工作往往容易被忽视。检验人员对事故现场的勘察是一种静态和事后的，这些固然重要，但却无法再现事故发生时的情况，通过向当事人的调查就可以使检验人员对事故的全过程有一个更加全面的认识。在访问当事人的过程中应注意以下几点：（1）对当事人的访问应尽可能在第一时间进行。一方面，这样能确保当事人对事故发生过程有清晰的记忆；另一方面，能够防止当事人可能出现的道德风险。（2）对当事人的访问应当有一定的针对性，检验人员在进行访问之前，应当根据现场勘察情况和可能存在的问题，制定一个访问提纲，有针对性地开展访问。（3）应当尽可能扩大访问对象范围，特别是应当针对不同关系方的当事人，同时应注意采用相互印证的技巧。（4）有重大疑难案件，应做询问记录并由被询问人过目、签字确认。在访问过程中应使用录音设备，以便日后作为证据使用，在进行录音时，应确保程序的合法性。

4. 查阅文件资料。查阅文件资料是现场勘察工作的内容之一。检验人员在现场勘察过程中应当根据需要对有关文件资料进行查阅和记录，通过查阅能够了解事故发生前工程进展情况。如通过现场施工记录资料，能够了解出险前工程进度的实际情况；另外，通过对材料仓库仓单的查阅，可以掌握进出货情况，确定出险前仓库实际存货情况。必要时，可以要求调用或者封存有关资料。

5. 与被保险人确认事实。保险公司或者公估公司的检验人员在进行现场勘察时，应尽可能邀请被保险人的代表参加，共同进行现场勘察工作。在现场勘察的过程中，对一些关键的事实，特别是日后可能引起争议的事实，如对现场的关键细节、损失数量等，应当要求被保险人的代表进行签字确认。

## 四、现场施救

现场施救是指在保险事故发生之后，保险标的已经发生损失的情况下，为了尽可能地减少损失，人为地采取一定措施的行为。现场施救的目的是为了防止损失扩大和减少损失，即缩小保险标的受损的范围，降低受损保险标的的损毁程度。现场施救工作是被保险人的一项义务，保险合同中明确规定：在保险事故发生后，被保险人应当积极地采取一切必要措施防止损失的进一步扩大，并将损失减少到最低程度。同时，保险公司或者公估公司的检验人员也有义务协助被保险人进行施救。

施救行动是需要投入的，同时这种投入是具有一定风险的。从进行施救的主观角度出发，施救的投入是一种替代费用，即通过一个相对小的施救投入而获得一个相对大的损失减少，但最终的结果也可能不尽如人意，即虽然进行了施救行动，却并没有取得预期的效果，甚至扩大了损失。所以，实施施救行动是具有一定风险的，对此有关人员应当有一个充分的认识。认识到施救行动的风险性，一方面能够使有关人员在决定进行施救行动时，能够对施救行动的有效性进行充分的评估，特别是对可能扩大损失的施救行动，防止盲目地采取施救行动；另一方面有关人员对施救行动应当有一个客观的评价和认识，因为施救行为本身就存在一定的不确定性，就有可能出现失败，要有承受失败的心理准备，否则，就可能出现谁也不愿意决定并采取施救行动的情况。

施救行动具有相对较大的风险性，原因是施救行动是在一种非常规情况下进行的。在确定施救方案时，应当对环境和条件有一个充分的了解和评估，有条件的情况下，应尽可能听取有关专家的意见和建议，确定一个科学的施救方案是成功施救的关键。对于委托外部进行施救的，应当与施救单位签订书面协议，对施救过程中可能出现的风险和责任进行明确，以防止日后出现纠纷。对一些施救风险较大且施救效果在很大程度上取决于施救单位努力的项目，也可以采取“无效果，无报酬”的施救模式，即按照获救价值，确定一个较高比例的报酬方案，但对于未取得施救效果的，则委托方不支付任何费用。

施救行动以及效果的时效性很强，时间和时机对于施救行动而言都是至关重要的，所以，对施救行动应当有一个良好的决策机制，有关方面和人员对施救方案和时机的决策应当有一个快速反应机制，防止相互推诿，甚至是扯皮而贻误时机。解决这个问题的另一个办法是要求到现场参与勘察的人员要得到一定的授权，在一定权限范围内的问题他们能够在现场拍板决定。同时，在进行施救过程中应尽可能地做好有关事实的记录工作，特别是对抢救迁移出现场的财产应做好记录工作。

在进行施救的过程中应当注意的一个问题是区分施救与防损。施救工作是保险事故已经发生，为了减少损失而采取的行动。从时间上看，施救工作的一个重要特征是属于保险事故已经发生，因此，它具有明确的替代性，即通过施救工作的投入来减少损失。通常表现为一个相对小的施救投入替代一个相对较大的保险损失，如在大坝施工过程中，遇到洪水，围堰决口，对围堰的紧急加固工作。防损工作则是保险事故尚未发生，但可能发生，为了防止事故的发生，或者是减少在事故发生之后可能造成的损失而采取的行动，如根据天气预报，台风即将袭击工地，对此采取的对一些结构物的加固和物质转移工作。与施救不同，防损是保险合同，也是国家相关法律规定的被保险人义务。保险合同中明确规定：被保险人应采取一切合理的预防措施，以确保安全生产，避免损失的发生，由此产生的一切费用，由被保险人承担。如果因为有了工程保险的存在，被保险人就放松了自己对于保险标的应有的关心和照料，则由此产生的后果保险人不负赔偿责任。

## 五、证据保全

保全的本意是指保护使之安全。证据保全是指有些证据由于主客观因素的影响，在经过一段时间后或者其他原因，可能会灭失、失真或难以取得。为了防止这种情况的发生，保持证据的证明力，以便日后纠纷的解决，维护当事人的合法权益，应当采用合法的手段将这些证据进行保全。证据保全分为诉讼保全和非诉讼保全，在工程保险理赔过程中的证据保全通常为非诉讼保全。

理赔工作是工程保险合同履行的重要环节，在处理民事法律关系过程中，一个重要的原则是“以事实为依据，以法律为准绳”。就工程保险而言，合同条款就是基本准绳，而证据则是事实构成。同时，在处理工程保险合同过程中，还可能涉及第三者，在处理与第三者的关系过程中，证据保全工作更为重要。在进行工程保险现场勘察过程中的证据保全是对一些可能随着时间丧失的证据进行保护和保留的行为。进行现场勘察，特别是委托公估公司进行的现场勘察本身就可以理解为是一种对于事故现场的保全活动，但工程保险保全的含义则不仅仅局限于现场勘察，保全的一项重要内容是对权利的保护，即对有关责任方追索权的保护。

保险事故的原因通常可以分为两大类：不可抗力和人为因素，即人们俗称的“天灾”和“人祸”。工程保险的责任范围主要是针对自然灾害和意外事故，自然灾害可以理解为不可抗力的“天灾”。意外事故则应当分为两部分：一部分是由被保险人或者其雇用人员的原因导致的事故；另一部分是由被保险人以外的责任方原因导致的事故。对于被保险人或者其雇用人员的原因导致的事故损失，大多数属于保险责任范围，保险人对这些损失将根据保险合同的规定承担赔偿责任。对于由被保险人以外的责任方原因导致的事故损失，保险人在根据保险合同的规定向被保险人承担了赔偿责任之后，就取得了代位求偿的权利，保险人可以自己或者以被保险人的名义向责任方要求赔偿。

在工程保险中，这种“责任方”主要有两类：一是涉及致害的第三者；二是有关供应商。对于涉及致害的第三者，这种责任产生的依据是侵权行为；而对于有关供应商，这种责任产生的依据是违约行为。对于这些“责任方”，被保险人或者保险人要确保在日后能够顺利和成功地向他们进行索赔，就必须在第一时间做好证据保全工作。

证据保全形式有诉讼保全与非诉讼保全。诉讼保全是通过向人民法院提起诉讼，由人民法院依照法律程序，在诉讼过程中对证据进行保全。非诉讼保全是指在诉讼之前进行的证据保全，非诉讼保全最好由各利益方共同完成并确认。如果无法共同完成，则应当考虑采用具有良好信誉和公信力的第三方进行，如委托著名的公估公司进行。必要时，也可以采用证据保全公证的方式，即申请由公证机关通过公证方式将证据确定并保护起来。

## 第六节

# 定损理算工作的一般程序

定损理算工作的核心内容是确定保险赔偿金额。确定保险赔偿金额的基础是现场查勘工作，依据是保险合同以及有关文件和规定。与现场查勘一样，定损理算工作的核心也是解决定性和定量问题。现场查勘要解决的是：事故是什么原因造成的？损失金额是多少？定损理算要解决的是：损失是否属于保险责任范围？工程保险合同项下的赔偿金额是多少？

## 一、保险责任的判定

大多数工程保险属于“一切险”类型的保单，对保险责任范围只给出了宏观的承诺，并未对具体的承保事件作出描述。所谓“一切险”是一种列明除外的方式，即保险责任为“除外责任”以外的损失。所以，当发生损失事故时，保险人通常判定损失是否属于保险责任的手段是采用“排除法”，即分析损失的原因是否属于保险单除外责任的范畴。凡是不属于该范畴的事故，保险责任就成立，反之亦然。

在进行保险责任判定的过程中容易出现的问题，或者说容易与被保险人产生争议的问题往往不是对事故原因归属的认定，而是性质的认定。特别是在“一切险”条件下，被保险人往往容易产生一种误会，他们简单地认为：既然是“一切险”，或者说是“全险”（All Risks），那么，顾名思义，应当是一切或者全部的损失均能够得到赔偿。但是，从保险的角度看，这个“一切”是有前提的，除了狭义的保险责任，或者除外责任范围的界定外，更重要的是，损失必须满足保险事故的基本条件，这种条件就是损失必须是“不可预料”、“无法控制”和“人力无法抗拒”的。损失的发生是一个突变的过程，它排除了一些可以预见的、必然的、渐变的损失，如自然磨损、腐蚀等。为了避免可能发生的争议，有的工程保险条款中对于保险事故进行了尽可能详细和明确的定义，如对“自然灾害”的概念性定义是：“人力不可抗拒的破坏力强大的自然现象”，为了明确起见，还进一步罗列了常见的自然灾害现象。又如对“意外事故”的概念性定义是：“不可预料的以及被保险人无法控制并造成物质损失或人身伤亡的突发性事件”，这个定义的关键词为：“不可预料”、“无法控制”和“突发性”。

在大多数情况下，损失原因是较为单一和直观的，但也有损失原因较为复杂的情况。在多种因素共同作用导致保险事故发生时，保险的近因原则就是判定保险责任是否成立的重要方法（关于近因原则，请参阅第一章中的“保险基本原理在工程保险中的应用”）。

## 二、损失金额的核定

损失金额与赔偿金额是两个不同的概念，损失金额是计算赔偿金额的基础，但损失金额并不等于赔偿金额。在确定了保险责任之后，理算人员首先应当对损失金额

进行核定，损失金额的核定包括两个基本步骤：核定损失项目，核定项目单价。

（一）核定损失项目

核定损失项目的基本依据是被保险人提出的索赔文件，理算人员应当根据现场的查勘记录、有关账册和文件规定，确定索赔的项目、数量和损失程度是否合理，并与保险单明细表中列明的保险项目和保险的除外责任逐项进行核对，若发现未保项目，或不属于保险责任范围内的项目，则应予以剔除。

在确定数量的过程中应当充分考虑到恢复过程中的技术要求和条件制约，避免不顾客观实际或者就事论事地确定损失数量。另外，在确定数量的过程中，采用的计量方法应当与工程预算采用的方法一致。

（二）核定项目单价

项目单价核定的基本依据是工程合同以及工程计价的有关法规和规则。工程价格问题始终是工程项目建设中的一个难题，由于项目建设周期长、金额大、影响因素多，存在大量不确定的因素，任何一个预算都不可能绝对准确。在进行项目单价的核定过程中，理算人员要根据实际情况回答两个问题：根据工程合同的有关规定，损失项目的单价是多少？在损失发生之后，实际恢复的单价是多少？如果二者之间存在差异，则应根据保险合同的规定进行核定。如果实际修复或重新置换的价格比工程合同中规定的单价低，根据补偿原则，保险人按实际价格核定。如果实际修复或重新置换的价格比工程合同中规定的单价高，则应当根据工程保险合同中关于保险金额确定以及赔偿处理的有关规定确定。

对于一些扩展条款项下损失的单价问题，如费用扩展等，由于这些扩展条款通常采用限额赔偿的方式，即按照第一危险赔偿方式，所以，这类单价的确定是在限额范围内，根据实际和合理的单价核定。

## 三、残值问题

残值，又称为损余价值，是指保险标的发生损失之后，仍然残余的、可以利用或回收的价值，通常用货币的形式表示。

一般而言，物质保险标的在遭受损失之后，或多或少都会保留一部分残值，而由于这部分残值的回收将从财务上减少被保险人的实际损失，所以，根据补偿原则，保险人在确定保险损失金额时，应将残值扣除。但是，被保险人遭受的损失并不都属于保险损失，因此，保险人在进行残值确定和扣除时，只能针对保险损失部分，对不属于保险损失部分的残值，保险人无权进行处置。

残值的处理通常由保险人与被保险人协商之后，由被保险人接收，保险人在赔偿金额中予以扣除。但是，如果双方就残值的金额无法达成一致意见，也可以采用保险人收回并进行拍卖的方式处理。

## 四、赔偿金额的理算

赔偿金额的理算是指在核定损失金额的基础上，根据保险以及工程保险合同的有关规定确定保险人应当向被保险人实际支付的赔偿金额。

在赔偿金额理算过程中最关键的问题是：（1）是否足额投保？通常工程保险是按照重置价确定保险金额的，如果是按照重置价确定的，则保险人按照实际损失确定赔偿金额。如果不是按照重置价确定保险金额的，则要看工程保险合同中对于不足额投保的处理是如何规定的？在没有特别约定的情况下，对于不足额投保的，应采取比例赔付的方式确定赔偿金额。（2）是否有免赔额？免赔额是如何约定的？（3）是否约定了赔偿限额？赔偿限额是多少？（4）是否有残值？（5）是否已经获得了责任方的赔偿？（6）是否存在重复保险？

在赔偿金额的确定过程中，应当特别注意“上限”问题，即应以被保险人的实际损失为限；以保险金额、赔偿限额及分项限额为限；以被保险人的保险利益为限。

（一）物质损失部分

物质损失部分赔偿金额的计算公式如下：

赔偿金额 = ［（损失金额 - 残值）×比例赔偿］ - 免赔额

根据确定的损失金额先扣除残值，对不足额投保的，应根据实际情况和保险合同的规定确定是否适用比例赔偿，然后扣除免赔额，确定赔偿金额。

对于全部损失，根据确定的损失金额（对不足额投保的，则以保险金额）扣除残值后，再扣除免赔额，确定赔偿金额。

（二）责任损失部分

责任损失部分赔偿金额的计算公式如下：

赔偿金额 =（损失金额 - 已经获得的责任方赔偿金额） - 免赔额

责任损失部分的赔偿金额确定相对简单，根据确定的损失金额扣除被保险人已经从对损失负有责任的第三方已经获得的赔偿，然后扣除免赔额，确定赔偿金额。

（三）费用损失部分

费用损失部分赔偿金额的计算公式如下：

赔偿金额 = 损失金额 - 免赔额

费用损失部分的赔偿金额确定更简单，按照损失金额扣除免赔额即可。

如存在不足额投保，则对与物质损失相关的费用，如施救费用、场地清理费用等，应根据实际情况和保险合同的规定确定是否适用比例赔偿，然后扣除免赔额，确定赔偿金额。

（四）重复保险的分摊

如存在重复保险，则应按照本保险合同的相应保险金额与所有有关保险合同的相应保险金额总和进行比例分摊。

## 五、赔偿协议书

工程保险赔案一般具有损失项目多、损失金额大、案件较为复杂、专业性强等特点，因此，在处理工程保险赔案过程中大多采用赔偿协议书的形式。赔偿协议书是工程保险合同双方经过协商，对于赔偿问题达成一致意见的书面表现形式。

赔偿协议书的作用在于：通过签订赔偿协议书，以书面的方式对赔偿的有关问题进行确定和明确，这样一方面可以避免日后对赔案的处理产生争议和纠纷，另一方面可以便于双方明确并履行合同义务。同时，赔偿协议书的签订是计算赔偿时限的依据。赔偿协议书还有一个功能是明确保险人一旦支付了赔款，就不再对本保险事故承担赔偿责任，即解除保险人对该事故的责任。

赔偿协议书签署的前提条件是工程保险合同双方的充分沟通和交流，特别是保险人必须将初步理算意见向被保险人反馈，听取其意见或申诉。对被保险人提出的不同意见，保险人应认真予以考虑，并进行协商。有时，这种协商需要经过多次反复才能达成共识，最终共同签署“赔偿协议书”。并不是所有的工程保险赔案均要采用赔偿协议书的形式，一些赔案情况简单、损失金额不大的赔案，也可以采用双方在损失清单上签字确认的方式。

## 六、赔款及取得代位追偿权

在达成赔偿协议后，保险人应立即支付赔款。在支付赔款时应注意扣除已经预付的部分赔款，计收被保险人要求恢复损失部分的保险金额的增收保险费，以及尚未付清的分期付款保险费。此外，还应出具《赔款收据》和《权益转让书》送交被保险人，由其签章后退还保险人，作为收到保险赔款和同意将追偿权益转让给保险人的证明。

# 第七节
# 检验理算报告

检验理算报告是检验理算人员在对保险事故进行调查之后作出的一个具有较强专业性的报告。检验理算报告的基本功能是对事故事实进行客观描述，对损失情况进行如实记录，对损失金额进行专业计量，对保险责任进行公正判断，对保险赔偿进行科学计算。检验理算报告可以由保险公司的检验理算人员完成，也可以由专业的检验理算机构完成。对专业的检验理算机构而言，检验理算报告则是其提供给社会的产品。

## 一、检验理算报告的基本要求

对检验理算报告的基本要求为真实性、专业性和规范性。

（一）真实性

真实性是对检验理算报告的最基本要求，检验理算报告要真实地反映事故的情况。为了体现检验报告的真实性，检验报告应当全面、具体和完整地反映案件情况。全面、具体和完整是指检验理算报告中应对与事故有关的细节予以详细的记载和描述，如出险的时间、地点和经过，涉及的有关人员和责任等，这些细节的相互吻合和印证是体现真实性的一个重要特征。

公估公司提供检验报告的真实性则具有更深的一层含义，因为，对于公估公司而言，其提供的检验报告就是产品，其应就检验报告的真实性承担法律责任。一旦保险公司因其检验报告缺乏真实性而进行了错误的赔付，就有权要求公估公司予以赔偿。从另外一个角度看，检验报告的真实性是公估公司的信誉和生存的关键。

（二）专业性

专业性是指检验理算人员不仅仅是作为一个普通的目击者去记录事故，而应当用专业的眼光对事故进行观察和分析。所以，要求检验报告应从工程、法律和保险专业的角度对事故进行现场调查，并根据调查的情况进行专业的分析，从而得出科学的结论。

工程保险的专业性特点决定了工程保险检验理算工作的专业性。工程保险的事故往往是损失项目繁多、金额巨大、原因复杂、关系方众多、涉及大量技术问题，这就需要在对事故记录、原因分析、损失确定等各个方面均有深厚的专业知识和经验积累作为支持和保证，只有这样才能够进行科学的分析，得出正确的结论。

检验报告的专业性不仅仅体现在对事故原因的认定上，还应通过对事故原因的分析，继而对类似风险的防止和控制提出改进意见和建议，从而对被保险人加强风险管理、减少损失起到积极的指导作用。

（三）规范性

尽管不同的保险公司或者保险公估公司提供的检验理算报告可能存在一些差异，然而规范性却是检验理算报告的一个基本要求。规范性是指检验理算报告应采用一定的格式化标准。这种格式化标准是确保检验报告反映的内容符合和满足保险人、再保险人或者被保险人的基本要求。这种规范性的另外一个功能是要求和指引检验人员的现场检验和后续理算工作程序的规范化，也只有这样，才能保证检验理算报告的规范。

## 二、检验理算报告的种类

检验理算报告一般可以分为：初期报告、中期报告和最终（结案）报告。

初期报告（Preliminary Report）是对保险事故的初步报告，通常是在第一时间对保险事故进行了第一次检验之后，就事故的基本情况和损失的初步估计作出的报告。初期报告的主要功能：一是报案的作用，让使用者能够对事故情况，特别是对损失规模有一个基本的了解。二是责任准备的作用，作为保险公司和再保险公司提取责任准备金的依据。

中期报告（Interim Report）主要是针对保险事故处理周期较长，或者是在保险事故的处理过程中发生一些重大变化的情况下，为了让使用者能够及时地了解和掌握事故发展的情况，特别是损失变化的情况，而在保险事故处理期间作出的报告。这种中期报告的特点是让使用者能够动态地了解情况，并根据需要，进行责任准备金的调整。

最终（结案）报告（Final Report）是一个完整和最终的报告。这个报告对于损失原因、损失项目和金额、保险责任的确立、赔偿金额的核定等关键问题提出专业意见和理算结论。

在工程保险的事故处理过程中，应当根据需要选择检验理算报告的种类。

对于损失金额不大而案情简单的案件，通常只需要作一个报告，即结案报告就可以满足需要。但对于一些损失金额较大、案情相对复杂、事故处理周期长的案件，则要根据具体情况安排初期、中期报告，甚至是多次中期报告。

## 三、检验理算报告的基本内容

检验理算报告的内容因案件类型的不同、检验理算报告种类的不同、检验理算机构的不同、甚至检验理算人员的不同均可能存在种种不同。但是，检验理算报告的基本内容基本相同。

通常，检验理算报告应包括以下几方面内容：

（一）检验理算工作的基本情况

检验理算工作的基本情况具有提要的作用，目的是让使用者能够了解案件的基本情况，通常包括：

1. 保险单号、投保险别、被保险人的名称和地址、保险项目的名称和地址、保险期限、合同金额。

2. 保险公司名称和地址（再保险公司的名称和地址）。

3. 出险时间、事故发生地点、事故原因、损失情况。

4. 现场检验时间。

5. 损失恢复情况。

6. 保险责任（标的/金额）、索赔金额、理算金额、追偿等。

（二）保险合同的基本情况

保险合同的基本情况包括保单号、投保险别、使用的条款、被保险人、保险金额（保险价值）和赔偿限额、免赔额和保险期限等。

（三）保险事故的基本情况

保险事故的基本情况是对保险事故发生的基本事实进行描述，主要包括损失经过、原因和情况。

1. 出险时间、出险时的天气状况、出险地点以及周围情况。

2. 涉及的合同以及关系方。

3. 事故现场环境和事故原因。

4. 损失情况。对于损失情况的描述应尽可能与工程合同以及保险合同的保险标的进行对应，同时，表述损失标的和情况应尽可能采用规范措辞，包括对部件的统一名称和对损失程度统一的用词。在描述损失情况的过程中，应当注意采用图示方式和现场照片予以配合，这样能够更加直观地反映损失情况。

（四）索赔与理算

索赔与理算情况主要包括被保险人提出索赔的具体情况和检验理算人员进行理算的结果。

1. 索赔情况。根据被保险人提出的索赔情况，按照保险合同标的情况，进行必要的归类和整理。

2. 理算基本情况。理算的基本情况可以分为两个部分：一是保险责任认定；二是损失金额确定。

（1）保险责任的认定。检验理算人员应对事故进行全面的调查之后，对照保险条款进行保险责任的认定，确认事故是否属于保险责任。对保险责任的认定是体现检验理算人员水平的一个重要标志，尤其是专业公估公司的检验理算人员在出具检验报告时，应当从技术的角度对事故原因进行分析，并对照保险合同条款，判定保单责任的归属。同时，检验理算人员应当认识到其对事故的原因和保险责任既然作出了判定，就应承担相应的职业责任。

（2）损失金额的确定。在认定保险责任之后，检验理算人员应当根据被保险人提出的索赔，逐一进行审核，确定其真实性和合理性。真实性是指提出的索赔是否真实发生和存在；合理性是指根据保险合同和工程建设管理的有关规定，确定被保险人提出的索赔是否合理。

3. 施救情况。在保险事故的处理过程中，通常会涉及施救问题。检验理算人员应当按照保险行业的基本标准对施救行为进行评价，包括是否属于施救行为、施救费用的合理性等。

4. 保险金额充足程度评估。在工程保险的事故处理过程中，经常遇到的一个问题是保险金额不足。导致保险金额不足的原因有许多，有投保人主观方面的原因，有投保人和被保险人客观方面的原因，也有保险方案设计方面的原因。检验理算人员应当根据实际情况对保险金额的充足程度进行分析和评估，并作出相应的结论。

5. 准备金提取。重大案件的初步检验报告可能暂时难以确定准确的损失金额，检验理算人员应当根据经验估计最大可能损失，供保险人作为提取未决赔款准备金的依据。在中期报告中，检验理算人员会根据事故处理的进展情况，对准备金的提取金额进行必要的调整。

（五）结论

在最终（结案）报告中，检验理算人员应当就保险事故的处理，特别是定损理算情况提出一个结论性的意见。由于这个结论性的意见是保险人进行理赔或者支付赔款的依据，也是保险公司向再保险公司摊回赔款的依据，检验理算人员对作出结论应当十分谨慎。一方面要确保真实性，即检验理算是建立在事实基础上的，无论什么原因，一旦真实性出现了问题，那么整个检验理算工作就没有了意义；另一方面要确保专业性，检验理算工作的一个重要特点是其专业性，这种专业性体现在工程和保险技术两个方面。总之，检验理算人员应当清醒地认识到结论部分的重要性以及可能产生的责任。有的保险公估公司为了谨慎起见，对结论部分仍然采用“建议”的字样。

## 四、检验理算报告的附件

（一）现场照片和录像资料

现场照片是检验理算报告的一个重要组成部分，现场照片不仅是检验理算报告的一个客观、形象的旁证材料，也是对文字报告的一个必要佐证与补充。通过这些现场照片，使用者能够更加直观地了解项目以及事故损失的情况。在现场照片的整理和编排过程中，应当注意根据案情和检验理算报告的逻辑展开。第一部分通常是一些能够反映工地和事故现场全貌的照片，必要时可以采用几张照片结合的方式。第二部分则是根据损失的不同项目、不同地点编排照片，如围堰部分、导流明渠部分、大坝部分等。第三是各个细节部分的照片，对于一些需要进行细部描述和反映的部位，可以通过细节部分的照片反映，如出现裂痕的部位、起火点部位等。

对于在检验理算报告中使用的照片应当进行统一的编号，如围堰部分的照片编为 W—001、W—002、W—003……导流明渠部分编为 D—001、D—002、D—003……通过编号能够便于与文字报告形成呼应和配合。文字报告对于损失情况或细节进行描述时，可以引用照片作为支持，如：“4 号桩出现较大的裂痕，具体参见照片 Z—0016”。

近年来，录像作为一种取证方式已经逐步进入勘察检验领域，但在大多数保险赔案的处理过程中，录像仍然是作为一种辅助手段，更多的是作为检验理算人员的内部资料。

（二）事故现场示意图

为了让使用者对工程项目的平面布置情况以及事故发生地点有一个相对位置和范围的认识，通常可以采用事故现场示意图的方式。这些示意图通常应在工地概图的基础上，采用等比例缩小的方式，然后对与事故有关的位置和范围进行标明。这种事故现场示意图也能够起到与文字报告相互配合的作用，使阅读者能够更加直观地了解事故的位置和范围。

（三）询问记录

对重大复杂的案件或有疑问的案件，应对当事人进行询问，全面了解出险时的情况，尤其是应注意通过对当事人双方的询问，证实事情的真实情况。必要时，还要走访现场见证人或知情人，弄清真相，做出询问记录。询问记录应注重证明询问日期和被询问人地址，并由被询问人过目签字。

（四）辅助材料

辅助材料是指在检验理算报告中提及的关于事故原因、损失数量和损失程度的证明材料。

## 第八节 保险公估制度及其应用

### 一、保险公估制度的由来

保险公估制度是指由独立于保险合同当事人之外的保险公估人以独立的身份接受保险合同当事人的委托，应用专业知识、技术和经验，完成保险标的的评估、勘验、鉴定、估损、理算等工作，以确保客观、公正、公平地判定事故原因和责任，确定损失和赔款。

保险公估制度起源于17世纪中叶，最早的保险公估人是作为保险公司的理赔人员，或者理赔顾问人员出现的，当时的保险赔案的处理由保险公司的内部人员完成。但随着案件的增加，特别是处理赔案过程中涉及大量的专业知识，保险公司发现利用内部人员往往难以胜任赔案处理工作，因此，就开始从外部聘请具有一定专业背景的人员，如工程技术人员来协助保险公司进行赔案的处理，这些人更像是保险公司的理赔顾问。

这种理赔顾问的模式经过一段时期的发展逐步形成了一个专门的行业——保险公估。保险公估行业的出现有两个基本前提：一是在保险经营活动中，合同双方的利益存在着对立因素，尤其在理赔过程中，要使保险行业长期健康发展，就需要有一个独立和公正的第三方提供专业的公估服务。二是保险公司从自身经营的角度出发，需要将理赔工作交由外部机构完成，通过这种社会化分工产生的利益来降低保险人的经营成本。

保险公估行业经过长期发展已经逐步发展成为一个独立而且成熟的行业，并成为保险市场，特别是保险中介的重要组成部分。在保险业发达国家，均有保险公估人行业组织，如英国的CILA（The Chartered Institute of Loss Adjuster）。这些组织在加强行业管理、推动行业自律、提升行业水平方面发挥着十分重要的作用。同时，有些组织还通过推行资格考试以及资格认证的方式，促进从业人员理论和技术水平的提高。

## 二、我国保险公估制度的历史与现状

尽管我国公估行业的历史可以追溯到20世纪，最早的公估公司是1927年在上海成立的益中公证行，但由于公估行业的特点，我国保险市场的公估业务一直以外国公估机构为主，民族保险公估公司始终扮演配角。新中国成立之后，由于保险市场并没有真正形成，缺乏对于保险公估的有效需求，即使到了改革开放初期，在一些涉外业务中出现了保险公估的需求，主要是一些世界银行项目、外资企业业务，但这些业务赔案的处理也大多数委托外国保险公估公司。我国保险公估行业的发展是伴随着保险市场的发展而发展的。在我国保险市场逐步形成并不断完善的过程中，孕育了对保险公估行业的需求，有效的市场需求促进了保险公估行业的产生与发展。为了推动和规范我国保险公估行业的发展，自2000年以来，国家监管部门先后颁布了《保险公估人管理规定（试行）》、《保险公估机构管理规定（试行）》和《保险公估机构管理规定》等有关保险公估行业的法律法规，这一切为我国保险公估行业的发展创造了有利的条件。同时，保险消费者消费水平和维权意识的提高，进一步推动了保险公估行业的发展。近几年，我国保险公估行业发展迅速，2009年度，我国已有专业保险公估公司289家，全年评估估损金额为223.38亿元，保险公估公司实现业务收入11.31亿元，绝大多数是财产保险的公估服务费收入，其中工程保险的公估业务收入为3 932万元，占比为3.61%。同时，为了提高保险公估从业人员的水平，规范保险公估行业的管理，国家还推行了保险公估人员资格考试制度。

## 三、选择和聘请保险公估公司

在使用保险公估公司的过程中，如何选择保险公估公司是关键。在现代保险公估行业中，保险公估行业已经出现了进一步细分的趋势，从工作性质上出

现了承保公估和理赔公估，从专业领域上出现了火灾保险公估、工程保险公估、海上保险公估、责任保险公估和汽车保险公估等。不同的保险公估公司具有不同的专业特点和经验，由此也决定了它们工作的能力和质量。俗话说"隔行如隔山"，在工程保险的赔案处理过程中，务必选择擅长工程保险赔案处理的保险公估公司，特别是应当具有工程保险、甚至是相关工程项目保险赔案处理经验的保险公估公司，否则，就难以发挥保险公估应有的作用，甚至给工作带来负面影响。

（一）信誉

在选择保险公估公司的过程中，应当考虑的因素和标准很多，但首先应当考虑的是信誉。保险公估行业是一个中介行业，信誉对于中介行业是至关重要的前提。在保险公估行业中，这种信誉更多地表现为客观、公正、无私，应当具有起码的职业道德。

（二）专业

保险合同双方聘请保险公估公司的基本出发点是其具有很强的专业能力，这种专业能力是一种综合能力，结合了工程保险与相关工程的知识和经验。对于保险公司而言，保险公估公司熟悉工程建设，特别是承保的工程领域；对于被保险人而言，保险公估公司熟悉保险，特别是熟悉工程保险。这种复合型的知识结构和经验是保险公估公司提供专业服务的前提。

（三）协调与沟通能力

保险赔案的处理往往是一种矛盾的调和，是一种利益的协商过程，这就要求保险公估公司的专业人员应当具有良好的协调和沟通能力，能够在利益对立的双方之间寻找到平衡点，能够使双方达成一致。更重要的是，这种协调不应当是无原则的"和稀泥"，而是在坚持和遵循保险基本原则的基础上，根据保险事故的实际情况进行的协商。

（四）收费方式和标准

这个因素直接关系到保险公司的经营成本和承受能力，特别是在使用一些外地甚至是国外的保险公估公司时，尤其要注意这一点。

在考察保险公估公司的过程中，主要通过了解其经营的历史、主要的客户、检验理算人员及其资历、以前处理过的赔案情况，特别是处理类似案件的经验，来分析其以上四个方面的情况。选择保险公估公司的形式可以采用保险公司与被保险人协商一致的方式，也可以采用公开招标的方式。

保险公估公司的确定通常是采用事先约定的方式，即由保险合同的双方在订立保险合同时就约定：在发生保险事故并损失金额超过一定数额时，由事先指定的保险公估机构进行现场查勘和理算。有时也可以采用事后指定的方式，即在保险事故发生后，保险合同双方或者一方认为有必要，可以通过协商的方式，选择确定保险公估机构进行现场查勘和理算。在选择确定了保险公估公司之后，应当与其签订书面协议，通过协议明确工作内容、基本要求和费用，以免日后发生争议。

## 四、保险公估公司的收费方式和标准

保险公估公司的收费方式和标准根据公司的不同、委托项目的不同、工作性质的不同、工作内容的不同存在较大的不同。对于保险公估公司的收费方式和标准，作为委托方的保险公司和被保险人一定要在事先有一个充分的了解，并与保险公估公司取得共识，必要时，应就有关问题书面明确，否则很容易在日后产生争议和纠纷。

在工程保险赔案处理过程中，保险公估公司收取的费用基本包括三个部分：一是检验理算费用；二是检验理算过程中的各种杂费；三是委托外部鉴定和咨询费用。

（一）检验理算费用

检验理算费用是保险公估公司提供专业服务的报酬。这种费用的基本计算方式是按照与损失有关的一个金额的一定比例计算的。在检验理算费用的确定过程中有两个因素是最为关键的：一是计提金额如何确定；二是比例如何确定。

如何选择一个保险公估费用的计提金额一直是保险公估行业的难题，因为人们很难找到一个能够普遍适用的、与保险公估工作的投入和质量有直接关联的指标。在保险公估的实践过程中，对于损失金额，即检验理算费用的计提对象问题一直存在不同的认识和做法。最早是采用以被保险人的报损或者索赔金额确定的方式，但这个金额往往与被保险人的主观有很大的关系，具有较大的随意性，不能直接和客观地反映工程保险检验理算的工作难度和投入，因此，不能被业界广泛接受。后来出现了以保险赔案的实际损失确定的方式，即按照保险公估公司检验理算报告的最终定损金额确定的方式。采用这种方法则会出现一种尴尬现象：保险公估公司水平越高，工作越努力，对于赔案的水分挤压得越到位，自身的收入就可能越少。这显然与保险公估公司的利益驱动原则相违背，不利于调动保险公估公司的工作积极性。现在市场采用一种相对合理和折中的办法，即按照最终定损金额与核损的差额的

50%确定：

计提金额 = 最终定损金额 + （索赔金额 - 最终定损金额）×50%

通常情况下，这个计提金额是未扣除免赔额、残值和自保比例的，因为，这些因素与检验理算工作没有直接的关系。但是，委托双方最好就这个问题事先进行协商并明确，特别是有的工程保险合同中设计的免赔额相对较大，以免日后产生异议。

应当注意的是，无论采用哪一种方法都不是绝对合理和理想的，关键是保险人与保险公估公司的沟通与共识，双方应就这个问题进行必要的协商并达成一致。

确定检验理算费用的另外一个因素是收费比例。通常各家保险公估公司均有一个对外公布或者报价的收费比例表。收费比例一般是确定一个基础比例，然后根据计提金额，逐步递减（见表6－1）。

**表6－1　　　根据计提金额确定收费比例**

| 计提金额 | 收费比例（%） |
|---|---|
| 10万元及以下 | 6 |
| 10万～50万元 | 5 |
| 50万～100万元 | 4 |
| 100万～300万元 | 3.5 |
| 300万～500万元 | 3 |
| 500万～1 000万元 | 2.5 |
| 1 000万元以上 | 面议 |

也有的保险公估公司采用分档定额的方式（见表6－2）。

**表6－2　　　分　档　定　额**

| 计提金额 | 公估费用（元） | |
|---|---|---|
| | A公司 | B公司 |
| 1万元及以下 | 1 659 | 1 490 |
| 5万元及以下 | 4 125 | 3 710 |
| 10万元及以下 | 7 020 | 6 440 |
| 20万元及以下 | 8 700 | 8 120 |
| 50万元及以下 | 18 550 | 17 330 |

续表

| 计提金额 | 公估费用（元） | |
|---|---|---|
| | A 公司 | B 公司 |
| 100 万元及以下 | 31 800 | 29 700 |
| 200 万元及以下 | 49 900 | 47 520 |
| 500 万元及以下 | 109 200 | 103 950 |
| 1 000 万元及以下 | 187 200 | 178 200 |
| 2 000 万元及以下 | 332 800 | 面议 |
| 2 000 万元以上 | 面议 | 面议 |

通常在这个报价的基础上还会有一些特别规定：一是报价表一般会有一个最低收费的规定，如 5 000 元，或者 10 000 元；二是对于一定金额以上的赔案，如 1 000 万元以上的案件，一般采用个案处理的方式，由保险人与保险公估公司协商确定。另外，保险公估公司的对外报价属于一种公开和常规的报价，通常存在一定的空间，在实际工作中，往往需要根据具体情况，如案情和委托人的不同，由双方进行进一步的协商并确定。

（二）检验理算过程中的杂费

检验理算过程中的杂费主要是指检验人员的差旅费以及其他与检验理算有关的费用。应当注意的是，这些杂费是不包括在检验理算费之中的，而是根据实际情况实报实销。作为委托人的保险公司在控制差旅费方面应当注意的问题有：

1. 保险公估公司的地理位置。如果选择当地的保险公估公司，基本上就没有差旅费问题；但如果选择外地，甚至是国外的保险公估公司，则差旅费就是一个难以避免并可能是数额不小的费用开支。

2. 差旅费的标准。有的保险公估公司的检验人员，尤其是国外保险公估公司的检验人员的差旅费标准相对较高，如住宿均是四星级宾馆以上的标准。

3. 工作的方式。由于工程保险赔案处理的特点，检验理算往往需要多次进行现场勘察和与被保险人交流，同时，保险公估公司有经验的检验理算人员相对紧张，不可能将这些人一直派在现场到整个案件结束，所以，对于一些大赔案，检验理算人员需要不断地往返。但是这种往返的次数有的是由案情决定的，有的则是由保险公估公司自身的利益决定的，所以，保险公司应当对这种往返及其合理性予以关注，因为这直接决定了差旅费的支出。

其他与检验理算有关的费用的内涵较宽泛，主要是指在检验理算过程中可能发生的与检验理算有直接关系的费用，如资料复印费用、通讯费用等。由于这些费用的金额不大，也有的保险公估公司不再另外收取这部分费用。

（三）委托外部鉴定和咨询费用

委托外部鉴定和咨询费用是指在工程保险的检验理算过程中，由于一些损失项目涉及较强的专业技术问题，需要委托外部专家和机构提供专业咨询意见和报告，或者一些损失项目需要委托外部的检验、测试和实验机构进行技术鉴定。这些委托工作均需要支出特别的费用，这些费用通常也是采用实报实销的方式，而且有时金额较大。因此，保险公司应当关注这些费用的开支，掌握这些委托外部工作的必要性以及收费标准的合理性。

## 五、使用保险公估公司过程中应注意的问题

在工程保险业务中，并不是所有的赔案都要使用保险公估公司。由于使用保险公估公司的成本较高，通常是赔案的损失金额较大，或者牵涉较复杂和专业的技术时，才考虑使用保险公估公司。对于那些损失金额相对较小，案件情况简单，保险合同双方能够达成一致的赔案，则可以不使用保险公估公司。

在需要使用保险公估公司时，一个重要的前提必须是保险合同双方的认同，否则就可能出现保险合同的一方对保险公估的结论不接受的情况。因此，应当尽量采取在协商一致的基础上共同聘请一家保险公估公司的方式。

在使用保险公估公司过程中需要注意的一个问题就是保险合同双方，或者其中一方，不能将整个赔案完全“放手”给保险公估公司，否则，日后一旦发现问题就会十分被动。因此，保险公司与被保险人都不应当忽视和放松对案件处理过程的参与和跟踪，应当尽可能地了解和掌握查勘、定损和理算情况。原因是保险公司和被保险人对保险公估公司及其检验理算人员有一个认识的过程，特别是在第一次合作的情况下，这种跟踪的过程也是对保险公估公司工作能力和情况考察的过程。此外，被保险人和保险公司更了解项目以及赔案的情况，参与的过程也是一种交流的过程，有利于检验理算人员全面掌握情况，对事实作出客观的判断。在检验理算报告的制作过程中，这种交流和沟通显得尤其重要。保险合同双方对检验理算报告应认真加以审核，如果有疑问之处，应提出探讨意见，切忌对检验理算报告盲目认同，这样日后往往容易发生争议。

# 第九节
# 工程保险的追偿

## 一、追偿的意义

追偿，即代位求偿，是指保险人在向被保险人支付了保险赔偿之后，依法取得被保险人享有的向第三方责任人请求赔偿的权利，取代被保险人的位置向第三方责任人进行追偿的制度。

追偿制度的依据是保险的补偿原则。补偿原则是指在保险合同生效之后，如果发生保险责任范围内的损失，被保险人有权按照合同的约定，获得全面、充分的赔偿。保险赔偿是弥补被保险人由于保险标的遭受损失而失去的经济利益，被保险人不能因保险赔偿而获得额外的利益。

在工程保险中，一旦发生保险事故造成被保险人损失，同时，事故是由第三者造成的，这个第三者依法应当对造成的损失承担赔偿责任。这时，被保险人有两种选择，他可以依据有关法律要求向有责任的第三者进行赔偿，也可以要求保险人按照保险合同的规定对其受到的损失予以补偿。但是，被保险人如果从保险人处获得了补偿之后，就应当将其向第三者请求赔偿的权利转移给保险人，由保险人代位追偿。否则，如果由被保险人继续行使追偿权，势必造成其可能获得双重赔偿，获得额外的利益，违背了保险补偿原则。如果被保险人得到了保险补偿之后，就放弃了对有责任的第三者的追偿，使有责任的第三者“逍遥法外”，无疑会滋长危害他人利益的不良行为，不利于维护社会的公共利益，有违公正的原则。

## 二、追偿案件适用的条件

并不是所有的案件均存在追偿的问题，只有符合追偿条件的案件才存在进行追偿的问题。追偿案件一般应具备以下条件：（1）保险损失是由于第三者的过错造成的，同时，第三者依法应当对损失承担赔偿责任；（2）造成保险损失的原因属于保险责任范围内的事故；（3）保险人按照保险合同的规定向被保险人履行了赔偿并取得了被保险人的权益转让证明。

## 三、追偿工作中应当注意的问题

（一）追偿权的完整性

保险公司在进行追偿时，首先，应当确认取得的追偿权不存在瑕疵。所谓瑕疵是指由于被保险人在保险公司取得追偿权之前的某些行为，或者没有进行某些行为，导致保险公司在取得了追偿权之后不能对第三者进行追偿，或者不能进行完全的追偿。我国《保险法》第六十一条对于由于被保险人过失导致保险公司无法行使追偿权的法律后果作了明确的规定。

在有些情况下，为了更好地维护保险人的利益，保险公司可以在理赔案件处理的后期，对于追偿案件进行必要的调查，或者称为“预追偿”。这样做的目的是对于追偿权的完整性在赔偿之前进行必要的确认，以免在支付赔款之后，一旦发现问题而引起与被保险人的纠纷。同时，这种“预追偿”方式也是发现案件存在问题的一个有效办法。

（二）追偿权益的保全

在保险事故中，一旦存在有责任的第三者，就应当注意对于追偿权益的保全。即申请有关方面要求第三者提供担保，或者对于第三者的财产进行封存，以防止第三者通过种种手段非法逃避责任。

（三）追偿的方式以及选择

追偿的方式有两种：一是由保险公司的理赔人员或者专门的追偿人员进行；二是委托律师事务所进行。

由保险公司的理赔人员或者专门的追偿人员进行追偿工作的有利之处在于他们对案件的情况较为熟悉，同时，使用内部人员进行追偿费用较低。但是，不利的是这些人员通常不具备法律的专门知识，尤其是程序法和实务方面的知识，所以，对一些金额较大的案件，或者是案情较为复杂的案件，往往难以胜任。

委托律师事务所进行追偿工作的优势是，这些专职律师除了精通法律知识以外，对处理案件的实务较为熟悉；不利的方面是目前不少律师对保险、保险合同缺乏较为深入的了解，同时，委托律师处理的另一个问题就是成本较高。

保险公司对于追偿案件在选择追偿方式时，应当注意权衡利弊，尤其是决定委托律师事务所进行追偿时，更应当注意分析追偿成功的可能性、追偿的效果和需要支付的费用，避免出现得不偿失的结果。

# 第七章
# 工程保险相关业务

## 第一节
## 工程保证保险

### 一、担保、保证与工程保证

担保是一种民事法律制度，设立担保制度的目的是促使债务人履行债务，保障债权人的债权能够得以实现。根据我国《担保法》的有关规定，担保的形式通常有：保证、抵押、质押、留置和定金。

保证是担保的主要形式之一，根据我国《担保法》，保证的定义是指保证人和债权人约定，当债务人不履行债务时，保证人按照约定履行债务或者承担责任的行为。保证与其他4种担保方式最大的区别是：保证通常是由主合同以外的第三方提供的，担保的效力来自保证人的信用。保证担保的经济学原理是由于债权人对于了解债务人履行合同义务的能力处于一种信息不对称状态，所以，需要一个解决这种信息不对称的第三方，即保证人。

在一些大型工程项目的建设工程中，由于合同的金额较大，且合同履行的期限较长，为了确保合同项下的债务能够得到履行，于是出现了工程合同保证制度。从合同风险管理的角度，大型工程合同存在实质上的风险和形式上的风险。所谓实质上的风险是指尽管经过资质的评审，但这些评审大多数均是建立在文件材料的基础上，承包商履行合同的能力与信用对于业主而言均存在一定的风险。所谓形式上的风险是指尽管业主通过实际考察和沟通，确认承包商具有完成合同的能力，包括技术、经验和财务状况，也有充分的诚意，甚至愿意以一定的形式提供保证，但是，作为当事人的承包商是不可能为自己提供担保的。因此，业主从工程合同风险管理的角度出发，要求承包商提供一个独立的第三方为其履行合同提供保证。

## 二、我国的工程担保制度

由于经济体制的原因，我国的工程担保制度在相当长一个时期基本属于空白。随着我国建筑市场的规范，工程担保问题逐步摆上了行业管理部门的议事日程。1998 年建设部明确提出了要逐步建立健全工程索赔制度和担保制度，在有条件的城市，可以选择一些有条件的建设项目，进行工程、质量担保的试点。但真正推动我国工程担保制度的动因是一个看似不相干的因素：拖欠农民工工资问题。在我国城市化的进程中，出现的一个突出问题是作为建筑行业劳动力主体的农民工以及他们的工资拖欠问题已经成为一个社会问题，引起了国家和社会的广泛关注。于是，工程担保作为解决农民工工资拖欠问题的一项举措受到了政府和行业主管部门的重视。2004 年 8 月，建设部颁布了《关于在房地产开发项目中推行工程建设合同担保的若干规定（试行）》，要求工程建设合同造价在 1 000 万元以上的房地产开发项目，实行业主工程款支付、投标、承包商履约和承包商付款担保。为了规范工程担保业务，2005 年 5 月，建设部又印发了《工程担保合同示范文本（试行）》，其中包括投标委托保证合同、投标保函；业主支付委托保证合同、业主支付保函；承包商履约委托保证合同、承包商履约保函；总承包商付款（分包）委托保证合同、总承包商付款（分包）保函；总承包商付款（供货）委托保证合同、总承包商付款（供货）保函。这为我国全面开展工程担保业务奠定了制度和技术基础。

2006 年，为了进一步推动我国工程担保业务的发展，建设部颁布了《关于在建设工程项目中进一步推行工程担保制度的意见》，作为纲领性文件，明确了我国发展工程担保业务的基本原则是：借鉴国际经验，结合中国国情，坚持促进发展与防范风险相结合，政府推进与行业自律相结合，政策性引导与市场化操作相结合，培育市场与扶优限劣相结合。同时，明确了工作目标：2007 年 6 月前，省会城市和计划单列市在房地产开发项目中推行试点；2008 年年底前，全国地级以上城市在房地产开发项目中推行工程担保制度试点，有条件的地方可根据本地实际扩大推行范围；到 2010 年，工程担保制度应具备较为完善的法律法规体系、信用管理体系、风险控制体系和行业自律机制。但从客观上看，我国工程担保制度的发展情况并不理想，究其原因有三：一是建筑行业缺乏一个刚性的约束，包括制度约束和监管约束，建设单位在成本压力下，往往不愿意办理。二是工程担保市场供给不足，包括供给主体不足、担保能力不足、产品不足、技术与管理能力不足。三是相关的法律制度不健全，包括工程担保法规方面和工程担保信用制度方面。从保险行业的角度看，保险公司可以在推动我国工程担保制度建设与完善方面发挥更大的作用，保险公司不仅具有工程风险管理的优势，同时还具有信用风险管理、社会风险管理、资金融通和信用等级等方面的优势。保险公司应把握我国建筑行业发展的机遇，通过工程保证保险的形式，参与到建筑行业的风险管理与推动行业升级中，为我国保险业的发展提供一个巨大的空间。

## 三、工程保证的形式及其差异

工程保证的形式按照提供保证的主体可以划分为：承包商提供的保证金、银行提供的保函、保险公司提供的保证保险和担保公司提供的担保 4 种。但是，承包商提供保证金的形式实质上不属于一种保证形式的担保，而属于一种定金形式的担保。

承包商提供保证金的形式是由承包商在全面履行合同之前，向业主交纳一笔保证金作为其履行合同的担保。但是，由于工程合同涉及的金额较大，一般的承包商不可能有这么大的一笔闲置资金作为保证金。另外，即使承包商有提供这笔资金的能力，但这笔资金一旦作为保证金交纳给业主就成为呆滞资金，必然产生相应的资金成本。由于这种担保形式存在资金需求和占用量大、成本相对较高的特点，所以，承包商通常难以或者不愿意采用保证金的形式向业主提供担保。

由银行为承包商向业主提供保函的形式、由保险公司为承包商向业主提供保证保险的形式和由担保公司为承包商向业主提供担保的形式，均属于由第三者以自身的信用为承包商履行合同的行为向业主提供的保证。

在工程合同保证方面，银行提供的保函与保险公司提供的保证保险从功能上看基本相同。但是，银行保函业务与保险公司保证保险业务之间仍然存在一定的差异。第一，银行保函业务的适用范围更广，除了可以为工程相关的领域提供保证外，还可以为借贷合同等提供保证，而保险公司的保证保险一般仅仅适用于与工程和工程保险相关的领域。第二，银行提供保函时，通常要求委托人以财产或者存款作为抵押，而保险公司提供保证保险时，除特殊情况外，没有这类要求，只是要求投保人出具偿还赔款的反担保即可。第三，由于保险公司通常不需要投保人提供财产或者存款作为抵押，因此，保险公司在提供保证保险的过程中侧重于对投保人的资格审查，并据此决定是否承保。而银行由于有财产和存款的抵押存在，所以，并不侧重于资格审查。第四，保险公司在提供了保证保险之后，将主动监控被保险人的合同执行过程，在必要的时候甚至会介入合同的执行，避免权利人的经济损失，促使合同能够完全履行。而银行对于过程风险的管理则是持相对消极的态度，仅仅是保证权利人的利益最终能够得到保障，通常不介入合同的履行。第五，在一般情况下，对于承包商来讲，通过保证保险取得履约保证的成本比通过银行保函取得履约保证的成本要低。

担保公司作为工程保证的一种形式，存在的最大问题就是资信和能力。与银行和保险公司相比，担保公司的资信，尤其是资信认同存在一定的障碍，即业主较为容易认同银行或者保险公司的资信，而对于担保公司则需要对其资信情况进行调查和确认，而调查和确认需要时间和成本。担保公司存在的另一个问题是能力，工程担保涉及的担保金额巨大，一般担保公司的资金准备往往不能够满足实际和法律规定的要求。因此，在工程担保领域较为常见的是银行的保函和保险公司的保证保险这两种形式。但除了美国之外，大多数国家的保险公司较少涉足工程保证保险领域，即使是美国，工程保证保险业务在非寿险业务中的占比也是微不足道的（见表7－1）。

**表7－1　美国工程保证保险保费收入占非寿险总保费收入的比例**（1996～1998年）

（单位：百万美元）

| 年份 | 工程保证保险保费 | 非寿险总保费 | 工程保证保险保费占比 |
|---|---|---|---|
| 1996 | 1 068 | 366 529 | 0.3% |
| 1997 | 1 186 | 375 966 | 0.3% |
| 1998 | 1 267 | 387 080 | 0.3% |

## 四、工程保证保险及其特征

工程保证保险属于保证保险中的确实保证保险（Surety Bonds），并可以进一步细分，属于确实保证保险中的合同保证保险。合同保证保险是保险人根据投保人（委托人/被保证人）的要求向权利人提供信用担保的保险，即保险人承诺如果由于被保证人（被保险人）不履行合同义务，包括作为或者不作为而导致权利人遭受经济损失，保险人负责赔偿。

在工程保证保险中，应当建立“关系三角形”的概念，即以基础合同关系为“底边”，以保险人或者保证人为顶点。基础合同关系就是被保证对象合同关系，保证保险是以基础合同的实际履行风险作为客体的。工程保证保险的投保人通常是工程承包商，而权利人通常是业主（见图7－1）。

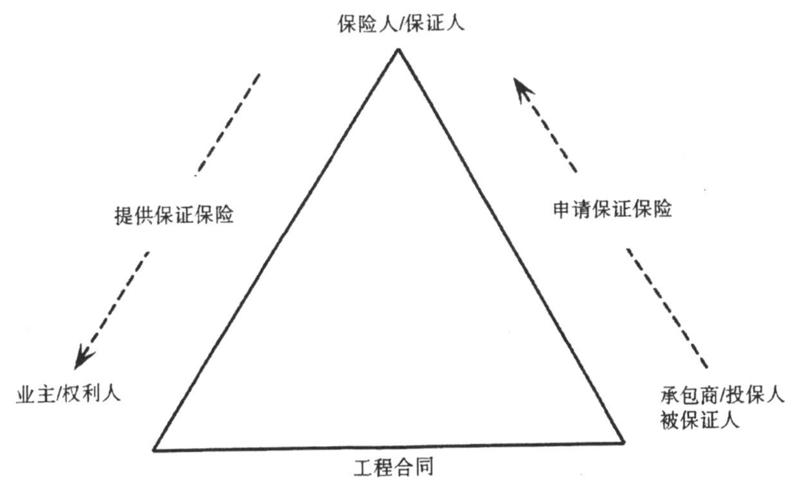


图7－1　工程保证保险的“关系三角形”

工程保证保险虽然属于广义的财产保险范畴，但是，与其他财产保险相比，工程保证保险具有以下特征：

一是工程保证保险的当事人涉及三方，保险人作为保证人出现，被保险人是担保工程合同关系的义务人，权利人则通常是业主，其是作为工程保证保险中的受益人。

二是在工程保证保险中，被保险人对于保险人支付给权利人的赔偿负有偿还的义务，保险人在向权利人履行了保证义务之后，有权向被保险人追偿。

## 五、工程保证保险业务的种类

工程保证保险业务的种类是根据工程建设管理的需要设计的，通常有投标

保证保险、履约保证保险、预付款保证保险、保证金保证保险和维修保证保险。这些不同的保证保险是在工程的不同阶段使用的（见图 7－2）。

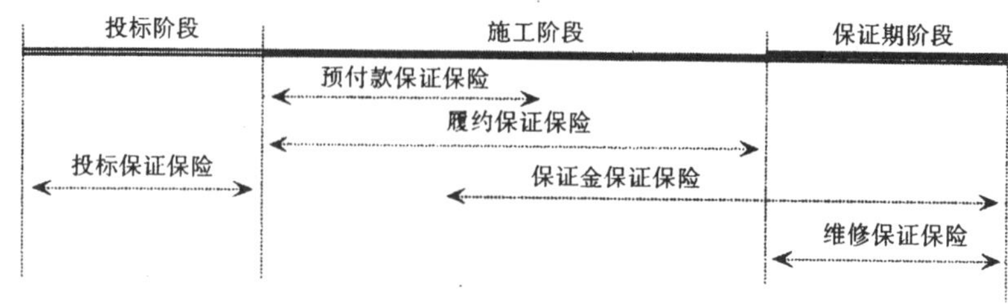


图 7－2 工程保证保险的种类

工程保证保险除了针对工程承包商之外，还有针对设备和材料供应商的。供应商的工程保证保险包括投标保证保险、履约保证保险、预付款保证保险和保证金保证保险。

## 六、投标保证保险

在工程招投标中设立投标保证制度的目的是为了确保投标工作的正常进行。要求投标人对其投标行为的信用提供担保，可以对投标人起到一定的制约作用。

投标保证保险，亦称投标保函（Bid Bond），可以保护招标人的合法利益。因为在工程招投标工作中可能出现个别投标人由于种种原因，最后无法与招标人签订合同的结果，即出现废标。一旦出现废标，招标人需要重新组织招标，这势必给招标人造成损失，这种投标保证保险（或者保函）可以对这种损失进行补偿。同时，投标保证制度可以对恶意废标行为起到一定的制约作用。

投标保函的担保金额一般是根据招标文件的规定，可以是一个确定的金额，也可以是投标金额的一定比例，通常采用的是投标金额的 2% ～10% 。

投标保函的期限一般是根据招标文件的规定，通常采用的是一个明确的日期，即预期合同签订日。图 7－3 是一个担保金额为合同金额的 3% 、期限为 6 个月的投标保函示意图。

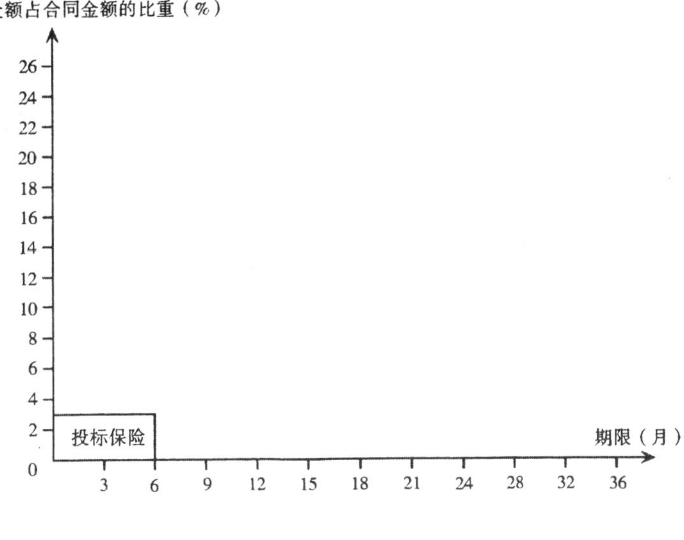


图7－3　投标保函示意图

## 七、履约保证保险

在工程建设合同中设立工程合同履约保证保险，亦称履约保函（Performance Bond），其实质是对于承包商工程合同履约的担保，目的是为了确保工程能够顺利进行。

履约保证保险（履约保函）的作用有：一是向业主担保承包商的履约能力和信用；二是作为业主的一种后备资源，当承包商由于种种原因出现履约危机时，担保人则会协助承包商克服危机。

保险人在提供履约保证保险之前，需要明确一个重要问题：工程合同规定工程履约的定义是什么？因为对于一些特殊项目合同，履约的定义可能是相对宽泛和抽象的，如设备达到一定的生产能力、实现一定的经济指标等。保险人原则上不能接受这些条件，通常仅接受物质意义的项目完成，而非经济意义上的项目完成。

履约保证保险（履约保函）的作用是确保承包商对于整个工程合同的履行，所以，履约保证保险的保险期限一般是按照工程建设合同期限设定的。履约保证保险的期限与维修保证保险的期限通常存在一个衔接关系，即履约保证保险到期后即转为维修保证保险。履约保证保险（履约保函）的保险（担保）

金额一般是根据工程合同文件的规定，可以是一个确定的金额，也可以是合同金额的一定比例，通常采用的是工程合同金额的10%。美国市场的情况则较为特殊，工程履约保证保险提供担保金额通常可以是合同金额的100%，费率为1%～2%，提供的保险期限为24个月。一些特大型工程项目的费率可能在0.5%，但提供的保险期限为12个月。加拿大市场的做法则更为科学，工程履约保证保险分期提供保障，如两年的项目，分两期提供，每期担保金额均为合同金额的50%，这样既能满足业主风险分散的需要，又能够有效地控制保险人的经营风险。

图7－4是一个担保金额为合同金额的10%、期限为18个月的工程履约保证保险（工程履约保函）示意图。

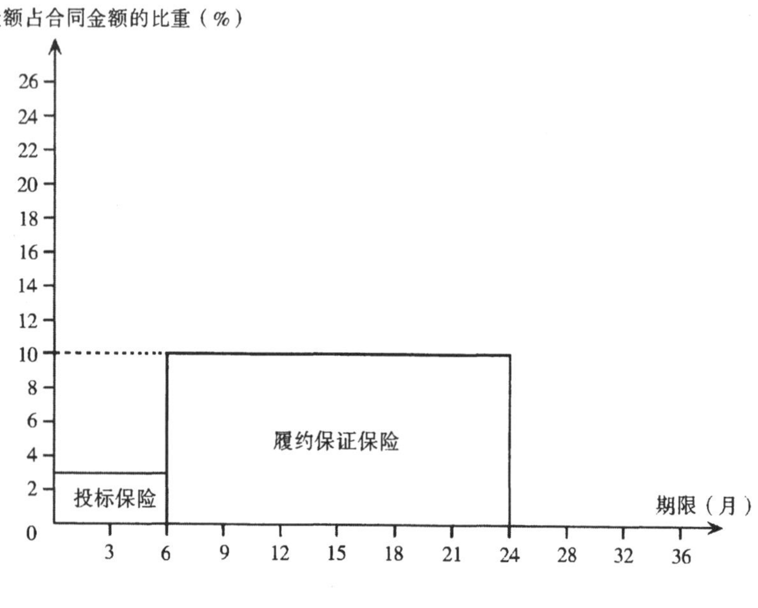


图7－4 工程履约保证保险示意图

## 八、预付款保证保险

在工程建设合同中通常有预付款的安排，其目的是为了解决承包商在项目建设过程中，特别是在一些大型项目建设过程中的资金问题。但是，作为业主的一方在根据工程建设合同中“预付款条款”的有关规定向承包商支付了预付款之后，承包商如果不能按照合同的有关规定履行义务，则业主就可能因此蒙受损失。

预付款保证保险，亦称预付款保函（Advance Payment Bond），是保险人作为保证人向业主就承包商在工程建设合同项下的“预付款责任”履约风险提供保障，即由于承包商在接受了业主的预付款之后，不能按照合同的规定履行，导致业主损失时，保险人负责赔偿。

预付款保证保险（预付款保函）提供的担保金额通常是根据工程合同中“预付款条款”的安排决定，可以是一个确定的金额，也可以是工程合同金额的一定比例，通常采用的是工程合同金额的10%～20%。从保险公司承担的实际风险看，随着工程的进展，这个担保金额在担保期限内是递减的过程。

图7－5是一个担保金额为合同金额的15%、期限为18个月的工程预付款保证保险示意图。

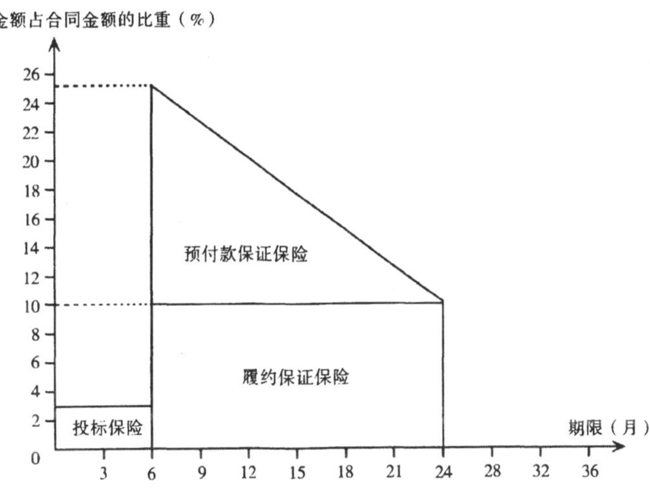


图7－5　工程预付款保证保险示意图

## 九、保证金保证保险

保证金保证保险，亦称还款保函或保留金保函（Retention Bond），其性质与预付款保证保险类似。在工程建设合同中，业主按照承包商的工程进度进行付款，包括对已经完成的项目支付全部的工程款过程中始终面临着一种风险：工程项日潜在缺陷风险。解决这个问题可以有两种办法：一种是采用保证金制度，即业主并不向承包商支付全部的工程款，而是将工程款的一部分作为保证金暂时扣留，待到保证期结束之后再返还给承包商；另一种是将工程款全部支付给承包商，但要求承包商提供一个还款担保，这种担保可以是还款保函，也可以是保证金保证保险。

保证金保证保险的保险金额通常根据合同规定的保留金确定，也可以是工程合同金额的一定比例，通常采用的是工程合同金额的10%。

与预付款保证保险的特征正好相反，在保证金保证保险中，保险公司承担的实际风险在保险期限内存在一个逐步递增的过程，但二者并无对冲的关系。

图7－6是一个担保金额为合同金额的10%、期限为18个月的工程保证金保证保险示意图。

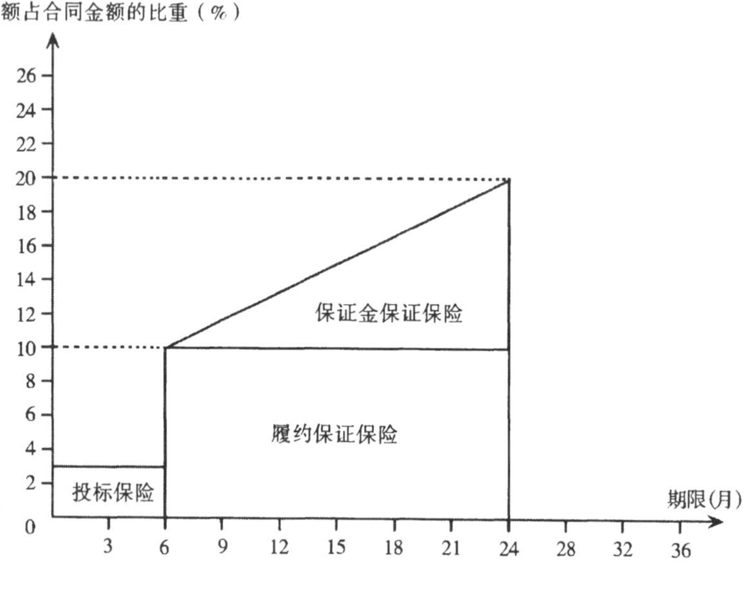


图7－6　工程保证金保证保险示意图

## 十、维修保证保险

工程质量问题是工程建设管理的重点，为了切实维护业主的利益，在工程建设合同项下均有关于工程质量保证的条款，亦称为保修责任条款，即要求承包商为其承建的项目提供一种质量保证的承诺，一旦出现质量问题，承包商将负责维修。保修责任是一种期间责任，即要求承包商在项目建设完工之后，提供一定期限的担保，通常是12个月的保修责任，但也有6个月、18个月甚至是24个月的保修责任。

尽管业主可以通过工程建设合同明确承包商的责任和义务，确保项目建设的质量，但仍然存在承包商实际承担责任的能力和诚意问题。因此，就需要一个第三者为承包商提供保证。维修保证保险，亦称维修保函（Maintenance Bond），就是根据这样的需求出现的，其设立目的就是为承包商实际履行工程建设合同项下的维修责任提供保证。

一般维修保证保险的担保金额为合同金额的5%，保险期限则是根据工程合同的有关保证期的规定确定，通常是12个月。

图7-7是一个担保金额为合同金额的5%、期限为12个月的工程维修保证保险示意图。

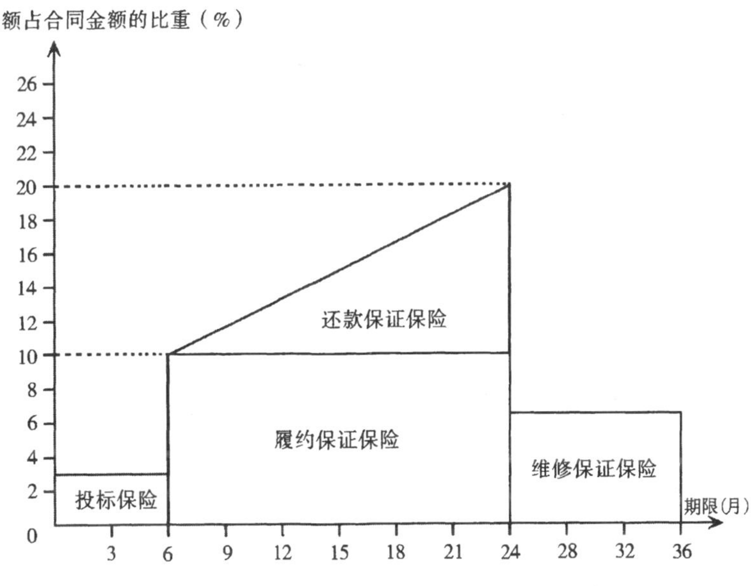


图7-7　工程维修保证保险示意图

## 十一、保证保险的费率

工程保证保险的费率确定较为复杂，通常需要根据工程保证保险的种类、项目的具体情况、反担保情况、保险期限等因素决定，有时还需要参考再保险市场价格、银行保函费率，因此，工程保证保险费率的差异幅度较大。美国的工程担保业务较为发达，业务总量相对较大，费率水平也相对较低，平均费率不到工程造价的1%。银行保函的费率通常是按照年度计收的，中国的银行保函的费率为保函金额的0.1%～0.2%。

## 十二、保证保险的条款使用

工程保证保险的条款使用是经营过程中需要特别注意的问题。由于条款措辞的不同，保险人实际承担的责任与风险可能大不相同。通常建议使用由保险公司制定的专门的工程保证保险条款，但问题是接受方往往不熟悉，也不愿意接受保险公司制定的工程保证保险条款。因此，在实际工作中，经常使用的是国际商会（International Chamber of Commerce，ICC）制定并颁布的“格式保函”。需要注意的是，ICC不同版本的“格式保函”性质是不同的，对保险人的风险也不同。ICC的“格式保函”主要有：（1）1978年出版的《国际商会第325号出版物：合同保函统一规则》（ICC Publication No. 325：the Uniform Rules for Contract Guarantee），这种保函的性质属于“严格有条件保函”，特点是赔付必须基于违约责任，而保证人/保险人无须介入对违约责任的认定，因此，对于保证人/保险人最为有利，但由于对接受人不利，所以，已经越来越少被使用。（2）1993年出版的《国际商会第524号出版物：合同担保书统一规则》（ICC Publication No. 524：the Uniform Rules for Contract Bonds），这种保函的性质属于“有条件保函”。这种保函在美洲广泛应用，因此，也被称为“美式有条件保函”。它的特点是鼓励保证人/保险人采取积极行动参与到责任认定。（3）1992年出版的《国际商会第458号出版物：承付保函统一规则》（ICC Publication No. 458：Uniform Rules for Demand Guarantee），这种保函的性质属于“无条件保函”，或“见索即付（On demand）保函”。这种保函的风险相对最大，通常保证人/保险人不轻易接受这种保函，而提供这种保函的前提条件是有严格的反担保措施，如收取100%的保证金，或者接受等额的抵押物等。

## 十三、保证保险业务的管理

工程保证保险业务属于一种特殊的高风险业务，在经营过程中，应当对这类业务的性质有一个充分的认识，强化管理，严格控制风险。从本质上看，保险公司在经营工程保证保险过程中提供的是一种信用中介服务，收取的是信用中介费用。因此，工程保证保险经营的立足点应当是确保“零风险”经营。

要做到这一点，第一，应当对项目的可行性进行认真的研究，全面了解项目执行可能面临的各种风险。第二，应当对工程合同，尤其是工程保证保险针对的合同以及相应的条款进行认真研究，了解被保险人可能承担的责任及其风险。第三，应当对投保人/被保险人的资信有一个充分的了解，确认其实际履行合同的能力和诚意，了解其管理项目，特别是处理不可预见事件的能力。第四，应当要求投保人/被保险人提供等额的反担保，这种反担保应当是不可撤销的，可以有效执行的。第五，应当对工程合同执行的情况进行动态的监督，确保及时地发现可能存在的风险隐患，及早地采取补救措施，防止事故发生，减少损失。

保险公司一般不单独提供工程保证保险，作为前提条件，保险公司通常只为其承保工程保险的项目或者为长期客户提供工程保证保险。在提供投标履约保证保险时，同样需要投保人承诺其一旦中标，将向保险人投保工程保险。

工程保证保险的保险期限一般较长，保险公司在承保之后，应当定期对项目进行跟踪和评估，一方面能够动态掌握项目的进展情况，做到心中有数；另一方面能够及时发现潜在的问题和风险，有针对性地向被保险人提出改进意见，防止损失的发生或扩大。

# 第二节 预期利益保险

## 一、工程预期利益

工程预期利益是指项目的投资者对于建设项目按期完工投产或者投入运营的预期收益。工程延期影响的预期利益包括两个部分：预期损失和预期收益。

预期损失是指由于工程不能按期完工可能产生的投资成本和经营成本损失。预期损失是较为明确的和容易确定的，包括贷款利息、罚息等损失和延期期间的经营成本支出。

预期收益是指由于工程不能按期完工导致投资者丧失了投资项目可能形成的投资收益，即投入营运可能获得的利润。

## 二、预期收益的确定

预期利益中预期收益的确定是建立在项目可行性研究的基础上的。在可行性研究中，研究人员的主要根据是历史上相似项目投资建设和经营的情况，结合本项目建设和经营期间情况对收益进行预测。可见这种研究和分析具有既往性的特点，同时在相当大的程度上是基于研究人员的主观判断。但是，任何一个项目均不可能与以往的项目完全相同，未来的任何一个时期均不可能是历史的再现，为此，这种研究具有较大的不准确性和不确定性。

工程保险从业人员在确定工程预期利益保险中被保险人的保险利益的过程中，应注意确定投保人或者被保险人提出预期利益，特别是预期收益的合理性和真实性。因为在投资可行性研究领域存在一个较为普遍的现象，即在项目的可行性研究中，投资者由于主客观的因素，或者出于种种目的，包括吸引投资、融资的需要，故意夸大甚至虚构工程的预期利益。如果保险人对投保人提供的资料不进行认真的调查、分析和审核，而是简单和盲目地接受，这样在保险合同的执行过程中，一方面可能诱发潜在的道德风险，另一方面容易产生保险理赔纠纷。

## 三、工程预期利益保险的模式

工程预期利益保险最早出现在20世纪60年代，当时的欧洲大陆处于第二次世界大战后建设的高峰期，来自资本市场的大量资金进入项目建设领域，特别是BOT等新投资模式的出现，引发了对工程预期利益保险的有效需求，保险公司纷纷开始这方面的探索。在工程预期利益保险的发展过程中，出现过许多产品形式，有工程利润损失保险、预期收入保险、延期开业保险、延迟启动保险、完工延误保险、租金损失保险和利息损失保险等。但目前市场上较为成熟的产品有两种：一种是预期利润损失保险（Advance Loss of Profits Insurance，ALOP）；另一种是延迟完工保险（Delay in Start－up Insurance，DSU）。

工程预期利润损失保险为未来可预见的营业收入提供保障，它的目的是保护业主或者投资者由于承保风险事故的发生导致工程不能按照预计的时间完工交付使用或者投入运营而造成被保险人预期利益的损失。

工程预期利益保险通常是以工程保险附加险的形式出现的，也有的工程预期利益保险是以独立的形式出现的，但与其他营业中断保险（利润损失保险）

产品一样，无论它以何种形式出现，均改变不了它的依附性（followed）特点。所以，预期利益保险成立的前提是必须有一个“基础险种”的存在，如财产保险、机器损坏保险、建筑工程一切险等。所以，投保和承保工程预期利益保险的前提条件是要先投保和承保工程保险，工程预期利益保险赔偿的前提是工程保险事故的发生并构成了工程保险事故赔偿，而其他原因导致的工期延误损失则不在工程预期利益保险的责任范围内。

## 四、工程预期利益保险的被保险人

与工程险可以有多个被保险人不同，由于工程业主和承包商存在利益冲突，所以，工程预期利益保险的被保险人仅是工程保险被保险人中的业主（投资者），因此，也有人将工程预期利益保险称为“业主利润损失保险”。

推动工程预期利益保险发展的重要因素之一是BOT投资方式的出现。BOT（Build—Operate—Transfer，即建设—营运—移交）是指在公共设施建设领域出现的一种投资模式，即由政府部门就某个基础设施项目与私人企业（BOT项目公司）签订特许权协议，授予签约方的私人企业负责该基础设施项目的投资、融资、建设、经营与维护。在协议规定的特许期限内，这个私人企业通过经营基础设施项目来回收投资，特许期届满后，将该基础设施无偿移交给政府部门。BOT项目融资是对一项权利、自然资源或其他资产的发展或利用的融资，而且融资并不由任何形式股本提供，其回报主要来自项目产生的利润。项目融资的核心是归还贷款的资金来自项目本身的未来收益，这使BOT工程项目与ALOP/DSU业务有着非常密切和重要的关系。

除BOT项目以外，“菲迪克”（FIDIC）合同在全世界范围的广泛应用以及合同内容的完善，也是推动工程预期利益保险的一个重要因素。FIDIC执行委员会在关注工程保险的过程中提出检讨保险的“完备性”是问题核心，同时，指出间接损失问题是影响“完备性”的一个重要因素。FIDIC执行委员会提醒合同的使用者注意这类预期利益损失风险的存在及其危害的严重，并要求保险人提供相应的保障。在这个背景下，一些保险公司纷纷推出了相应的保险。

推动工程预期利益损失保险的还有银行，银行以多种方式为工程项目提供贷款，因此从某种程度上讲，银行是最好的推动者，他们坚持项目必须有充足的保险作为提供贷款的前提条件。另外，为充分保障自己的利益，银行往往要求把自己列为ALOP保单的被保险人之一，并要求在保单中加入一些保障贷款人权利的“霸王条款”，如保证其向保险人、被保险人拥有直接追索权的“直通”（Cut Through）条款、其保单权益不因违反义务受影响的“效力保持”条款。在贷款合同或ALOP保单中加入“赔款接受人条款”（Loss Payee Clause），可以确保贷款银行对保单收益的优先权，解决项目融资方因项目贷款对预期利润产生的利益。但是，也有人认为，直接将贷款银行列为被保险人不妥，银行利益可以通过贷款合同约定得到保证，而不应该采用这些直接“并入”的方式。

近年来，工程预期利益保险也开始将承包商、营运机构及银行作为被保险人。在发生完工延误时，尽管承包人可能因此产生额外费用，工程承包人也对完工延误拥有保险利益。但承包商利益与业主利益是不同的，通常建议采用独立的保单承保。

## 五、工程预期利益保险责任范围

与其他预期利益保险一样，工程预期利益保险的责任范围原则上采用一种“跟随”（follow）的方式。但是，这种跟随又不是绝对的，保险合同双方可以根据项目和需求的具体情况，通过协商进行确定。

（一）主责任范围

工程预期利益保险的主责任范围是指导致工程出现工期延误并造成实际损失的原因或事故，同时，规定必须是工程保险的保险责任范围内。但由于工程保险条款的“准一切险”性质，保险责任范围较广，风险相对较大，因此，工程预期利益保险一般并不包括工程保险的全部保险责任，通常是将巨灾损失、建筑或安装工程标准条款以外用批单承保的扩展责任（如施工机具等）除外。非因保险单责任范围约定的危险事故造成的完工延误，保险人不负责赔偿。

标准措辞如下：

保险人同意，在保险单载明的保险期限内，在项目工地上，因物质损失保险部分承保的风险致使全部或部分保险财产遭受损毁，引起建筑或安装工程或试车期中断导致完工延误（以下称“延误”）。

保险人同意补偿业主因永久性工程完工延迟（迟于预定的开始商业营运日期）致使营业收入全部或部分减少造成的实际损失。实际损失指：

固定成本：若未发生完工延误则可以收到（或应收到）的固定成本。

还本付息：若未发生完工延误则可以从营业收入中支付的预付款或借款的

利息、预定本金偿还、承诺费、代理费等。

净利润：若未发生完工延误则可以从营业收入中获取的净利润，扣减因完工延误减少支出的成本及费用。

增加的营业费用：经保险人同意，业主（或其代表）为减少损失支出的、必要、合理的费用，此项费用以因此所避免的损失金额为限。

工程逾期违约金或罚款属承包商的违约风险，一般情况下，保险人不愿承保此类风险，仅有少数保险人愿接受投保。

业主在工地内既有财产损毁造成完工延误损失也可以列入保险责任范围。

大部分完工延误保险是物质损失保险的一个独立的部分，其危险事故范围和物质损失部分基本一致。由于完工延误保险的特殊性，为了明确自身的责任范围，不应把完工延误保险作为物质损失保险的一部分而导致风险扩大。为此，一些保险人设计了独立的完工延误保单，并明确将承包商因破坏法律、合同义务导致的经济损失排除在完工延误保险责任范围之外。

（二）扩展责任

在工程预期利益保险的标准条款下，保险合同双方可以根据工程项目的实际情况和需要，通过协商进行保险责任的扩展。通常的扩展包括三类：一是针对“基础风险”的扩展，将原来不属于工程预期利益损失保险责任范围的工程保险责任风险列入，如地震、海啸等巨灾风险。二是针对预期利益损失特殊风险的扩展，如对于供应商或用户的扩展，将作为工程项目建设有关的上下游客户列入保障范围，可能因这些客户自身的物质损失事故导致被保险工程的进度受到影响。三是一些与工程项目建设有关的保险风险，最典型的是海洋货物运输风险。对于海洋货物运输风险导致的工程预期利益损失风险，可由单独的海洋货物运输保单来承保，但如这部分在工程总价中比重较小，也可以采取在工程预期利益损失保险项下扩展的方式承保。

## 六、除外责任

通常工程预期利益保险除外有两层含义：一是“主险”的除外，即其所依附的工程保险的除外责任成为工程预期利益保险当然的除外；二是针对工程预期利益保险的专门除外责任。

工程预期利益保险的专门除外责任通常有：（1）工程保险中物质损失的扩展和变更条件，除非在工程预期利益保险中另有特别约定外；（2）由于政府限制行为造成；（3）物资损失事故发生之后，对被保险工程进行变更、修改和改进造成的；（4）缺乏资金、处罚、供应延误、延迟完工、未完工、合同落空；（5）由被保险人照看、监管和控制的现有财产和物品发生损害和灭失；（6）承包商的机器设备；（7）运行所需要的介质和原料；（8）地震、火山爆发、海啸，除非在承保时另有特别约定。

## 七、保险期限与赔偿期限

工程预期利益保险的保险期限与赔偿期限是一个容易混淆的问题，为了能够更好地理解这个问题，应当将工程建设、工程保险和工程预期利益保险的期限关系结合在一起考虑（见图7－8）。

首先，在工程建设过程中有几个关键的“时点”：（1）广义的开工日期，即投保人或被保险人的保险利益在工地形成的时间；（2）预计完工日期；（3）保证完工日期，也是签发临时接收证书的时间；（4）维修保证期终止日期，也是签发正式接收证书时间；（5）预计开始商业营运日期；（6）实际开始商业营运日期。

其次，在工程保险过程中也有几个关键的“时点”：（1）保险生效日期；（2）主工期工程保险结束日期；（3）扩展保证期起始日期；（4）扩展保证期终止日期。

最后，在工程预期利润损失保险中涉及的几个关键“时点”有：（1）保险生效日期；（2）保险终止日期；（3）赔偿期起始日期；（4）赔偿期终止日期。

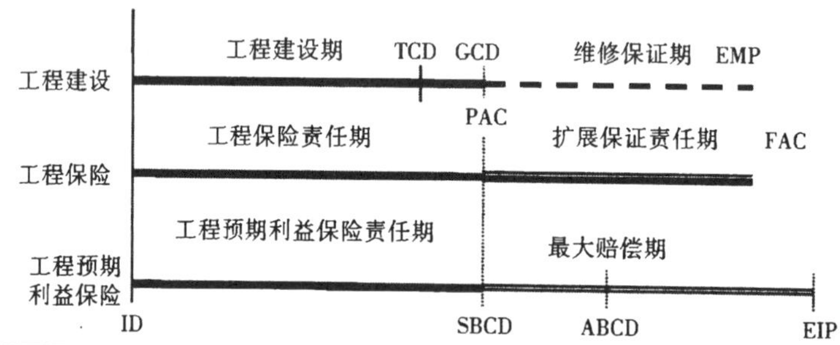


ID：保险起始日；TCD：预计完工日期；GCD：保证完工日期（PAC：签发临时接收证书）；EMP：维修保证期终止（FAC：签发正式接收证书）；SBCD：预计开始商业营运日期；ABCD：实际开始商业营运日期；EIP：赔偿期结束日期。

图7－8　工程建设、工程保险和工程预期利益保险期限的关系

在工程预期利益保险中，保险责任期间通常与工程保险的责任期间是一致的，即在这一期间发生承保风险事故导致物质损失，致使工期延误属于保险责任范围。赔偿期限是指保险合同承诺对于被保险人因承保风险导致的工期延误损失承担责任的最大期限，故亦称为最大赔偿期，通常规定以月为单位确定，如3个月、6个月、12个月。赔偿期间应由保险合同双方协商确定并载明于保单明细表，并可以根据需要，通过协商进行批改。

工程预期利益保险的保险期限与工程保险的期限也不是完全一致的。工程预期利益保险一般不包括维修保证期，因为工程项目一旦完工交付使用，进入正常的营运期，在营运期间的预期利益风险应当通过相应的营业中断保险来解决。

## 八、保险金额

工程预期利益保险的保险金额应为预计的年毛利润，即预计收入和变动成本之差，或收入租金，或固定成本，具体应当根据项目的情况确定。一般来说，保险金额可根据年度毛利润确定，也有仅承保其中的一部分——如固定营运成本（Fixed Operating Costs），或者还本付息的安排。

在确定工程预期利益保险的保险金额过程中，需要特别注意的是工程预期利益的确定是基于一种假设和估计，这种假设和估计有一定的依据和方法，但毕竟是一种主观判断，因此，保险人切忌盲目地接受投保人的申请。保险人在必要时可以聘请专家对投保人提出的保险金额进行审核，以确定其合理性。另外，对一些存在较多不确定因素的项目，建议采用“加法”的方式确定保险金额，即将可以明确的项目相加以确定保险金额，如利息支出加上固定运营成本。

## 九、免赔期

免赔期是指保险人为了控制风险，减少小额赔款，提高被保险人的风险管理意识，在保险方案中建立的免赔制度。在工程预期利益保险中的免赔制度体现为时间概念，即免赔期。免赔期是保险人承担责任的“期限起点”，即对于承保风险事故导致工期延误，只有当总工期延误超过一定期限（免赔期）时，保险人才对超过部分的损失承担赔偿责任。在工程预期利益保险中，“延误期间”是指由于各种原因导致工程建设项目无法按照预定的日期完工交付，而实际完工交付日与预期完工交付日之间的时间差距。需要注意的是，导致延误的原因有很多，工程预期利益保险针对的仅仅是保险责任范围内的原因导致的延误。免赔期与延误期间的关系如图 7－9 所示。

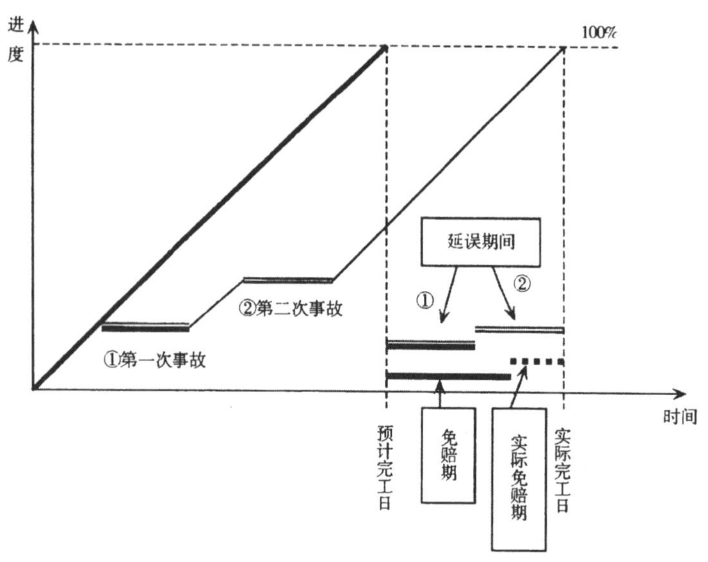


图 7－9　免赔期与延误期间的关系

免赔期的确定没有固定的标准，通常是根据项目的具体情况确定，如性质、规模、类型、特点等。就一般项目而言，经验公式是按照项目工期内每年两个星期，即：

免赔期（天）＝ 工期（年）×14（天）

## 十、风险评估

工程预期利益保险的风险评估是指对可能引起物质损失的事件和事件对项目能否按预定日期完工交付的影响进行评估，这一过程被称作“中断分析”(Interruption Study)。“中断分析”是指对项目建设过程中发生保险风险事故（特别是按照工程施工阶段）对整个工期的影响进行重点分析。就一般情况而言，安装工程的工期延误风险要大大超过建筑工程。

从技术的角度看，工程预期利益保险的风险评估与工程保险和营运期营业中断保险的情况基本相同，但也有一些不同之处。就工程预期利益保险而言，与工程保险和营运期的营业中断损失保险的最大不同在于：事故发生的时间点不同，导致的损失大不相同。在工程预期利益保险中，如果在工程接近尾声时，或者在试车期发生的保险事故，引起重大损失的可能性最大。因为这一阶段发生保险事故导致的工程延误已经没有挽回的可能，不太可能用加班等方式弥补了，必将导致最终的工期延误和损失。

在进行工程预期利益保险的风险评估过程中，应当从风险及其事故后果对最终工期产生影响的可能性与严重性两个方面进行分析，其中的一个重点是关键设备。如电厂项目中的“三大设备”，应当了解这些设备重新订货和生产运输的周期，尤其是要注意原型机或原型设计问题。若工程大量或在关键部分采用了未经使用验证的设计、技术、材料的原型机或原型设计，则其风险比采用成熟设计、技术、材料的工程大得多。此外，如果投保人要求工程预期利益保险承保承包商的施工机器设备损坏造成的损失，则应重点考虑更换关键设备的可能性及周期，如大型起重、挖掘设备等。另一个需要考虑的是人为因素对建设项目如期完工的影响，特别是承包商的资质、经验和信誉。设备供应商的生产能力和用户的接受能力也是需要考虑的因素。

在风险评估的过程中，另外一项重要的工作是对预期（计划）工期和预期利益（包括营业收入和营运费用）的审核。从工程预期利益保险的角度看，预期工期和利益均属于主观判断范畴，这种判断具有很大的随意性，至少是随意的可能性，因此，保险人需要对这种预期进行一个相对客观的鉴定，确定其是否合理。否则，就可能加大实际风险，同时，还可能在保险合同的执行过程中产生纠纷。

## 十一、工期监控

在工程建设项目中，工期是一个十分复杂的问题，特别是在一些大型工程建设项目中，影响工期的因素有很多：有不可抗力因素，也有人为因素；有内部因素，也有外部因素；有技术因素，也有管理因素。这些因素具有很大的不确定性，而且这些因素之间又相互影响，所以，可以说大多数工程项目是难以完全按计划进度进行的。但由于工程预期利益保险的赔偿与否又完全受工程进度，特别是最终工期的影响，因此，保险人应当对工期问题予以高度关注，并实行完善的监控。完善的监控体系包括：一是对计划工期进行认真审核，并对有关问题进行明确；二是要求被保险人应定期提供施工进度报告，以便保险人监控施工进度及工程质量；三是由专业技术人员，必要时可以委托工程咨询公司或保险公估公司对工程进度进行动态监控。

工期监控的重点应当是工程的后期，尤其是试车期，因为如果在这个阶段发生保险事故，已经没有多少时间上的回旋余地，希望通过赶工等办法达到按期完工的可能性已很小了，所以，这个时期的风险相对最大。

## 十二、预期利益保险的管理

工程预期利益保险管理的关键是谨慎承保，风险评估应当谨慎，保险方案的设计，特别是工期、赔偿期与保险金额的确定应当谨慎，工期监控工作应当谨慎，赔案处理更应当谨慎。总之，工程预期利益保险是高风险业务，从业人员务必谨慎，否则，就会给合同的执行以及保险公司的经营带来不利影响。

预期利益保险管理的重点内容是保险利益和工期。对保险利益进行管理的核心是确定保险金额的真实性和合理性。对工期进行管理的核心是对工期内涵的了解和控制。对于一些大型建设项目，应当分阶段或分机组、标段确定各自的完工日期，并分别设立保险金额。

发生工期延误后，物质损失和完工延误保险的保险期间均需要延长，同时应由双方重新协商确定。根据风险变更理论，保险人有权因保险期间的调整（延长）而调整保险费或免赔期。

在处理赔案的过程中，应当注意到导致完工延误的原因很多，非承保危险因素有：天气影响、罢工、因未付货款拒绝交货、政府要求、资金短缺等。理赔的第一步工作是确定完工延误是否确实由承保的危险事故造成。因此，对工程的全程监控是进行无争议赔款理算的关键。保险人从承保时就应与被保险人达成协议，同意保险人或其代理人参与工程建设全过程（包括工地会议、风险评估、检视档案等），以确保保险人对项目有足够的了解。在确定损失的过程中，延误期（Delay Period）是一个关键的因素。

接受工程预期利益保险的一个重要前提条件是项目已经投保了工程保险，而且是在同一家保险公司投保的，即由一家保险公司同时承保项目的建筑（安装）工程一切险和工程预期利益保险。

# 第三节
# 完工工程项目保险

## 一、完工工程项目风险特征

完工工程项目风险是指一些大型基础建设项目，如机场、港口、运河、铁路、地铁、道路（包括高速公路）、桥梁、隧道、大坝、围堰、管道工程等在建成投入运营后，投资者或业主可能面临的各种风险。

这些大型项目具有的共同点是：（1）项目单一，投资金额巨大，投资周期较长。（2）在财产结构中，房屋建筑和机器设备所占的比例较小（一般小于30%），通常没有流动资产。（3）大部分财产是处于露天状态的结构物。因此，对于这些项目的财产而言，火灾的风险较小，自然灾害和其他意外事故的风险相对较大，同时，碰撞的风险也较大。（4）项目的运营具有单一特征，一旦发生损失，容易导致整个项目停顿，预期利益损失大。

长期以来，我国的机场、港口、运河、铁路、地铁、道路（包括高速公路）、桥梁、隧道、大坝、围堰、管道工程和水电站这类大型项目大都属于国家拨款建设并由国家进行经营管理的，其风险管理的问题一直没有得到足够的重视。但随着我国经济和投资体制的改革，新的投资主体和投资模式不断出现，特别是一些外资和民营企业进入基础建设项目领域，新的项目建设融资方式的应用，如BOT等大型基础项目的风险管理问题受到了广泛的关注。对于这些投资者或业主来讲，这些大型项目往往是其唯一的财产，也是其获得利益的唯一来源。因此，他们首先要关注这些项目本身的安全问题，只有这些项目安全并正常运营，他们的利益才有基本保证。所以，他们需要通过保险的方式转移项目的财产损失风险，一旦发生意外事故，他们能够从保险公司获得充分的赔偿以恢复项目。其次，他们关注的是能够获得稳定的收入，因为不少项目的资金是通过银行贷款的，他们必须按期还款付息，否则，将陷入经济困境。所以，在物质损失恢复期间的运营收入，即预期利益损失也是他们需要通过保险的方式进行转移的风险。这样，即使在恢复期内，他们也能够获得预期收入，确保还款付息。而传统的保险产品却不能适应这些大型工程完工项目的风险管理需要，如何提供更加具有针对性的保险产品正引起人们越来越多的注意。因此，在这样的背景条件下，完工工程项目保险就应运而生了。

## 二、完工工程项目保险及特征

完工工程项目保险（Completed Construction All Risks，CCAR）是一种针对大型基础性工程项目完工之后的风险，以被保险人的财产和利益为标的的综合保险。

完工工程项目保险主要是针对投资者、业主或者融资者在投资和经营一些大型基础性项目过程中可能出现的风险，以项目的财产和经营利润为标的的保险，目的是为业主提供一个能够全面满足他们需求的风险保障。同时，完工工程项目保险是针对投资期限较长、投资金额巨大，具有较强的特殊性和专业性，一旦发生财产损失容易产生利润损失，具有巨灾风险特质的风险。

完工工程项目保险的一个重要特点是具有较强的专业性和技术性。无论是对项目进行风险评估，还是制定风险防范措施；无论是制订承保方案，还是确定费率条件，均涉及大量的专业技术知识，需要有相应的知识和经验支持。

## 三、完工工程项目保险的适用范围

完工工程项目保险主要适用于以道路、铁路、地铁、机场、运河、港口、水电站和管道项目为经营主体的企业，如高速公路公司、地铁公司等。

各种不同项目具体包括的标的主要有：

（一）道路

主要包括道路、桥梁和隧道。通常还可以包括与道路工程相关的系统：照明、供电、排水系统和收费站等。

（二）铁路和地铁

主要包括车站、桥梁和隧道。通常还可以包括与铁路和地铁工程相关的系统：照明、供电、排水系统等。

（三）机场

主要包括跑道和停机坪。通常可以包括与机场相关的系统：供油、照明、供电、排水系统和护栏等。有时还可以包括候机楼、机库和导航系统等。

（四）运河

主要针对用于航运、灌溉和供水的运河。包括船闸、提升系统和辅助设施。辅助设施通常指桥梁、取水系统、清淤系统和水泵站等。

（五）港口

主要针对航运港口和游艇港口内包括码头、突堤和防波堤等设施。但是不包括港口内的货物装卸设备，如各种岸吊和输送设施等。

（六）水电站

主要包括大坝（土坝、填石坝和混凝土坝）、导流隧道。

（七）管道工程

主要针对包括地下和海底在内的气、油和水的主、支干管路工程。通常还可以包括与管路工程相关的泵站和增压系统等辅助设施。

## 四、完工保险的责任范围

完工保险属于一种综合性的保险，其责任范围通常包括两个部分：物质损失部分和营业中断部分。

物质损失部分主要保障的风险包括洪水、滑坡、泥石流、地震、海啸、火山爆发、风暴、雪崩、交通工具撞击、火灾、雷击、爆炸、他人恶意破坏等。此外，根据投保人的申请，有的保险公司还可以提供一些相关的风险扩展，如空运和加班费用、清理残骸费用、罢工暴乱风险、机器损坏风险、潜在缺陷风险等。保险公司在提供这些特殊风险保障之前，通常需要对风险进行专门的评估。

营业中断部分主要保障的风险是由于物质损失部分承保的风险事件发生，直接导致被保险人的毛利润损失。

营业中断部分与物质损失部分具有从属关系，即营业中断部分的损失是以发生物质损失部分保障的风险为前提。

## 五、保险标的与保险金额

物质损失部分的保险标的可以是投保人拥有的整个项目的有形资产，但一般不包括土地、地基、水、移动设施、建设中的项目。除了有形资产外，投保人还可以将一些相关的利益，如费用等纳入保险标的。保险金额通常按照重置价确定，但投保人也可以采用约定的方式。

营业中断部分的保险标的是被保险人的预期收入和固定成本，即毛利润。与其他营业中断保险一样，保险合同的双方在投保时应当就保险标的以及确定方式取得高度共识，并将其以文字的方式加以明确。如果项目建设全部是采用银行贷款方式的，则可以将利息作为保险标的，这种方式的好处是相对规范和明确。

## 六、免赔额

免赔额设计是完工工程项目保险的一个重要内容，完工工程项目保险主要是针对巨灾风险，因此，需要有一个相对高的免赔额配合，才能够获得一个相对低的费率。通常根据不同的保险金额，针对不同的风险制定不同的免赔额。表 7 -2 是某再保险公司提供的建议方案。

**表 7 -2　　免赔额的建议方案**　　（单位：美元）

| 总保险金额 | 自然灾害 | | 其他风险 |
|---|---|---|---|
| | 高 | 低 | |
| 1 000 000 | 30 000 | 10 000 | 5 000 |
| 2 000 000 | 50 000 | 13 000 | 6 500 |
| 5 000 000 | 75 000 | 16 000 | 8 000 |
| 10 000 000 | 100 000 | 20 000 | 10 000 |
| 20 000 000 | 150 000 | 30 000 | 15 000 |
| 50 000 000 | 200 000 | 40 000 | 20 000 |
| 100 000 000 | 300 000 | 50 000 | 25 000 |
| 200 000 000 | 500 000 | 60 000 | 30 000 |
| 100 000 000 | 750 000 | 80 000 | 40 000 |
| 1 000 000 000 | 1 000 000 | 100 000 | 50 000 |

在实际应用过程中，应当根据项目风险的实际情况进行必要的调整，专家建议在中国内地承保项目时，取值范围可以在表 7 -2 推荐值的 0.3 ~ 0.7 之间。

## 七、完工工程项目保险的定价

完工工程项目的风险特征是其同质性较差，在定价过程中，进行统计分析需要更大的数据量，才可能获得稳定和可信的结果，而实际上能够获得的完工工程项目的风险和损失数据十分有限，因此，在评估风险和定价过程中，应当采取更加谨慎的态度，确保定价的准确性和安全性。

由于不同完工工程项目之间存在较大的差异性，因此，在进行风险评估的过程中，应当特别关注项目类别的风险特征，同时，更重要的是研究和分析项目自身的个性化风险特征，并在定价中加以考虑。

（一）风险单独定价模式

完工工程项目保险的定价应采用风险单独定价模式，即针对不同的风险进行定价，然后进行汇总。这种定价模式是保险定价的基础，也是体现风险的精细化管理的思想。针对某一个特定风险的定价公式如下：

$$\text{Rate}_i = \frac{\text{LE} \times \text{PE}}{\text{RP}} \times \text{fc} \times \text{fs}$$

$\text{Rate}_i$：对特定风险的费率（%）；

LE：损失的期望值（总保险金额×%）；

PE：风险的历时（年）；

RP：风险的回归期（年）；

fc：1.5（费用和利润）；

fs：1.2～2.0（安全系数，计算的不确定因素）。

（二）免赔额调整

基础定价是以建议的免赔额方案为前提的，但从大型项目风险管理的特点出发，一般建议投保人选择相对高的免赔额，以获得更低的费率。表7－3是一组免赔额与费率折扣的对应表。

**表7－3　免赔额与费率折扣对应表**

| 选择基础免赔额倍数 | 2 | 3 | 5 | 10 |
|---|---|---|---|---|
| 费率折扣 | 90% | 85% | 80% | 70% |

（三）扩展风险保障定价

基础定价是以标准保险条款为前提的，但标准保险条款提供的保障往往难以满足项目以及投保人个性化的需要，因此，在制订保险方案的过程中，双方应当进行充分的沟通和协商，选择使用一些扩展风险保障的附加条款，并进行相应的定价。常见的扩展风险保障的定价建议如表 7 -4 所示。

**表 7 -4　　扩展风险保障的定价建议**

| 扩展风险保障 | 赔偿限额 | 保费 |
| --- | --- | --- |
| 清理残骸费用 | 分项赔偿限额 | 基础费率 + 5% |
| 空运和加班费用 | 物质损失的 15% | 基础费率 + 5% ~10% |
| 罢工暴乱风险 | 总保险金额 | 0.005% ~0.01% |
| 机器损坏风险 | 总保险金额 | 单独定价 |
| 潜在缺陷风险 | 总保险金额 | 0.025% ~0.05% |

## 八、完工工程项目保险的管理

完工工程项目保险属于高风险业务，这种高风险特征表现为：一是项目的保险金额巨大，在面对巨灾风险时，容易导致巨额损失；二是抵御自然灾害，特别是巨灾风险的能力有限；三是风险的个性特征强，不同项目的风险之间存在很大差异；四是营业中断风险相对集中，一旦发生物质损失就容易出现损失，甚至是全部损失；五是确定营业中断部分的保险金额和损失金额相对困难，容易产生异议。

在经营完工工程项目保险过程中，应当更加重视项目针对性和专业性。在针对性方面，对承保的每一个项目均要进行单独的风险评估与管理，尤其是要重视对于风险个性的评估，使保险方案和定价均能够很好地体现针对性。在专业性方面，无论是在进行风险评估，还是在制订保险方案和定价过程中，均需要大量的专业知识和经验支持。

在经营管理过程中，特别是作为定价的基本前提，应当充分了解和掌握项目的风险状况。首先，应当由专业机构或人员对项目进行现场风险评估，然后提出专业的风险评估报告作为定价的基础资料和依据。一般要求在首次承保之前，必须进行一次现场风险评估。承保之后，也应当在 1 ~2 年内安排一次现场风险评估。其次，在每一次承保或续保之前，要求投保人提供相关的资料，这些资料包括：（1）项目的平面布置图、项目主要部分的描述；（2）总投资情况、保险金额的详细分类；（3）地质报告；（4）地震、风暴、洪水的设计标准；（5）洪水、风暴、地震、海浪的重现期；（6）降雨量历史记录；（7）河流最大流量；（8）消防措施和手段；（9）详细的保养计划；（10）损失记录，包括建设期间的损失情况；（11）最近的风险勘察报告。

在经营大型完工工程保险的过程中，再保险安排问题是一个重要的问题。因为这些大型项目的总保险金额往往超过了一家保险公司单一风险的自留额，无论从保险公司自身经营稳定和安全的角度，还是从依法经营的角度，均需要对这些业务安排再保险。由于这些项目风险的特殊性，直接承保业务的保险公司应当及早与再保险公司取得联系，一方面能够获得再保险公司技术方面的支持，另一方面也为再保险安排奠定基础。

## 第四节
## 工程潜在缺陷保险

### 一、工程潜在缺陷

工程潜在缺陷是指工程项目在建设过程中由于各种原因导致在工程项目内部存在缺陷，这种缺陷在建设过程中和完工时无法或者难以或者没有被发现，但在项目的使用过程中却被发现。

### 二、工程潜在缺陷责任

工程潜在缺陷责任是指有关方面对于工程项目存在潜在缺陷及其造成的损失依法应当承担的责任。这种责任主要表现形式为：根据工程项目建设的相关合同和国家的有关法律法规应当由有关当事人承担的民事赔偿责任。

承担工程潜在缺陷责任的主体是指对于潜在缺陷的产生负有直接责任的单位和个人，主要有建设项目的工程承包商、分包商、供应商、发展商、设计单位、勘察单位、监理单位等。

## 三、工程潜在缺陷保险

工程潜在缺陷保险（Inherent Defects Insurance，IDI）是以建筑物由于各种原因存在潜在缺陷，导致其在使用期间发生的损失为标的的保险。潜在缺陷保险是以工程质量作为保险对象的一种保证保险，即由保险人为工程潜在缺陷的可能责任主体向有关利益方提供的一种工程质量保证。

与其他商业保险不同，工程潜在缺陷保险是一种具有社会公共利益维护性质的保险制度。随着社会的发展和人民生活水平的提高，出现了房地产业。房屋作为一种商品出现的同时，其质量问题日益受到人们的普遍关注，原因在于：一是房地产业与人们的生活密切相关，房屋是许多人一生中最大的消费品，因此，房屋作为商品具有较强的社会性；二是房屋的使用寿命较长，房屋的使用寿命通常可以达到数十年，甚至上百年；三是房屋作为一种商品交易，其涉及的金额巨大，交易条件复杂；四是房地产以及相关产业对于国民经济的影响重大。所以，如何维护广大房地产消费者的利益，促进房地产行业的健康发展，确保社会的稳定就成为各国政府部门和保险行业关注的焦点。

正是在这样的大背景和市场需求下，工程潜在缺陷保险于 1804 年最早出现于法国，随后，一些国家纷纷效仿，如比利时、巴西、芬兰、瑞士、加拿大、哥伦比亚、西班牙、突尼斯、意大利、菲律宾和沙特阿拉伯等国家也在本国建立了工程潜在缺陷保险体系。根据资料显示，工程潜在缺陷保险保险费的规模大约为非寿险保险费的 0.125%。法国在 1986 ~ 1999 年期间，工程潜在缺陷保险的保险费收入为 15 000 万美元。英国在 1987 ~ 1999 年期间，工程潜在缺陷保险的保险费收入则为 1 200 万英镑。

尽管工程潜在缺陷保险对于一个国家的房地产业乃至经济发展具有十分积极的意义，但是综观工程潜在缺陷保险 200 年的历史，其在全球的发展是不平衡的，有些国家的工程潜在缺陷保险发展得较好，有的国家则相差甚远。究其原因有许多，包括政府职能定位、政府的推动、社会的认同和接受、法律制度的建设、建筑行业的总体水平、保险的供应可能等。

## 四、国外工程潜在缺陷保险的实践

### （一）法国

法国是工程潜在缺陷保险制度的发源地之一，也是这一制度相对完善、推行较为成功的国家。目前，世界上大多数推行工程潜在缺陷保险的国家都或多或少地借鉴了法国的模式和经验。

法国的工程质量保证责任制度可以追溯到拿破仑时期。1804 年拿破仑《法典》规定："建筑师和设计师必须在建筑完工 10 年内负有对房屋结构缺陷作修正的严格责任。"现代意义的工程质量保证责任制度的基础是 1978 年制定的《斯比那塔法》（Spinetta ACT）。该法分为三部分：责任主体、保险和质量控制监督。该法律明确对建筑工程质量实施为期 10 年的潜在缺陷保险制度，并在此基础上建立了较为完整的建筑工程质量保险体系。此后，法国对相关的法律进行了全面的修订，进一步明确了开发商、分包商、部件生产商均需要对房屋质量问题负连带责任，建筑结构性工程的保证期是 10 年，非结构性工程部件的保证期是 2 年，房屋的建造商必须对其法定责任投保责任保险。1990 年 7 月 31 日后，对潜在缺陷强制保险的要求有所放松，对于自建房屋的大公司，不用强制投保该保险。但该强制保险仍适用于所有用于居住的房屋。

法国的工程潜在缺陷保险制度能够取得成功，主要原因是针对这一保险制度建立了一系列相应的配套制度，其中最为重要的是保险生效选择制度和技术鉴定制度。保险生效选择制度是指投保人在房屋立项设计时就必须向保险公司提出申请，保险公司根据工程项目的具体情况提出报价（一般为建筑造价的 0.5% ~10%），投保人接受后，保险人出具保险意向书。根据保险意向书，保险人仅仅承诺提供承保意向，当工程项目的建造不符合技术鉴定机构要求时，保险人有权选择不提供保险保障，同时不退还预付保费，并有权要求投保人支付所欠的技术鉴定费。技术鉴定制度是指保险人确定了承保意向之后，将与技术鉴定服务机构签订协议，委托技术鉴定机构对工程项目建设的全过程进行跟踪与鉴定。在房屋设计、建造的不同阶段，技术鉴定机构将对工程计划书、规范书、质量书等工程相关文件以及工程本身进行审核，并通过书面的形式向保险人报告相关的风险情况。在检查的过程中，如果工程不令技术鉴定机构满意，它将出具限制性报告，列明其保留意见。如果投保人不按技术鉴定机构的意见作出调整，那么保险人在工程完工时，有权拒绝提供保险保障。工程顺利竣工后将取得建筑师签发的竣工证书，技术鉴定机构也将向保险人出具最终报告并签发合格证书，证明该工程符合技术鉴定机构的相关要求和潜在缺陷保险承保条件。在取得竣工证书和合格证书，投保人交清保费后，保险人正式签发保险单，工程潜在缺陷保险从工程竣工时开始生效。保险人将在未来 10 年内对由于建筑主体结构工程潜在缺陷造成的房屋损失，负责赔偿修理、更换以及加固房屋的费用。

（二）西班牙

推动西班牙潜在缺陷保险发展的契机是1999年修订的《建筑法》。1999年修订的《建筑法》明确住宅建筑、商住楼和公共建筑均必须保险，其他建筑也可投保，但不是强制性的。2003年以前，私人为自己建造的房屋不在建筑工程质量保险范围，但由于这些建筑的不合格率为12%，为了保证消费者的利益，将这些房屋也纳入了工程潜在缺陷保险的范围。原先政府机关、公共事业单位和竣工后有能力进行15年维修的项目不强制投保，但现在政府投资的工程也都开始买保险。

西班牙的工程潜在缺陷保险主要针对建筑结构安全（包括设计、选用材料、施工等）的影响，还包括其他相邻建筑物在建筑过程中引起这幢房屋的损害均应强制保险，即造成结构本身损伤为保险的内容。屋面、地下和墙面防水以及装修工程也可投保，但不是强制性的。保险责任期限方面，根据对建筑物的损坏情况，责任期分为1年、3年和10年。建造者对由于施工不善引起的全部财产损失的责任期为1年；参与建筑施工的其他代理商对由于错误或使用功能缺陷引起的全部财产损失的责任期为3年；对影响建筑结构安全的错误或缺陷的责任期为10年。西班牙建筑工程潜在缺陷保险中的结构内在缺陷从建筑工程验收后开始至第10年；而建筑功能防水从第2年开始到第3年，其他建筑功能如门窗开关是否正常、装修墙面平整等则从建筑工程验收后开始。建筑工程施工前，即签保险单（保险意向书）时先付20%～30%的保险费，建筑工程验收后保险单生效再付70%～80%。不符合验收要求的建筑工程，保险人可以拒绝承保，预付保险费不退还。

针对法国建筑工程潜在缺陷保险中没有免赔安排，导致赔付率居高不下的情况，西班牙在工程潜在缺陷保险中设置了免赔。完工后1年内的财产损失、保险担保要对由于工程或构件的错误或缺陷造成的财产损失进行赔偿，可由开发商保留工程合同面值的5%来代替。建筑质量缺陷损失，若为同一原因造成的累积损失低于该工程资产额的1%者为免赔，超出部分保险公司赔偿。

虽然西班牙建筑潜在缺陷保险起步较晚，实施时间也较短，但由于它借鉴了法国等国家的经验和教训，整个制度的设计和运行相对规范和成熟，因此，承保的数量和保险金额逐年提高，仅MAPPRE公司所受理的建筑工程潜在缺陷保险的保险费2001年为1.05亿欧元，2002年为1.6亿欧元，2003年则超过2.0亿欧元。同时，西班牙的经营业绩也较好。

（三）日本

日本的工程潜在缺陷保险制度的建立是基于住宅性能保证制度。日本的住宅性能保证制度是一种对于住宅的质量和性能的保证制度，配合运用住宅潜在缺陷保险，可以为消费者提供最长达10年的长期保障制度。

日本的住宅性能保证制度的运作主体是作为社团法人的住宅保证机构，其下有在各都道府县的事务机关。住宅性能保证制度的注册申请分为单位注册和住宅注册。

单位注册制度是一种“会员制”，即住宅建设单位或销售单位如果想利用住宅性能保证制度的话，首先必须向住宅保证机构申请单位注册，然后才能够进行住宅注册的申请，同时得到相对优惠的价格。单位注册原则上在总公司所在地的都道府县事务机关办理。在总公司所在地注册后，全国范围内任何地区提供的住宅都适用该制度。单位注册的申请人可以是所有的住宅提供者。单位注册的有效期自注册之日算起为1年。首次注册或重新注册时，须向住宅保证机构交纳单位注册费（首次注册为31 500日元，以后重新注册每次均为26 250日元）。首次注册时，须向事务机关提交申请书、业务概况等材料。重新注册时，如申请事项没有变化的话，无须特别的手续就可重新注册。总公司进行了单位注册，其分公司或营业部如果希望得到与其他在当地注册的单位同样的服务的话，可以通过接受区域服务来实现。区域服务可向接受单位注册的事务机关申请。区域服务的内容包括：机关杂志《住宅保证通信》的邮寄、在各都道府县举办的讲座等信息的提供、参加在各都道府县举行的宣传活动、在由住宅保证机构发行的同业者名册上加以登载、住宅性能保证制度注册证的发放、住宅注册费的自动转账。

在单位注册之后，对于每一住宅，还需要逐一进行住宅注册。注册对象为所有的新建住宅。注册单位在和住宅所有者签订合同之前，必须对住宅保证制度的保证内容加以说明，否则，不得申请住宅注册。此外，注册单位在签订工程承包合同、买卖合同的时候，须明确地将根据住宅性能保证制度来做出保证的内容记载在内。建筑结构确定下来之后，在施工之前，注册单位应向住宅所在地的都道府县事务机关申请住宅注册。申请住宅注册时，申请人需要向受理机关交纳一定的住宅注册费。一般情况下，对于一户式住宅，注册费为：

住宅价格×0.5189%（一般方式）；住宅价格×0.4384%（基金方式）。

对于集合式住宅，注册费为：

17.75万日元+整栋楼的价格×注册费率

其中注册费率因住宅的规模大小等而异。

所有申请住宅注册的住宅都必须接受住宅保证机构的现场检查。现场检查是由住宅保证机构委派的检查员来进行的，主要检查注册单位是否以诚实的施工态度和主动的质量管理为前提，遵守了住宅保证机构规定的设计施工标准。对于住宅的主体构造，一户式住宅要检查2次，集合式住宅要检查3次。检查员全部为具有丰富经验的建筑师，是从各都道府县推荐的人员中精选出来的，并须接受一定时间的培训注册后方可上岗。

对于现场审查合格的住宅，在竣工后交付使用之前，由注册单位向事务机关提出保证书发放申请。至此，住宅注册的手续就全部完成了。住宅注册（保证）的有效期限为自住宅交付使用之日（对于分销集合住宅是指售出之日）算起10年。

原理如图7－10所示。

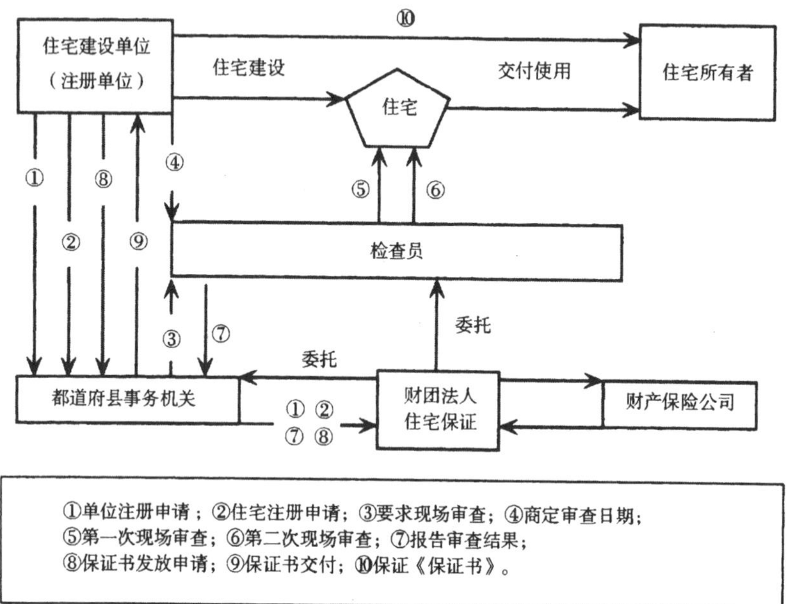


图7－10　日本的住宅性能保证制度

## 五、工程潜在缺陷保险的三大体制

由于工程潜在缺陷风险具有一定的特殊性，为了确保工程潜在缺陷保险能够对于工程建设行业的健康发展起到积极的推动作用，体现其经营的社会公共利益维护的特点，同时，为了确保潜在缺陷保险的经营能够有效地控制风险，使这一业务能够健康发展，工程潜在缺陷保险确定了三个较为特殊的制度：生效选择权制度、技术检验服务制度和放弃追偿制度。

(一) 生效选择权制度

生效选择权制度是指投保人如果需要投保工程潜在缺陷保险，应在项目立项或者开工时就与保险人达成投保潜在缺陷保险的意向。随后，保险人开始介入项目建设的整个过程，对于项目建设的过程进行必要的监督和检查。在项目建设完工时，保险人可以根据其掌握的情况，决定是否承保潜在缺陷保险，即有权在完工时，对原来达成的潜在缺陷保险意向进行是否生效的选择。

根据这一制度的规定，投保人应在项目立项或者开工之时，就与保险人签订保险意向书，之后保险人聘请独立的专业机构将对工程勘察、设计、施工和验收的全过程进行监督。在项目完工时，由独立的专业机构对项目状况作出最后的专业判断：项目建设是否符合要求。如果认为项目符合要求，达到承保的基本条件，保险合同生效；否则，保险合同不生效。保险人对此具有完全的选择权。

这一制度同时规定：投保人在项目立项或者开工之时与保险人签订保险意向书后，就应当根据约定向保险人交付一定数额的保险费。但是，这并不排除在项目完工时，保险人认为项目没有达到承保的基本条件，而拒绝保险合同生效。同时，保险人不退还已经收取的保险费，原因是这些保险费已经作为聘请独立的专业机构的费用支出了。

但是，在工程潜在缺陷保险合同生效之后，保险人没有合同规定的原因，在保险期间不能撤销合同。

(二) 技术检验服务制度

技术检验服务制度（Technical Inspect Service，TIS）是指保险人在与投保人确定了意向书之后，将聘请独立的专业机构对项目建设的全过程进行技术监督服务。这种服务的作用：一是能够对项目建设的工程质量进行监督；二是能够为保险人提供一个对于工程质量的客观和科学的判断。工程潜在缺陷保险的一个重要特点是：它不是事后和消极的补偿，而是前期和积极的参与监督和管理。这样既符合了保险人控制风险的需要，也反映了工程潜在缺陷保险维护公共利益的特征。

技术检验服务制度源于法国，类似于工程监理制度，即保险人与投保人在项目开始之前，确定了合作意向之后，由保险人聘请一家独立的专业机构，通常是工程咨询机构，负责为项目建设的质量监督和管理提供专业技术检验服务。

独立的专业机构受保险人的委托负责对项目建设的整个过程，包括设计、

材料、工艺等进行全方位的监督和检查，实现风险控制的目的。独立的专业机构在完成全部工作之后，负责向保险人提供《批准证明》，保险人凭《批准证明》最终确定工程潜在缺陷保险保单的生效。对项目存在问题的，也可以在《批准证明》里反映。

（三）放弃追偿制度

放弃追偿制度是指在工程潜在缺陷保险中事先进行约定：保险人对有关方面履行了保险赔偿责任之后，不再向保险单列明的责任方进行追偿。根据保险的原则，工程潜在缺陷保险属于保证保险（担保）性质，其赔款属于一种垫付性质的支出，保险人在向被保险人支付了赔款之后，有权向有责任的第三者进行追偿。但在实务中，由于潜在缺陷保险的初衷除了向被保险人提供一个风险保障外，另一个目的就是为了让承包商等有关责任人能够有条件地“脱逃”。为此，在事先约定的情况下，对于追偿权，保险人可以明确放弃。

对于这种追偿权放弃的安排，应当从两个方面加以理解：一是只有这种放弃的安排，才能够真正实现社会的稳定；二是这种放弃是有条件的，除了要求责任人应当付出一定的代价外，更重要的是这种放弃是建立在保险人对项目建设全过程的跟踪、监督基础上的。

## 六、工程潜在缺陷保险在我国的实践

建筑工程质量涉及规划、勘察、设计和施工各阶段的质量。这些阶段都存在着质量风险，包括自然风险、社会风险、经济风险和技术风险。通过政府监督、社会监理、参建各方主体负责以及施工图审查、工程保修制度等管理体系，能有效地减少工程质量的风险，但不能根除。建筑工程质量风险是客观存在的。虽然近年来，特别是《建设工程质量管理条例》实施以来，我国涉及建筑工程重大安全质量事故逐年减少，但建筑工程质量问题仍然是一个社会热点问题。

建筑工程的勘察、设计和施工各个阶段存在的主要质量风险来自以下几个方面：（1）勘察工作失误。勘察布点不满足规范要求造成土层性质判断失误，引起基础方案与地基土不相适应，以及勘察取样和试验结果评价有误，造成地基不均匀沉降，引起影响结构安全的损伤。（2）设计错误或疏漏。新型结构体系的不断出现，设计人员对其结构性能理解上的偏差，结构细部构造疏忽等，会造成影响结构安全的损伤。（3）施工过程中的质量控制不严。所用建筑材料之间的适应性及其是否满足有关规范要求，建筑工程施工工序质量是否满足要求，深基坑施工是否有对周围建筑的保护措施等。（4）建筑工程完工后，有的开发商和建设单位已不复存在，使建筑工程维修等难以实施。

随着我国经济体制改革的不断深入，建筑质量问题已经不仅仅是建筑行业的问题，而成为与整个社会，特别是与人们的生活密切相关的问题，原因是随着住房实物分配的停止和住房分配货币化的逐步推开，近年来，我国城乡住宅建设和房地产业发展迅猛，成为拉动我国经济持续增长的重要力量。住宅产业虽然已具备了持续发展的基础，但在住宅产业化发展进程中，城镇商品住宅的质量也暴露出一些问题，成为社会关注的焦点。为了解决我国住宅建设领域存在的质量问题，促进住宅产业化的发展，建设部成立了“住宅产业化促进中心”，专门负责全国范围内商品住宅性能认定制度的建立、组织、实施、监督等工作。该中心从1999年开始，参考日本等国家“住宅性能认定制度”的做法，在我国开展住宅性能认定的基础性工作。经过几年的探索，逐步建立和完善了商品住宅认定管理办法和商品住宅性能认定的指标体系及评定方法，成立了全国住宅性能认定委员会，并在全国部分省市中选取一些项目开展了试评。这些通过性能认定的项目都取得了比较好的销售业绩，成为当地的“明星楼盘”，得到了消费者和社会各界的认可。

住宅产业化促进中心在推行全国住宅性能认定制度的过程中，特别是通过对日本等国家住宅产业化制度的深入研究，认识到住宅产业化制度的建设是一个系统工程，仅仅有住宅性能认定制度是不够的，也是不完善的。住宅性能认定制度的一个重要组成部分是住宅质量保证制度，应当将住宅质量保障体系引入住宅性能认定制度，这是完善我国住宅性能认定制度的重要保证。为此，住宅产业化促进中心会同中国人民保险公司于2001年立项成立了“住宅性能认定保证制度研究”课题组，课题组在认真研究国外住宅质量保证制度的基础上，结合我国住宅产业的实际情况，开发出我国的“住宅质量保证保险条款”。在获得中国保监会的批准后，2002年10月31日，建设部与中国人民保险公司举行新闻发布会，正式向社会推出了这一业务。

## 七、工程潜在缺陷保险的管理

与普通财产保险不同，工程潜在缺陷保险属于一种高风险业务，因此，保险人在经营和管理过程中应当予以高度关注。所谓的高风险，一是体现在业务性质上。工程潜在缺陷保险属于保证保险，其本质是保险公司以自己的信用为被保险人向第三方提供一种履约保证，一旦被保险人出现违约，保险公司就应当承担赔偿责任。二是体现在保险期限上。工程潜在缺陷保险属于长期业务，工程潜在缺陷保险的保险期限通常为10年，在财产保险领域称为“长尾业务”，保险人需要承担长期责任风险。在经营核算方面，特别是在准备金计提方面的要求也不同。从国外的经验看，工程潜在缺陷保险经营成功的前提和重要保证是外部环境和内部管理。一方面由于工程潜在缺陷保险并非单纯的商业保险，而是一种涉及社会公共利益的业务，因此，需要有一个良好和完善的外部环境与之配合，如国家的相关法律，行业的标准、制度和管理，特别的税收安排等；另一方面由于工程潜在缺陷保险业务的特点，需要进行专业化的管理，核心是确保风险管理技术的支持与制度保证，特别是应当注重过程的风险管理，通过各种制度的安排实现这一目标，其中核心的手段是技术服务制度和生效选择权制度，应当充分完善并利用这些制度。

## 第五节

# 物权保险

### 一、物权及物权保险

物权是指人们对物直接管领并排除他人侵害的权利。它具有以下几个特点：一是物权必须以特定的有形物为标的，无形物不能成为物权标的。二是物权为一种直接管领的权利，具体包括所有权、地上权、地役权、永佃权、抵押权、留置权、质权、典权等。三是物权的标的物只能是物，不能是行为。

物权保险是指被保险人支付给保险人一定数量的保费，保险人承诺当被保险人拥有的房地产物权出现瑕疵或纠纷并导致被保险人发生经济损失时，给予被保险人一定量的现金赔偿以弥补其损失。由于物权保险的标的是房地产产权，所以在大多数情况下，可以把物权保险理解成房屋产权契约保证保险。

物权保险主要与房地产交易有关，所以，其分类可以按照房地产经营的环节来划分，相应的产品主要分为：一是银行贷款抵押物物权保险（Lender's Policy）。这种保险是为发放住房抵押贷款的银行提供物权保障的，对由于作为

质押品的物权存在瑕疵导致的损失进行赔偿，并保证银行作为第一权利人对物权所指向的财产行使抵押权。二是业主物权保险（Owner's Policy）。在物权交易成交后，这种保险保障买方免受保单列明的不可预期因素（包括人的过失或伪造的证件等）引起的损失。

## 二、物权保险出现的背景

物权保险起源于房地产交易的需要。美国19世纪中叶房地产业的发展和复杂的产权凭证确认手续相互作用，共同促成了产权保险的诞生，其主要为房地产交易双方提供产权风险保障。物权保险首先产生并成熟于美国是具有其十分特殊的原因和环境条件的，是由美国特殊的法律制度、市场环境和特点、过高的交易风险决定的。具体讲，包括以下几个方面的原因：

（一）复杂的法律法规

源于英国封建时期地产法的《美国财产法》，与现代资本主义的一些财产原则相结合，其中的所有权、抵押权、典质权和留置权等相互交错，形成比较复杂的法律规定。与英国法相比较，在美国，地产购置的登记程序比较复杂，产权的取得往往需要经过许多法律手续。

（二）发达的房地产市场与频繁的产权交易

发达的房地产市场是美国物权保险的重要基础之一，而且与欧洲国家相比，美国的房地产换手率较高，交易频繁，这使得购买者会产生许多担心：购买的房地产可能转让过多次，故有可能存在其他人对该房地产有所有权争议；该房地产也可能被抵押出去或被其他人作为债务的留置物，该房地产还有可能卖给别人地役权，或者因为政府的管理使得该房地产的使用受很大的限制，这些因素都是房地产购买人的障碍。为了消除这些障碍，物权保险业务就应运而生，并具有庞大的市场需求。

（三）严格的房地产登记制度是美国物权保险运作的重要保证

美国多数州所采用的房地产登记制度属于契据登记制度。该制度的特点在于登记机关对于其所应登记的房地产物权变动没有实质的审查权限，即进行形式审查主义；登记没有公信力，当登记事项在实体法上不成立或无效时，可以对抗善意的第三人；登记簿是以地产权利人为标准按登记先后顺序编簿，而不以房地产为标准。

在此登记制度下，所有的房地产交易文件和所有上面列举的行为和纠纷、瑕疵以及其他一切与房地产产权有关的法律文件都必须到地方房地局登记后方能生效，应登记的文件事先须经公证。房地局的登记档案对社会是公开的，这可以使与该房地产产权有关的第三方及时得到信息，也给物权保险公司的工作带来极大的方便。许多州的地方房地局都为查询者提供索引，使查询者能快捷地找到要查询的房产或地产，而且所有有关文件、资料均集中汇总。在严格的登记制度下，每一地块、每一处房产都应当形成一条连续的产权链（Chain of Title）。如果产权链中有断头，就要由地方法院判决断头时的产权归属，使其恢复为一条连续的产权链。

## 三、国外物权保险的发展情况

国外物权保险以房地产购买人或将房地产作为保证的借款人为潜在客户群，对保单持有人因产权瑕疵引起的、使其投保房地产产权或利益受到损失的风险提供保障。它通过担保保单持有人对于房产的绝对排他权，从而保证房产投资者或使用人的利益，提高贷款抵押财产的可靠性，并为投资人或贷款人资本的安全与流动性提供保证。

物权保险属于传统的保证保险范畴，最早起源于美国。因此，美国的物权保险开办最早，同时也是最成熟的。美国的物权保险的最初形式是 1868 年在宾夕法尼亚州出现的“房地产物权摘要和律师意见书”。发展到今天，物权保证经历过多种形式，包括房地产物权摘要和律师意见书、物权担保、物权保险等。物权保险在北美以外的市场情况表现平平，主要是在美国等一些发达国家专业物权保险公司的大力推动下，一些国家的保险市场才开始出现，但由于种种原因的制约，总体业务规模不大。

美国是全球物权保险最大的市场，历史上在美国物权保险市场上经营的企业曾达 300 多家，经过长期和残酷的竞争和淘汰，目前只剩下了 20 多家，其中第一美国物权保险公司（First American Title Insurance Company）、Fidelity、Land American、Stewart 和 Old Republic 5 家最大的公司占有 85% 以上的市场份额。在 1971 ~2001 年期间，美国市场物权保险业务平均损失率约为 6.5%，费用率约为 91.2%，税前承保利润约为 2.15%。

第一美国物权保险公司是全球最大的专业物权保险业公司。它成立于 1889 年，至今已有 100 多年历史。公司每年业务收入超过 20 亿美元，并在业内保持着最长的业绩成长记录。它在美国、加拿大、英国、爱尔兰共和国占有最大的市场份额，并活跃在墨西哥、巴哈马、波多黎各和美属维京群岛的市场上。1996 年，该公司将物权保险业务引入澳大利亚，至今仍是该国唯一的物权保险公司。1998年末，在韩国成立物权保险公司。1999年初，为了配合金融发展国际化的趋势，它推出了全球统一的“标准化国际物权保险单”，意在领导和占领全球市场。如今，它已经把美国式的物权保险服务推广和覆盖到北美、欧洲、亚洲和拉丁美洲。

## 四、美国物权保险的构成要素及特殊性

由于美国在物权保险业务领域的特殊地位，美国的物权保险制度对全球物权保险业务的发展具有十分重要的影响。因此，有必要对美国物权保险的构成要素及特殊性进行介绍。

（一）构成要素

1. 物权保险的保险人。物权保险的经营主体包括商业性的物权保险公司、物权保险代理人及与律师有关联的物权保险组织（Bar - related Title Assuring Organization）。其中最主要的形式是专业物权保险公司。

2. 物权保险的被保险人。一般说来，凡是对房地产的物权拥有保险利益的法人或自然人都可成为被保险人。物权保险主要发生在房地产的物权发生变更的过程中，比如在房地产的购买过程中，或者是房地产抵押贷款过程中。

3. 物权保险的保险责任。物权交易者，尤其是出让方为了保证并证明该房地产的物权没有纠纷或瑕疵（Encumbrances and Defects），就需要为被交易的房地产的物权进行保险。这里所说的纠纷、瑕疵是指：抵押（Mortgage）、留置权（Lien）、费用（Charges）、未了诉讼（Pending Legal Action）、未付税金（Unpaid Tax）、遗嘱（Will），附加用途限制（Zoning Restrictions）、地役权（Easement）等，后两项仅与地产有关。保险人只根据所有权转让中的“产权链”记录来保险。保险人将不去查看购买的房屋或土地。简单地说，保险公司只是担保房地产转让记录形式上的准确性。

4. 物权保险的除外责任。任何在登记之外的转让或债务（如抵押），保险公司将不承担责任。标准的美国物权保险合同通常不包括如下不能从公共记录检索出来的风险，它们包括：有关建筑、规划、土地使用和环境保护的法律，政府的规章，行使一般政府职能的后果，以及土地征收；出贷方违反州立公司法规或禁止高利贷的法律；建筑施工方对被兴建或修缮改造的建筑物的法定优先抵押权；提供购买贷款的出贷人；未登记的占有人的权利与未登记的地役权；边界纠纷等本应当由实地勘察或测绘即可发现的事由；保险合同生效后产

生的权利制约；由投保人导致的或者投保人所遭受的损失，投保人对此知情但是却没有反映在公开记录中。

最近由两家美国保险机构推出的标准国际物权保险合同除对以上事项不负责理赔外，同时还包括如下不赔偿事项：土地所在地政府收回土地，除非在保险生效日已经得知该情形；取水权与其他和自然资源有关的权利请求；由居于财产所在地以外的第三国的人提出的权利请求或由保险人所在国之外的法院或裁判机构解释、执行保险合同而导致的损失；战争、叛乱、暴动、内战、传染病、政府限制、国有化、不可抗力和其他类似原因造成的损失。

（二）特殊性

美国物权保险与其他保险产品有以上形式上的共同点，但是由于美国物权保险产生于房地产交易与融资过程的独特背景之中，它在本质上又有其区别于其他险种的特殊性，主要表现以下几个方面。

1. 在承保方面。物权保险人在收到一份投保申请书以后，首先查阅一切公开的登记记录，调阅与宗地有关的各项合同、文书和法律文件，由此决定宗地权属和宗地所担负的债务。保险人然后便召集宗地的出让方和受让方，一同商议起草文件或提起诉讼，以消灭存留在宗地上的债务、排除其他人声称享有的对宗地的所有权。

2. 在保费构成上。物权保险人将从保险费中拨出 90% 用于准备和完成这些前期调查工作，这一切都发生在物权交易完成之前，也就是受让方接受土地所有权之前、承租方或贷款机构对宗地享有占有使用权、担保债权之前。因为，前期调查工作是物权保险承保的前提，而物权保险又是这些交易的前提。

3. 在保险性质上。与其他保险产品存在最显著的性质差异在于物权保险主要是通过建立机制，消除风险，而非承担风险。物权保险人的角色和职责完全不同于一般保险人提供损失补偿和风险融资的定位，而更多的是一种专业调查、咨询和顾问公司的定位。

4. 在理赔方面。针对合同生效前的风险。物权保险合同与其他财产险、汽车险和人寿险不同，它对保险合同生效后发生的风险不负责。它的保险对象仅限于在保险合同生效后提起的物权或债权请求权，并且这一请求权还必须是基于合同生效之前已经存在的事实提出的。保险人的调查工作和风险控制工作，预防了已知风险在将来被提起的可能性，这不仅保护了保险受益人的投资，还为保险人控制经营风险提供了保障。

可见，美国的物权保险业务在很大程度上是按产权调查、咨询、评估方式运作的担保业务。严格地说，按照传统保险的含义，美国的物权保险本质上不是一种保险业务。第一美国物权保险公司经营成功的重要基础是自身及其母公司对于美国物权相关法律、登记制度和信息等方面的专业技术、人才和管理优势。

## 五、我国开展物权保险的条件分析

（一）潜在需求

1. 我国房地产业的快速发展为物权保险提供了广阔的空间。随着社会经济的发展、人们收入的提高、城市化进程的加快、住房分配体制改革、大量危旧房屋改造，我国的住宅建设总量也将呈现快速增长的趋势。各国的经验表明，在人均住宅面积达到 30 ~ 35 平方米之前，会保持较旺盛的住房需求。研究表明：当恩格尔系数在 40% 时，住房消费在消费结构中所占的比重将达到 15% ~20%。目前，我国城市恩格尔系数已降到 40% 以下，而住房消费比重尚不足 10%，比国际平均水平要低 5 ~ 10 个百分点，所以，我国的住宅消费存在较大的空间。

2. 住宅产权的多元化与日益突出的产权纠纷呼唤物权保险。物权保险在我国的潜在市场需求很大，尤其是在住房金融体制不断深化过程中，未来具有广阔的市场前景。随着住宅商品化改革的深化，房屋产权由原来单一形式发展为多元形式。由于多元产权的存在，产权关系比较复杂，住宅产权纠纷随其多元化而日益突出。在住房商品化的过程中，围绕商品房的各种行为（产权变更、抵押、留置、法律纠纷、税务、遗产问题等）和权利关系（房产权、抵押权、留置权、继承权等）会变得越来越频繁、复杂。而目前我国房地产市场仍然处于发展的初期，管理、信息与法律上的不完善，使得房地产市场上的欺诈、投机行为屡见不鲜，房地产纠纷急剧上升，商品房交易的参与者面临诸多风险，解决这些问题均需要物权保险的参与。同时，金融业为了扩大业务量，解决资本充足问题，纷纷提出了在我国进行住房抵押贷款证券化（MBS）的需求。在进行住房抵押贷款证券化的过程中，物权保险将是不可缺少的配套制度。

（二）约束条件

1. 物权法律的执行尚待深入。物权保险的前提是国家调整物权领域法律关系的“物权法”。通过物权法可以对物权的概念、种类以及对涉及物权的各种法律行为进行明确的界定和规范，这是开展物权保险的基本法律依据。物权

法是我国民事法律制度的重要组成部分。2007 年 3 月，我国颁布了《中华人民共和国物权法》（以下简称《物权法》），为明确物的归属，发挥物的效用，保护权利人的物权，从法律层面进行了规范。《物权法》第六条规定：“不动产物权的设立、变更、转让和消灭，应当依照法律规定登记。”

2. 房地产登记制度亟待完善。从对美国物权保险的分析可知，完善的房地产登记制度对于物权保险的顺利开展是至关重要的。查阅房地产登记记录是澄清房地产权属、解决房地产纠纷、避开交易陷阱的重要手段。但目前我国房地产登记制度在登记的机关、登记的类型、登记的公信力和现代化管理手段等方面还存在一些问题，亟待进一步解决和完善。

（1）房地产权属登记的归口管理。我国目前的土地、房产权属登记采取分属两个部门管理的体制。两个部门机构重叠，职能交叉，各自发证，统计口径不一，重复收费，不仅浪费人力物力，还形成政出多门、政令不畅的局面，影响了房地产业的发展。

（2）房地产登记的公信力尚需加强。所有房地产登记的事项应对社会公众公开，公开的目的是要使地产在转让、出租或买卖中，受让者或买方能够知道关于这块土地的一切信息。地籍登记若不公开，就很难保证房地产市场的健康运转。因此，“登记公示制度”和“公开查册制度”是开展物权保险的基本条件。我国《物权法》第十八条规定：“权利人、利害关系人可以申请查询、复制登记资料，登记机构应当提供。”尽管如此，房地产登记机构的信息公开透明以及便捷的信息查询仍需假以时日。

（3）房屋产权登记历史遗留问题较多。我国的房屋产权登记历史遗留问题较多且情况复杂，主要有四种情况：一是由于政府政策调整的原因；二是一些开发建造单位不能依法按规建造房屋造成的；三是政府有关职能部门管理不严、不到位的原因；四是由于一些群众自身的法律意识不强、盲目行事造成的。

3. 我国和美国的房地产登记制度之间存在本质性差异。和美国的房地产登记制度采用“形式审查”不同，我国的房地产登记制度采用“实质审查”，房地产登记机关对申请人提供材料的真实性承担责任。我国《物权法》第十二条规定：“登记机构应当履行下列职责：（一）查验申请人提供的权属证明和其他必要材料；（二）就有关登记事项询问申请人；（三）如实、及时登记有关事项；（四）法律、行政法规规定的其他职责。申请登记的不动产的有关情况需要进一步证明的，登记机构可以要求申请人补充材料，必要时可以实地查看。”

"第十九条　权利人、利害关系人认为不动产登记簿记载的事项错误的，可以申请更正登记。不动产登记簿记载的权利人书面同意更正或者有证据证明登记确有错误的，登记机构应当予以更正。"

"第二十一条　当事人提供虚假材料申请登记，给他人造成损害的，应当承担赔偿责任。

因登记错误，给他人造成损害的，登记机构应当承担赔偿责任。登记机构赔偿后，可以向造成登记错误的人追偿。"

我国现阶段房地产变更不频繁，缺乏有效需求。

目前，我国房地产领域投资型的客户比例尚不大，绝大多数属于消费型客户，即买房是为了自己居住这一消费目的。物权纠纷和问题往往是在交易和转让过程中发生和显现的，如果没有交易，即使物权存在问题，也不会引起人们的关心和重视，也就缺乏对于物权保险的现实和有效的需求。

# 第六节
# 工程职业责任保险

## 一、工程职业责任

工程职业责任是指从事与工程建设有关的，如勘察、设计、监理、咨询、顾问人员或机构在提供的专业技术服务过程中的职业责任。

工程职业责任属于专家责任。专家是指具有特定的专门技能和知识，并以提供技能或者知识服务为业的人员，这些人员应当采用合理的技能，谨慎而勤勉地工作。一般认为专家应当具有以下特征：（1）专家的工作性质具有高度的专门性，其核心为精神的、脑力的而不是体力的工作；（2）专家与顾客之间因有专家高度的职业道德，而存在特殊的信赖关系；（3）具有从事专家服务的资格；（4）具有较高的社会地位和收入水准。专家责任是指提供专门技能或者知识服务的人员，因其在服务中的疏忽或者过失导致他人的人身伤亡和财产损失依法应当承担的民事责任。专家提供的服务不同于一般服务行业人员提供的服务，因此，专家承担的责任是较为严格的责任，专家应当承担与其地位和服务相称的、以信赖责任为基础的高度注意义务。但是，应当注意的是，专家的高度注意义务并不是无过错责任或者严格责任，专家责任的基础仍然是过失责任。

通常工程职业责任的主体是业主和承包商之外的，为工程建设项目提供技术服务的各种工程专业技术人员和机构。在工程项目的开发建设过程中，这些专业技术人员和组织涉及的工作内容是多方面的，其职业责任可以分为两大类：过失责任和合同责任。

过失责任，是指专业技术人员没有履行其作为专业技术人员应该履行的责任，或是做了作为专业技术人员不应该做的事，而这些过失恰恰造成了业主或第三方的损失，因此，必须承担相应的民事损害赔偿责任。

合同责任是指专业技术人员作为技术服务合同当事人的一方违背了合同的规定，没有适当地履行合同规定的义务从而给另一方造成了损害，因此，必须依据合同承担相应的经济赔偿责任。

## 二、工程职业责任风险

工程职业责任风险包括行为责任风险、工作技能风险、技术资源风险、管理风险和职业道德风险。从主体上看，行为责任风险、工作技能风险和职业道德风险更多地表现为一种个人职业风险，而技术资源风险和管理风险则多为单位职业风险。

（一）行为责任风险

工程职业的行为责任风险来自三个方面：一是违反了有关委托合同规定的职责义务，超出了委托方委托的工作范围，从事了本不属于自身职责范围内的工作并造成了损失，就可能因此承担相应的责任。例如，在监理合同执行过程中，对于工程中一些涉及需要由设计人或其他专业技术人员确认的内容，若监理工程师利用自身的权力单方面指令承包商进行相应的作业，这就超出了他的职责范围，一旦工程因此发生了损失，则监理单位必须承担相应的责任。二是未能正确地履行委托合同中规定的职责，在工作中发生了失职行为。例如，在设计合同执行过程中，对于设计工作中应该实行复核的项目，未进行复核或不按规定进行复核，使设计工作留下隐患或造成损失，设计单位或者个人就必须为此承担失职的责任。三是由于主观上的无意行为未能严格履行自身的职责并因此造成了工程损失。例如，在勘察合同执行过程中，由于疏忽大意，对勘察作业过程缺乏应有的检查监督，或者虽然进行了检查监督，却未能发现存在的问题，并因此造成了勘察结果偏差，导致工程的损失，勘察单位则要负相应的责任。

（二）工作技能风险

工程专业技术服务工作是基于专业技能基础上的技术服务，因此，尽管专业技术人员履行了委托合同中委托的工作职责，但由于其本身专业技能的限制，可能并不一定能取得应有的效果。例如，对于某些需要专门进行检查、验收的关键环节或部位，监理工程师虽按规定进行了相应检查，其程序和方法也符合规定要求，但并未发现本应该发现的问题或隐患，原因是他在某些方面的工作技能不足，尽管主观上他并不希望发生这样的过错。同时，在工程技术日新月异，新材料、新工艺层出不穷的今天，并不是每一位专业技术人员都能及时、准确、全面地掌握所有的相关知识和技能的，因此也就无法完全避免这一类风险。

（三）技术资源风险

即使专业技术人员在工作中并无行为上的过错，仍然有可能承受由技术、资源而带来的工作上的风险。例如，在混凝土工程的施工过程中，监理工程师按照正常的程序和方法，对施工过程进行了检查和监督，并未发现任何问题，但仍有可能留有隐患，如某些部位因振捣不够留有孔洞等缺陷。这些问题可能在施工过程中无法及时发现，甚至在今后相当长的一段时间内无法发现。又如，某些工程设计上质量隐患的暴露需要一定的时间和诱因，利用现有的技术手段和方法，并不可能保证所有问题都能及时发现。

（四）管理风险

明确的管理目标、合理的组织机构、细致的职责分工、有效的约束机制，是专业技术服务机构组织管理的基本保证。尽管有高素质的人才资源，但如果管理机制不健全，在提供专业技术服务的过程中仍然可能面临较大的风险。这种管理上的风险主要来自两个方面：一是专业技术人员与机构之间的管理约束机制。一方面，机构必须让专业技术人员有职有权，放手工作；另一方面，机构对专业技术人员的工作行为进行必要的监督和管理同样是非常重要的。也就是说，机构和专业技术人员之间应该建立完善、有效的约束机制。二是专业技术服务机构的内部管理机制。这些机构中各个层次的人员、职责分工必须明确，沟通渠道必须有效。如果不能在机构内部实行有效的管理，则风险仍然是无法避免的。

（五）职业道德风险

从事工程专业技术服务的人员应当是具有高素质的专业技术人才，接受过良好的教育并具有丰富的实践经验，社会公众对专业技术人员和机构的服务存在较多的依赖。专业技术人员在运用其专业知识和技能时，必须十分谨慎、小心，表达自身意见必须明确，处理问题必须客观、公正，同时，必须廉洁自律，洁身自爱，勇于承担对社会、对职业的责任，在工程利益和社会公众的利益相冲突时，优先服从社会公众的利益；在专业技术人员和机构的自身利益和工程利益不一致时，必须以工程利益为重。如果专业技术人员和机构不能遵守职业道德，自私自利，敷衍了事，回避问题，甚至为谋求私利而损害工程利益，毫无疑问，必然会因此而面对相应的风险。

## 三、工程职业责任风险主体

工程职业责任风险的主体可以是提供工程专业技术服务的人员，也可以是提供这种专业技术服务的机构。

根据我国现行的法律，工程专业技术人员一般需要通过相应的专业技术服务机构执行业务。在这种情况下，专业技术人员因疏忽、过失等原因致使委托人或者第三人损害的，法律规定其责任由提供专业技术服务的机构承担。因此，在我国，工程职业责任保险将提供专业技术服务的机构列为被保险人。保险人通常要求：凡经主管部门批准，取得相应资质证书、执业许可证或者经工商行政管理部门注册登记，有固定执业场所，依法设立的执业机构，可作为职业责任保险合同项下的被保险人。但是，这种规定和安排并不排除提供工程专业技术服务人员的责任，承担责任的专业技术服务机构在履行了赔偿责任之后，还可以根据法律的有关规定追究有关责任人员的责任。

## 四、工程职业责任保险的种类

工程职业责任保险是指针对工程建设过程中各种专业技术服务的职业责任风险提供保障的责任保险。这种保险的特点是针对工程建设专业技术服务的职业风险，这类专业技术服务包括勘察、设计、监理、咨询、评估等。

目前，我国工程建设专业技术服务的职业责任保险主要有：工程设计职业责任保险（包括年度保单和项目保单）、工程监理职业责任保险。

## 五、工程职业责任保险的保险期限与追溯期

与一般财产保险不同，职业责任保险的事故发生与损失发现之间可能存在一个较长的时间周期，因此，对于保险期限应当有明确的定义，否则，就容易产生混乱和误解。

工程职业责任保险期限的界定是：一是专业技术服务工作出现的“疏忽或过失”事故以及引发的损失或费用应当是在这个时间区间发生的；二是委托人的首次提出索赔应当是在这个时间区间内。这种界定是较为严格的，要求“发生事故”、“发现损失”和“提出索赔”均必须在保险期限内，即如果在保险期限内发现损失并提出索赔，但事故的发生在保险期限之前，保险人不承担保险责任；如果在保险期限内发生保险事故并发现了损失，但是没有在保险期限内提出索赔，保险人也不承担保险责任。

追溯期是对保险期限的“前溯”，即经过协商，保险人同意对于被保险人在保险期限之前的一定时间区间因设计工作出现的“疏忽或过失”以及引发的损失或费用，并在保险期限首次提出索赔承担责任。保险人对于投保人的追溯期申请务必慎重，一定要对于追溯期内的投保人业务活动有一个详细的调查和了解，在充分评估风险后，才可以考虑接受。在评估的过程中，要特别注意调查和分析是否存在逆选择和道德风险。

## 六、工程设计职业责任保险

### （一）保险的类型

工程设计职业责任保险的类型有两种：年度保单和项目保单。年度保单是针对从事设计工作的单位（个人）的，为其在一定的期间（年度）范围内经营业务过程中的职业责任风险提供保险保障的。年度保单是工程设计职业责任保险的常见形式，绝大多数的设计单位（个人）均要为自身的职业责任风险安排年度保单，而且，这种年度保单在其职业活动过程中是持续存在的。项目保单是针对单一项目的，为项目的设计风险提供保险保障。项目保单可以视为对年度保单的一种补救措施，通常有两种情况需要采用项目保单。一是项目业主一旦发现承接其工程设计任务的单位没有购买年度保单时，则应当要求其为本项目安排一个单独的保险；二是如果承接设计任务的单位虽然购买了年度保单，但年度保单的赔偿限额与承担的风险不匹配时，则可以通过安排一个项目

保单作为补充。

（二）投保人/被保险人

我国工程设计职业责任保险的投保人和被保险人均是单位（法人），而国外的设计职业责任保险的投保人和被保险人也可以是设计师个人。根据我国设计职业责任保险条款的措辞，被保险人为“凡经国家建设行政主管部门批准，取得相应资质证书并经工商行政管理部门注册登记依法成立的建设工程设计单位”，而设计师个人的职业责任风险是通过设计单位体现并分散的。

（三）责任范围

我国设计职业责任保险的责任范围为：“被保险人在本保险单明细表中列明的追溯期或保险期限内；在中华人民共和国境内（港、澳、台地区除外）完成设计的建设工程，由于设计的疏忽或过失而引发的工程质量事故造成下列损失或费用，依法应由被保险人承担经济赔偿责任的，在本保险期限内，由该委托人首次向被保险人提出赔偿要求并经被保险人向保险人提出索赔申请时，保险人负责赔偿：（1）建设工程本身的物质损失；（2）第三者人身伤亡或财产损失。

事先经保险人书面同意的诉讼费用，保险人负责赔偿。但此项费用与上述第（1）、（2）项的每次索赔赔偿总金额不得超过本保险单明细表中列明的每次索赔赔偿限额。

发生保险责任事故后，被保险人为缩小或减少对委托人的经济赔偿责任所支付的必要的、合理的费用，保险人负责赔偿。”

## 七、工程监理职业责任保险

（一）投保人/被保险人

凡经建设行政主管部门批准，取得相应资质证书并经工商行政管理部门登记注册，依法设立的工程建设监理企业，均可作为本保险的被保险人。

（二）责任范围

在本保险单明细表中列明的保险期限或追溯期内，被保险人在中华人民共和国境内（不包括港、澳、台地区）开展工程监理业务时，因过失未能履行委托监理合同中约定的监理义务或发出错误指令导致所监理的建设工程发生工程质量事故，而给委托人造成经济损失，在本保险期限内，由委托人首次向被保险人提出索赔申请，依法应由被保险人承担赔偿责任时，保险人根据本保险合同的约定负责赔偿。同时，保险人还负责赔偿：（1）事先经保险人书面同意的仲裁或诉讼费用及律师费用；（2）保险责任事故发生时，被保险人为控制或减少损失所支付的必要的、合理的费用。

## 八、工程职业责任保险费率

工程职业责任保险属于相对高风险业务，这种高风险性质体现在行业性质上。工程职业责任的服务对象是一些大型工程项目，这些项目的特点是工程投资大，一旦发生事故可能导致的损失相对较大。同时，工程责任风险更多的是体现为一种管理的风险，一种质量控制的风险。因此，在确定工程职业责任保险的费率时，应当综合考虑各个方面的因素，其中主要有以下六个方面：

（一）职业工作性质以及潜在的损害赔偿风险

不同的工程职业的责任风险是不同的，如工程设计单位的风险相比较于工程监理单位要大；同样是工程设计单位，承接一些较小和简单项目单位的风险比那些承接高层建筑、桥梁、地铁项目单位的风险要小得多。另外，职业责任风险更多地体现为法律风险，不同职业受不同的法律规范制约，因此，它们的风险也存在着不同。

（二）资质及管理水平

工程职业责任风险最终反映为技术风险和管理风险，在确定工程职业责任保险的过程中，应当充分考虑到这两个方面的风险。技术风险的评估指标之一是资质，应该根据行业的资质标准，评估被保险人的技术水平，其中一个重要的因素是其拥有的注册工程师的数量以及他们的从业年限。同时，管理风险也是一个重要的因素，这方面一个重要的考量因素为是否建立了诸如 ISO9000 等质量控制体系以及这些体系实际运行的情况。

（三）承保区域

承保区域是指被保险人经营业务的地理范围，这种区域差异的实质是法律环境的差异。目前，我国工程职业责任保险承保的区域仅限于中华人民共和国境内，但不包括香港、澳门和台湾地区，如果被保险人承接的业务范围不局限于上述承保区域，甚至有可能承接一些国外的业务，则风险就相对较大，费率也相对要高。如果承保的区域包括美国和加拿大，则应当采用特别的程序确定费率，因为，这些地区属于高风险地区，而且，大多数再保险合同对于这些地区的业务均采取了一些限制性条件。

（四）业务规模

从业务规模的角度考虑费率厘定的主要原因：一是保险经营的基础是大数

法则，因此，业务规模大小将直接影响到风险分散的水平；二是业务规模大小反映了被保险人的经营规模和水平；三是有的工程职业责任保险是根据业务规模计算保费的，所以，业务规模越大，保费收取的越多。同时，考察业务规模也是防范逆选择的一种重要手段。

（五）赔偿限额和免赔额

赔偿限额和免赔额是厘定费率的直接因素。从责任风险的量化特征看，在一定区间内，风险与赔偿限额成正比关系，所以，赔偿限额越大，费率越高。但在责任保险中，赔偿限额存在一个有效区间现象，一旦超过了这个有效区间，费率会出现一种反比发展趋势。免赔额与费率体现为反比关系，免赔额越高，费率越低。

（六）以往损失记录

以往损失记录是影响厘定工程职业责任保险的重要因素，因为，以往损失记录能够最直接地反映被保险人的风险水平，也是保险费率厘定的技术基础。以往损失记录应当从两个方面考虑：一是被保险人在以往的经营过程中的损失情况；二是被保险人所在行业的总体损失情况。另外，这种记录的期间长短也是需要注意的，如果能够提供记录的区间越长，数据反映的规律越稳定、可信；反之，则只能作为参考。

## 九、工程职业责任保险的管理

工程职业责任保险是国际工程领域通行的风险分散方法。我国自 1999 年开始进行工程设计责任保险试点以来，目前已有北京、上海、深圳等 7 个省市推行了此项保险制度，并取得了一些经验。积极推进并建立工程勘察设计质量风险社会保障体系，对于维护国家投资安全，转移工程勘察设计单位及专业技术人员执业风险，维护勘察设计单位稳定经营，促进行业持续、健康发展，控制设计风险、提高工程设计质量，都具有十分重要的意义。

我国有关部门对建设工程勘察设计责任保险给予了高度重视。建设部于 2003 年发布了《关于积极推进工程设计责任保险工作的指导意见》（建设部建质［2003］218 号文，以下简称《意见》）。《意见》指出，各地建设行政主管部门要充分认识建立工程设计责任保险制度的重要性，结合本地区实际，积极稳妥地推进此项工作，力争于 2004 年年底前，在全国范围内建立工程设计责任保险制度。

工程职业责任保险的保险标的没有有形的物质载体，其保险标的是一种职业责任。因此，在开展这种保险时，首先要对这些职业人员或者机构应当承担的责任进行研究分析，明确他们的职业责任以及与其他责任的区别。特别需要注意的是，这些专业人员和机构的从业或者经营风险是多方面的，并不是所有的风险都能够通过保险来解决。职业责任保险所针对的仅仅是职业责任，即只针对专业技术人员和机构根据委托合同在提供技术服务时由于疏忽行为而造成业主或依赖于这种服务的第三方的损失，且这种行为人主观上必须是无意的，并仅限于专业范围内的行为，而不负责和专业范围无关的疏忽行为造成的损失。

在控制工程职业责任保险的经营风险过程中，首先，应当关注作为投保人的工程专业技术服务机构的资质，通常讲，资质是对于工程专业技术服务机构水平的基本判断标志。其次，关注工程专业技术服务机构的风险管理实际状况。因为资质往往是一种形式，承保人员应当对投保人的风险管理实际状况进行调查了解，包括对人的管理，即专业技术人员的录用、教育培训、监督、激励；对项目的管理，即项目管理的制度、执行、控制与监督；对资源的管理，即资料、文件、信息、设备等。最后，应当注意应用赔偿限额，尤其是“每次事故赔偿限额”技术对风险进行控制。根据不同投保人的情况，包括机构规模、经营范围、项目情况、管理水平等，确定不同的年度和每次事故赔偿限额。

## 第七节
## 运输保险

### 一、运输风险

建设项目的运输风险是指在项目建设过程中，业主或者建设施工单位面临的建设物资（材料和设备）和施工机具在运输途中由于自然灾害或意外事故可能遭到的损坏和灭失风险。

在项目的建设中，材料和设备的价值通常占到工程总价的60%以上，而这些材料和设备一般不可能在工地当地采购，需要从外地，甚至是国外采购并运输到工地。另外，在项目的建设中还必须应用大量的施工机具，这些机具也需要从施工单位的基地，或者上一个工地，或者出租方仓储地点运输至工地。所以，运输风险是建设项目风险管理的一个重要内容，业主或者建设施工单位在进行项目建设过程中必须充分考虑到运输风险的管理。

## 二、运输风险承担主体

在不同的项目中，由于合同内容不同，运输风险承担的主体也不同。

从采购合同的角度看，运输风险承担的主体可以是买方（业主或者承包商），也可以是卖方（供应商）。确定的依据是相应的合同条件，即采购合同中的价格条件。在进口设备合同中，若是以 CIF 价格条件成交的采购合同，则是由供应商承担设备由生产厂家运输到目的港或者工地期间的运输风险；若是 CFR 或 FOB 价格条件的采购合同，则是由买家（业主或者施工单位）承担设备由出运港口至目的港或者工地期间的运输风险。在国内采购的过程中，通常是以合同规定的交货地点确定，若是以工地为交货地点的，则是由卖家承担运输风险；反之，若是买家自行提货的，运输风险则是由买家承担。为此，业主或者承包商在签订采购合同的过程中应当意识到在价格条件背后的风险责任，注意控制价格条件，并通过价格条件转移运输风险。

施工机具的运输风险承担主体一般是承包商。但是，在施工机具属于租赁的情况下，则可能由出租方承担运输风险。

## 三、运输风险分类

运输风险按照风险区间可以分为：装卸环节的风险、运送环节的风险和储存环节的风险。

运输风险按照风险的性质可以分为：自然灾害、意外事故和人为因素。

运输风险按照运输方式一般可以分为：铁路运输风险、公路运输风险、水路（内河、沿海）运输风险、海洋（远洋）运输风险、航空运输风险和邮包运输风险。

## 四、运输风险保障的衔接

在管理建设项目的运输风险过程中，应当特别引起注意的一个问题是保障的相互衔接，即保险的连续性。运输活动的实质是一种物的位移，而这种位移是以一个期间的形式体现的。在这个期间中可能采用不同的运输方式，如陆运、海运和空运，在运输期间，不同的运输方式之间的衔接是风险管理的一个重要内容。例如，在进口设备的运输风险管理过程中，人们往往容易忽视从港口到工地这一段的运输风险，结果恰恰就在这一段发生了损失。另外，对于一些大型设备，除了在运输途中的风险外，在不同运输方式转换时候的装卸风险也是风险控制的一个重要环节。在转运过程中临时存放期间的风险，同样应当引起人们的重视。

总之，在进行建设项目运输风险管理的过程中，一个值得注意的问题是各个阶段保障的相互衔接，避免出现保障的“真空”期间。

## 五、货物运输保险的种类

货物运输保险基本可以分成两大类：国内货物运输保险和进出口货物运输保险。

国内货物运输保险分为：国内水路货物运输保险、国内铁路货物运输保险、国内公路货物运输保险、国内航空货物运输保险四类。这些险种又根据保障范围的不同，一般分为基本险和综合险两个险别。

进出口货物运输保险分为：海洋货物运输保险、陆上货物运输保险、航空货物运输保险和邮包保险四类。其中海洋货物运输保险根据保障范围的不同，分为平安险、水渍险和一切险三个险别。

## 六、进口设备运输保险

在一些建设项目中，尤其是大型项目建设过程中，往往涉及大量的进口设备，这些设备的进口一般是通过远洋运输完成的。远洋运输的特点是运距大，周期长，运输环境相对恶劣，同时，在这些进口设备中常常还有一些超大和超重的部件。所以，进口设备的运输风险管理应当引起人们的充分重视。

在进口设备运输风险的管理过程中应当注意掌握三个问题：一是合同价格条件的选择。在进口设备的商务合同中，价格条件通常有三种，即 CIF（成本、保险费加运费）、CFR（成本加运费）和 FOB（离岸价），这三种价格条件的实质除了费用的分摊外，更重要的是涉及风险的承担。二是合同价格条件中目的地的确定。在价格条件中如果采用 CIF 的，通常要明确一个目的地。在以往一些商务合同的签订过程中，一些业主由于缺乏知识和经验，在合同中接受以设备的卸货港作为目的地，这样根据合同的规定，卖方办理的海洋货物运输保险的终点就是卸货港。根据海洋货物运输保险合同的规定，如果被保险货物到了目的港后，需要转运到非保险单所载明的目的地时，则保险公司的责任以货物开始转运时终止。这样，在转运期间的运输风险就必须由业主来承担，则意味着业主必须为内陆转运再办理一次保险并支付相应的保险费。解决这个问题的最好办法是在签订商务合同时，以工地作为价格条件的目的地，这样相应的海洋货物运输保险的目的地也是工地。三是运输风险与工地存放风险的衔接问题。这个问题的核心是采用同一家保险公司。业主在安排货物运输保险和工程保险的过程中，由于各种原因采用的不是同一家保险公司，这样当货物运抵工地时，如果货物的外包装存在一些轻微的破损，业主就面临着两难的境地。如果不开箱检验，一旦日后发现问题，则货物运输保险的保险公司会以保险期限已经终止，或者损失可能是在工地存放期间发生的，而拒绝承担赔偿责任；如果开箱检验，开箱和重新包装的费用往往较高，更重要的是一些设备的包装采用了特殊方式，一旦拆开，就难以恢复。解决这个问题的最好方法是将货物运输保险和工程保险向同一家保险公司投保，这样一旦发生类似的情况，就可以与保险公司协商，对于外包装有轻微破损的，在采取必要的保护措施之后，待安装时再开箱检验。如果发现有损失，则无论是在运输期间发生的，还是在工地存放期间发生的，均由保险公司负责赔偿。

## 七、国内采购物资一揽子保险

国内采购物资一揽子保险是针对一些工程项目涉及大量的国内采购可能面临的运输风险。在国内采购的过程中一般存在批量多、期限长、金额不等、采购合同不规范等特点，对于这些国内采购的物资，如果采用逐笔办理运输保险的方式，一方面将耗费大量的时间和精力，而且还容易出现漏保的现象；另一方面保费支出也不经济。

为此，建议对于工程涉及的国内采购的物资采用一揽子保险的形式，即在开工前由承包商或者业主与保险公司就保险标的的范围和保险责任等保险合同条件进行协商并签订一揽子保险协议，通过这个预约保险协议，将承包商或者业主将在国内采购所有物资的运输风险囊括在内。这样，只要是属于承保工程范围内的物资，其运输风险就自动纳入这个一揽子的保障范围，承包商或者业主只要在约定的期限内向保险公司进行申报并缴纳保险费即可。

# 第八节
# 建筑工程施工人员团体意外伤害保险

## 一、建筑行业意外伤害风险与保险

建筑业是仅次于矿山采掘业的高风险行业，从业人员结构复杂，流动性大，且文化水平相对较低，安全意识不强，特别是近年来，大量农民工进入这一领域，进一步加剧了这种情况。同时，一些建筑生产企业对安全生产不重视，管理不到位，导致建筑行业的安全生产形势相对严峻。2009 年我国的建筑施工事故死亡人数达到了 2 760 人，仍然处于一个相对高位。针对我国建筑行业安全生产的情况，国家一方面加大了安全生产管理的力度，另一方面推动建筑工程施工人员意外伤害保险工作，以切实维护广大从业人员，特别是农民工的切身利益。

早在 1997 年，建设部就颁布了《施工现场工伤保险试点工作研讨纪要》，对建筑工程人身伤害保险进行了明确的要求和试点工作。2003 年的《建筑法》第 48 条更是明确规定："建筑施工企业必须为从事危险作业的职工办理意外伤害保险，支付保险费。"就此，建筑工程人身意外伤害保险通过国家法律的方式予以确定，成为建筑施工人员的强制保险。

2003 年建设部颁布了《关于加强建筑意外伤害保险工作的指导意见》，从九个方面对加强和规范建筑意外伤害保险工作提出了较详尽的规定，明确了建筑施工企业应当为施工现场从事施工作业和管理的人员，在施工活动过程中发生的人身意外伤亡事故提供保障，办理建筑意外伤害险、支付保险费。范围应当覆盖工程项目。同时，《关于加强建筑意外伤害保险工作的指导意见》还对保险工作目标、保险范围、保险期限、保险金额、保险费用、投保方式、保险索赔、安全服务及行业自保等都提出了指导性意见。

2004 年《建筑工程安全生产管理条例》颁布，第 38 条规定："施工单位应当为施工现场从事危险作业的人员办理意外伤害保险。意外伤害保险费由施工单位支付。实行施工总承包的，由总承包单位支付意外伤害保险费。意外伤害保险期限自建设工程开工之日起至竣工验收合格止。”对建筑施工人员的意外伤害保险进行了再次重申。

## 二、投保人与被保险人

凡年满16～65周岁的人员均可投保。但因属于团体意外险，按要求，投保人数应占单位在职人员总数的75%以上，且有最低的人数要求。就建筑工程施工人员团体意外保险而言，凡具有符合国家规定的施工资格的施工企业，可作为投保人，其管理人员、技术人员、施工人员均可作为被保险人。

在单位为员工统一购买团体人身意外险业务中，投保人为单位，被保险人为该单位的员工，保险人在接受投保时，应当注意投保人、被保险人和受益人之间的关系。

单位为员工统一投保应由被保险人签章确认，对确实不能签名的，可要求投保人出具声明书。

如被保险人名单发生变更，投保人应及时通知保险人，进行被保险人清单的批改。若被保险人变更较为频繁且投保人信誉较好、管理完善的，可每月定期批改变更被保险人。

退保时应持有被保险人的退保申请。

保险人在承保此保险前，一般会告知投保人发生赔款时必须是被保险人或其受益人亲自来领取赔偿金；如果投保人已先行赔付给被保险人，则应与被保险人或其受益人签订权益转让书，避免出现不必要的法律纠纷。

## 三、保险责任

### （一）主险的责任范围

在保险期间内，被保险人从事建筑施工及与建筑施工相关的工作，或在施工现场或施工期限内指定的生活区域内因遭受意外伤害，并因该意外伤害导致身故、残疾或烧伤的，保险人依照约定给付保险金。

### （二）附加险的责任范围

附加险为建筑施工人员团体意外伤害医疗保险，保险人负责赔偿在每次意外伤害事故中所支出的医疗费用。

## 四、保险费计收方式

建筑工程施工人员团体意外保险可以按照以下三种方式计算保险费。

（一）按被保险人的人数计收保费

建筑施工人员团体意外伤害保险按年度收费，其费率分为主险费率和附加险费率，如主险的年费率为3.5‰，附加险年费率为5.5‰，可按如下公式计算应收取的保险费：

基本保费 = 保险金额×年费率×保险年份×被保险人人数

以此方式承保，保险人通常要求投保人提供施工人员的名单。

（二）按建筑面积计收保费（假设每一被保险人保险金额为10 000元）

又以某工程为例，其主险的基本费率如表7-3所示。

表7-3　　按建筑面积计算的主险的基本费率

| 类别 | 一般建筑 | 建筑高度10~25米 | 建筑高度25米以上 |
|---|---|---|---|
| 每平方米保费 | 0.15元 | 0.28元 | 0.59元 |

按如下公式，计算应计收的保险费：

基本保费 = 建筑施工总面积（平方米）×每平方米保费×（每一被保险人保险金额÷10 000元）

附加险的基本费率（假设每一被保险人保险金额1万元）如表7-4所示。

表7-4　　按建筑面积计算的附加险的基本费率

| 类别 | 一般建筑 | 建筑高度10~25米 | 建筑高度25米以上 |
|---|---|---|---|
| 每平方米保费 | 0.68元 | 0.98元 | 1.86元 |

按如下公式，计算应计收的保险费：

基本保费 = 建筑施工总面积（平方米）×每平方米保费×（假设每一被保险人保险金额÷10 000元）

保险人将根据项目的施工风险与投保人商定每个施工人员投保附加险的保额，如1万元、2万元，一般不给过高的保险金额。若是高空施工，费率比较高。

（三）按工程合同总造价计收保费

假设每一被保险人保险金额为 10 000 元。主险年费率按不同工程来确定，比如，土木、水利、道路、桥梁等建筑工程的基本费率为总造价的 0.2‰～0.3‰，则费率如表 7－5 所示。

**表 7－5　　按工程合同总造价计算的主险费率**

| 类别 | 总合同造价 100 万元及以上 | 总合同造价 100 万元及以下 |
| --- | --- | --- |
| 费率（占总造价‰） | 0.2 | 0.25 |

保险人按如下公式，收取保险费：

基本保费 ＝ 项目总造价 × 费率 ×（假设每一被保险人保险金额 10 000 元）

同理，附加险费率也按不同工程来确定，比如土木、水利、道路、桥梁等建筑工程的基本费率为总造价的 0.5‰～0.7‰（见表 7－6）。

**表 7－6　　按工程合同总造价计算的附加险费率**

| 类别 | 总合同造价 100 万元及以上 | 总合同造价 100 万元及以下 |
| --- | --- | --- |
| 费率（占总造价‰） | 0.5 | 0.8 |

保险人按如下公式收取保险费：

基本保费 ＝ 项目总造价 × 费率 ×（假设每一被保险人保险金额 10 000 元）

以上均为标准费率模式，但从推动行业加强安全生产的角度出发，建筑行业管理部门一直在提倡通过差别费率和浮动费率，促进施工单位进一步增强安全意识，加强安全投入，并对此予以奖励。因此，在实际操作过程中，差别费率可与工程规模、类型、工程项目风险程度、施工现场环境等因素挂钩；浮动费率可与施工企业安全生产业绩、安全生产管理状况等因素挂钩。对重视安全生产管理、安全业绩好的企业可采用下浮费率；反之则可采用上浮费率，上下浮动的比例相对较大，有的甚至超过 30%。同时，还可以按施工单位的资质调整保险费率和收费方式。如北京市实行的差别费率规定：施工合同在 3 000 万元以下（含 3 000 万元）费率为 1.2‰，3 000 万元以上（含 1 亿元）费率为 0.8‰，施工合同在 1 亿元以上的费率为 0.6‰。按照上述计算，施工人员意外伤害保费每人低于 300 元的，应当按照 300 元计算。

# 第九节
# 雇主责任保险

## 一、雇主责任

雇主责任是指雇主在经营过程中根据合同和法律的规定对雇员应承担的各种责任。在雇主责任保险范畴内，雇主责任则是指雇主在雇用合同期间，由于故意、过失甚至是无过失行为导致雇员的人身伤亡，依照合同或者法律的规定应当承担的经济赔偿责任。

## 二、雇主责任风险

雇主责任风险是指雇主在经营过程中由于各种原因产生的雇主责任损失的可能性，包括对于雇员经济赔偿的民事责任和违反安全生产法规的刑事责任。

与其他生产性行业相比，工程建设施工是一种高风险的行业，原因是其工作环境的非标准性，如有大量露天、高空、水下和地下环境作业，另外，在施工过程中还会涉及一些爆破、超大件吊装、带电、明火、有毒、有害等危险作业。

## 三、雇主责任保险

雇主责任保险承保的是被保险人（雇主）的雇员在受雇期间从事工作的过程中因遭受意外导致伤、残、死亡或患有与职业有关的职业性疾病而依法或根据雇用合同应当由被保险人承担的经济赔偿责任。

雇主责任保险的最大特点是与雇主在经营中对于雇员的责任形成对应关系，这种责任包括依据合同产生的责任和依据国家相关法律产生的责任。它是以雇主的责任为保险对象的，即雇主在经营企业的过程中由于各种原因可能产生的雇主责任及其导致的经济损失，均能够通过雇主责任保险的形式进行转移。

雇主责任保险的保障形式，根据法律和合同的规定由保险合同双方协商确定，国内外较为常见的做法是以雇员的工资作为计算标准，即保险人收取保险费是以被保险人雇员的年工资总额作为计算依据，赔偿也是以相应的工资作为依据的，如伤残赔偿72个月工资，死亡赔偿60个月工资。这种形式的优点是能够与相关法律和合同管理的模式相匹配，便于建筑施工企业的经营风险管理。但是，合同双方也可以通过协商，按照不同的工作岗位，分类确定赔偿限额。然后，按照赔偿限额确定保险费，同时确定各种情况下的赔偿标准。

## 四、雇主责任保险与工伤社会保险的关系

工伤社会保险是国家社会保障体系的一个重要组成部分，即劳动者在劳动过程中发生意外事故，导致人身伤亡，造成本人及家庭经济损失，而从国家和社会获得经济补偿的一种社会保险制度。

社会保险制度与商业保险制度的区别在于：（1）社会保险制度是国家通过强制力制定并实施的，国家是社会保险基金的管理主体，企业和个人根据法律的规定必须参加；（2）社会保险基金的建立是由政府、企业（雇主）和个人（雇员）共同承担的；（3）社会保险的归责原则是绝对责任原则；（4）社会保险的补偿对象是受害的个人（雇员）；（5）补偿的程度为最基本的生活保障。

雇主办理社会保险是根据相关法律的要求，是企业经营的最基本的要求，但是，雇主不能因为为雇员办理了社会保险就免除了其对于雇员的所有责任。通常认为社会保险和雇主责任保险是两个层次的问题：即雇主办理社会保险是为了满足其合法经营的基本条件，即解决经营的“合法性”问题，是第一层次的问题；而雇主办理雇主责任保险则是为了满足雇主自身分散经营风险的需要，是从企业社会责任的角度出发，即解决经营风险保证的“充分性”问题，是第二层次的问题。

## 五、雇主责任保险与施工人员意外伤害保险的异同

雇主责任保险与施工人员意外伤害保险最主要的不同在于保障的对象不同。雇主责任保险是以雇主对于雇员可能产生和承担的法律责任作为保障对象的，其实质是以雇主的利益为保障对象。施工人员意外伤害保险是以施工人员及其亲属在施工人员发生意外伤害事故时的经济损失作为保障对象的，其实质

是以施工人员及其亲属的利益为保障对象。

目前，我国建筑行业在建筑安全生产管理的过程中，对于施工人员的安全责任保障工作的主要法律依据是《建筑法》。《建筑法》第四十八条规定："建筑施工企业必须为从事危险作业的职工办理意外伤害保险，支付保险费。"这一规定从根本上改变了以往一些建筑施工企业忽视职工生产安全的情况，从立法的角度强化了施工企业的安全责任意识，同时利用商业保险制度解决了施工人员安全利益保障的问题。

但是，《建筑法》第四十八条的规定也存在一些缺陷，包括：(1) 保障对象范围太窄。规定仅仅明确了必须为"从事危险作业"的施工人员办理保险，而在施工过程中并不仅仅是"从事危险作业"的施工人员有风险，其他施工人员同样有风险。(2) 保障范围不明确。意外伤害保险是保险产品的一个类别，在这个类别中可能由于产品的不同，其保障的范围也各不相同。(3) 保障程度不确定。作为一种商业保险，决定其保障功能的指标之一是保险补偿的程度。《建筑法》并没有就建筑施工企业为职工办理意外伤害的补偿程度，即保险的金额作出具体规定。

《建筑法》第四十八条的规定对于建筑施工企业的风险管理而言也存在着一些问题，因为即使建筑施工企业为施工人员办理了意外伤害保险，一旦发生事故，保险合同关系的当事人是保险公司和施工人员及其亲属，所以，施工人员及其亲属在获得保险公司的赔偿之后，如果他们认为建筑施工企业应当对他们的损害承担法律责任，他们仍然具有向建筑施工企业提出损害赔偿的权利，则建筑施工企业仍然可能面临风险和损失。

从理顺法律关系、规范行业管理的角度出发，应当是通过立法要求建筑施工企业必须在办理社会劳动保险的基础上，办理雇主责任保险并规定最低的投保金额。只有将安排有效的雇主责任保险作为对于建筑施工企业进行行政管理的一个重要内容，才能从根本上解决目前存在的问题。